Apuntes
—de
sermones

Apuntes de sermones

194 bosquejos de sermones de Génesis a Apocalipsis

C. H. Spurgeon

EDITORIAL PORTAVOZ

Título del original: *Spurgeon's Sermon Notes*, condensado y editado por David Otis Fuller. Publicado por Kregel Publications, Grand Rapids, Michigan.

Título en castellano: *Apuntes de sermones*, © 1974 por Outreach, Inc., Grand Rapids, Michigan y publicado 1975 con permiso por Editorial Portavoz, filial de Kregel Publications, Grand Rapids, Michigan 49501. Todos los derechos reservados.

Traducción: Samuel Vila
Diseño de la portada: Alan G. Hartman

EDITORIAL PORTAVOZ
Kregel Publications
P. O. Box 2607
Grand Rapids, Michigan 49501 EE.UU.A.

ISBN 0-8254-1675-2

5 6 7 8 9 edición/año 00 99 98 97 96

INDICE DE CONTENIDO

PREFACIO

Cuanto más se leen los estudios de Spurgeon más uno se maravilla de los remarcables dones del «predicador de todos los tiempos». El Dr. Ricardo Ellsworth Day, en su admirable biografía La sombra del vaso rebosante, nos da un montón de rasgos íntimos de la vida de uno de los gigantes espirituales de Dios.

Antes de su muerte Spurgeon leyó El progreso del peregrino un centenar de veces. Todo su estilo literario está fuertemente influenciado por Juan Bunyan. Tenía un solo propósito y pasión en su vida: predicar a Cristo con toda su gloria y poder. Hizo una caricatura del pastor «de mesas de té» cuando dijo: «Evita correr de una fiesta social a otra soplando trompetas de papel como si fueras un niño. La preparación para el púlpito es tu primer deber.»

Spurgeon era un maestro de la palabra escrita y hablada. Escuchad esta frase del Metropolitan Pulpit: «Cuando este gran Universo estaba en la mente de Dios como una alameda en el vaso de semilla.» Dwight L. Moody confesó con toda franqueza que sus fuegos oratorios procedían de la Biblia y de Spurgeon. «Yo leí todo lo que él dijo. Sus mensajes eran festines para mí. Si Dios pudo usar a Spurgeon, ¿por qué no nos usará a nosotros?»

Este volumen de APUNTES DE SERMONES, de Spurgeon, ha sido seleccionado y condensado de cuatro volúmenes originales de unas 1.500 páginas en total, abarcando la Biblia entera. Contiene doscientos bosquejos de sermones y cerca de quinientas ilustraciones escogidas. Estos bosquejos no son para el predicador perezoso que descuida una preparación eficaz, sino para aquellos pastores, misioneros e instructores bíblicos que necesitan una chispa para encender su propio fuego y luz de renovado deslumbre y poder.

El más ardiente deseo y oración del editor de este condensado volumen de APUNTES DE SERMONES es que todo aquel que se disponga para usarlo, piense acerca del Señor Jesucristo del mismo modo que ese gran predicador londinense cuando escribió:

«Lo que es la mano para el laúd,
Lo que es el soplo para la flauta,
Lo que la fragancia para el olfato,
Lo que el manantial para el pozo,
Lo que la flor para la abeja,
Esto es Jesucristo para mí.

Lo que es la madre para el niño,
Lo que es el guía para el extraviado,
Lo que aceite para la ola turbulenta,
Lo que es la redención para el esclavo,
Lo que es el agua para el mar,
Esto es Jesucristo para mí.»

Dr. DAVID OTIS FULLER
Grand Rapids, Michigan. USA.

PROLOGO

En varias ocasiones se me ha preguntado: «¿No podría usted ayudarnos con algunos bosquejos de sermones?» A lo que he respondido que hay muchos libros de esta clase en venta. La insistencia acerca de que quisieran algo más sencillo y menos retórico me ha animado para tratar de hacer algo en el sentido indicado.

He preparado estos bosquejos, no para alentar la indolencia, sino para ayudar a la diligencia indecisa, y espero que no haya escrito bosquejos tan extensos que puedan permitir a nadie predicar sin pensar; ni tan breves que les dejen sin ayuda a mitad del camino.

Hay pocos predicadores que puedan prescindir enteramente de notas. Pero si alguno pudiera realizarlo así, puede darse por afortunado. Algunos predicadores andan con muletas y leen casi todo el sermón; esto, por supuesto, es un gran defecto. La mayoría de nosotros necesitamos llevar un bastón, aun cuando no nos apoyemos constantemente sobre él. El hombre muy capaz no requiere nada de esta suerte. Yo no soy de los tales afortunados, pero he cruzado muchas veces el Jordán de la predicación apoyándome sobre el bastón de mis notas, y ahora lo presto a cualquiera que sienta que puede serle útil para proseguir su camino en el púlpito.

Del mismo modo que echamos un poco de agua para cebar una bomba seca a fin de iniciar el chorro que va a subir del fondo del pozo, así estas notas pueden refrescar las mentes e iniciar un desarrollo de pensamiento con recursos propios. Quiera el Espíritu Santo usar estos bosquejos para ayudar a sus seguidores muy ocupados. Sea para El alabanza, y para su Iglesia el provecho. ¿Qué somos nosotros sin El? Y ¿qué hay de imposible cuando El está con nosotros? Que los queridos hermanos que van a usar esta pequeña selección de temas gocen de la presencia del Señor al estudiarla.

* * *

Confío con ello prestar un puñado de astillas y virutas, o si lo preferís, de carbones encendidos, con los cuales puedan mis hermanos predicadores encender un fuego en su propio corazón con objeto de preparar la comida de su pueblo. Posiblemente algún hermano perezoso quiera cocer la olla entera con solo estas astillas, pero me temo que en tal caso la comida saldría poco más que cruda.

Aun cuando tuviera la mala fortuna de ayudar a algún predicador totalmente perezoso poniéndole la tentación de no buscar leña propia, no por esto me desalentaré, pues quizás el perezoso pueda quemar sus dedos con tal operación cuando llegue al púlpito, y por mi parte tendré el consuelo de pensar que probablemente habría tomado leña de otro montón si no hubiese utilizado el mío. Aun en tal caso mis pocos pensamientos no harán mal a nadie si los presenta con ardor santo; las verdades expresadas en estas notas no perjudicarán a nadie si se les permite hablar por sí mismas.

Yo creo que estas notas no serán de gran provecho a los predicadores que no saben pensar por sí mismos. Para tales parlanchines no tengo ninguna compasión. Mis bosquejos son auxiliares de la preparación y nada más... En todos estos bosquejos las verdades evangélicas son expresadas tan claramente como puedo hacerlo. Quizá su doctrina ofenderá a algunos cuya admiración no deseo; pero esto no me importa, ya que poco vale el peso de su censura.

En cualquier tiempo servirán estas notas para mostrar en qué lado de las controversias teológicas estaba su autor. Como Pablo, yo no sé ni quiero saber nada más que la pura doctrina de la gracia de Dios, el significado de la cruz, el Evangelio de salvación, y escribo para que éstas sean proclamadas lo más ampliamente posible. Si los que creen en estas verdades me honran usando mis notas, me alegraré y confiaré en que la bendición de Dios acompañará sus discursos. No es pequeño privilegio el ayudar a los hermanos en la fe a sembrar sobre todas las aguas la simiente viva de la Palabra de Dios.

* * *

Nunca ha sido mi propósito ayudar a predicadores a dar un mensaje que no sea propio. Es malo cuando los profetas roban profecías de otros, pues entonces son como falsos profetas. Pero del mismo modo que el joven profeta de 2.º Reyes tomó prestada el hacha de un amigo y no fue censurado mientras los golpes fueran suyos, así debemos abstenernos de condenar a aquellos que encuentren un tema sugestivo y una línea de pensamientos en estas líneas y las usen de todo corazón al hablar a su gente.

Esto no debería ser siempre. Cada obrero del Señor debería tener su hacha propia, y no que necesitara clamar: «¡Ay, ay, Señor mío, que el hacha era prestada!» Pero hay momentos de prisa especial, de enfermedad o debilidad mental, cuando un predicador puede sentirse afortunado con encontrar la ayuda de un hermano. Entonces puede usarla sin temor. Para tales ocasiones he tratado yo de proveer.

¡Oh, que pueda yo ayudar así a alguno de mis hermanos a predicar a fin de ganar almas para Jesús! El testimonio ardiente y personal es muy útil en esta dirección y, por lo tanto, yo confío que, añadiendo el testimonio de su propio corazón a estas verdades que he bosquejado, muchos creyentes puedan con éxito para el Señor. Encomiendo mi humilde trabajo a Aquel a quien por medio de él deseo servir. Sin el Espíritu Santo no hay aquí nada más que un valle de huesos secos; pero si el soplo del Espíritu viene de los cuatro vientos, cada una de estas líneas rebosará de vida espiritual.

Vuestro hermano en Cristo Jesús

C. H. Spurgeon

Westwood, Marzo 1886.

APRESURANDO A LOT

«Y, al rayar el alba, los ángeles daban prisa a Lot» (Gén. 19:15).

¿Eran estos personajes ángeles o apariencias visibles de las personas divinas? No importa, eran mensajeros de salvación enviados por el Todopoderoso Invisible, y nos enseñan cómo tenemos que tratar a los hombres para moverles y bendecirles. Imaginaos a los dos ángeles detrás del grupo familiar empujándolos, con sus dos brazos, por las espaldas para sacar a Lot, su esposa y sus dos hijas del gran peligro que ellos conocían estaba por llegar.

I. Los justos necesitan ser empujados.

  1. *¿En qué cosas?* En lo que se refiere a obediencia a su Señor.
     En sacarles del mundo (vers. 26).
     En buscar el bien de sus familias (vers. 12).
  2. *¿Por qué?* La carne es débil. Lot era un anciano demasiado inclinado a las cosas mundanas.
     Sodoma tiene una influencia indolente.
  3. *¿Por qué medios?* Recordándoles sus obligaciones y oportunidades.
     Llevándoles a considerar el correr del tiempo y la brevedad de la vida.
     Advirtiéndoles de su segura ruina.

II. Los pecadores necesitan ser apresurados.

  1. *Los pecadores son muy lentos y propios a demorarse.*
     Se hallan establecidos en la Sodoma del pecado.
     No creen nuestras advertencias (vers. 14).
     Se entretienen en el gran engaño de Satanás para su ruina.
  2. *Es nuestro deber apresurarles.*
     Debemos ser nosotros insistentes como lo fueron los ángeles.

Debemos ser pacientes y repetir nuestros ruegos.
Debemos ser resueltos y apretarles de todas formas.

3. *Tenemos muchos argumentos para hacerles apresurar.*
Su inminente peligro si se entretienen.
El pecado de demorarse cuando Dios ordena apresurarse.
La suprema necesidad de inmediata decisión.

Cuando cierto joven hizo pública profesión de fe, su padre, muy resentido, le dio este consejo: «Jaime, deberías primeramente establecerte en un buen negocio y entonces entrar en asuntos de religión.» «Padre —dijo el muchacho—, Jesucristo me da un consejo totalmente diferente. El dice: "Buscad primeramente el Reino de Dios".»

«Hermano —dijo cierto hombre moribundo—, ¿por qué no fuiste más insistente con respecto a mi alma?» «Querido Jaime —replicó el hermano—, yo le he hablado diversas veces.» «Sí —fue la respuesta—. No tengo que reprocharte esto. Pero siempre que me hablabas ¡era con tanta cautela! Yo quisiera que me hubieses cogido por el cuello y me hubieses hecho poner de rodillas, pues yo he sido tan descuidado que necesitaba esto para no despertar de mi sueño en el infierno.»

SERMÓN 2

PODER CON DIOS

«No se dirá más tu nombre Jacob, sino Israel [príncipe de Dios]: porque has luchado con Dios y con los hombres y has vencido» (Gén. 32:28).

Después que Jacob había prevalecido con Dios no tenía razón alguna para temer a Esaú. Y era el poder de un solo individuo, puesto en juego en una ocasión de gran apuro. ¡Cuánto más poder puede encontrarse cuando dos o tres personas se juntan para orar!

I. LO QUE NO ES ESTE PODER.

No puede ser mágico. Algunos parecen tener ilusión de que las oraciones son una especie de ritos mágicos, pero esto es una tontería (Mat. 6:7).
No puede ser meritorio.
No puede ser propio. Tiene que ser dado por el Señor.

II. DE DÓNDE PROCEDE ESTE PODER.

1. Viene de la misma naturaleza del Señor. Su bondad y ternura son movidos a la vista de nuestra tristeza y debilidad. Un soldado que iba a matar a un niño, detuvo su arma cuando el pequeño clamó: «¡No me mates; soy tan pequeño!»
2. Viene de la promesa de Dios. Por su pacto del Evangelio y por su Palabra, el Señor se sujeta a los que saben como apelar a su verdad y fidelidad.
3. Procede de las relaciones de la gracia. Con toda seguridad, un padre escuchará a sus propios hijos.
4. Procede de actos anteriores del Señor. Su elección es un poder en sí mismo, ya que es un Dios inmutable.

III. CÓMO PUEDE SER EJERCIDO.

1. Debe haber un profundo sentimiento de debilidad (2.ª Corintios 12:10).
2. Debe haber fe sencilla en la bondad del Señor (Juan 14:12).

   «La fe domina el mundo y el infierno,
   Conquista a la muerte y el temor;
   Y lo que es todavía más extraño:
   Vence en el Cielo, mediante la oración.»

3. Debe haber pronta obediencia a su voluntad (Juan 9:31).
4. Un derramamiento del corazón entero (Oseas 12:4).

IV. PARA QUIÉN PUEDE SER UTILIZADO ESTE PODER.

1. En favor de nosotros mismos.
   Para nuestra propia liberación de pruebas especiales.
   Para nuestra futura fortaleza y crecimiento, cuando, como Jacob, somos llamados a enfrentarnos con tribulaciones sucesivas.

2. **En favor de otros.**
Las mujeres y los niños de Jacob fueron preservados y
el corazón de Esaú ablandado.
Véanse otros ejemplos de Abraham, Job, Moisés, Samuel, Pablo, etc., en que se ejerció este poder para bien
de otras personas.
¡Cuán terrible es no tener poder con Dios sino luchar
contra El con nuestro débil brazo!

Aunque Jacob era un simple peregrino cansado, prácticamente un gusano que podía ser fácilmente aplastado y pisoteado
(Is. 41:14), sin embargo, por medio de la oración es tan poderoso
que vence al mismo Dios Omnipotente. — THOMAS BROOKS.

Cuán a menudo he visto a un niño pequeño rodear el cuello
de su padre con sus brazos y ganar con besos, ruegos y lágrimas lo que le había sido rehusado. ¿Quién no se ha sentido
movido a compasión por su importunidad cuando un animal mudo
nos ha mirado con ojos suplicantes pidiéndonos comida? ¿Es
Dios menos compasivo que nosotros? — DR. GUTHRIE.

Esta es la llave que nos ha abierto las puertas cerradas del
cielo una y otra vez. Ha vencido poderosos ejércitos y descubierto secretos que la misma agudeza del diablo no había podido
descubrir. Ha desbaratado complots en su mismo origen y hecho
que los artefactos de crueldad preparados contra los santos destruyan a sus propios inventores, siendo atados con las mismas
cadenas que habían preparado para otros. Al toque de la oración
se han abierto puertas de prisiones, la tumba ha dado sus muertos y el *leviathan* no ha podido digerir su presa, antes la ha
tenido que vomitar. — W. GURNALL.

SERMÓN 3

TENGO BASTANTE

*«Y dijo Esaú: Suficiente tengo yo... Jacob dijo:
Todo lo que hay aquí es mío...»* (Gén. 33:9, 11).

Es raro y agradable encontrar a alguien que declara tener
bastante, pues la gran mayoría están anhelando más. Aquí tenemos a dos personas que estaban contentas; dos hermanos de
posición muy diferente, pero ambos dicen «tengo bastante». ¿Dónde encontraremos hermanos como ellos?

I. **TENEMOS AQUÍ A UN HOMBRE PROFANO QUE TENÍA BASTANTE.**

1. No porque Esaú tenía otras faltas había de estar descontento y ser ambicioso. El contentamiento es una cualidad moral, del mismo modo que es también, a veces, una gracia espiritual.

2. Sin embargo, esto tiene su lado malo.
   Tiende a fomentar cierto desprecio por las riquezas espirituales.
   Puede ser una señal de que la tal persona tiene su parte en esta vida.

II. **AQUÍ VEMOS A UN HOMBRE PIADOSO QUE TIENE BASTANTE.**

1. Es una lástima que esto no sea cierto con todos los cristianos.
   Algunos parecen muy ansiosos por las cosas del mundo, aunque profesan estar separados de él.

2. Es magnífico tener bastante. El contentamiento sobrepasa a todas las riquezas.

3. Es agradable tener algo que dar a los pobres; y éste debería ser el objetivo de nuestras labores (Ef. 4:28).

4. Pero lo mejor de todo es tener todas las cosas. En la versión española leemos que Jacob dijo: «Yo tengo todas las cosas.» «Todo es vuestro» (1.ª Cor. 3:22).

Una creyente que estaba desayunando con un mendrugo de pan y un vaso de agua exclamó: «¡Qué importa! Tengo todo esto y también a Cristo.»

Un predicador puritano, al dar gracias sobre un plato de patatas y un arenque, dijo: «Señor, te doy gracias que has puesto en operación el mar y la tierra para alimentar a uno de tus hijos.» — *Máximas para meditación.*

¿No está contenta la abeja con el polen de la flor, o el buey que pace en las montañas?... El descontento roba al hombre la facultad de gozar lo que posee. Una gota o dos de vinagre amargan todo un vaso de vino.

JOSE ABRE LOS GRANEROS

«Entonces José abrió todo granero donde había...»
(Gén. 41:56).

Observad la bondad de la Providencia al levantar a José para salvar del hambre a la casa de Israel, y aun a todas las gentes de Egipto y alrededores, y comparadlo con la grandeza de la gracia soberana que levantó a Jesús para salvar a su pueblo y ser salvación de Dios hasta los fines de la tierra.

José había llenado de antemano los vastos graneros, y nuestro texto nos muestra cómo usó sus depósitos: «José abrió todos los graneros.» ¡Cuánto más ha sido hecho por Jesús! ¡Y qué privilegio es ser participantes de su gracia!

I. José abrió los graneros por autoridad real.

1. Al rey de Egipto sólo se podía ir por medio de José (vers. 55). Así es con Jesús (Juan 14:6).
2. El rey ordenó que todos obedeciesen a José (vers. 56) (Juan 5:23).
3. En todo el país nadie podía abrir los graneros excepto José (Juan 3:35).

II. José era la persona apta para abrir los graneros.

1. El fue el que inventó aquel recurso de los grandes graneros, y era la persona señalada para controlarlos (versículos 33 a 36 y 38; compárense con Heb. 1:1-3).
2. El lo hizo todo en gran escala (vers. 49).
3. El tenía sabiduría para distribuir bien aquella bendición. Fácilmente puede encontrarse la comparación. Es nuestro Señor Jesucristo el Señor de la casa; escogido entre diez mil, que ha provisto para el hambre de nuestras almas (Col. 1:19 y Juan 1:16).

III. José abrió los graneros, efectivamente.

1. Para este propósito los había llenado. La gracia de Dios es para ser usada.
2. Abrió los depósitos en el tiempo oportuno (vers. 55-56).
3. Los mantuvo abiertos mientras duró el hambre. Nunca fueron cerrados mientras hubiera cerca un necesitado que lo requiriera.

IV. José abrió los graneros a todos los que venían.

1. Mucha gente vino desde lejos en busca de alimentos (vers. 57).
2. Nadie fue despedido vacío.
   Sin embargo, José vendía el alimento; mientras que Jesús da sin dinero ni precio. ¿No acudiréis a El para obtener el pan celestial?

William Bridge dice: «Hay suficiencia en Jesús para satisfacer a todos nosotros. Si dos, seis o veinte personas sedientas fueran a beber de una botella, mientras el uno bebe el otro tendría ansiosa envidia, pensando que quizá no habría suficiente para él; pero si un centenar de sedientos va a un río, mientras uno bebe, el otro no siente ninguna envidia ni ansia, porque hay suficiente para todos.»

«Todas las gracias espirituales que enriquecen a la Iglesia son por Jesucristo. El apóstol Pablo nos presenta algunas de las mejores: Ef. 1:3. Nuestra elección por El (vers. 4). Nuestra adopción es también por El (vers. 5). Nuestra redención y remisión de pecados son por El. Todas las generosas transacciones entre Dios y su pueblo son por medio de Cristo. Dios nos ama a través de Cristo. Escucha nuestras plegarias hechas en el nombre de Jesús; perdona todos nuestros pecados mediante Cristo.»

«Por Cristo nos justifica; mediante Cristo nos santifica; por Cristo nos mantiene; por Cristo nos perfecciona. Todas sus relaciones con nosotros son a través de Jesucristo. Todo lo que tenemos es de Cristo; todo lo que esperamos depende de El. El es el eje de oro sobre el cual gira todo el proceso de nuestra salvación.» — Ralph Robinson.

Sermón 5

DEMASIADO PEQUEÑA PARA UN CORDERO

> «... tómese cada uno un cordero según las familias de los padres, un cordero por familia. Mas si la familia fuere tan pequeña que no baste para comer el cordero, entonces él y su vecino inmediato a su casa tomarán uno según el número de las personas; conforme al comer de cada hombre, haréis la cuenta del cordero» (Ex. 12:3, 4).

23

El cordero tenía que ser comido, comido enteramente, comido por todos y comido rápidamente. El Señor Jesús ha de ser recibido en el alma como alimento espiritual, ha de ser recibido todo El por cada uno de su pueblo y hay que hacerlo sin demora.

I. EL TEXTO NOS RECUERDA UN PRIVILEGIO PRINCIPAL.

1. Cada hombre de Israel comía la Pascua *por sí mismo*. «Cada hombre según su comer.» Así nosotros nos alimentamos de Cristo cada cual según su apetito, capacidad y habilidad para hacerlo.

2. Este privilegio tenía que ser compartido *por toda la familia*. «Un cordero por familia.» Que nadie menosprecie este hecho. Que nadie se contente sin tener su propia salvación y la de toda su casa. Tenemos ambas cosas en el famoso texto de Hech. 16:31.

II. EL TEXTO MENCIONA UNA POSIBILIDAD Y LA SOLUCIONA.

Podía haber falta de personas para comer el cordero, pero no falta de comida para alimentarlas. La última cosa que tuvo que ser suplida en la parábola de las bodas fueron los convidados. Los bueyes y corderos habían sido matados y todo estaba listo para la fiesta desde mucho antes «que se procuraran los huéspedes».

1. En nuestro caso todas las familias son demasiado pequeñas para la persona de Jesús, el Cordero de Dios.

2. Una sola familia es poco para rendirle toda la alabanza, adoración, servicio y amor que se merece.

3. Una familia es demasiado poco para hacer todo el trabajo de proclamar el mensaje del Cordero de Dios que quita el pecado del mundo. Mantener el testimonio de la verdad, visitar a los miembros de la Iglesia y ganar el mundo para El. Por consiguiente, llamemos a las familias vecinas de nuestra casa. Si nuestro vecino no viene cuando es invitado, no somos responsables; pero si perece porque no le hemos invitado, seremos culpables de su sangre. «Si tú no le hablares..., su sangre yo la demandaré de tu mano» (Ez. 33:8).

III. TODO EL TEMA NOS SUGIERE PENSAMIENTOS SOBRE LA COMUNIÓN EN EL EVANGELIO.

1. Es bueno para los individuos y para las familias salir del egoísmo y buscar el bien para un círculo más amplio.

2. Es una bendición cuando el centro de nuestras relaciones sociales es «el Cordero».
3. Innumerables bendiciones fluyen ya a nosotros de nuestra amistad y unión con Jesucristo. La comunión de la iglesia ha sido fructífera en esta dirección.

Un muchachito preguntó a su madre cuál de los personajes de *El peregrino* le gustaba más. Ella replicó: «Cristiano, por supuesto, es el héroe de toda la historia.» Pero su hijo replicó: «No, madre, a mí me gusta más Cristiana, pues cuando Cristiano se fue en peregrinación a la ciudad celestial se fue solo, mientras que Cristiana tomó sus niños con ella.»

Un hombre iba a su trabajo una mañana, cuando le fue dicho que el río había roto las compuertas del dique y estaba derramándose el agua por el valle, sembrando muerte y destrucción doquiera que llegaba. Su informante se lo dijo por casualidad al encontrarle en el camino, pero el valiente obrero corrió inmediatamente atrás hacia la parte baja del valle gritando: «Si esto es verdad, alguien tiene que hacerlo saber.» Por este aviso oportuno salvó las vidas de muchas gentes.

SERMÓN 6

ORACION INOPORTUNA

«... ¿por qué clamas a Mí?...» (Ex. 14:15).

Puede venir un tiempo cuando esta pregunta tiene que ser respondida, y éste fue el caso de Moisés. Hay un tiempo cuando el clamor deberá dar lugar a la acción. Cuando ésta es escuchada y el mar Rojo se divide, sería vergonzosa desobediencia permanecer temblando y orando.

I. A VECES LA RESPUESTA SERA POCO SATISFACTORIA.

1. Porque yo estoy orando por costumbre. Algunos han practicado la hipocresía repitiendo formas de oración que aprendieron en su infancia.
2. Porque es parte de mi religión. Muchos oran como un danzarín del Africa o un faquir de la India que se deja

secar la mano; pero no saben nada de la realidad espiritual de la oración (Mat. 6:7).

3. Porque me siento más satisfecho después de haber practicado tal costumbre. Si solamente oráis para satisfacer vuestra mente acostumbrada a ello, ¿no será una burla al Dios vivo que quiere escuchar la voz del alma y de la conciencia, y no aumentaréis con ello vuestro pecado? (Is. 1:12, 15; Ez. 20:31).

II. A VECES LA ORACIÓN DEMOSTRARÁ IGNORANCIA.

1. Cuando impide el verdadero arrepentimiento. En vez de quitar el pecado y sentir pena por él, algunas personas se quedan satisfechas con una oración de palabras. «Obedecer es mejor que los sacrificios.» Y mejor que las oraciones.

2. Cuando es un estorbo para poner la fe en Jesús. El Evangelio no dice: «Ora y serás salvo»; sino: «Cree en el Señor Jesucristo y serás salvo» (Mat. 7:21; Juan 6:47).

3. Cuando suponemos que nos hace aceptos a Dios. Debemos venir a El como pecadores y no elevar nuestras oraciones como una muestra de nuestra justicia y piedad (Luc. 18:11-12).

III. A VECES LA RESPUESTA SERÁ TOTALMENTE CORRECTA.

1. Porque debo orar. Estoy atribulado y debo orar o perecer. Los suspiros y clamores no son para ordenar a Dios, sino una irresistible expresión del corazón (Sal. 42:1; Rom. 8:26).

2. Porque yo sé que seré escuchado y, por tanto, siento un fuerte deseo de acudir a Dios en súplica. «Porque El ha inclinado su oído a mí, por tanto le invocaré en todos mis días» (Sal. 116:2).

3. Porque yo me deleito en ello; trae reposo a mi mente y esperanza a mi corazón. Es un dulce medio de comunión con mi Dios. «Para mí el acercarme a Dios es el bien» (Sal. 73:28).

4. ¿Por qué debe haber quienes dependen de sus propias oraciones?
¿En qué estado se hallan los que viven sin oración?
¿Qué son aquellos que no pueden dar razón del por qué oran, sino que supersticiosamente repiten palabras que no salen del corazón?

Una inquiridora ansiosa a quien yo había explicado claramente el gran mandato del Evangelio: «Cree en el Señor Jesús», resistía constantemente mis esfuerzos para llevarla a Cristo. Por último exclamó: «¡Ore por mí, ore por mí!» Quedó muy sorprendida cuando le repliqué: «No lo haré de ninguna manera. Yo he orado por usted antes; pero si usted rehúsa creer la Palabra del Señor, no veo por qué debo orar por usted. El Señor le manda creer en Cristo, y si usted no lo hace, sino que persiste haciendo a Dios mentiroso, usted se perderá, y lo tendrá bien merecido.» Esto la trajo a razón. Me pidió que le explicara de nuevo el camino de la salvación, lo escuchó atentamente y, como un niño, su rostro se iluminó al exclamar: «¡Señor, yo puedo creer!, ¡yo creo, y soy salvada! Gracias por haber rehusado confortarme en mi incredulidad.» Luego, añadió suavemente: «Y ahora, ¿no orará por mí?» Naturalmente que lo hice y nos regocijamos juntos de que podía ofrecer la oración de fe.

Durante un rápido deshielo de uno de los ríos de América un hombre quedó en una de las piezas de hielo que todavía no se había separado de la masa grande. Sin embargo, en su terror, no lo veía, sino que se arrodilló y empezó a orar a Dios en voz alta que lo librase.

Los espectadores que se hallaban a la orilla le gritaron a grandes voces: «Hombre, cese de orar y traspase la grieta, que se está abriendo. Venga a la orilla.» Así podríamos decir a algunos: «Cese de orar y crea en Jesús.» — *El Cristiano*, 1874.

En una ocasión cuando Bunyan estaba tratando de orar, el tentador le sugirió: «Que ni la misericordia de Dios ni la sangre de Cristo tenían que ver con él, ni podían ayudarle a causa de sus pecados, por lo tanto era en vano orar. Sin embargo, él se dijo dentro de sí: «Yo continuaré orando.» El tentador le dijo: «Tu pecado es imperdonable.» «Bien —replicó él—, yo oraré.» Así que empezó a orar de esta forma: «Señor, Satanás me dice que ni tu misericordia ni la sangre de Cristo son suficientes para salvar mi alma; Señor, ¿cómo te honraré más, si creo que tú no me echarás fuera, o creyendo lo que el tentador me dice? Señor, yo creo que tú no quieres ni puedes hacerlo, por tanto continuaré honrándote creyendo que puedes, si quieres.» Y mientras hablaba así, como si alguien me hubiese dado un golpe en la espalda, vino a mi mente la palabra de la Escritura: «¡Oh hombre, grande es tu fe!»

«¿QUIEN ESTA POR EL SEÑOR?»

«Se puso Moisés en la puerta del campamento, y dijo: ¿Quién está por el Señor? Júntese conmigo. Y se juntaron con él todos los hijos de Leví» (Ex. 32:26).

La decisión es lo que el Señor busca para sus ministros, y cuando la ve en ellos, les recompensa.

Todos los hombres sinceros deben decidirse para un terrible conflicto que está teniendo lugar en nuestros días, y la maldición caerá sobre los neutrales.

I. Quiénes son los amigos del Señor, y lo que deben hacer.

Deben unirse a Dios abiertamente. «Consagraos vosotros hoy al Señor» (vers. 29).

Debían venir y juntarse bajo el lema: «Quien está del lado del Señor, que venga a mí.» Nosotros damos abiertamente este testimonio uniéndonos con la iglesia, rechazando el pecado, testificando la verdad, no conformándonos al mundo y asemejándonos a Cristo nuestro Señor (2.ª Cor. 8:5).

Los israelitas tenían que juntarse con una minoría: Una tribu contra once si fuese necesario.

Tenían que ser agresivos: «Que cada uno ciña su espada» (vers. 27).

II. El Señor de los ejércitos y sus estímulos.

Su causa es la causa de la justicia y la verdad. Una buena causa es un fundamento firme y poderoso para estimularnos el valor. Se ha dicho «que el que sostiene una causa justa, tiene una triple armadura: No temas. Sigue luchando. La verdad prevalecerá». Cristo mismo es nuestro capitán. ¿Quién puede titubear teniendo tal jefe? «Por jefe y por maestro a las naciones», dice el profeta (Is. 55:4).

Es el lado de la conciencia y del corazón puro.

Es la guerra que termina en el cielo y la victoria sin fin (Apoc. 19:14).

III. Sugerencias para el alistamiento.

Ponte bajo la bandera confesando a Cristo abiertamente en el bautismo. Sométete a la disciplina queriendo aprender. Ponte el uniforme, o sea el vestido de justicia; el cinto del amor; toda la armadura de Dios (Ef. 6:13-18).

Entra primero en una guerra civil contigo mismo. Lucha con tu propia alma. Hiere el pecado, conquístate a ti mismo, abate los pensamientos altivos, etc. Marcha al campo. Lucha contra la falsedad, la superstición, la crueldad, la opresión, la borrachera, la lascivia y los pecados de toda suerte, donde estén y por todas partes.

Guizot, en su *Vida de San Luis de Francia*, dice que este último tenía muchos vasallos que lo eran también del rey de Inglaterra, y que se levantaban muchas cuestiones difíciles referentes al servicio y tributo que tenían que dar ambos reyes. Por fin, el rey francés mandó a todos los nobles que poseían tierras en territorio inglés venir delante de él, y les dijo: «Como es imposible para ninguna persona vivir en mi reino y tener posesiones en Inglaterra, sirviendo a dos señores, tenéis que uniros, o bien a mí, o de un modo definitivo al rey de Inglaterra.» Diciendo esto les citó una fecha para hacer su decisión.

Un querido amigo mío, cabeza de familia de hijos e hijas mayores, murió repentinamente. El día antes de su muerte todos los miembros de la familia estaban con él, incluyendo uno que había experimentado, recientemente, lo mismo que los demás, el poder de la gracia salvadora. La alegría del padre fue grande cuando puso sus manos sobre cada uno de sus descendientes diciéndoles con un corazón rebosante: «Este es del lado del Señor. Este está también al lado del Señor.» ¿Qué podría decirse de ti si estuvieras al lado del lecho de muerte de un padre piadoso? ¿Podría ese padre regocijarse contigo porque estás del lado del Señor?

Sermón 8

PONIENDO LA MANO SOBRE EL SACRIFICIO

«Y pondrá su mano sobre la cabeza de la ofrenda de la expiación...» (Lev. 4:29).

La cuestión con muchas almas es cómo obtener de ellas interés suficiente para que puedan ser salvas por Cristo. Nunca se ha presentado una cuestión de más peso.

Lo cierto es que esto es absolutamente necesario; pero, ¡ay!, ha sido peligrosamente descuidado por muchos. Es en vano que Cristo muriera si no se pone la fe en El.

El texto nos da una respuesta gráfica a la pregunta: ¿Cómo puede serme aplicado el sacrificio de Cristo?

I. La intención del símbolo.

1. *Era una confesión de pecado:* Nadie había que no necesitara ofrenda por el pecado.

   A esto tenía que añadirse una confesión de merecer el castigo; de otra manera, ¿por qué tendría que morir la víctima? Era también una renuncia a todos los otros métodos de quitar el pecado. Las manos tenían que estar vacías para ponerlas sobre la víctima.

   Haz esto con la cruz, pues solamente allí puede ser quitado el pecado.

2. *Un consentimiento al plan de sustitución.*

   Algunos objetan a la justicia y realidad de este método de salvación; pero el que ha sido salvo por El no lo hace, pues ve que Dios mismo es el mejor juez de su propia justicia; y si El está satisfecho, nosotros podemos seguramente estarlo también.

   No hay otro plan que resuelva el caso, ni que se le parezca de lejos. El sentimiento de culpabilidad del ser humano no puede ser quitado por otros medios.

3. *Expresa una dependencia: la mano del pecador se apoya sobre la víctima.*

   ¿Hay mejor apoyo que Jesucristo para el corazón turbado? Considera la naturaleza del sufrimiento y de la víctima por la cual fue hecha la expiación, y sentirás que es de valor suficiente para reposar en ella.

   Considera la dignidad y el sacrificio de aquel que sufrió la muerte. La Gloria de la persona de Cristo garantiza el valor de su expiación (Heb. 10:5-10).

   Recordad que ninguno de los santos que están en el cielo ha entrado allí mediante otro sacrificio. «Sólo Jesús» es el lema de todos los justificados. «El ofreció un sacrificio por los pecados para siempre» (Heb. 10:12).

   Aquellos de nosotros que somos salvados reposamos en El tan sólo. ¿Por qué no puede hacerlo usted y cualquier otra alma ansiosa?

II. La simplicidad del símbolo.

1. No había ritos antecedentes. La víctima estaba allí y solamente se requería que las manos fuesen puestas sobre ella. Nada más. Nosotros no podemos añadir prefacio ni apéndice a la obra de Cristo: El es el Alfa y Omega.

2. El oferente venía con todos sus pecados. «Tal como soy.» Era porque su pecado fuese quitado que el oferente traía el sacrificio; no porque se hubiese justificado a sí mismo.

3. No había nada en su mano de mérito o precio.

4. Nada podía excusarle. Ni anillo de oro, ni señal de poder, ni joya o rango. El oferente venía como hombre, no como sabio, rico u honorable.

Cuando Christmas Evans estaba a punto de morir, varios pastores rodeaban su cama; el moribundo les dijo: «Predicad a Cristo al pueblo, hermanos. Miradme a mí en mi propio valer, y no soy más que una ruina; pero miradme a mí a través de Cristo, y soy el cielo y la salvación.»

No es la cantidad de tu fe lo que te salvará. Una gota de agua es tan verdaderamente agua como todo el océano. Así, una pequeña fe es fe verdadera, igual que la mayor. Un niño de ocho años es tanto un hombre como uno de sesenta. La llama de una cerilla es fuego igualmente que una grande llama; un hombre enfermo es un ser vivo lo mismo que uno en buen estado de salud. De modo que no es la medida de tu fe lo que te salva, es la sangre a la que te acoges. De la misma manera que la débil mano de un niño que lleva su cuchara a la boca le alimentará igual como el brazo del hombre más fuerte, pues no es la mano la que alimenta, sino el alimento que es llevado a la boca y entra en el estómago; así si te adhieres a Cristo. Aunque sea del modo más débil, El no te dejará perecer.

La mano más débil puede tomar un don lo mismo que la más fuerte. Pues bien, Cristo es el don y la fe débil puede asirse a El igual que la fe fuerte, y Cristo es tan verdaderamente tuyo cuando tienes una fe débil como cuando has venido con gozo triunfante por la fortaleza de la fe. — Welsh.

Sermón 9

CONTRA LA MURMURACION

«Aconteció que el pueblo se quejó a oídos de Jehová; y lo oyó Jehová, y ardió su ira, y se encendió en ellos fuego de Jehová, y consumió uno de los extremos del campamento» (Núm. 11:1).

Observad cómo el mal empezó en las afueras del campamento entre la multitud entremezclada, y cómo el fuego del Señor ardió en las partes más extremas del campamento. El gran peligro para la iglesia reside en los meros seguidores del campamento, que se adhieren a las iglesias e infectan al verdadero Israel de Dios.

I. UN ESPÍRITU INSATISFECHO DESAGRADA AL SEÑOR.

    1. Esto podemos inferir de nuestros propios sentimientos; cuando nuestros empleados, nuestros hijos o receptores de nuestras limosnas están quejándose, nos cansamos de ellos y nos enfadamos.

    2. En el caso de los hombres respecto a Dios es mucho peor el murmurar, ya que no merecemos nada de su mano, sino todo lo contrario. «¿Por qué murmura el hombre viviente, el hombre en su pecado?» (Lam. 3:39; Sal. 103:10).

II. UN ESPÍRITU INSATISFECHO SE IMAGINA QUE ENCONTRARÍA PLACER EN AQUELLAS COSAS QUE LE SON NEGADAS.

Israel tenía maná, pero deseaba carne, legumbres, melones y cebollas, etc.

    1. Es perjudicial a nosotros mismos, pues nos impide gozar de lo que ya tenemos. Lleva a los hombres a quejarse de la comida de ángeles llamándolo «este pan tan liviano». Condujo a Amán a arriesgar su prosperidad y su vida a causa de una sola persona que rehusó hacerle reverencia (Ester 5:13).

    2. Es calumnioso e ingrato acerca de Dios.

    3. Conduce a la rebelión, la falsedad, la envidia y a toda suerte de pecados.

III. UN CORAZÓN INSATISFECHO MUESTRA QUE LA MENTE NECESITA SER REGULADA.

La gracia pondrá todos los deseos en orden, y guardará nuestros pensamientos y afectos en su propio lugar, del modo siguiente:

1. Contentamiento con las cosas que uno tiene (Heb. 13:5).
2. Moderados deseos en cuanto a otras cosas. «No me des pobreza ni riqueza» (Prov. 30:8).
3. Plena resignación respecto a las cosas terrenas que nos faltan. «No según mi voluntad, sino la tuya» (Mat. 26:39).
4. Primero, y ante todo, deseos de Dios. «Mi alma tiene sed de Dios», etc. (Sal. 42:2).
5. En segundo lugar, desea ardientemente los mejores dones (1.ª Cor. 12:31).
6. Sigue siempre el amor, que es el camino más excelente (1.ª Cor 12:32).

Leí acerca de César que, habiendo preparado una gran fiesta para sus nobles y amigos, sucedió que el día señalado fue tan tempestuoso que no pudo realizarse ninguno de los actos al aire libre que estaban preparados en honor del soberano. Este se enojó de tal manera que mandó a sus soldados que arrojaran sus saetas contra Júpiter porque les había dado aquel mal tiempo; los soldados lo hicieron, pero ocurrió que, como las saetas no podían llegar al cielo, cayeron sobre las cabezas de los que estaban reunidos, hiriendo a muchos de ellos.

Así nuestras quejas y murmuraciones son como saetas que arrojamos contra Dios pero vuelven contra nosotros mismos e hieren corazones. No le alcanzan a El, pero nos dañan a nosotros mismos; por lo tanto, es mejor callar que murmurar; es peligroso contender con Aquel que es fuego consumidor (Heb. 12:29).
— THOMAS BROOKS.

Los israelitas son llamados «murmuradores» y «rebeldes» en este mismo texto (Núm. 17:10); y ¿no es la rebelión como pecado de brujería? (1.° Sam. 15:23). Si tú eres un murmurador cuenta con que Dios te considera como un brujo, o sea como uno que tiene pacto con el diablo. Este es un pecado de primera magnitud. Murmurar termina a menudo en maldición. La madre de Miqueas terminó blasfemando cuando le fueron robados los talentos de plata (Juec. 17:2). Así hace el murmurador cuando alguna parte de sus bienes le es quitada. Nuestras murmuraciones son la música del diablo; éste es un pecado que Dios no puede soportar. — T. Watson.

Temo tanto a la murmuración como a los juramentos y blasfemias. — Juan Wesley.

Un niño estaba llorando por vicio y oí a su madre decir: «Si tú lloras por nada pronto te daré por qué llorar.» Efectivamente, poco después los golpes que oí de su mano me hicieron comprender que la amenaza había sido cumplida, y aprendí la lección de que cuando nos quejamos por nada, la vara del Señor está cerca de nuestras espaldas y nos hará, probablemente, llorar con razón.

Sermón 10

EXTREMA NECESIDAD DEL HOMBRE: LA OPORTUNIDAD DE DIOS

«Porque Jehová juzgará a su pueblo, y por amor de sus siervos se arrepentirá, cuando viere que la fuerza pereció y que no queda ni siervo ni libre» (Deut. 32:36).

Para los hombres impíos el tiempo de su caída es fatal; no hay levantamiento para ellos. Suben más y más arriba en la escalera de sus riquezas, pero por fin no pueden subir más arriba, se deslizan sus pies y todo ha pasado.

Pero no es así con tres caracteres de los cuales vamos a ocuparnos hoy, los cuales son juzgados en este mundo para que no tengan que ser condenados después (1.ª Cor. 11:32).

I. La propia Iglesia del Señor.

    1. Una iglesia puede ser severamente probada, de modo que puede decirse de ella que «su poder se ha ido y nada ha quedado».

Por falta de un ministerio fiel puede no haber crecimiento, y los que quedan, crecer con flaqueza y falta de espíritu.

Por lo general, la falta de oyentes y de miembros, etcétera, pone a una iglesia en gran tribulación. Varias circunstancias pueden contribuir a esparcir la gente, como disensiones internas, herejía pestilente o falta de vida espiritual. Donde no hay alimento espiritual las almas hambrientas se marchan (Job 15:23).

2. La prueba permitida:
Para descubrir a los verdaderos siervos de Dios y apartar a los hipócritas (Is. 33:14).
Para probar la fe de los creyentes sinceros y fortificarla.
Para manifestar al Señor su propia gracia sosteniéndoles bajo tiempos de prueba con el fin de edificarles con futuras bendiciones.
Para asegurar que la gloria será para El cuando días más felices sobrevengan.

II. EL CREYENTE PROBADO.

1. Su poder puede haberse desvanecido. Personalmente, viene a quedar impotente, falto de salud física, quizá debilitado de mente, de habilidad, de valor; aun sus fuerzas espirituales fallan (Lam. 3:17, 18).

2. Su ayuda terrena puede fallar. No queda ni «siervo ni libre».
El que una persona quede sin amigos mueve la compasión de Dios.

3. Puede ser asaltado por dudas y temores y no saber él mismo qué hacer (Job 3:23-26). En todo esto puede haber castigo por el pecado; así está escrito en el contexto.

III. EL PECADOR CONVICTO.

Es desposeído de todo aquello de que se enorgullecía.

1. Su propia justicia (Job 9:30-31).

2. Su habilidad para hacer buenas obras (Ef. 2:1).

3. Sus sueños románticos y orgullosos han perecido (Isaías 29:8).

4. Sus deleites mundanos, su arrogancia, su incredulidad, su vanagloria, sus descuidos, su vana confianza.

5. Nada queda sino la compasión de Dios (Sal. 103:13).

Pero cuando la marea ha llegado a su límite máximo, vuelve.

El hijo pródigo había gastado todo lo que tenía cuando volvió.

La extrema necesidad del hombre es la oportunidad de Dios.

Las situaciones extremas son un motivo para la importunidad en la oración.

Un hombre al cabo de sus recursos no es un hombre al cabo de su fe. — MATTHEW HENRY.

Es curioso el ejemplo de la anciana escocesa de quien nos cuenta Brown, en su *Horæ Subcesivæ,* que cuando el pastor le preguntó respecto a la base de su fe, diciéndole: «Juana, ¿qué dirías si después de todo Dios quisiera arrojarte al infierno?» «No creo que quiera hacerlo —respondió la creyente Juana—; pero si lo hiciera, El perdería más que yo.» Queriendo decir que perdería el honor de su bondad y su crédito, ya que no cumpliría sus promesas. Por tanto, el Señor no puede dejar a su pueblo en la hora de su necesidad.

Una persona que no sabía nadar cayó al agua. Un buen nadador se arrojó inmediatamente al agua para salvarle, pero en lugar de hacerlo de un modo inmediato se mantuvo a cierta distancia hasta que el que se ahogaba cesó de luchar; entonces lo cogió y lo sacó a la orilla. Cuando la gente le preguntó por qué no lo había rescatado inmediatamente, replicó: «Yo no puedo tratar de salvar a un hombre mientras él puede salvarse a sí mismo.» El Señor actúa de la misma manera con los pecadores; éstos deben cesar de actuar por sí mismos y dejar a El que despliegue todo el poder de su gracia sobre ellos.

En tanto que un pecador tiene un mendrugo de pan no se alimentará del maná celestial. Dirán que vale más medio pan que nada, pero medio pan significa una existencia de media hambre; en cambio, el que no tiene ninguna clase de pan corre a Jesús por el alimento que desciende del Cielo. Mientras que el alma tiene un penique para proveerse a sí misma, rehusará neciamente el libre perdón de sus deudas; pero la miseria absoluta le fuerza a ir en busca de las verdaderas riquezas.

Sermón 11

INCAPACIDAD MORAL

«Entonces Josué dijo al pueblo: No podéis servir al Señor...» (Josué 24:19).

En respuesta al desafío de Josué el pueblo había dicho: «Nosotros serviremos a Jehová, porque Él es nuestro Dios.» Pero Josué les conocía demasiado para confiar en ellos y por esto les recordó que iban a emprender lo que no podían realizar. Ellos no le creyeron, sino que exclamaron: «No, al Señor serviremos»; pero su historia posterior prueba la verdad de la advertencia de Josué. La Palabra de Dios nos conoce mejor que nosotros a nosotros mismos. El Dios omnisciente ve cada parte de nuestro ser como un anatomista las variadas partes de nuestro cuerpo. Conoce, por lo tanto, nuestra naturaleza moral y espiritual de un modo perfecto. El relojero es el mejor juez para decir si un reloj marchará o no, y el que nos ha hecho tiene el mejor conocimiento de la condición y capacidad del ser humano. Aceptemos su veredicto en cuanto a la capacidad del hombre.

I. LA SEGURIDAD DE QUE EL HOMBRE IRREGENERADO NO PUEDE SERVIR A DIOS.

No se trata de una inhabilidad física, sino moral; y no consiste en su naturaleza, sino en su naturaleza caída. No en Dios, sino en el pecado.

1. La naturaleza de Dios hace que sea imposible al hombre depravado rendirle un servicio perfecto. (Véase el contexto del vers. 19.)

2. A lo mejor que podría dar un hombre no regenerado le faltaría razón y motivo; por lo tanto, sería inaceptable (Is. 1:15).

3. La ley de Dios es perfecta. ¿Quién puede esperar cumplirla? Si una mirada significa cometer adulterio, ¿quién será capaz de guardar todos los puntos de la ley? (Mateo 5:28).

4. La mente carnal está inclinada a la voluntad propia, al egoísmo, a la sensualidad, al odio, al orgullo y a todos los otros males (Rom. 8:7).

II. El desaliento que surge de esta verdad.

Se dice que esto arroja a los hombres al desespero, y nuestra respuesta es que precisamente esta clase de desespero es lo que trae a los hombres a la posición más deseable y saludable.

1. Disuade a los hombres de realizar una tarea imposible. Las mismas probabilidades de éxito que tienen los hombres para inventar el movimiento continuo, son las que tienen para tratar de crear obediencia de su propia voluntad, siendo ya pecadores.
   Si un hombre tratara de mantener una escalera en alto y al mismo tiempo trepar en ella hasta la cima, tendría menos dificultad que para hacer que su naturaleza mala consiga la santidad.

2. Disuade de seguir un camino de ruina.
   La propia justicia es una cosa muerta, es un repudio orgulloso a la misericordia de Dios, y una rebelión contra la gracia. La propia confianza, de cualquier clase que sea, es el peor enemigo del Salvador.

3. Disuade de apoyarse sobre ceremonias, u otras expresiones· externas, asegurando a los hombres que éstas no bastan.

4. Disuade de buscar cualquier otro camino de salvación propia y circunscribe a los hombres a la fe en el Señor Jesús. Nada mejor pueden hacer (Gál. 3:22, 23).

III. Las necesidades que nos recuerda esa verdad.

El hombre irregenerado, antes de poder servir a Dios, necesita:
Una nueva naturaleza que sólo el Espíritu de Dios puede crear en usted.
Reconciliación. ¿Cómo podrá servir un enemigo a su rey?
Aceptación. Hasta que hayas sido aceptado, tu servicio no puede agradar a Dios.
Ayuda continua. Esto es lo que te ayudará a mantenerte en el camino una vez estés dentro de él (1.º Sam. 2:9; Judas 24, 25).

Ningún zángano hará miel hasta que haya sido transformado en abeja. Ninguna cerda se sentará para lavar su rostro como lo hace el gato cerca del fuego. Ninguna persona depravada sentirá deleite en la santidad. Ningún diablo puede alabar a

Dios como lo hacen los ángeles; y los hombres irregenerados no pueden ofrecer un culto aceptable a Dios como lo hacen los fieles. — JORGE BUSH en *Notas sobre Josué.*

La existencia del pecado dentro de nosotros mismos nos lleva a consecuencias ciertas, como la de que no tenemos más poder para evitar el mal que el idiota tiene para cambiar su mirada de idiotez, o la mano paralizada para devolverse a sí misma su habilidad. — B. W. NEWTON.

El hombre no puede ser salvo por su obediencia perfecta, pues no puede cumplirla; ni puede ser salvo por su obediencia imperfecta, pues Dios no lo aceptaría. — *British Evangelist.*

«*"Corre y labora", me ordena la ley,*
Pero no me da pies ni manos para la tarea.
Más dulce sonido me trae el evangelio,
Me ordena volar y me presta alas.»

SERMÓN 12

EL OLIVO FIEL

«*Mas el olivo respondió: ¿He de dejar mi aceite, con el cual en mí se honrará a Dios y a los hombres, para ir a ser grande sobre los árboles?*» (Jueces 9:9).

Los árboles, según esta parábola, estaban bajo el gobierno de Dios y no querían rey; pero se rebelaron y salieron de su verdadero lugar, buscando, al igual que los hombres caídos, hacer su propia voluntad y tener un rey. Al rebelarse buscaron ganar a su partido a aquellos árboles mejores que habían quedado fieles.

I. LAS VERDADERAS PROMOCIONES NO DEBEN SER ARREBATADAS.

La pregunta en tales casos es: *¿En qué consiste mi deber?* El énfasis tiene que ser puesto en mi deber. Si Dios me ha dado peculiares dotes o alguna gracia especial, ¿tengo que jugar con estos dotes, tengo que abandonarlos para ganar honores en mi favor? (Neh. 6:11).

Una posición más alta siempre parece deseable, pero ¿es justo obtenerla a cualquier precio? (Jer. 45:5).

¿Puedo yo esperar la bendición divina sobre esta extraña obra? Ponga la pregunta en los casos de riqueza, honor, poder que se nos presentan. ¿Tengo que arrebatarlos a riesgo de perder la paz, ser menos santo, tener menos oportunidad de orar o venir a ser menos útil?

II. LAS VENTAJAS ACTUALES NO TIENEN QUE SER DESDEÑADAS.

La mayor ventaja en esta vida es ser útiles, tanto a Dios como a los hombres. «Con el cual honro a Dios y a los hombres», dijo la oliva. Nosotros debemos apreciar de todo corazón este alto privilegio.

Debemos también hacer frente a las tentaciones con la reflexión siguiente:

¿Que la propuesta es tentadora? «Sí; pero ¿debo por ello dejar mi grosura?» Para un olivo esto sería antinatural; para un creyente dejar la grosura de la vida santa sería mucho peor (Juan 6:68).

Que las consecuencias serían terribles. ¿Qué sería para nosotros dejar la gracia, la verdad, la santidad y a Cristo? Recordad a Judas.

Que terminaría todo en un desengaño, pues nada puede compensar el dejar el Señor. Todo lo demás es muerte (Jeremías 17:13).

III. LA TENTACIÓN TIENE QUE SER SOPESADA.

Debemos arraigarnos más fuertemente. La mera proposición de dejar nuestra gordura espiritual debe hacernos aferrar más a ella.

Debemos mostrarnos tan contentos, y hablar con tanto entusiasmo de nuestro estado de gracia, que nadie se atreva a tentarnos. Cuando Satanás nos ve felizmente establecidos en nuestra fe, tendrá que dejar toda esperanza de derribarnos.

Muchos, para obtener un salario más alto, han dejado compañerismos santos y preciosas oportunidades de escuchar la Palabra de Dios y crecer en la gracia. Tales personas son tan insensatas como lo serían los indios que dieron su oro a los españoles a cambio de pedazos de espejo. Las riquezas obtenidas mediante empobrecimiento del alma son siempre una maldición. Aumentar vuestro negocio de modo que no podáis asistir a los cultos de entre semana es haceros más pobres; dar los tesoros del cielo y recibir cuidados terrenos es una mala permuta. — Jorge Herbert.

Sermón 13
RUT SE DECIDE POR DIOS

«*Respondió Rut: No me ruegues que te deje y me aparte de ti; porque a dondequiera que tú fueres, iré yo, y dondequiera que vivieres, viviré. Tu pueblo será mi pueblo, y tu Dios mi Dios*» (Rut 1:16).

Esta es una valiente y abierta confesión de fe hecha por una mujer; una mujer joven, pobre, viuda y extranjera.

I. El amor a los santos debería influenciarnos para serlo.

Muchas fuerzas se combinan a este efecto.

1. *Hay las influencias del compañerismo.* Deberíamos ser influidos por la gente santa más de lo que lo somos por los impíos, puesto que deberíamos rendirnos nosotros mismos a su influencia.

2. *La influencia de la admiración.* La imitación es la alabanza más sincera; lo que favorecemos lo seguimos. Por lo tanto, copiemos de los santos.

3. *La influencia del temor a la separación.* Será una cosa terrible en la eternidad estar separados de los seres queridos que buscan nuestra salvación; es penoso aún tener que dejarles participar solos de la mesa del Señor cuando nosotros no podemos hacerlo.

II. La resolución y la piedad serán objeto de prueba.

1. *Por su coste.* Muchas veces tendréis que salir de la compañía de vuestros amigos, como Rut lo hizo; ten-

41

dréis que compartir la suerte del pueblo de Dios, como Rut tuvo que compartirlo con Noemí (Heb. 11:24-26).

2. *Por los deberes que implica la religión.* Rut tenía que trabajar en los campos. Algunas personas orgullosas no quieren someterse a las reglas de la Casa del Señor ni a las reglas que gobiernan la vida diaria de los creyentes.

3. *Por la aparente frialdad de los creyentes.* Noemí no trató de persuadir a su nuera a que la siguiese, sino todo lo contrario. Era una mujer prudente y no quería que Rut viniese con ella por persuasión, sino por convicción.

III. LA PIEDAD DEBE CONSISTIR PRINCIPALMENTE EN LA ELECCIÓN DE DIOS.

1. *Esta es la posesión más valiosa del creyente:* «Tu Dios será mi Dios.»

2. *Su gran artículo de fe:* «Yo creo en Dios.»

3. *Su confianza y permanencia.* (Véase Rut 2:12.) «Porque este Dios es Dios nuestro eternamente y para siempre: El nos capitaneará hasta la muerte» (Sal. 48:14).

IV. PERO DEBE IMPLICAR ASIMISMO LA ELECCIÓN DE SU PUEBLO.

Un pariente cercano está entre ellos. En nuestro caso el verdadero Booz quiere tomarnos consigo y restaurar nuestra heredad.

Hagamos deliberadamente, humildemente, firmemente, gozosamente y de un modo inmediato la elección por Dios y sus santos, aceptando su parte en este mundo y yendo con ellos a donde van.

El poder del carácter cristiano brillando en el rostro y por el habla es hermosamente ilustrado en el siguiente incidente. Un nativo de Afganistán pasó una hora en compañía del Dr. William Marsh de Inglaterra. Cuando oyó que el Dr. Marsh había muerto dijo: «Su religión será mi religión, su Dios será mi Dios, pues yo debo ir donde él está y ver su rostro otra vez.»

Yo sé que su saco y ceniza son mejores que la risa del necio. — RUTHERFORD.

Si el pueblo de Dios no se avergüenza de nosotros, nosotros no debemos avergonzarnos de ellos. No me gustaría ir a una asamblea pública disfrazado de ladrón; prefiero mis propios vestidos; y no puedo entender por qué los cristianos pueden vestirse con el traje de los mundanos.

SERMÓN 14

LA BATALLA ES DEL SEÑOR

> «*Y sabrá toda esta congregación que Jehová no salva con espada y con lanza; porque de Jehová es la batalla, y El os entregará en nuestras manos*» (1.º Sam. 17:47).

Siempre hay dos maneras de tratar una misma doctrina. La verdad de este texto puede ser usada bien como narcótico o como estimulante. Algunos son tan malos que dicen: Si la batalla es del Señor no necesitamos pelearla; si es del Señor podemos rehusarla.

Pero aquí vemos cómo David usó esta verdad; ella enalteció su alma y puso nervio en su brazo. Todos nosotros estamos peleando de un bando o de otro y lo peor de todo son aquellos que se vanaglorian de su neutralidad. Para el cristiano estas palabras son tan verdaderas que ha de cifrarlas en su bandera como lema y escribirlas en el «libro de las guerras del Señor».

I. EL HECHO GRANDIOSO: «La batalla es del Señor.»

1. Siempre que es por la verdad, la justicia, la santidad, el amor y todas las cosas que el Señor ama, la batalla es del Señor (Sal. 45:4).

2. Su nombre y su gloria están envueltos en ella. Es su honor ver la justicia establecida sobre la tierra. El Evangelio glorifica grandemente a Dios. Los hombres hacen el *boicot* al honor divino cuando se oponen a El, y el Señor vindicará su propio nombre. Así que nuestro conflicto viene a ser la batalla del Señor (Is. 40:5).

3. Nosotros peleamos tan sólo bajo su poder. El Espíritu Santo es nuestra fortaleza; no podemos hacer nada sin

el Señor; de ahí que la batalla es suya en el más alto grado (2.º Crón. 13:12; 20:12).

4. El nos ha ordenado luchar. Es la orden de nuestro Rey ir adelante en esta guerra. No somos francotiradores a nuestra propia cuenta, sino guerreros bajo su mandato (1.ª Tim. 6:12).

II. SU INFLUENCIA SOBRE NUESTRAS MENTES.

1. Hace ligera la oposición, pues ¿quién puede estar contra el Señor? No somos acobardados por nuestra flaqueza. «Cuando soy flaco entonces soy poderoso.» El Señor nos hará poderosos en su propia batalla.

2. Nos entregamos a la tarea de todo corazón. Debemos tanto al Señor Jesús que debemos luchar por El (1.ª Corintios 16:13).

3. Escogemos las mejores armas. No nos atreveremos a poner en los cañones del Señor la pólvora del diablo. El amor, la verdad, el celo, la oración, la paciencia, deben ser usados de la mejor manera en la batalla de Dios (2.ª Cor. 10:4).

4. Estamos confiados de la victoria. ¿Puede el Señor ser derrotado? El venció a Faraón y hará lo mismo con Satanás a su debido tiempo (1.ª Cor. 15:25).

III. LECCIONES RELACIONADAS CON ESTO.

Haced de vuestra lucha la causa de Dios. Nunca os envolváis en un asunto egoísta *por motivos propios;* aspirad tan sólo a Su gloria; apartaos de todos los designios siniestros.

Por su método. Contended por la fe como Jesús habría luchado, no por un camino que el Señor desaprobaría.

Por vuestra fe. ¿No podéis confiar que Dios peleara sus propias batallas?

Mr. Oncken me dijo que fue acusado ante el burgomaestre de Hamburgo, quien le ordenó cesar de tener reuniones religiosas. «¿Veis este dedo pequeño? —dijo el gobernador—; pues mientras yo pueda mover este dedo os combatiré a vosotros, bautistas.» «Sí —dijo el señor Oncken—, veo su dedo pequeño, pero veo también un brazo muy grande que usted no puede ver. Puesto que el poderoso brazo de Dios está levantado a nuestro favor, su dedo pequeño no nos aterrorizará.» — DAVID GRACEY en *The Sword and the Trowel.*

No es la voluntad de Dios que su pueblo sea un pueblo timorato. — Matthew Henry.

Se dice de los cuáqueros perseguidos que miraban firmemente a la fortaleza del Todopoderoso como declara el refrán:

«No digáis: ¿Y quién soy yo? Antes bien:
¿De quién soy yo, para que pueda temer?»
Anales de los Primitivos Amigos

La fortaleza de Lutero consistía en la forma en que traía a Dios el peso de la Reforma. Continuamente argumentaba en sus oraciones: «Señor, ésta es tu causa, no la mía; por lo tanto, haz tu propia obra; pues si este Evangelio no prospera no será tan sólo Lutero que tendrá la pérdida, sino Tu propio nombre que será deshonrado.»

La reina Elisabeth pidió a un comerciante que se fuera a la India en servicio real, y cuando él objetó que con ello arruinaría su negocio, ella replicó: «Usted ocúpese de mi negocio y yo me cuidaré del suyo.»

Si la batalla es del Señor, tenemos que estar seguros de que El se ocupará de ella.

SERMÓN 15

LOS DESPOJOS DE DAVID

«... *Este es el botín de David*» (1.º Sam. 30:20).

Muchas veces hemos considerado a David como un tipo del Señor Jesús, en sus conflictos y victorias y en muchas otras cosas. También lo vemos aquí en el despojo. Al que es un guerrero contra el mal le pertenecen los despojos.

I. TODO EL BIEN DE QUE GOZAMOS VIENE A TRAVÉS DEL SEÑOR JESÚS.

Todo lo que nosotros tenemos lo poseemos bajo la ley del despojo.
Por nuestros propios esfuerzos no podemos jamás recobrar lo que hemos perdido.
Nuestro gran Capitán nos ha hecho participantes del despojo.

1. Es por causa de David que Dios dio éxito a las huestes de Israel.

2. Fue bajo la dirección de David que ganaron la batalla. Así es con Jesús, el Capitán de nuestra salvación (Hebreos 2:10). El obró dentro de nosotros mismos una gran liberación. El ha vencido al hombre fuerte, arrebatándole toda su armadura y repartiendo sus despojos (Lucas 11:22). El puede decir con Job: «Yo arrebaté el despojo dentro de sus dientes» (Job 29:17).

Nuestra heredad eterna fue usurpada, pero El la redimió (Ef. 1:14).

La presa es tomada del poderoso. «David lo recobró todo.»

II. Que mucho más de lo que perdimos por el pecado nos es dado por el Señor Jesús (vers. 20).

Así como Jesús nos ha hecho más seguros de lo que estábamos antes de la caída, del mismo modo nos ha hecho mucho más ricos.

1. La exaltación por Dios de nuestra humanidad entera. Todo esto no era nuestro al principio, pero nos fue adquirido por el Señor Jesús: La elección, la filiación, la herencia, la vida espiritual, la comunión con Cristo, el ser esposa mística de Cristo, la comunión con Dios y la gloria de las bodas del Cordero en el futuro, todo esto son preciosos despojos.

2. El hecho de que somos criaturas redimidas, por quien el Creador sufrió, es un honor que no pertenece sino a los hombres y nadie puede obtenerlo sino por Jesucristo (Heb. 2:16).

3. Nuestra redención es una joya que no se encuentra en la corona de los serafines; nos viene tan sólo por medio de nuestro Señor resucitado (2.ª Cor. 4:14).

4. Nuestra manifestación de la plena gloria del Señor. Seremos testigos a todos los seres existentes del Universo, de la sabiduría más escogida, del más alto amor, poder y fidelidad de Dios (Ef. 3:10).

III. Lo que nosotros queramos dar voluntariamente a Jesús puede ser llamado también su despojo.

1. Nuestros corazones son suyos para siempre. He aquí todo lo que tenemos y somos pertenece a El. «Este es el despojo de David» —el amor y la gratitud de nuestras vidas (1.ª Juan 4:19).

2. Nuestros dones especiales: nuestros diezmos y ofrendas son dedicados para El, demóselas con gratitud (Malaquías 3:10). Abraham dio a Melquisedec el diezmo de los despojos (Gén. 14:20).

3. Rendíos a Jesús ahora y encontraréis en El vuestra seguridad aquí y el cielo allá.
   ¿Qué responderéis? ¿Sois despojo de David?
   Si no lo sois, el pecado y Satanás os están despojando cada día que pasa.

1. El pecado no nos hace más culpables que lo que la gracia puede quitar. 2. El pecado no nos deforma más que lo que la gracia puede renovar. 3. El pecado no nos hace perder ninguna bendición que la gracia no nos pueda restituir. — *Bosquejo del sermón sobre Romanos 5:20 por el finado Carlos Vince.*

Sermón 16

ORACION HALLADA EN EL CORAZON

> «*Porque tú, Jehová de los ejércitos, Dios de Israel, revelaste al oído de tu siervo, diciendo: Yo te edificaré casa. Por esto tu siervo ha hallado en su corazón valor para hacer delante de Ti esta súplica*» (2.º Sam. 7:27).

¡Cuán a menudo Dios hace para sus siervos lo que ellos desean hacer para El. David deseó edificar casa al Señor y el Señor le edificó casa!

I. ¿Cómo llegó David a pedir esto? Dice que «encontró esta oración en su corazón».

Nos dice *que la encontró;* esto significa que la había buscado. Los que oran al azar nunca serán aceptados. **Debemos** *buscar* cuidadosamente nuestras oraciones (Job 13:3).

En su corazón. No en un libro, no en su memoria, no en su cabeza, ni en su imaginación, ni tan solamente en su lengua (Sal. 84:2).

Esto demuestra que tenía un corazón para Dios, sabía dónde estaba, podía mirar a El y a veces lo escudriñaba (Salmo 66:18).

Debía tener un corazón vivo, de otro modo no habría encontrado una oración viva en él. Debía tener un corazón creyente, de otro modo no habría encontrado esta oración en su corazón.

Debía tener un corazón serio, no petulante, olvidadizo, frío, indiferente; de otro modo habría encontrado un millar de vanidades en él, pero no una oración. Preguntaos: ¿Qué clase de oración encontraríais en vuestro corazón en este momento? (Oseas 7:11).

II. ¿CÓMO VINO A ESTAR ESTA ORACIÓN EN SU CORAZÓN?

1. El mismo Espíritu del Señor le instruyó acerca de cómo orar. Dándole un sentimiento de la necesidad. Las grandes bendiciones nos enseñan nuestra necesidad tal como ocurrió con David.

2. El Señor le inclinó a orar.
   Ha sido dicho que una promesa absoluta haría innecesaria la oración; mientras que la primera influencia de una tal promesa es sugerir oración. El Señor inclinó el corazón de David: Calentándolo. La oración no sale de un pozo helado.

III. ¿CÓMO PODÉIS ENCONTRAR ORACIÓN EN VUESTROS CORAZONES?

Mirad en el interior de vuestro corazón y escudriñadlo inteligentemente.

Pensad en vuestras necesidades, y esto os sugerirá peticiones.

Pensad en vuestras tentaciones, y esto os humillará a clamar al Señor.

Pensad en las promesas, los preceptos y las doctrinas de

la verdad, y cada una de estas cosas os pondrán de rodillas. Tened a Cristo en vuestro corazón, y seguirá la oración (Hech. 9:11).

Vivid cerca de Dios, y le hablaréis a menudo.

¿Encontráis oraciones y otras cosas santas en vuestro corazón? O ¿está lleno de vanidad, mundanalidad y ambición e impiedad?

Recordad que lo que es vuestro corazón sois vosotros (Proverbios 23:7).

«Una gran parte de mi tiempo —dice Mc. Cheyne— es empleado en poner mi corazón a tono para la oración.»

No es un membrete dorado y una letra impecable lo que hace que una petición prevalezca cerca de un rey, sino el sentido de ella. El rey a quien nosotros nos dirigimos discierne el corazón, y es el sentido lo que El mira tan sólo; El escucha para oír, y entiende lo que no decimos. Todas las otras excelencias de la oración no son sino la forma y lo externo de ella; esto es, su sustancia y su vida. — LEIGHTON.

Pregunté a una amiga joven: «¿Oraba usted antes de ser convertida?» Ella me respondió que lo hacía de cierto modo. Entonces pregunté: «¿Cuál es la diferencia entre sus actuales oraciones y las que hacía antes de conocer al Señor?» Su respuesta fue: «Entonces yo recitaba mis oraciones, pero ahora las expreso. Entonces yo decía las oraciones que otras personas me habían enseñado, pero ahora las encuentro en mi corazón.»

Hay una buena razón para clamar «¡Eureka!» cuando encontramos una oración en nuestro corazón. El santo varón de Dios, Bradford, dice que nunca cesaba de orar y alabar hasta que su corazón estaba enteramente entregado a este santo ejercicio. Si no es mi corazón el que ora, tengo que orar hasta que lo sea, pero ¡oh qué delicia es lograr a Dios cuando el corazón lanza poderosos chorros de súplica, como un volcán en actividad! ¡Cuán poderosa es la súplica cuando toda el alma se hace un expectante deseo, vivo y poderoso!

Recordad que Dios no respeta la aritmética de nuestras oraciones, ni cuántas son; ni la retórica de ellas, o sea su extensión; ni la música de ellas, o sea su melifluidad, sino la divinidad de nuestras oraciones; si salen de nuestro corazón, inspiradas por el Espíritu Santo, no son los dones sino las gracias lo que prevalece en nuestra oración. — TRAPP.

Sermón 17
ASIÉNDOSE AL ALTAR

> «... Y huyó Joab al tabernáculo de Jehová, y se
> asió de los cuernos del altar... Y entró Benaía
> al tabernáculo de Jehová, y le dijo: El rey ha
> dicho que salgas. Y él dijo: No, sino que aquí
> moriré...» (1.º Rey. 2:28-30).

Joab sabía muy poco de religión; sin embargo, huye al altar
cuando la espada le persigue.

Muchos están corriendo al altar, por el uso de prácticas
externas, cuando la muerte les amenaza; entonces suelen hacer
más cosas que las que dice la Escritura; sin embargo, lo que
necesitan es, no solamente ir al altar del Señor, sino asirse a él.

I. EL RECURRIR A LAS ORDENANZAS EXTERIORES NO SIRVE PARA LA
SALVACIÓN.

Si un hombre confía en ritos externos, morirá allí.

Los sacramentos, tanto en salud como en enfermedad, no
sirven como medios de salvación; han sido puestos tan sólo
para los que ya son salvos, y son más bien perjudiciales
a los otros (1.ª Cor. 11:29).

A los ministros. Estos son mirados por algunas personas
moribundas con insensata reverencia. A la hora de la muerte recurren a ellos para que hagan oraciones al lado de
su cama. Se concede excesiva importancia a los sermones
funerarios y a las ceremonias, ¡todo ello es pura superstición!

A los sentimientos. El temor, la esperanza, el desaliento y
el gozo se alternan en las personas moribundas como
señales de salvación; pero todos ellos son fútiles.

¡Qué cosa tan terrible es perecer con las manos puestas
en el altar de Dios!

II. EL RECURSO ESPIRITUAL AL VERDADERO ALTAR ES EFICAZ PARA LA
SALVACIÓN.

Usaremos el caso de Joab como ilustración.

1. Su acto: «se cogió a los cuernos del altar».

Nosotros hacemos esto espiritualmente huyendo de la
espada de la justicia al unirnos a la persona de Cristo,

y al aceptar su gran obra redentora, uniéndonos de este modo por la fe a su Redención.

2. La fiera demanda de su adversario. Así dice el rey: «¡Sal fuera!» Esta es la demanda de los fariseos incrédulos que enseñan la salvación por las obras.

La conciencia acusadora dentro del propio hombre, Satanás, citando falsamente la Sagrada Escritura.

3. La desesperada resolución de Joab: «No, sino que aquí moriré.»

Esta es una sabia resolución, pues nosotros:

Tenemos que morir en alguna parte.

No podemos empeorar nuestro caso uniéndonos a Cristo.

No hay otro recurso que asirnos a El. No hay otra justicia ni otro sacrificio redentor.

No podemos ser arrastrados fuera si nos asimos de Jesús.

Recibimos esperanza ante el hecho de que nadie ha perecido allí.

4. La segura promesa. «El que cree en el Hijo tiene vida eterna» (Juan 3:36). Si alguno pereciese confiando en Jesús su ruina significaría:

La derrota de Dios.

El deshonor de Cristo.

Desaliento para los pecadores que van a Jesús.

Desaliento para los santos, haciéndoles dudar de todas sus promesas.

Desengaño para los mismos glorificados que ya están en el cielo, de los cuales nos dice Jesús que se gozan por las almas arrepentidas, y en tal caso verían que estaban equivocados.

Venid, pues, en seguida al Señor Jesús y asíos de la vida eterna.

Podéis venir; El os invita.

Debéis venir; El os lo manda.

Debéis venir «ahora», pues «ahora» es el tiempo aceptable.

Cuando una persona sedienta va a un pozo, su sed no es apagada meramente por el hecho de ir; por el contrario, se acrecienta en cada paso que da; es tan sólo por lo que saca del pozo que su sed queda satisfecha. Del mismo modo, no es por el simple ejercicio corporal de esperar en las ordenanzas que tendrás la paz, sino probando a Jesús en las ordenanzas, cuya carne es verdadera comida y cuya sangre es verdadera bebida. — Mc. CHEYNE.

El piloto se acerca al puerto con satisfacción, con la gorra en su mano. Un médico se deleita en que le confíen casos difíciles. Un abogado está contento cuando ha presentado su brillante discurso ante el tribunal y obtiene un veredicto favorable. Del mismo modo, Jesús está gozoso cuando se le utiliza. Jesús desea bendecir y, por lo tanto, dice a cada pecador, como lo dijo a la mujer samaritana: «Dame de beber.» ¡Oh, pensar que podemos satisfacer la sed del Redentor! ¡Pobre pecador, apresúrate a hacerlo!

SERMÓN 18

COMUNION DE CORAZON

> «Y vino a Jerusalén con un séquito muy grande, con camellos cargados de especias y oro en gran abundancia, y piedras preciosas; y cuando vino a Salomón le propuso todo lo que en corazón tenía» (1.° Reyes 10:2).

No es prudente, por lo general, decir a otros todo lo que tenemos en nuestro corazón. Sansón llegó al clímax de su necedad cuando hizo esto con Dalila; sin embargo, si podemos encontrar a un Salomón capaz de solucionar todas nuestras dificultades, puede ser prudente hacer esto.

Nosotros tenemos a uno mayor que Salomón, el Señor Jesucristo, que es la sabiduría encarnada. La equivocación es que con El somos demasiado callados y con los amigos del mundo demasiado comunicativos. Este mal debería ser rectificado.

I. DEBEMOS COMUNICAR A DIOS TODO LO QUE ESTÁ EN NUESTRO CORAZÓN.

    1. Descuidar la comunión con Jesús es una falta de atención, ya que El mismo nos invita a hablar con El. ¿Haremos que nuestro esposo celestial se vea privado de

la comunión de aquellas nuestras almas a quienes El ama?

2. Ocultar cualquier cosa de un amigo tan verdadero, descubre el triste hecho de que tenemos algo malo que ocultarle.

3. La reticencia en cuanto a Jesús es agradada grandemente por nuestra usual disposición a decir todas nuestras preocupaciones a otras personas. ¿Haremos al hombre nuestro confidente y ocultaremos el asunto de nuestro Dios?

II. No NECESITAMOS DETENER NUESTRA COMUNIÓN POR FALTA DE ASUNTOS.

1. Nuestras tristezas. El conoce lo que somos y nos confortará a pesar de ellas, ayudándonos a sacar provecho de ellas y quitándolas al tiempo debido.

2. Nuestros gozos. El los hará sobrios sazonándolos. El gozo sin Jesús es sol sin luz, y perfume sin olor. El gozo sin Jesús sería tan malo como la fiesta del becerro de oro, que provocó el celo del Señor.

3. Nuestros éxitos y fracasos deberían ser referidos al cuartel general de nuestras operaciones. Los discípulos de Juan, cuando éste fue martirizado, tomaron el cuerpo y lo enterraron, y luego fueron a decirlo a Jesús (Mateo 14:12). Los evangelistas de nuestro Señor, cuando vinieron, le refirieron todo lo que habían hecho (Lucas 9:10).

4. Nuestros temores. Temores de caída, de necesidad, de desfallecimiento o de muerte. Mencionar estos temores a Jesús es terminar con ellos.

III. No DEBERÍAMOS CESAR DE COMUNICAR CON ÉL POR FALTA DE RAZONES.

1. ¡Cuán noble y elevado es la comunión con el Hijo de Dios!

2. ¡Cuán consolador y alentador es la comunión con Aquel que ha vencido al mundo!

3. ¡Cuán seguro y provechoso es un andar diario con el Hijo del Hombre bendito para siempre!

4. ¡Cuán propio y natural es para los discípulos hablar con su Maestro y los santos con su Salvador!

Un obrero en tiempo de necesidad se desprendería de todas las cosas menos de sus herramientas, pues perder éstas sería perderlo todo. La lectura de la Palabra de Dios y la oración son los instrumentos del cristiano; sin ellos estamos desahuciados. ¿Cómo es, pues, que cuando el tiempo apremia los olvidamos o los apartamos? ¿No es esto como vender nuestras herramientas?

Hay algo que tengo que hacer y algo que tengo que dejar de hacer: que sea yo, ante todo, perfecto en la oración. — HENRY MARTYN.

La falta de comunión santa es una cosa grave. El verdadero amor es comunicativo; no puede guardar su secreto al amado ni ser impedido de conversar con él. La fe más fuerte es la que más necesita decir, y más plenamente dice, lo que hay en su corazón. ¿Hay algo que no podáis decir a nuestro Señor? Ello demuestra que no hay necesidad o que hay poca fe (Ef. 3:12). «En quien tenemos confianza.» La palabra traducida «confianza» es, en el original, «decirlo todo». — THOMAS BOSTON.

SERMÓN 19

EL DESFALLECIMIENTO DE ELIAS

> «Y él se fue por el desierto un día de camino y vino y se sentó debajo de un enebro; y, deseando morirse, dijo: ¡Basta ya, oh Jehová, quítame la vida, pues no soy mejor que mis padres!» (1.º Reyes 19:4).

Podemos aprender mucho de las vidas de otras personas. Elías mismo no es sólo un profeta sino una profecía. Su experiencia nos enseña mucho.

A veces entramos en una especie de misterioso estado de depresión, y es bueno aprender de la Escritura lo que otros han experimentado al pasar por el Valle de Sombra de Muerte. Los cansados y enfermos de corazón, duramente probados, son propicios a desfallecer; se imaginan que en tal o cual tiempo les ha ocurrido esto o aquello tan extraño e incomprensible, pero no es así. Mirando atrás las pisadas sobre las arenas del tiempo, pueden ver tan sólo las huellas del pie del hombre; pero deben consolarse al saber que no era el hombre, sino los pasos del Señor. Estudiemos este caso:

I. LA DEBILIDAD DE ELÍAS.

1. Era un hombre de iguales pasiones que nosotros (Santiago 5:17).
   Desfalleció en el momento que debía ser más fuerte; como muchos otros santos lo han hecho, Abraham, Job, Moisés, Pedro, etc.
2. Sufrió una terrible reacción. Los que suben mucho también están propensos a bajar. La profundidad de su depresión es igual a la altura de sus victorias.
3. Estaba triste y cansado después de la excitación del Carmelo y la innecesaria carrera al lado del carro de Acab.
4. Su deseo era insensato. «¡Señor, quítame la vida!»
   Estaba huyendo para salvar su vida, y quería morirse; para ello no necesitaba salir al desierto.
   Pero él era más necesario que nunca para mantener la buena causa.
   Es bien raro que uno que huía para escapar de la muerte clamara: «¡Toma mi vida! ¡Quita mi vida!»
   ¡Cuán insensatas son nuestras oraciones cuando nuestros espíritus desfallecen!

II. LA TERNURA DE DIOS HACIA ÉL.

1. Le permitió dormir. Esto era mejor que una medicina o una reprensión interior.
2. Lo alimentó con alimento conveniente.
3. Le permitió contar sus penas (véase vers. 10). Esto es, a menudo, el mejor consuelo. Explicó su caso y así alivió su depresión.
4. Dios se reveló a sí mismo en sus diversos caminos. El viento, el terremoto, el fuego y la voz suave eran voces de Dios. Cuando sabemos lo que Dios es, somos menos turbados por otros asuntos.
5. Le dio buenas nuevas: «Sin embargo, yo haré que queden siete mil en Israel» (vers. 18). De este modo su sentimiento de soledad fue quitado.

6. Le dio más trabajo para hacer: Ungir a otros, por medio de los cuales los propósitos del Señor de castigo e instrucción serían llevados a cabo.

Aprendemos de esto algunas lecciones útiles.

En muy pocos casos se justifica la oración pidiendo muerte. Es un asunto que debemos dejar a Dios. Ni podemos destruir nuestras vidas ni pedir a Dios que lo haga. Tres santos en la Sagrada Escritura pidieron la muerte: Elías, Moisés y Jonás; pero las tres fueron oraciones sin respuesta. Para el pecador nunca es bueno buscar la muerte, pues la muerte para él es el infierno; sella su propia y segura condenación. Pero no es menos equivocado tal deseo en un creyente. ¿Qué oímos en este caso? ¡Elías desfalleciendo y abandonándolo todo! ¡Este heroico espíritu, desolado y postrado! ¡El que osó decir a la cara de Acab: «Eres tú y la casa de tu padre los que turbáis a Israel»; el que podía levantar un muerto, abrir y cerrar los cielos, manejar el fuego y el agua con sus oraciones; el que se atrevió a desafiar a todo el pueblo de Israel y matar a 250 profetas de Baal, le vemos aquí hundirse por el mal ceño y amenazas de una mujer! ¿Pedía que le quitara Dios la vida porque temía perderla? ¿Quién puede esperar una constancia sin mácula de la carne y la sangre cuando vemos a Elías desfallecer?

El santo más fuerte y más valiente sobre la tierra está sujeto a algunos ataques de temor y debilidad. Ser siempre bueno e inmutable es propio tan sólo de los espíritus gloriosos que están en el cielo. Así el sabio y santo Dios tendrá su poder hecho perfecto en nuestra debilidad. Es en vano para nosotros, mientras llevamos esta carne, esperar una tal salud espiritual que no caigamos alguna vez en desajuste moral. No es una cosa nueva para los hombres santos desear la muerte; ¿quién puede, por tanto, censurar y extrañarse del deseo de tal ventaja?

Para el peregrino cansado desear reposo, el prisionero libertad, el desterrado el hogar, es tan natural que la disposición contraria sería monstruosa. El beneficio del cambio es precisamente el motivo de nuestro deseo, pero pedir la muerte por estar hastiados de la vida, por la impaciencia del sufrimiento, es una debilidad inverosímil para un santo. No «basta ya», ¡oh Elías! Dios quiere más trabajo todavía para ti. Tu Dios te ha honrado a ti más que a tus padres, y tendrás que vivir para honrarle más a El. — Obispo Hall.

Elías «levantóse y escapó por su vida», pero mejor habría hecho permaneciendo en su tarea como profeta y responder como Crisóstomo cuando Eudoxia, la emperatriz, le amenazó: «Id y decidle —respondió— que yo no temo nada sino el pecado.» O como Basilio cuando el emperador arriano dijo que aquella disputa significaría su muerte: «¡Ojalá que así sea! —respondió—. Esto me llevará al cielo más pronto.»

Gregorio no titubeó en decir que, porque Elías había empezado a envanecerse con altos pensamientos acerca de sí mismo a causa de los grandes actos que había realizado en el Carmelo, ahora estaba sufriendo este ataque de temor, por la contrariedad que le producía su humillación. Algo semejante vemos en Pedro, asustado por una sencilla criada; nos muestra cuán débiles somos cuando somos dejados a nosotros mismos. — JUAN TRAPP.

¿Quién le había dicho a Elías que ya ¡basta de vivir!? Dios, no; Él sabía que no había bastante para Elías ni de trabajo ni de sufrimiento. Dios tenía más que enseñarle, más que hacer; si el Señor hubiese cumplido su deseo, a la historia de Elías le hubiese faltado su última página, la más gloriosa. — KITTO.

I. LA CAUSA DEL DESALIENTO DE ELÍAS.

1. Relajación de la fuerza física.

2. Falta de simpatía: «He quedado solo.» Tenía que quitar el solo; la soledad de su posición era molesta para Elías.

3. Falta de ocupación. Mientras Elías tuvo trabajo de profeta, duro como era, todo fue a las mil maravillas; pero ahora su trabajo había terminado, según le parecía. ¿Qué tenía que hacer mañana, y pasado mañana, día tras día? La desgracia de no tener nada que hacer proviene de causas voluntarias o involuntarias, según su naturaleza.

4. Desengaño por no haberse cumplido sus esperanzas de éxito. En el Carmelo el gran objeto por el cual Elías vivía pareció llegar a su punto de realización. Los profetas de Baal habían sido muertos, Jehová reconocido unánimemente, la adoración falsa derribada. El deseo que había llenado toda la vida de Elías. La transformación de Israel en el Reino de Dios parecía cumplida. Pero en un solo día todas estas brillantes esperanzas se desvanecieron.

II. EL TRATAMIENTO DE DIOS.

1. En primer lugar, en cuanto a su servidor exhausto de fortaleza. Leed la historia. Le da alimento milagroso; entonces Elías duerme, se despierta y come; con la fuerza de aquella comida anda cuarenta días.

2. El Señor calma su mente turbulenta mediante las influencias de la naturaleza. Manda al huracán barrer el cielo y al terremoto sacudir la tierra. Enciende los cielos hasta parecer una masa de fuego. Todo esto expresa y refleja los sentimientos de Elías. La naturaleza nos hace sentir lo que con palabras no se puede expresar.

3. Además de esto, Dios le hizo sentir la necesidad de la vida. ¿Qué *haces* aquí, Elaís? La vida es para hacer algo. La vida de un profeta mucho más, y el profeta estaba sin hacer nada, sino lamentarse. Esta voz se repite en todos nosotros para levantarnos del letargo, o de nuestro desaliento, o de nuestra postración. «¿Qué haces tú aquí en esta vida tan corta?»

4. Completó la cura asegurándole la victoria. Sin embargo, yo he dejado 7.000 en Israel que no han doblado sus rodillas a los baales; de modo que la vida de Elías no había sido un fracaso, después de todo. — F. W. Ro-BERTSON.

SERMÓN 20

¿DONDE ESTA EL DIOS DE ELIAS?

«Y, *tomando el manto de Elías que se le había caído, golpeó las aguas y dijo: ¿Dónde está Jehová, el Dios de Elías...?*» (2.º Reyes 2:14).

El gran objeto de nuestros deseos es Dios, Jehová, el Dios de Elías; con El todo es floreciente. Su ausencia es desastre y muerte.

Aquellos que entran en alguna obra santa deberían buscar al Dios que estuvo con sus predecesores. ¡Qué misericordia que el Dios de Elías fue también el Dios de Eliseo!, y también será con nosotros. «Pues éste es nuestro Dios por siempre y para siempre, él nos capitaneará hasta la muerte» (Sal. 48:14).

No necesitamos antigüedades para el pasado, ni novedades para el presente, ni maravillas para el futuro; sólo necesitamos al Dios Trino —Padre, Hijo y Espíritu Santo— y veremos entre nosotros maravillas iguales a las del tiempo del Dios de Elías. «¿Dónde está el Señor de Elías?» El antiguo manto usado con fe en el mismo Dios partió las aguas, aquí y allá. El poder está donde acostumbra estar.

I. La pregunta convertida en oración.

En nuestros días nuestra única necesidad es el Dios de Elías.

1. El Dios que le guardó fiel debe mantenernos firmes, aunque fuéramos dejados solos en la verdad (1.ª Corintios 1:8).

2. El Dios que levantó a un muerto por medio de él debe hacernos levantar a los hombres muertos en sus pecados (1.º Rey. 17:22).

3. El Dios que le dio alimento para un largo camino debe hacernos aptos para el peregrinaje de la vida y preservarnos hasta el fin (1.º Rey. 19:8).

4. El Dios que dividió el Jordán para el profeta, no nos faltará cuando nosotros crucemos nuestro Jordán para entrar en la Canaán celestial (2.º Rey. 2:8).

II. La pregunta contestada.

El Dios de Elías no ha muerto, ni duerme, ni está de viaje.

1. Está todavía en el cielo mirando a sus escogidos; puede que éstos tengan que esconderse en cuevas, pero el Señor sabe que son suyos.

2. Tiene todavía que ser movido mediante la oración para bendecir una tierra sedienta.

3. Es todavía poderoso para guardarnos fieles en medio de la generación infiel, a fin de que no doblemos nuestras rodillas a Baal.

4. Va a venir con venganza. ¿No oís las ruedas de su carro? El arrebatará a su pueblo.
   ¡Cuán bueno es tener su presencia y ser ceñidos con su fortaleza!

¡Vivid de tal modo que nunca más tengamos que hacer tal pregunta!

«¡Dios de la reina Clotilda!», gritó el infiel Clovis I de Francia cuando se halló en apuros sobre el campo de batalla: «¡Dios de la reina Clotilda, concédeme la victoria!» ¿Por qué no llamó a su propio Dios? Se cuenta también de Saunderson, un gran admirador de Sir Isaac Newton, quien le había hablado del Evangelio cuando estaba en salud, que se le oyó decir con acento desesperado en su lecho de muerte: «Dios de Sir Isaac Newton, ten misericordia de mí.» ¿Por qué cambiar de Dios a la hora de la muerte? — *Charlas a los jóvenes,* por el Revdo. Daniel Baker.

El Dios de Elías le dio a Eliseo por un poco de tiempo la experiencia de lo dulce que es depender del Señor y de las misericordias de su bendición (1.° Rey. 17:16); pero ¿dónde está el Dios de Elías en aquel tiempo cuando todo parece haber sido arrebatado y de ningún efecto? Nuestra mesa está cubierta; sin embargo, nuestras almas están hambrientas. Nuestras bendiciones se parecen, a veces, a una nube matinal que oscurece la faz de los cielos prometiendo una grande lluvia, pero pronto se disipa convirtiéndose en una nube tan pequeña como la palma de la mano, que no vale para nada; sin embargo, esta generación está cegada por los medios que tienen probabilidades. ¡Ah!, ¿dónde está el Dios de Elías?

El Dios de Elías le dio valentía para hacer frente a la más insolente maldad de la generación en que vivía, aunque era una de las peores. Esto aparece particularmente en su encuentro con Acab (1.° Rey. 18:1).

¿Dónde está el Dios de Elías ahora, cuando las iniquidades de nuestro tiempo encuentran tan poca resistencia, y un rostro firme por Dios, una lengua hábil para hablar por El, y un corazón dispuesto a orar son tan necesarios? Los pecadores mundanos, aunque sostienen una mala causa, la prosiguen valientemente; pero, ¡ay!, el pueblo de Dios se avergüenza de su nombre por cobardía y teme comprometerse en ello. Si Dios no nos da otro espíritu más apto para nuestros días, traicionaremos nuestra confianza y traeremos maldición a la generación que nos sigue.

El Dios de Elías le hizo experimentar el prodigioso hecho de que podía ir tan lejos con una sola comida (1.° Reyes 19:8). ¿Pero dónde puede experimentarse tal cosa en el terreno espiritual si son tan menguadas las comidas espirituales que actualmente recibimos? Sin embargo, ¡cómo lo necesitamos! El Señor parece estar diciendo a su pueblo: «Levántate y come, pues gran camino te resta»; y ¿quién sabe las dificultades que experimentaremos en tal viaje? Hay algunos cristianos que puede tengan que pasar literalmente muchos días antes de conseguir otra comida espiritual. ¡Oh, que haya más poder alimenticio en la doctrina predicada entre nosotros!

El Dios de Elías le quitó las dificultades cuando él mismo no podía hacer nada. El Jordán dividido. Del mismo modo, Pedro vio la puerta de hierro abierta ante él, por sí sola; pues cuando el Señor toma la obra en su mano, por desesperada que sea la situación, todo irá bien. — THOMAS BOSTON.

SERMÓN 21

LOS OJOS ABIERTOS

«Y oró Eliseo, y dijo: Te ruego, oh Jehová, que abras sus ojos para que vea. Entonces Jehová abrió los ojos del criado y miró; y he aquí que el monte estaba lleno de gente de a caballo, y de carros de fuego alrededor de Eliseo» (2.° Reyes 6:17).

I. EL OJO NATURAL ESTÁ CIEGO A LAS COSAS CELESTIALES.

Dios está en todas partes; sin embargo, el pecado ha cegado los ojos de los hombres para que no le vean.

Los mismos hombres son malos, culpables, caídos; sin embargo, no ven sus propias heridas, contusiones y llagas putrefactas.

Esta falta de discernimiento espiritual hace al hombre innoble.

Sansón, ciego, es un triste espectáculo; de juez de Israel se hunde hasta ser un esclavo en Filistea.

La ceguera espiritual mantiene a la persona contenta con este mundo, no permitiéndole ver cuán poca cosa es; por tal razón se esfuerza, y peca, y sacrifica el cielo.

Esto pone a los hombres en peligro: «Si un ciego guía a otro ciego, ambos caerán en el hoyo» (Mat. 15:14).

II. Sólo Dios PUEDE ABRIR LOS OJOS DEL HOMBRE.

Nosotros podemos guiar a los ciegos, pero no podemos hacer que vean.

Podemos poner la verdad delante de ellos, pero no podemos abrir sus ojos; esta obra pertenece a Dios sólo.

Algunos usan ojos artificiales, otros utilizan anteojos, o cristales de color, pero todo es vano cuando los ojos son ciegos. La curación es sólo del Señor.

Dar la vista a un ciego es lo mismo que crear; ¿quién puede hacer un ojo? En el pecador la facultad de la visión espiritual ha desaparecido.

El hombre ha nacido espiritualmente ciego, su ceguera es parte de sí mismo (Juan 9:32).

Satanás engañó a nuestros padres en el Edén diciendo: «Serán abiertos vuestros ojos, y seréis como dioses» (Génesis 3:5).

III. Nosotros PODEMOS ORAR PARA QUE Dios ABRA LOS OJOS DE LOS HOMBRES.

Debemos clamar: «Señor, te ruego, abre sus ojos para que vea.»

1. Cuando les oímos inquirir por el Evangelio deberíamos inquirir a Dios por ellos. Su oración debería atraer la nuestra.

2. Las oraciones de otros cristianos fueron eficaces para nosotros; por tanto, debemos pagar esta bendición al gran tesoro de la Iglesia.

3. Glorificará a Dios abrir sus ojos; oremos con gran expectación, creyendo que El honrará a su Hijo.

IV. Dios ABRE LOS OJOS DE LOS HOMBRES.

1. El lo ha hecho en muchas ocasiones. Observad los muchos milagros sobre ciegos obrados por el Señor.

2. El puede abrir vuestros ojos. Son muchas las formas de ceguera, pero todas están comprendidas en la gran afirmación: «El Señor abre los ojos de los ciegos» (Salmo 146:8).

V. Aun AQUELLOS QUE VEN NECESITAN MÁS VISTA.

1. Hay mucho más para ver en las Escrituras. «Abre mis ojos y miraré las maravillas de tu Ley» (Sal. 119:18).

2. En las grandes doctrinas del Evangelio hay mucha luz latente.

3. En Jesucristo mismo hay muchas glorias ocultas. «Señor, quisiéramos ver a Jesús» (Juan 12:21; Heb. 2:9).

Una de las condiciones más tristes de la criatura humana es leer la Palabra de Dios con un velo sobre el corazón, pasar por encima de todos los maravillosos testimonios de gracia y amor redentor que las Escrituras contienen, con los ojos del alma cegados. Y es triste también, si no tan censurable, pasar por encima de las obras de Dios, vivir en un mundo de flores, estrellas y puestas de sol y mil objetos gloriosos de la naturaleza y no tener ningún interés para descubrir a su Autor. — DEAN GOULBOURN.

SERMÓN 22

MEDIAS TINTAS

«... No temiendo al Señor.»
«Temían a Jehová y honraban a sus dioses...»
«Hasta hoy hacen como antes, ni temen al Señor»
(2.° Rey. 17:25, 33, 34).

Hay necesidad de advertencia acerca de lo falso, así como exhortación a lo verdadero. La conversión, que es un cambio divino, es imitada, y lo espúreo aparece bajo etiqueta de verdadero. Esto responde al propósito del maligno en muchas formas: Alivia la conciencia de los que tienen una mente doble el adulterio de la iglesia, perjudica su testimonio y deshonra la verdadera religión.

I. SU PRIMER ESTADO. «Ellos no temieron al Señor.»

1. Tenían poca religión, o ninguna.

2. Pero estaban cerca de gente que temía a Dios, y cerca del rey Ezequías, bajo el cual había tenido lugar un despertamiento. Esta influencia creó mucha religiosidad.

II. SU VERGONZOSA CONVERSIÓN. «Ellos temieron al Señor.»

1. Fueron llevados a este paso tan solamente por el temor; los «leones» se volvieron evangelistas, y sus dientes fueron agudos argumentos.

2. Fueron instruidos por un sacerdote infiel; uno de aquellos que había practicado el culto a un becerro, y fallaron en cuanto a reprenderle por su amor a los dioses falsos. Estas personas son muy peligrosas.
3. Su conversión era radicalmente defectuosa a causa de que:
No había habido arrepentimiento.
No se ofrecía sacrificio expiatorio sobre el altar de Dios. Los falsos dioses no fueron quitados (vers. 29); mientras el pecado reina la gracia está ausente. No rindieron obediencia a Dios.
Aun su adoración era adoración a su capricho. «Temiemieron al Señor y *sirvieron* a sus propios dioses.» Una distinción muy significativa.
Al borracho religioso, vedle llorar, oídle hablar; tiene temor de Dios, pero sirve a Baco.
Lo santo es escarnecido. Tiene «una fe salvadora».

III. Su ESTADO REAL. «Ellos no temían al Señor.»
1. No le temían como el único Dios.
2. Obrando así demostraban que no eran suyos. Ved la historia posterior de aquellos samaritanos en el libro de Nehemías.
En la conversión real debe haber:
Rompimiento de los ídolos. El pecado y el yo propio deben ser abandonados.
Concentración. Nuestro único Dios debe ser adorado y servido.

SERMÓN 23

LA LECCION DEL ARCA

«Y David y todo Israel se regocijaban delante de Dios con todas sus fuerzas» (1.º Crón. 13:8).
«Y David temió a Dios aquel día» (1.º Crónicas 13:12).
«David, y los ancianos de Israel, y los capitanes de millares, fueron a traer el arca del pacto de Jehová... con alegría» (1.º Crón. 15:25).

Lo recto debe ser hecho de una manera recta o sería un fracaso. En este caso el fracaso fue una cosa triste, pues Uza murió y el arca tuvo que ser guardada en casa de Obed-edom.

I. El FALLO. Primer texto. 1.º Crón. 13:8.

Había aquí grandes multitudes, pero las multitudes no aseguran la bendición.

Había pomposo cántico, arpas, trompetas, etc.; sin embargo, terminó en lloro. Las grandes ceremonias no son garantía de gracia.

Había energía; «hicieron alegrías delante de Dios con todas sus fuerzas».

No era una adoración triste y somnolienta, sino brillante y viva, y, sin embargo, todo ello fue un fracaso.

No había sacrificio. Este fue un defecto fatal; pues ¿cómo podemos servir al Señor aparte del sacrificio?

II. El TEMOR. Segundo texto. 1.º Crón. 13:12.

La terrible muerte de Uza causó gran temor. Del mismo modo el Señor mató a Nadab y a Abiu por ofrecer fuego extraño, y a los hombres de Betsemes por mirar con curiosidad el arca.

Su propio sentimiento de indignidad le hizo clamar: «¿Cómo traeré yo el arca de Dios a mi casa?»

Algunos toman la santidad de Dios y lo estricto de sus leyes como una excusa para el descuido y la depravación.

Otros, empero, son vencidos por un santo temor; y se detienen un poco hasta estar preparados para el servicio santo.

III. El GOZO. Tercer texto. 1.º Crón. 15:25.

1. Dios bendijo a Obed-edom. Aquellas gentes humildes convivieron con Dios y, sin embargo, no murieron.
2. La preparación debida fue hecha seriamente por David.
3. Se tuvo en consideración la mente del Señor (vers. 15).
4. Los sacerdotes estaban cada uno en su lugar. Los hombres y los métodos deben ser regulados por Dios (versículo 14).
5. Fueron ofrecidos sacrificios (vers. 26). El grande y perfecto sacrificio siempre debe estar al frente y en el primer lugar en todas nuestras actitudes y actividades.

El cumplir un deber santo de manera equivocada altera su naturaleza y lo convierte en pecado. De aquí que «altivez de ojos, y orgullo de corazón, y pensamiento de los impíos, son pecado» (Prov. 21:4). Asimismo, la oración es contada como aullido sobre sus camas (Oseas 7:14). La comunión indigna es contada como no participar de la mesa del Señor (1.ª Cor. 11:20).

Si una casa es edificada con madera fuerte y buenas piedras, pero no tiene buenos fundamentos, o sus paredes no están a plomo, sus habitantes pueden maldecir el día en que se pusieron bajo su techo.

Los deberes realizados de una manera indigna no son sino una mitad del servicio que debemos al Señor, y también la peor mitad. — Thomas Boston.

Sermón 24

ROBOAM NO PREPARADO

«E hizo lo malo, porque no dispuso su corazón para buscar a Jehová» (2.° Crón. 12:14).

Este es el resumen de la vida de Roboam; no era tan malo como algunos, pero hizo lo malo en varias formas, no tanto de propósito como por descuido.

Los malos efectos del pecado de su padre y la idolatría de su madre aparecieron en el hijo; sin embargo, hubo otra causa que se llama: falta de preparación de su corazón.

I. No empezó su vida sirviendo al Señor.

    1. Lo que comienza sin Dios termina siempre en fracaso (2.° Crón. 10:1).

    2. Los que rechazan la sabiduría divina generalmente rehúsan también la sabiduría de los demás (2.° Crón. 10:8).

    3. No tenía la sabiduría de su padre. ¿Cómo podía obrar prudentemente y prosperar si no era guiado por el Señor? (2.° Crón. 10:13, 14).

II. No era firme y perseverante en buscar al Señor.

    1. Por tres años su lealtad a Dios le hizo prosperar, trayendo a Judá todo lo mejor del pueblo que había oído de la adoración a Jehová (2.° Crón. 11:13, 17); sin embargo, olvidó al Señor que le había dado esta prosperidad inicial.

    2. Se hizo orgulloso, y Dios le castigó poniéndole bajo la mano de Sisac (vers. 5).

    3. Se humilló y fue perdonado; sin embargo, despojó la casa del Señor para dar soborno al rey de Egipto.

4. No realizó grandes reformas y no celebró la Pascua a pesar de que confesó: «el Señor es recto» (vers. 6).

III. No TUVO CUIDADO EN BUSCAR AL SEÑOR DE TODO CORAZÓN.

Ningún hombre es bueno por casualidad; nadie es justo si no se ha propuesto serlo. Sin corazón la volición muere.

La clase de preparación requerida en mi caso para ser diligente y aceptable en buscar al Señor mi Dios, es:

Sentir y confesar mi necesidad de Dios en la totalidad de mi vida, o bien clamar a El por ayuda y sabiduría.

Rendirme a su dirección y no seguir el consejo vano de las personas ni avergonzar a los que están alrededor mío.

Ser ansioso en buscar lo recto en todas las cosas. Escudriñar las Escrituras y buscar, por la oración, saber lo que debo hacer.

Servir al Señor cuidadosa y ardientemente; no dejando las cosas al azar, a la pasión, a la moda o al capricho.

Ser confirmado por el poder del Espíritu Santo, tener una unión vital con el Señor Jesús.

El predicador estudia su discurso cuidadosamente, aunque es un trabajo que no va a durar ni siquiera una hora; y en cuanto al sermón de la vida, ¿no lo consideraremos digno de atento estudio y consideración? Una vida santa es una obra de arte mucho más valiosa que la mejor pintura o estatua; ninguno de nosotros puede producirla sin pensarlo bien. Un buen poeta tiene que estar en lo mejor para producir un poema inmortal; sin embargo, podrá componerse en total de unas pocas líneas. Que ninguno de nosotros piense que el más grande poema de una vida santa puede salir de un modo improvisado.

SERMÓN 25

PETICION DE AYUDA Y EXPRESION DE ALABANZA

«Y se reunieron los de Judá para pedir socorro a Jehová; y también de todas las ciudades de Judá vinieron a pedir ayuda a Jehová» (2.º Crónicas 20:4).

La repentina noticia de una gran invasión vino a Josafat, y, como verdadero hombre de Dios, se puso inmediatamente a buscar al Señor y proclamó ayuno general. La gente vino rápidamente y toda la nación clamó ardientemente al Señor por ayuda.

I. CÓMO PIDIERON ELLOS AYUDA.

Expresaron su confianza (vers. 6).
Recordaron los hechos pasados de ayuda del Señor (vers. 7).
Confesaron su condición. Reconocieron que no tenían:
Ningún poder. «No tenemos fuerzas contra esta gran compañía.»
No tenían plan. «Ni sabemos lo que tenemos que hacer» (vers. 12).
Entonces levantaron sus almas a Dios. «Nuestros ojos están sobre ti.»
¿A dónde podían mirar ellos con más seguridad?

II. CÓMO LA RECIBIERON.

Por una renovada seguridad. «El Señor estará con vosotros» (vers. 17).
Clamando sus temores. «No tengáis temor.»
Exhortándoles a practicar una mayor fe (vers. 20).
En una dirección distinta (vers. 16).

III. CÓMO OBRARON AL RECIBIR ESTA AYUDA.

A ellos adoraron. Con una expresión de verdadera reverencia el rey y el pueblo se inclinaron ante Jehová (vers. 18).
La verdadera oración nos equipa para la batalla.
Ellos adoraron, antes recibieron misericordia. Leed el versículo 21.
Vieron cumplida la promesa del Señor (vers. 24).
Bendijeron al Señor (vers. 26).
Tuvieron reposo (vers. 30).
¿No hay motivo para reunirnos nosotros ahora con el fin de rogar contra los mohabitas, monitas y edomitas de la superstición, la mundanalidad y la incredulidad?

Este capítulo, que empieza con gran peligro, temor y tribulación, termina con gozo, alabanza, quietud y reposo. Dos palabras aparecen a través de todo él —ALABANZA y ADORACIÓN—, hermanas gemelas que siempre deben ir juntas. Una palabra las une aquí: FE.

BUENA CAUSA PARA UN GRAN CELO

«Siendo que nos mantienen del palacio, no nos es justo ver el menosprecio del rey, por lo cual hemos enviado a hacerlo saber al rey» (Esdras 4:14).

Había en la tierra ciertas personas, mitad judíos mitad paganos, que querían juntarse con los judíos en la construcción de Jerusalén. Estos lo rehusaron y aquéllos, enojados, escribieron al rey Artajerjes que los judíos eran un pueblo turbulento y que por gratitud le escribían para advertírselo.

Todo esto era falso; pues a menudo los hipócritas emplean las mejores palabras para cubrir sus engaños. Sin embargo, tomad estas palabras de estas falsas bocas y ponedlas en vuestra boca y la mía y entonces serán bien adecuadas para aplicarlas al gran Rey de reyes.

I. Un hecho reconocido.

«Nos mantienen del palacio.»
Nosotros tenemos una nueva vida y, por tanto, nuevas necesidades, nueva hambre y sed, y Dios satisface estas necesidades de su propio palacio.

1. Tenemos una porción infaltable.
Han venido tiempos de necesidad, pero la indispensable ayuda ha venido también.

2. Tenemos una porción que satisface el alma.
Un alma que recibe lo que Dios da, tiene suficiente para lo que necesita y aun para lo que pueda necesitar. No hay nada en el mundo digno de envidiar. Cuanto más tiene una persona tanto peor, pero tanto más tendrá que dejar.

II. Un deber reconocido.

«No nos es justo ver el menosprecio del rey.»
Buen modo de razonar por nuestra parte. ¿Cuáles son las cosas que pueden menospreciar a Dios en nuestras vidas?

1. Nosotros mismos. ¿Estás haciendo algo que deshonra a tu Dios, en el hogar, en tu negocio o en la vida social?

2. Nuestros amados. Los padres no deben tolerar nada en aquellos sobre los cuales tienen autoridad que traiga deshonor a Dios. Recordad el caso de Elí.

3. Mutilar o mal representar su Palabra. Siempre debemos expresar nuestra protesta contra las falsas doctrinas.

III. EL PROCESO A SEGUIR.

«Por lo cual hemos enviado a hacerlo saber al rey.» ¿Cómo lo haremos? Es un santo ejercicio por parte de los santos el hacer saber al Señor los pecados y tristezas que observan entre el pueblo, las blasfemias, la falsa enseñanza, la necia sofistería.

Después que aquellas gentes hubieron enviado noticias al rey se esforzaron en convencerle. Es una pobre oración la que no se hace ardiente plegaria. Juan Knox clamó una y otra vez en oración: «¡Dame Escocia o me muero!»

Recuerdo la observación de un doctor unitario que, en este caso, creo que tenía razón. Dijo de cierto calvinista que hablaba duramente contra los unitarios: «Muy bien, es lo que debe hacer; porque si el Calvinismo es la verdad, los unitarios no somos cristianos, pero si los unitarios tenemos razón, los calvinistas son unos idólatras, porque adoran a un hombre que no es hijo de Dios.»

«Nosotros no podemos impartir nuevos corazones a nuestros hijos, pero podemos ver que no haya nada dentro de nuestras puertas que sea contrario al Evangelio de Jesucristo. Os encargo de inspeccionar bien. Decís que no podéis controlar a vuestros hijos. Si así es, el Señor tenga misericordia de vosotros. Es vuestra responsabilidad y debéis hacerlo, de otro modo os encontraréis conque muy pronto ellos os gobernarán a vosotros.»

SERMÓN 27

ARDIENTE DESEO

«Te ruego, ¡oh Jehová!, esté ahora atento tu oído a la oración de tu siervo, y a la oración de tus siervos, quienes desean reverenciar tu nombre; concede ahora buen éxito a tu siervo y dale gracia delante de aquel varón. Porque yo servía de copero al rey» (Nehemías 1:11).

Nehemías creía que había otros que oraban juntamente con él; no era tan ciego, obstinado y poco caritativo hasta el punto de pensar que tan sólo él amaba la casa del Señor y oraba por ella. Creía que el Señor tenía muchos servidores suyos orando, además de él. Era más optimista que Elías (1.º Reyes 19:10, 18).

I. Esto incluye a todos los que tienen una religión verdadera.

1. La verdadera piedad es siempre asunto de deseo. No de costumbres, moda, hábito, entusiasmo, pasión o casualidad.

2. Cada detalle de la verdadera piedad es asunto de deseo. El arrepentimiento, la fe, el amor, etc. Ninguna de estas cosas pueden hallarse en la persona que no desea tenerlas.

La oración, la alabanza, el servicio, la limosna y todos los hechos buenos son deseos del corazón. ¡Oh, que los tales abunden en nosotros!

Lo mismo puede ser dicho del cielo, la resurrección y las glorias futuras del reinado de Cristo sobre la tierra. Los hombres buenos, como Daniel, son hombres de deseos (Dan. 9:23).

El deseo es la vida y sangre de la piedad, el origen de la santidad, la aurora de la gracia y la promesa de perfección.

II. Esto incluye muchos grados de gracia.

1. Aquellos que desean ardientemente, y de todo corazón, estar en paz con Dios hasta el punto de no atreverse a pensar que son salvos. Estos siempre están deseando.

2. Los que saben que temen a Dios pero desean tenerle más. Algunos de los mejores hombres son de este orden.

3. Los que se deleitan en los caminos de Dios y anhelan permanecer en ellos todos los días. Nadie persevera en la santidad a menos que lo desee. Los ardientes deseos producen un andar cauteloso, y por el Espíritu de Dios consiguen una vida consecuente.

Todas estas personas pueden orar de un modo aceptable; ciertamente están orando siempre, pues los deseos son verdaderas oraciones.

Necesitamos las oraciones de estas personas, así como las de los creyentes más avanzados. La infantería es la parte más considerable del ejército; si nadie más orase sino los grandes creyentes, el tesoro de la oración sería muy escaso.

Finalmente, OREMOS AHORA todos nosotros; grandes y pequeños, oremos en el Espíritu Santo y sostengamos de este modo a nuestros pastores, misioneros y otros obreros quienes, como Nehemías, dirigen e santo servicio.

Cuando Napoleón volvió de la isla de Elba un jardinero reconoció al emperador y en seguida le siguió. Napoleón le saludó alegremente diciendo: «Aquí tenemos a nuestro primer recluta.» Cuando una persona empieza a orar por nosotros, por débiles que sean sus oraciones, debemos darle la bienvenida; el que ora por mí me enriquece.

Los granos de arena y las gotas de la lluvia combinadas cumplen los mayores objetivos. Puede haber más oración verdadera en una pequeña reunión de oscuros creyentes que en una gran asamblea donde todo es hecho con más habilidad que ardiente deseo.

Que nunca vuestro pastor pierda su libro de oración. Debería estar escrito en los corazones de su gente. Si no podéis predicar o dar con abundancia, o ser oficiales de una iglesia, podéis, por lo menos, orar por ella sin cesar.

SERMÓN 28

LA EXALTACION DE ESTER O ¿QUIEN SABE PARA QUE...?

«¿Y quién sabe si para esta hora has llegado al reino?» (Ester 4:14).

No malgastemos el tiempo en generalidades, sino vengamos al terreno personal. Podemos decir con razón que cada iglesia cristiana, o cada individuo, tiene su tiempo señalado en el propósito de la divina misericordia. Si la lámpara arde, aun cuando esté en un candelero de oro, no es encendida para iluminarse a sí misma, sino para que ilumine a todos los que están en la casa. Para que esto tenga lugar en nosotros son necesarias tres cosas.

I. LA PRIMERA CONDICIÓN ES «ESCUCHA».

1. *Escucha una pregunta.* ¿Separarás tus propios intereses de los de tu pueblo y tu Dios? ¿Te atreverás a decir

«yo tengo que mirar por mi propia salvación, pero no ha de pedírseme que trate de salvar a los demás? Si tienes tal espíritu no digo que *serás* perdido, sino que *estás* ya perdido.

¡Oh profesante servidor de Dios, pastor, diácono o miembro particular de alguna iglesia, tú perecerás si empiezas a vivir solamente para ti mismo!

2. *Escucha lo que Dios puede hacer sin ti.* Respiro y libertad dará Dios a su pueblo por otro conducto, si no viene por nosotros. El gran propietario de la viña tendrá fruto al final del año, y si algún árbol no lo produce lo cortará.

II. EL LLAMAMIENTO ACTUAL ES «CONSIDERA».

1. *Considera por qué el Señor te ha traído al lugar donde estás.* ¿Te has puesto tú allí tú mismo? Si Dios es quien ha trazado tu vida, ¿lo ha hecho para que puedas entregarte a tu propia complacencia?

Nosotros somos miembros de un cuerpo, y Dios obra con nosotros en este plan. No bendice la mano por razón de la mano misma, sino por amor a todo el cuerpo. Sois salvados para que podáis salvar; sois enseñados para que podáis enseñar.

2. *Considera los talentos con los cuales has sido dotado para la obra del Señor.* Te ha sido otorgada alguna facultad para una cierta obra en la cual quizá nadie es tan apto como tú; eres una llave para alguna cerradura a la que nadie puede adaptarse tan bien.

Que cada uno sienta que ha llegado a su pequeño reinado en la vida para oportunidades como las que te rodean. Tú y tu obra se adaptan; Dios las ha juntado, que ningún hombre las separe.

III. LA TERCERA CONDICIÓN ES «ASPIRA».

Levántate a la mayor altura posible. Cumple tu llamamiento en el más alto grado; haz, no solamente aquello que estás seguro puedes hacer, sino desea algo que está todavía más arriba de tus posibilidades. Dite a ti mismo: «¿Quién sabe?»

1. *Quién sabe el límite de tus propias posibilidades para Dios.* Aunque no seas nada más que un cero el Señor puede hacer algo de ti. Pon un uno delante de un cero y será diez. Pon dos o tres ceros dispuestos a servir al

Señor, y si el Señor Jesús se pone delante, serán decenas de millares.

En tiempos oscuros Dios enciende lámparas que desvanecen las tinieblas.

Cuando Luis Napoleón estaba encerrado en la fortaleza de Ham y todos ridiculizaban sus insensatos propósitos de ser rey de Francia, se dijo a sí mismo: «¿Quién sabe? Soy el sobrino de mi tío, y puedo todavía sentarme sobre el trono imperial.» Y así fue antes de que pasaran muchos años. ¿Quién sabe? ¿Sabe alguien lo que Dios puede hacer para ti y por medio de ti? ¿Conoce alguien las facultades que dormitan en tu seno?

Carga tu cañón con pedazos de roca o piedras del camino si no tienes nada más a mano, pon suficiente pólvora y aplícale el fuego. Cuando no tengas nada más que arrojar al enemigo, ponte en el cañón tú mismo.

Había un hombre que luchaba en la Casa de los Comunes por lo que consideraba un gran beneficio para los marinos, pero no podía hacerse escuchar. Por fin, rompiendo todas las reglas de la etiqueta parlamentaria, se puso a gritar como un loco, y cuando todos pensaban que el hombre iba a desmayarse o a morir, dijeron: «Tenemos que hacer algo», y así es como fue aprobada la ley.

Un entusiasmo que te ponga fuera de ti mismo es poder para otros. No fracases por falta de fervor. No te importe si las gentes piensan que estás loco. Cuando tú estés fuera de ti por la inundación de tu celo barrerás toda oposición. Cuando parezcas fanáticamente loco o absorbido por tu pasión para la gloria de Dios, la salvación de las almas, la difusión de la verdad y el bien de las masas caídas, serás entonces, verdaderamente, el más cuerdo y el más poderoso.

Sermón 29

LA PREGUNTA DEL AFLIGIDO

«¿Por qué se da vida al hombre que no sabe por dónde ha de ir, y a quien Dios ha encerrado?»
(Job 3:23).

El caso de Job fue de tal naturaleza que la misma vida se le hizo aborrecible y se preguntaba por qué tenía que mantenerse vivo para sufrir. ¿No podía la misericordia de Dios permitir que muriera? La vida es lo más precioso; sin embargo, a veces, llegamos al punto de preguntarnos por qué nos es dada.

I. LAS CIRCUNSTANCIAS QUE PROVOCAN LA PREGUNTA.

1. Se halla en medio de una tribulación muy profunda, tan profunda que no puede ver el fondo de ella. No puede percibir ninguna base de consuelo, ni en Dios ni en los hombres. Se encuentra «encerrado».

2. No puede ver ninguna causa o motivo para tal aflicción; no ha cometido ningún pecado especial; no parece posible que haya en ello ningún motivo de bien.

3. No sabe qué hacer, tomar paciencia es duro; creer que hay algún propósito en tal aflicción es difícil, la confianza es escasa y el gozo más allá de todo alcance; la mente se encuentra en profunda oscuridad. El misterio produce inquietud y dolor.

4. No puede ver el camino de salida (Ex. 14:3).

II. LA PREGUNTA EN SÍ MISMA: «¿Por qué se da vida?», etc.

1. Es una pregunta impertinente. Significa una exaltación del juicio humano. La ignorancia se muestra arrogante.

2. Repercute contra Dios. Insinúa que sus caminos necesitan explicación, que son irrazonables, injustos, insensatos o duros.

III. RESPUESTAS QUE PUEDEN SER DADAS A ESTA PREGUNTA.

1. En cuanto al impío las respuestas son evidentes. Es misericordia el que se le prolongue la luz de la vida, pues le preserva de peor sufrimiento. Para el tal, desear la muerte significa el infierno, excepto que el amor de Dios le llame al arrepentimiento.
Es amor de Dios que te llama a arrepentirte, si te hallas en tal situación. Cada tristeza tiene el propósito de encaminarte a Dios.

2. Para la persona piadosa hay, sin embargo, todavía más razones evidentes.
Tus pruebas son para:
Hacerte ver todo lo que hay en ti. En el profundo dolor del alma es cuando descubrimos de qué hemos sido hechos.
Traerte más cerca de Dios. Sus aguijones te empujan

hacia Dios; las tinieblas te hacen acercar más a El; la continuación de la vida es para hacer que la gracia crezca; como un ejemplo para otros. Algunas personas han sido escogidas como monumentos de los tratos especiales del Señor. Como una especie de faros a otros marineros de la vida.

Engrandecer la misericordia de Dios. Si nuestro camino fuera siempre brillante no podríamos dar testimonio del poder consolador y liberador del Señor.

Aunque los hombres a veces desean la muerte y les parece que les sería un gran alivio, puede serles la mayor calamidad posible. Pueden no estar preparados. Para un pecador la tumba no trae reposo; la vida venidera no le provee consuelos. Uno de los propósitos de Dios puede ser mostrar a los malos cuán intolerable será su aflicción futura y cuán importante es para ellos estar listos para morir. Si no pueden soportar más las penas y tristezas de unas pocas horas en esta corta vida, ¿cómo soportarán el sufrimiento eterno? Si es tan deseable ser librado de la tristeza del cuerpo aquí que la tumba sería, a pesar de todo, un lugar de reposo, cuán importante es encontrar algún medio para asegurar la liberación de los padecimientos eternos.

El verdadero lugar de liberación para un pecador no es la tumba, sino la misericordia de Dios. En aquel puro cielo al cual es invitado por la sangre de la cruz. Sí; este lugar santo, el cielo, será nuestro reposo ideal del sufrimiento del pecado. Y el cielo será tanto más dulce en proporción al dolor que hayamos sufrido sobre la tierra. — ALBERT BARNES.

SERMÓN 30

LA RENDICION DEL PECADOR A SU GUARDADOR

«Si he pecado, ¿qué puedo hacerte a ti, oh Guarda de los hombres?» (Job 7:20).

Job podía defenderse delante de los hombres, pero usaba otro tono cuando se inclinaba ante el Señor. Allí exclamó: «He pecado.» Las palabras más propias para un santo afligido, pues fueron expresadas por un hombre muy perfecto. Pero pueden ser usadas también por el pecador penitente, y en esta ocasión las emplearemos para tal objeto.

I. Una confesión: «He pecado.»

En algunos casos esto no es más que una confesión hipócrita, como en los ejemplos de Judas, Saúl y Balaam. ¿No ocurre que muchas personas se llaman a sí mismas miserables pecadores y, sin embargo, son miserables burladores? Pero en el caso de Job, que tenía un corazón recto, su confesión era sincera.

1. Era una confesión personal. «He pecado.» Sea lo que fuere que otros hayan hecho, no vale justificarse con su ejemplo.

2. Era una confesión al Señor. Dirige su confesión, no a otro hombre, sino al Guarda de los hombres.

3. Fue una confesión provocada por el Espíritu Santo. Ved el versículo 18, donde atribuye sus penas a visitación de Dios.

4. Era una confesión sentida, a la que llegó rápidamente. Leed todo el capítulo. El tener que confesar «he pecado», es bastante para marcar el alma con la marca de Caín y anticipar las llamas del infierno.

5. Era la confesión de un creyente, mezclada con incredulidad acerca de otros puntos. Job mantenía su fe en el poder de Dios para perdonar. Una confesión incrédula puede aumentar el pecado.

II. Una pregunta: «¿Qué puedo hacerte a ti?»

En esta pregunta vemos:

1. Su voluntad de hacer algo. Cualquier cosa que el Señor pudiera pedirle; lo que prueba su anhelo.

2. Su confusión; no sabía qué ofrecer o dónde volverse; sin embargo, sentía que tenía que hacer algo.

3. Su rendición incondicional. No hace condiciones; sólo ruega al Señor que presente las suyas.

III. Un título adecuado: «¡Oh Guarda de los hombres!»

Eres observador de los hombres, parece decir; por tanto, conoces bien mi caso, mi miseria, mi confesión, mi deseo de perdón, mi absoluta impotencia.
Guarda de los hombres.
Por su infinita paciencia, absteniéndose de castigarlos.

Por sus diarias bondades, manteniendo vivos a los ingratos. Por el plan de la salvación, librando a los hombres de ir al abismo, arrebatando aún los tizones del infierno.

Tan pronto como Job hubo confesado su pecado estaba deseoso de conocer el remedio. Los reprobados pueden exclamar: *«Peccavi»*, «he pecado», pero no proceden a decir: «¿qué haré?» Abren su herida, pero no ponen remedio y así las llagas se hacen más peligrosas. Al buscar Job el remedio tendría gracia perdonadora y prevaleciente en todos los términos. — TRAPP.

Job era una persona a quien la Escritura describe con el nombre de «perfecto»; sin embargo, clamó: «He pecado.» No era «perfecto en su generación»; sin embargo, cualquier borracho nos recuerda que él tuvo esta falta. Abraham recibió el mandato: «Anda delante de Mí y sé perfecto»; pero no fue absolutamente sin pecado. Zacarías y Elisabet eran perfectos; sin embargo, hubo bastante incredulidad en Zacarías para hacerle mudo por nueve meses.

La doctrina de la perfecta santidad en vida no es de Dios, y el que se enorgullece de poseer tal perfección declara inmediatamente su ignorancia, de sí mismo y de la ley de Dios. Nada descubre mejor un corazón malo que el vanagloriarse en la propia bondad. El que proclama su propia alabanza, publica su propia necedad y vergüenza.

El hombre es por sí mismo una criatura tan débil, que es gran maravilla que no haya sido ya, desde mucho tiempo, aplastada por los elementos, exterminado por las bestias salvajes o extirpado por las enfermedades. La omnipotencia de Dios se ha inclinado a preservarle, creando recursos de preservación, cada vez más notables y evidentes, al estudiar los secretos de la Naturaleza. Creemos que el mismo «Guarda de los hombres», que ha preservado de este modo la raza entera, vela, con igual solicitud, a cada individuo.

La rendición incondicional implicada en la pregunta «¿Qué te haré?» es absolutamente esencial para cada hombre que desea ser salvo. Dios no levantará el sitio hasta que tenga en sus manos las llaves de la ciudad, se le haya abierto cada puerta y dado la bienvenida al conquistador por todas sus calles, tomando posesión de la ciudadela. El rebelde tiene que entregarse a sí mismo a la clemencia del Príncipe. Hasta que esto no sea hecho continuará la batalla, pues el primer requisito para la paz con Dios es la completa sumisión.

Sermón 31

EL SEGURO CONOCIMIENTO DE JOB

«Yo sé que mi Redentor vive» (Job 19:25).

Las dificultades de traducción de estas palabras son muy grandes. Nosotros preferimos una lectura sencilla que cualquier superior significado que pudiera darse a esta frase mediante un fraude piadoso. Parece que Job, llevado por la desesperación, se entrega a la verdad y justicia de Dios. Nosotros podemos usar estas palabras en el sentido más evangélico y no ser culpables de extremar su sentido; ciertamente no se le puede dar otro sentido ni otro significado. ¿De qué otra esperanza podía obtener Job consuelo sino de una vida y gloria futura?

I. JOB TENÍA UN VERDADERO AMIGO, ENTRE SUS AMIGOS CRUELES.

Lo llama su Redentor y mira a El en su tribulación.

1. *Su pariente.* Tal es el significado de la palabra hebrea (Rut 4:1-6).

   El más cercano pariente de todos. Ningún pariente hay tan cercano como Jesús. Nadie tan unido a nosotros ni tan bueno.

   Se hizo pariente nuestro de un modo voluntario. Nadie le forzó a ser nuestro hermano, lo fue por propia elección; por lo tanto, es más que un hermano. No se avergüenza de los suyos, «no se avergüenza de llamarlos hermanos» (Heb. 2:11). Aun cuando éstos le abandonaron les llama «mis hermanos» (Mat. 28:10).

   Lo es eternamente. «¿Quién nos separará?» (Rom. 8:35).

2. *Su vindicación.*

   De todos los falsos cargos, abogando por nuestras almas.

   De todas las burlas y ofensas, pues el que cree en El no será avergonzado ni confundido.

   De todas nuestras culpas, llevando él mismo nuestro pecado y haciéndonos justos por su justicia.

   De las acusaciones de Satanás. «¡El Señor te reprenda, oh Satanás!» (Zac. 3:2). «El acusador de nuestros hermanos es echado fuera» (Apoc. 12:10).

3. *Su redentor.*

   De su esclavitud personal.

De los privilegios perdidos. De sus goces y honores, arrebatados por el enemigo.
Es una doble redención, por precio y por poder.

II. JOB TENÍA UNA RIQUEZA REAL EN MEDIO DE LA MÁS ABSOLUTA POBREZA.

Observad que dice «Mi Redentor». Es como decir: «Lo he perdido todo, pero mi Redentor todavía es mío y vive para mí.»
Significa:

1. Yo lo he aceptado como tal, entregándome en sus manos.
2. He sentido algo ya de su poder, y estoy confiado de que todo irá bien desde ahora, puesto que El es mi protector.
3. Me asiré a El para siempre. El será mi única esperanza en la vida y en la muerte. Puedo perderlo todo, pero nunca perderé la redención de mi Dios. El parentesco con mi Salvador.

III. JOB TENÍA UN PARIENTE CERCANO VIVO, AUNQUE TODA SU FAMILIA HABÍA MUERTO. «Mi Redentor vive.»

Poseía al gran Señor que siempre vive. No era el Cristo muerto de la superstición. «*Nuestro* Redentor vive.»
No era el Cristo despojado de divinidad, de los unitarios. Nuestro divino abogado permanece en el poder de eternidad a eternidad.

IV. JOB TENÍA UNA CERTEZA ABSOLUTA EN MEDIO DE CIRCUNSTANCIAS MUY INCIERTAS. «Yo sé...»

No tenía ninguna clase de duda sobre el asunto. Todo lo demás era dudoso, pero esto era cierto.
Su fe le da certeza. La fe trae segura evidencia. Hace sustancia lo que recibe, y nos lo hace *conocer*.
Sus pruebas podían hacerle dudar: ¿por qué tenían que ocurrir? Pero éstas no afectaban a su relación con Dios, al amor de su Redentor ni a la vida de su vindicador.
¿Tienes tú este gran privilegio?
¿Obras de acuerdo con esta seguridad?
¿No adorarás ahora mismo a tu amante pariente espiritual?

En tiempos de dura prueba los creyentes son: 1) Empujados fuera de sí mismos para mirar a su Dios y Redentor. 2) Impulsados a mirar dentro de sí mismos en cuanto a un conocimiento seguro e indudable: «Yo sé...» 3) Obligados a asirse, por una fe personal, a lo que nos es dado en el Pacto de la Gracia: «Mi Redentor...» 4) Impulsados a vivir mirando lo invisible, a un Redentor vivo, y su próximo advenimiento.

Los santos probados dentro de la mayor oscuridad de la prueba han sido llevados a grandes descubrimientos de verdad confortadora. «La necesidad es la madre del ingenio», se dice. Aquí Job halló, para su propio consuelo, un argumento en favor de la justicia de Dios. Dios no podía dejar a su servidor sincero bajo la calumnia; por lo tanto, si moría sin defensa y pasaban los años y los gusanos consumían su cuerpo, su vindicador se levantaría y el injuriado Job sería totalmente vindicado.

Así el Espíritu de Dios reveló al afligido patriarca un futuro estado de vida, un parentesco espiritual glorioso, un juicio futuro, una resurrección y una eterna justificación para los santos. Una gran luz vino a través de una estrecha ventana, y Job obtuvo una ganancia infinita para sí y para otros mediante sus pérdidas temporales.

Una débil fe es feliz mirando más allá de todas las dificultades, pues las deja detrás. Cuando Marta consideraba a Lázaro muerto de cuatro días y putrefacto, su fe empezaba a fallar; era demasiado tarde para quitar la piedra. Pero la fe, en su fortaleza, después de considerar las imposibilidades, se lanza a vencerlas. Así como Elías, en su disputa con los sacerdotes de Baal, puso todas las desventajas en contra suya, ordenando: «Arrojad agua sobre el sacrificio», e insistiendo: «Poned más y más agua», la fe sabe que no hay dificultades cuando el fuego baja del cielo.

Del mismo modo Job dijo: «No importa que me muera y mi cuerpo se corrompa en la tumba, que el fuego consuma mi cuerpo o sea tragado por las aguas o despedazado por bestias salvajes, a pesar de todo me será restaurado.» La muerte será *praedae suae custos*, como el león que mató al profeta y luego «se puso a su lado y no lo devoró»; la fe de Job se burla de las imposibilidades, pasa por alto todas las dificultades físicas. Como Abraham, no considera su cuerpo muerto, sino que cree, por encima y contra toda esperanza; sabiendo que Dios se lo restituiría por la resurrección. — R. Brownrig.

La fe es, o debería ser, estar fuertemente persuadido de lo que uno cree. Es una evidencia, no una conjetura; no una suposición, sino una firme seguridad. Ciertamente, nosotros conocemos lo que creemos. «Nosotros sabemos que has venido de Dios por Maestro» (Juan 3:2). Nosotros creemos y estamos seguros de que Tú eres el Cristo, el Hijo del Dios viviente (Juan 6:69). «Sabemos que tenemos de Dios un edificio» (2.ª Cor. 5:1). «Sabemos que le veremos como El es» (1.ª Juan 3:2). «Estad firmes y constantes, creciendo en la obra del Señor siempre, sabiendo que vuestro trabajo en el Señor no es en vano» (1.ª Cor. 15:58).

Los creyentes de antiguos tiempos nos avergüenzan a nosotros que vivimos en la clara luz del Evangelio. Job vivió mucho antes de que el Evangelio fuera revelado; la redención de las almas y la resurrección eran en aquel tiempo un gran misterio, revelado raramente a unos pocos. Solamente uno entre millares podía traer este mensaje a un condenado pecador: que Dios había hallado un rescate (Job 33:23). — Manton.

Sermón 32
REBELANDOSE CONTRA LA LUZ

«Ellos son los que, rebeldes a la luz, nunca conocieron sus caminos» (Job 24:13).

Estas personas a las que se refiere el texto tenían, sin duda, luz, y esto debe ser estimado como no pequeño privilegio, ya que vagar por las oscuras montañas es una terrible maldición; sin embargo, este privilegio puede convertirse en un motivo de mal. La luz espiritual es soberana; por lo tanto, resistirla es rebelarse contra ella. Dios nos la ha dado como una manifestación de Sí mismo, pues Dios es luz; El está «vestido de luz», como expresión de su majestad y poder para efectuar juicio.

La rebelión contra la luz tiene en sí un alto grado de pecado. Puede ser virtud rebelarse contra las tinieblas, pero ¿qué diremos de los que resisten la luz? ¿Ello es resistir la verdad, la santidad y la sabiduría?

I. Descubrir a los rebeldes.

Las personas bien instruidas, que incluso han enseñado a otras y se han vuelto al mal, son graves traidores.

Los hijos de padres cristianos que pecan en contra de su educación, menospreciando y desechando ruegos y ejemplos;

los oidores de la Palabra que apagan la convicción deliberadamente, con frecuencia y con violencia; los tales son
rebeldes a la luz.

II. DESCRIBE LAS FORMAS DE ESTA REBELIÓN.

Algunos rehúsan la luz, no queriendo conocer lo que les
conviene; por tanto, le deniegan su tiempo y pensamiento,
se ausentan en los sermones, descuidan las lecturas piadosas, se avergüenzan de la compañía de los creyentes,
evitan reproches, etc., etc.
Otros se burlan y luchan en contra de ella. Llaman a la
luz tinieblas y tinieblas a la luz. La incredulidad, rivalidad,
persecución, etc., vienen a ser sus recursos y cobijos.
Muchos la oscurecen para otros, impidiendo su operación
entre los hombres; ocultando su propia luz bajo un almud;
ridiculizando los esfuerzos de otros, etc.

III. DECLARA LA LOCURA DE ESTA REBELIÓN.

La luz es nuestra mejor amiga, y es sabio obedecerla; resistirla es rebelarse contra nuestros propios intereses.
La luz triunfa siempre. Los mochuelos gritan, pero la luna
continúa brillando. La oposición a la verdad y a la justicia
es inútil; con frecuencia promueve aquello que trata de
impedir.
La luz tendría que llevarnos a mayor luz. Admitirla será,
pues, benéfico a nuestra propia alma. La luz nos conducirá
al cielo, que es el centro de la luz.

En las costas de Nueva Zelanda un capitán perdió su barco
por el hecho de navegar en contra de la luz hasta que su buque
se hizo pedazos debajo del mismo resplandor. Declaró que estaba
dormido, pero esto no restauró el buque, ni le salvó de la condena a que le castigaron. Es una cosa terrible que la misma luz
traiga a una persona a su ruina.
No puede ser negado que los malvados pecan a sabiendas;
pero los santos tienen una luz más allá de lo que los hombres
pueden ver: la luz divina, penetrante, que ningún hipócrita puede
obtener. Tienen mejores ojos para ver el pecado; por consiguiente, para ellos, el mezclarse en el pecado y abrazar las tinieblas
debe provocar más la ira de Dios. Por tanto, ¡oh vosotros, pueblo de Dios, huid del pecado! Vuestros pecados son más graves,
por esta causa, que los pecados de los no regenerados. — THOMAS
WATSON.

EL HIPOCRITA DESCUBIERTO

«¿Invocará a Dios en todo tiempo?» (Job 27:10).

Un hipócrita puede ser una imitación muy perfecta de un cristiano. Profesa conocer a Dios, hablar con El, dedicarse a su servicio. Invoca su protección, practica la oración, o por lo menos lo finge; sin embargo, la moneda falsa, más hábilmente hecha, falla en alguna cosa y puede ser descubierta por ciertas señales. Nuestro texto dice: «¿Invocará a Dios en todo tiempo?»

I. VEAMOS LO QUE HARÁ O NO EL HIPÓCRITA EN CUANTO A LA ORACIÓN.

¿Orará en privado, o depende del ojo humano y de los aplausos de los hombres?

¿Orará cuando está prohibido? Daniel lo hizo, ¿lo hará él?

¿Orará en medio de los negocios? ¿Practicará la oración jaculatoria?

¿Mirará a Dios por guía constante?

¿Orará con placer? ¿Tendrá un santo temor de ofender con su lengua, o se juntará con los que olvidan a Dios?

¿Orará cuando su alma esté en las tinieblas del desaliento, o guardará silencio?

II. ¿ORARÁ IMPORTUNAMENTE?

Si no viene la respuesta pronto, ¿perseverará orando? ¿Es como el caballo valiente que tirará de todas maneras aun cuando su amo le ate a un poste?

Si viene una respuesta contraria, ¿continuará rogando? ¿Sabe luchar con el ángel y vencer?

Si nadie más ora, ¿lo hará él solo y se esforzará en oración, contra viento y marea?

Si la respuesta de Dios es desalentadora, ¿sentirá que la demora de Dios no es negación y continuará orando?

III. ¿CONTINUARÁ ORANDO DURANTE TODA LA VIDA?

El hipócrita pronto abandonará la oración bajo ciertas circunstancias.

Si está en apuro, no orará, sino que correrá a buscar ayuda humana. Cuando salga de la tribulación no cumplirá sus votos.

Si hay peligro de que la gente se burle, no osará orar.

Si los hombres se sonríen, no se cuidará de orar.

1. Se cansará pronto. Podrá iniciar un período de oración, pero no lo seguirá. Las oraciones cortas le son agradables.
2. Si se siente seguro y las cosas le van bien, no sentirá necesidad de orar, o pensará que es ya bastante santo para continuar orando.

Sabemos de un niño que al decir sus oraciones por la noche añadió: «Señor Dios, ya sabes que mañana vamos a Saratoga y papá y mamá no irán al culto ni orarán hasta que nosotros volvamos.» Nos tememos que muchos que van de vacaciones dicen «hasta luego» a Dios de la misma manera. — Thomas Guthrie.

Acaz dijo que no quería pedir una señal, a pesar de que Dios se la ofrecía, para no tentar al Señor (Is. 7:10-12). Aparentemente era una expresión de modestia, pero lo más seguro es que fue un síntoma de incredulidad. No quería pedir una señal porque no quería creer en ella; no para evitar dificultades a Dios, o sea para no tentarle, sino por causa de sí mismo. Sus buenas maneras muestran, sin embargo, su mala condición espiritual.

Así, el hipócrita servirá tan sólo a Dios a empujones, cuando él mismo se sienta impulsado a hacerlo. Nunca quiere molestar a Dios, no sea que Dios le moleste a él. En salud, en riqueza, en paz, se siente ya bastante seguro. Nunca ora, sino cuando se halla en tribulación; en su aflicción buscará a Dios temprano (Oseas 5:15).

Dios es despedido cuando a este hombre le place o conviene. Cuando Dios le toca, acude a El en su necesidad, pero cuando prospera, excluye a Dios de sus pensamientos. — Samuel Crook.

Sermón 34
LLUVIA Y GRACIA, COMPARADAS

> «¿Quién repartió conducto al turbión, y camino a los relámpagos y truenos, haciendo llover sobre la tierra deshabitada, sobre el desierto, donde no hay hombre, para saciar la tierra desierta e inculta, y para hacer brotar la tierna hierba?»
> (Job 38:25-27).

Dios desafía al hombre a compararse con su Hacedor a un asunto tan vulgar como es el de la lluvia. ¿Puede él crearla?

¿Puede enviar una lluvia al desierto y regar las tierras solitarias que perecerían ante el ardiente sol? No, el hombre no pensaría en hacer tal cosa. Los actos generosos vienen solamente del Señor. Vamos a establecer un paralelo entre la gracia y la lluvia.

I. TAN SÓLO DIOS DA LLUVIA Y, ASIMISMO, LA GRACIA.

Dios dirige cada gota de lluvia y da a cada hojita de hierba su propia gota de rocío; así da a cada creyente su porción de gracia.

Dios modera la fuerza de la lluvia para que no destroce ni rompa la hierba tierna. La gracia viene asimismo de un modo suave; la convicción, la luz, etc., son enviadas en conveniente medida.

Dios retiene la lluvia con su poder. Absolutamente de acuerdo con su bondad, Dios da lluvia a la tierra o gracia a las almas.

II. LA LLUVIA CAE IRRESPECTIVAMENTE EN FAVOR DE TODOS LOS HOMBRES; Y ASÍ ES LA GRACIA.

La gracia no espera la observación del hombre. Así, como la lluvia cae donde no hay hombres, la gracia no busca publicidad.

Tampoco cooperación. «Como las lluvias sobre la tierra, las cuales no esperan a varón, ni aguardan a hijos de hombres» (Miqueas 5:7).

Ni sus oraciones. La hierba no pide lluvia; sin embargo, ésta viene. «Fui hallado de los que no me buscaban» (Isaías 65:1).

III. LA LLUVIA CAE DONDE MENOS PODÍAMOS ESPERARLA.

Cae donde no hay traza de anteriores chubascos, aun sobre el desierto desolado. Así lo hace la gracia, entra en los corazones que no habían sido bendecidos hasta entonces; la necesidad es la única súplica que se levanta al cielo (Is. 35:7).

Cae donde parece que no habrá recompensa para tal beneficio. Muchos corazones son naturalmente tan estériles como el desierto (Is. 35:6).

Cae donde la necesidad parece insaciable; «para satisfacer a los desolados».

Algunos casos parecen necesitar un océano de gracia, pero

el Señor satisface la necesidad y su gracia cae donde el gozo y la gloria son totalmente dirigidos a Dios por corazones agradecidos. Muchas veces se nos dice que la lluvia cae donde no está el hombre. Cuando la conversión es obrada por el Señor no aparece ningún hombre; el Señor sólo es exaltado.

IV. **La lluvia es lo más valioso para la vida.**

La lluvia alegra las simientes y las plantas, en las cuales hay vida. La vida en ciernes la recibe; la más tierna hoja se regocija en ella. Así es con aquellos que empiezan a arrepentirse, que creen débilmente o son recién nacidos a la fe.

La lluvia causa desarrollo. La gracia perfecciona la gracia. Los brotes del sentimiento se desarrollan en amor. Los brotes del deseo producen resoluciones. Los brotes de la confesión se abren a manifestaciones abiertas. Los brotes de la utilidad se convierten en fruto.

La lluvia causa salud y vigor vital. ¿No es así también con la gracia? La lluvia crea la flor con su color y perfume que agrada a Dios. El pleno crecimiento de una naturaleza renovada viene de la gracia, y el Señor es complacido por ella.

Reconozcamos la soberanía de Dios como gracia.

Clamemos a El por gracia.

Esperemos que El la enviará, aunque nosotros nos sintamos tristemente estériles y fuera del camino de los usuales medios de gracia.

¡Oh, cuán agradables son los efectos de la lluvia a las plantas que languidecen de sed, para renovar su verdor y belleza, hacerles vivas y fuertes, fragantes y deliciosas! Así es el efecto de la influencia de Cristo lo más deseable para cristianos de almas abiertas, para iluminación y visitación, para confirmación y fortaleza, para darles apetito espiritual y satisfacerlo, mandándoles y embelleciéndoles. — Juan Willison.

No seas para mí como nube sin lluvia, no sea que yo venga a ser para ti como árbol sin fruto. — Spurstowe.

La hierba brota; el brote se abre; la hoja se extiende; las flores despiden su fragancia como si estuvieran bajo el más cuidadoso cultivo. Todo esto debe ser obra de Dios, puesto que no puede pretenderse que el hombre ha estado allí para producir tales efectos. Quizás uno sea más profundamente estimulado con él por el sentimiento de la presencia de Dios en el desierto sin sendero o en los bosques y praderas que jamás ha pisado el pie del hombre que en el más espléndido parque cultivado por el arte humano. En el primer caso solamente puede verse la mano de Dios. En el otro estamos constantemente admirando el arte humano y no nos fijamos tanto en la maravilla de Dios manifestada en cada planta. — ALBERT BARNES.

SERMÓN 35

ALIENTO PARA LOS NECESITADOS

> *«Porque no para siempre será olvidado el menesteroso, ni la esperanza de los pobres perecerá perpetuamente»* (Salmo 9:18).

El valor práctico de un texto depende en mucho de la persona que lo escribió. El cántico del trobador es atractivo para Ricardo Corazón de León, porque conocía los coros de respuesta. El rastro significa mucho para los indios porque su ojo entrenado sabe cómo seguirlos, y no significaría una décima parte para el hombre blanco. La visión de un faro es alentadora para el marinero cuyo barco es llevado de un lado a otro. Así, los que son espiritualmente pobres y necesitados pueden acogerse a esta promesa y vivir de acuerdo con su contenido.

I. EL NECESITADO NO SERÁ OLVIDADO PARA SIEMPRE.

1. «No para siempre será olvidado el menesteroso.»
Quizás has sido olvidado:
Por antiguos amigos y admiradores.
En arreglos hechos y planes proyectados sin consultarte.
En juicios formados y alabanzas distribuidas.
En el aprecio de ayuda dada.
Sea como sea, tú no has entrado en el cálculo. Has sido olvidado como muerto. Esto te ha herido profundamente, pues hubo un tiempo en que tú eras consultado entre los primeros.
No será siempre así.

2. «La esperanza de los pobres no perecerá para siempre.»
Quizás has sido desengañado:
En tu natural esperanza de justicia, gratitud, relación, simpatía, caridad, etc.
En tu confianza en el hombre.
En tu juicio de ti mismo.
En tu esperanza de la providencia.
Este contratiempo será sólo corporal. Tu esperanza no perecerá para siempre, sino que recibirás más de lo que habías esperado.

II. Dos TRISTES TEMORES QUITADOS. TEMORES QUE TE HAN SIDO SUGERIDOS DE UN MODO NATURAL POR LO QUE HAYAS EXPERIMENTADO.

1. No serás olvidado para siempre.
No serás olvidado al final.
En el día de severa tribulación.
En la noche del dolor y alarma por tu pecado.
A la hora de la muerte.

2. Ni tu esperanza perecerá. Tu flaqueza no frustrará el poder de Dios.
Tu pecado no secará ni agotará la gracia de Dios.
Tus defectos constitucionales no causarán la caída.
Tus pruebas futuras no serán demasiado para ti.

III. Dos PROMESAS DULCES.

1. No serás olvidado para siempre.
No serás dejado de lado:
En el tribunal de la misericordia ante el cual estás presentando tu plegaria.
Desde el púlpito, por la palabra, cuando tu alma está hambrienta.
En tus sufrimientos y servicio el pensar en el Señor será tu principal consuelo.

2. «Ni tu esperanza perecerá para siempre.» No serás decepcionado:
La paz visitará tu corazón, tu pecado será vencido dentro y fuera.
Que el pobre se aliente y espere en Dios.
Que se alegre en el futuro si se encuentra que el presente es escaso. Sobre todo que descanse en la promesa de un Dios fiel.

Preguntaron a un anciano cristiano cuando estaba en su lecho de muerte, en tal estado de debilidad que a veces era completamente inconsciente de lo que le rodeaba, cuál era el secreto de su perfecta paz. Al punto replicó: «Cuando soy capaz de pensar, pienso en Jesús, y cuando no puedo pensar en El, pienso que El está pensando en mí.»

Hace más de treinta años, antes de que el Señor me llevara fuera de la casa de mi padre y de mi lugar de nacimiento, puse una señal sobre este pasaje de Isaías: «Conocerás que yo soy el Señor y no se avergüenzan los que esperan en Mí» (cap. 49:23). De los muchos libros que ahora poseo, la Biblia marcada en este lugar es la única cosa que tenía en aquel entonces, pues todavía la tengo delante de mí. Y aun cuando el cabello que entonces tenía era negro como el cuervo y hoy es blanco como la plata, la intensidad de la tinta con que marqué este pasaje ha crecido en intensidad, del mismo modo que ha crecido mi convicción de que «no serán avergonzados los que esperan en El». Lo creía entonces, pero ahora lo sé y puedo escribir: «Probatum est.» Con todo mi corazón puedo testificar de la realidad de esta marca de mi antigua fe. Bajo muchas circunstancias peligrosas, en muchos momentos de prueba, entre desfallecimientos por dentro y temores por fuera, bajo torturas que destrozaban mi corazón y en tribulaciones que me aplastaban, yo esperaba en El, y permanezco hasta este día como uno de los que no ha sido avergonzado. — Dr. JOHN KITTO.

SERMÓN 36

LA SALVACION ES DE JEHOVA

«*Pero la salvación de los justos es del Señor*» (Salmo 37:39).

La salvación es un término muy amplio y describe toda la vida del verdadero creyente; toda su experiencia, desde su primera conciencia de pecado y ruina hasta su entrada en la gloria. Los creyentes sienten su necesidad de ser perpetuamente salvados de sí mismos, del pecado, de Satanás y del mundo. Confían en Dios para tal preservación y su fin es paz (vers. 37).

I. Esta es la esencia de la sana doctrina.

La salvación de los justos es del Señor; sí, del Dios Trino: Jehová Padre, Hijo y Espíritu Santo:
1. En su planeamiento.
2. En su provisión.
3. En su principio.
4. En su realización.
5. En su consumación.

II. Es un hecho necesario. Los santos lo reconocen, porque:
1. Sus conflictos interiores les dan a comprender que solamente Dios les puede obrar la salvación. Ellos son demasiado débiles para salvarse a sí mismos.
2. Sus tentaciones externas les llevan a la misma conclusión.
   Son bien guardados aquellos a quienes Dios guarda, pero nadie más.
   El odio del mundo les priva de toda esperanza en este sentido.
   Dios es más grande que todo el mundo en armas.

III. Esta es una razón para la humildad.
1. Despoja al justo de toda exaltación del yo, por el hecho de continuar en su integridad.
2. De toda censura y crítica indebida respecto a los caídos, pues ellos mismos habrían fallado si Dios no los sostuviera.
3. De toda confianza propia en cuanto al futuro, puesto que su flaqueza es inherente y permanente en ellos.
4. De toda gloria propia, aun en el cielo; puesto que en todas las cosas son deudores a la gracia soberana.

IV. Es un fructífero terreno de esperanza.
1. Con referencia a nuestras propias dificultades; Dios puede siempre liberarnos.
2. Con referencia a nuestros hermanos probados; el Señor puede sostenerles, santificarles y librarles.
3. Con referencia a los pecados. Ninguno de ellos puede ser demasiado degradado, demasiado obstinado, ignorante o falso; Dios puede obrar la salvación aun del peor.

«La salvación es del Señor.» Esto es el resumen de la historia de Jonás. Los marineros de aquella nave podían haber escrito, en vez de la divisa de Castor y Pollux que acostumbraban a llevar las naves romanas, *la salvación es del Señor*; los ninivitas podían igualmente haber grabado sobre sus puertas: *la salvación es del Señor*; y toda la población de Nínive, cuya causa es defendida por Dios mismo en contra del corazón duro de Jonás, podía haber escrito en la palma de sus manos: *la salvación es del Señor*. Este es el argumento de ambos Testamentos, la regla de apoyo del cielo y de la tierra, pues todo el Universo fallaría y se desquiciaría si no fuera porque la salvación es del Señor. — DR. KING, *en un comentario sobre el libro de Jonás.*

De esta manera los santos se apoderan del cielo, no por conquista, sino por herencia. Ganado por otro brazo que el propio, ofrecen el más fuerte contraste imaginable con el espectáculo que tuvo lugar en el palacio real de Inglaterra el día que un antiguo rey pidió a sus nobles reunidos por qué títulos poseían sus tierras. ¡Qué títulos! Ante la atrevida pregunta un centenar de espadas salieron de sus vainas y fueron levantadas, adelantándose hacia el asustado monarca. «Por éstas —dijeron—. Nosotros las ganamos y por esto las conservaremos.»

¡Cuán diferente la escena en el cielo! Todos los ojos allí se vuelven a Jesús con miradas de amor y gratitud que brilla de cada pecho y mueve cada cántico. Las arpas de oro elevan una armonía de alabanza, y descendiendo de sus tronos los redimidos le rinden homenaje, poniendo sus coronas en brillante montón ante los pies que fueron crucificados en el Calvario.

De esta escena aprendemos en qué nombre hay que buscar la salvación y en cuáles méritos poner la esperanza. Con una fe en armonía con la alabanza que se le rinde en las Alturas, sea éste nuestro lenguaje: «No a nosotros, oh Señor, sino a tu nombre da gloria». — DR. THOMAS GUTHRIE.

«Este torrente pronto se secará», dijo alguien. No respondió su compañero, pues fluye de una fuente viva que nunca ha faltado, en verano ni en invierno.

Un hombre era reputado como muy rico por los que veían su lujosa casa, caballos y encargos, pero había otros que juzgaban que su nombre pronto saldría en el diario de los deudores, pues no tenía capital. «No hay nada detrás de él», dijo uno, y esto significaba mucho. El creyente tiene la fuente más abundante y viva para suplir todas sus necesidades.

Toda nuestra suficiencia es de Dios; ¿qué podemos temer? Si la salvación fuera en parte del hombre, sería tan lamentable como aquellos pies de la imagen de Nabucodonosor que eran en parte de hierro y en parte de tiesto; terminaría con un quebrantamiento.

¡Si nuestra dependencia fuera en cierta medida sobre Jesús y en otra medida sobre nuestras obras, nuestro fundamento sería en parte sobre la roca y en parte sobre la arena y toda la estructura caería! ¡Oh, cuán bueno es comprender el pleno significado de las palabras! *La salvación pertenece a Jehová.*

Solamente la experiencia puede inculcar esta verdad en las mentes de los hombres. Un hombre natural es de tan orgullosa condición que podría estar al pie de un precipicio con todos los huesos molidos a causa de su caída y, sin embargo, tener esperanza de salvarse. Montañas de pecados amontonados sobre él, y, sin embargo, su propia confianza permanecería; el cúmulo de sus transgresiones le cubriría, y, con todo, se movería confiando en sus propios esfuerzos, agitándose en vano para librarse, como el gigante Cíclope cuando el Etna cayó sobre él. Aun cuando quedáramos aplastados, cada partícula de nuestra vieja naturaleza nos engañaría; molidos como polvo, cada grano de nuestro barro se mostraría pérfido en su orgullo. Sólo el Espíritu Santo puede hacer que el hombre acepte la humillante frase: *la salvación pertenece al Señor*.

SERMÓN 37

GORRIONES Y GOLONDRINAS

«Aun el gorrión halla casa, y la golondrina nido para sí, donde ponga sus polluelos, cerca de tus altares, ¡oh Jehová de los ejércitos, Rey mío y Dios mío!» (Salmo 84:3).

David, cuando se hallaba desterrado, envidiaba a los pájaros que rodeaban la casa del Señor. Así el cristiano, cuando está apartado de la asamblea de los santos o en deserción espiritual, suspirará el estar otra vez en la casa del Señor. Estos pájaros hallaban en el santuario lo que nosotros hallamos en Dios.

I. Habitación para sí.
1. Considerad que eran gorriones.
Criaturas de muy poco valor. Cinco por dos cuartos.
Criaturas necesitadas, que requieren nidos, alimentos y
todo lo demás; criaturas muy numerosas pero no olvidadas.
2. Considerad lo que gozaban.
Seguridad.
Reposo.   Todo esto en la casa de Dios, cerca
Habitación.   de sus altares. Así nosotros los creyentes
Placer.   yentes lo hallamos todo en Jesucristo.
Sociedad.   cristo.
Proximidad.
Pero no todos los pájaros son así. El águila es demasiado
ambiciosa; el buitre, demasiado sucio; el corbejón,
demasiado voraz; el halcón, demasiado agresivo; el
avestruz, demasiado salvaje; la gallina, demasiado dependiente
del hombre; la lechuza, demasiado amante
de las tinieblas; pero los gorriones son pequeños y simpáticos.

II. Nidos para sus polluelos.
Los niños deben estar en la casa de Dios; el santuario del
Señor debe ser el vivero de los jóvenes.
1. Allí están a salvo y libres. La golondrina, «el ave de
la libertad», está satisfecha de encontrar nido cerca
de los altares de Dios. No teme hallarse restringida en
sus atrios; ni para sí misma ni para su cría.
2. Se encuentran gozosos. Debemos procurar que nuestros
niños se sientan felices en Dios y en su santa adoración.
3. Deben acostumbrarse a volver al nido como hacen los
gorriones, o como el salmón vuelve al riachuelo donde
fue criado. Los niños recuerdan mucho sus primeras
impresiones.
4. Los niños verdaderamente traídos a Cristo tienen toda
clase de bendiciones en ello.
Son ricos: habitan en el palacio de Dios.
Son educados: habitan en el templo del Señor.
Tienen seguridad para el tiempo y la eternidad.
¿Estáis buscando a Cristo para vosotros mismos y para
vuestros hijos?

¿Estáis contentos sin Cristo? En tal caso no lo procuraréis para los vuestros.

¿Tenéis ya vuestra habitación en Jesús? No os deis descanso hasta que todos los vuestros estén abrigados en el mismo lugar.

Sir Thomas Moore acostumbraba asistir a la iglesia parroquial de Chelsea, y allí, poniéndose una toga, cantaba con los coristas. Sucedió un día que el duque de Norfolk vino a Chelsea a comer con él y lo halló en la iglesia de esta manera. Cuando andaban hacia su casa, cogidos del brazo, después del culto, el duque exclamó: «¡Mi señor el canciller de Inglaterra cantando en el coro de una aldea! Usted deshonra al rey y a su cargo.» «No —replicó sonriendo el ministro—, vuestra excelencia no puede suponer que el rey, nuestro señor, se sentirá ofendido de que yo sirva a su Señor; ni se sentirá deshonrado por tal motivo.»

«Dios no falla —como alguien ha dicho muy bien— en encontrar habitación para sus criaturas de menos valor y un nido para sus pájaros más inquietos.» ¡Qué confianza debería darnos esto! ¡Cómo deberíamos sentirnos descansados! — *Cosas viejas y nuevas.*

Como regla general, los hijos de padres piadosos son piadosos. En aquellos casos en que no es así, debe haber alguna razón. Yo he observado cuidadosamente tales casos y he visto en ellos ausencia del culto familiar; grave inconsistencia de los mayores; dureza, descuido o falta de represión. Si los hijos son educados según los caminos de Dios, y en tales caminos, no se apartarán de ellos.

SERMÓN 38

PROTECCION ANGELICA EN DETERMINADOS CAMINOS

«Pues a sus ángeles mandará acerca de ti, que te guarden en todos tus caminos» (Salmo 91:11).

Nosotros somos peregrinos en dirección a Canaán. El que nos ha hecho libres mediante la liberación de la Pascua provee también para nuestro viaje a la tierra que fluye leche y miel. Todo el viaje a la tierra prometida está cubierto por este divino salvoconducto.

I. HAY CAMINOS QUE NO ENTRAN EN LA PROMESA.

Aquí se dice «en todos tus caminos»; pero algunas sendas no han de ser seguidas por los hijos de Dios, pues no entran en la denominación de «sus caminos».

1. Caminos de *presunción:* En ellos los hombres corren peligro, ya que son un desafío a Dios. «Echate abajo», dijo Satanás a nuestro Señor presentándole esta promesa (Mat. 4:6).

2. Caminos de *pecado:* Deshonestidad, mentira, vicio, conformidad al mundo; no tenemos que inclinarnos ante el templo de Rimón (2.° Rey. 5:18 y Ef. 5:12).

3. Caminos de *mundanidad:* Egoísmo, orgullo, ambición. Los caminos por los cuales los hombres buscan su engrandecimiento personal son generalmente oscuros y torcidos y no son de Dios (Prov. 28:22; 1.ª Tim. 6:9).

4. Caminos de *terquedad:* Voluntad propia, obstinación, ilusión, impulsos absurdos (Jer. 2:18).

5. Caminos de *doctrina errónea,* nuevas prácticas, ceremonias populares, halagador engaño, etc. (2.ª Tim. 3:5).

II. HAY CAMINOS EN LOS CUALES LA SEGURIDAD ES ANTICIPADA.

1. El camino de la fe humilde en el Señor Jesús.

2. El camino en la obediencia a los divinos preceptos.

3. El camino de la confianza infantil en la providencia de Dios.

4. El camino del principio estricto y la integridad absoluta.

5. El camino de un servicio consagrado, buscando la gloria de Dios.

6. El camino de santa separación, andando con Dios.

III. ESTOS CAMINOS NOS CONDUCEN A DIVERSAS CONDICIONES.

1. Son diversos y variados «todos tus caminos».

2. A veces son pedregosos y difíciles: «que tu pie no tropiece en piedra».

3. Pueden ser terribles a causa de la tentación.
4. Pueden ser misteriosos y de prueba. Los demonios pueden asaltarnos, pero será solamente para encontrarse con santos ángeles que les limitarán el paso.
5. Son esencialmente seguros, mientras que los caminos fáciles y llanos son peligrosos.

IV. ANDANDO POR ELLOS, TODOS LOS CREYENTES ESTÁN SEGUROS.

1. El Señor mismo se preocupa de ellos: «a sus ángeles mandará». El mandará personalmente a estos seres santos vigilar a sus hijos. David encargó a sus tropas que protegieran a Absalón, pero su mandato fue desobedecido; no sucede así con Dios.
2. Cada uno es vigilado personalmente: «mandará *acerca de ti,* que te guarden» (Is. 42:5; Gén. 28:15).
3. Esta vigilancia es perpetua: «todos tus caminos» (Salmo 121:3-4).
4. Todos estos privilegios nos vienen por Jesús, de quien son los ángeles y a quien sirven (Is. 43:4).
   ¡Con cuánta atención debiéramos nosotros velar por nuestros hermanos! ¡Cuán vigorosamente debiéramos sostenerla en casos de peligro de caída! Ser piedra de tropiezo al hermano no es angélico, sino todo lo contrario.

Estando el rey Guillermo en una batalla de Flandes dando órdenes, en lo más recio de la pelea vio con gran sorpresa entre sus acompañantes a un tal Miguel Godfrey, comerciante de Londres y gobernador del Banco de Inglaterra, que se exponía con el mero fin de satisfacer su curiosidad contemplando la batalla. El rey, dirigiéndose a él, le dijo: «Señor, usted no debe correr este riesgo; usted no es un soldado, sino un administrador de los bienes de Inglaterra; usted no tiene nada que hacer aquí.» «Señor —respondió Godfrey—, yo no corro más peligro que vuestra majestad.» «No es cierto —respondió el rey Guillermo—; yo estoy aquí en el cumplimiento de mi deber, y puedo, sin ninguna presunción, encomendar mi vida al cuidado de Dios, pero usted...» La frase no pudo ser completada, pues en este mismo momento una bala de cañón dejó a Godfrey sin vida a los pies del rey. Si hubiese sido prudente se habría limitado a los caminos para los cuales había sido llamado, y a su deber.

Un creyente moribundo pidió que su nombre fuera puesto en su tumba con las fechas de su nacimiento y su muerte, y en medio de ambas la palabra: «guardado».

Ningún ángel dará su informe acerca de nosotros en términos lamentables como éstos: «No pude guardarle; había demasiadas piedras, sus pies eran demasiado débiles; el camino era demasiado largo.» No; nosotros seremos guardados hasta el fin, pues, además de los ángeles tenemos la segura guarda del Señor de los ángeles, como dice la Escritura: «El guarda los pies de sus santos» (1.º Sam. 2:9).

Sermón 39

ALABANZA DE LOS VIVOS

«No alabarán los muertos a JAH, ni cuantos descienden al silencio; pero nosotros bendeciremos a JAH desde ahora y para siempre. ¡Aleluya!»
(Salmo 115:17, 18).

El Dios viviente debe ser adorado por gente viva; el Dios de bendición debe ser alabado por gente bendita. Sea lo que sea que hagan los otros, nosotros debemos bendecir a Jehová. Cuando nosotros le bendecimos, no debiéramos cejar hasta que otros hagan lo mismo. Debemos clamar: «Bendecid al Señor.» Nuestro ejemplo y nuestra persuasión les hará levantarse a alabarle.

I. Un memorial de duelo. «Los muertos no alabarán al Señor, ni los que descienden al silencio.» Esto nos recuerda:

1. Voces silenciosas en los coros de Sión. Hombres buenos y sinceros que nunca cantan ni hablan ya entre nosotros de las cosas del Señor.

2. Nuestro propio silencio. En lo que a este mundo se refiere, pronto estaremos entre los muertos y silenciosos.

3. De los incrédulos a nuestro alrededor. Viajan espiritualmente muertos y no pueden alabar al Señor, como si fueran mudos.

II. Una resolución feliz. «Nosotros bendeciremos al Señor.» De todo corazón, con nuestros cánticos, testimonio y acciones estamos decididos a dar al Señor nuestra amante alabanza, porque:

1. Somos benditos del Señor; ¿cómo no le bendeciremos a El?

2. El nos bendecirá. Más y más revelará su amor a nosotros; alabémosle, pues, más y más; sea nuestro firme propósito que bendeciremos al Señor, venga lo que venga.

III. Un principio apropiado. «Nosotros bendeciremos al Señor desde ahora»:

1. Cuando hemos sido espiritualmente renovados y confortados. Cuando la palabra repetida cuatro veces en ese salmo —«bendeciré»— se hace real en nuestra experiencia (vers. 12-14).

2. Cuando somos llevados a confesar a Cristo. Entonces debemos empezar la vida de alabanza sin fin. El servicio y el canto deben ir juntos.

3. Cuando termina un año y empieza otro, el día de Año Nuevo; en los cumpleaños, etc., debemos bendecir al Señor, porque:
Los pecados del año han sido perdonados. Necesitamos ayuda para el año que empieza.
Debemos dar gracias por la misericordia del año que hemos disfrutado.

IV. Eterna continuidad. «Desde ahora y para siempre.»

1. La alabanza no debe ser suspendida por el cansancio. Renovaremos nuestra fortaleza si bendecimos al Señor.

2. La caída final no la terminará; el Señor guarda nuestra alma en su camino y nos guiará para que le alabemos todos nuestros días.

3. Ni siquiera la muerte interrumpirá nuestras alabanzas, sino que la elevará a un tono más puro y pleno.

4. Ninguna supuesta calamidad nos privará de expresar nuestra gratitud a Dios. «El Señor dio, y el Señor quitó; sea bendito el nombre del Señor» (Job 1:21).

La alabanza es la más alta función que cualquier criatura puede realizar. Los rabinos judíos tienen una hermosa enseñanza, entre sus leyendas, acerca de los ángeles. Dicen que hay dos clases de ángeles, los ángeles de servicio y los de alabanza. Y que de estas dos órdenes la última es la más elevada. Dicen también que ningún ángel alaba a Dios dos veces, sino que cuando ha elevado su voz en el cántico de los cielos, en la misma presencia de Dios, deja de ser. Ha sido un ser perfecto, ha alcanzado la altura de su grandeza, ha realizado aquello para lo cual fue creado y por esto se desvanece. Es evidente la falta de fundamento de esta leyenda; sin embargo, expresa una verdad solemne: «Que el principal objetivo de todo hombre y de todo ser creado es glorificar a Dios». — DR. MACLAREN.

Cuando nosotros bendecimos a Dios por sus misericordias, las prolongamos, y cuando le bendecimos por sus calamidades, generalmente damos fin a ellas. Cuando llegamos al punto de la alabanza, hemos cumplido el objetivo de una dispensación. La alabanza es un alma en flor, y la secreta bendición del corazón al Señor es el fruto del alma. La alabanza es la miel de la vida que el corazón devoto liba de la flor de cada bendición y gracia de la Providencia. Antes estar muertos que estar sin alabanza, pues la alabanza es la corona de la vida.

SERMÓN 40
¿EN QUE CONSISTE TU CONSUELO?

«Ella es mi consuelo en mi aflicción, porque tu dicho me ha vivificado» (Salmo 119:50).

En algunos respectos la suerte de todos los hombres es igual; hombres buenos, hombres grandes, hombres instruidos, así como hombres malos, oscuros o ignorantes, todos pueden hablar de «mi aflicción». «El corazón conoce la amargura de su alma» (Proverbios 14:10).

Pero es un gran privilegio cuando «mi aflicción» puede ser contrabalanceada por «mi consuelo». Así era en el caso de David, que representa a todos los creyentes. ¿Es éste también tu caso?

I. Los CREYENTES TIENEN SU CONSUELO PECULIAR.

1. Este es diferente de otros. Los hombres mundanos obtienen sus gotas de consuelo de aquellas fuentes de su

preferencia, pero los hombres santos miran a la Palabra de Dios y dicen: «Esto es mi consuelo» (Salmo 4:6).

2. «Esto», como teniéndolo a la mano. No dicen aquello como si estuvieran señalando algo a distancia, sino *esto*: lo que tengo a mano».

III. LA CLASE DE CONSUELO QUE TENEMOS ES UNA PRUEBA DE NUESTRO me ha vivificado.»

1. En la parte exterior.
La Palabra de Dios, llena de promesas, es nuestro consuelo (Rom. 15:4).
La Palabra de Dios, llena de ejemplos de Su bondad, confirma nuestra confianza (Salmo 77:5-10).

2. En la parte interior, por experiencias pasadas, el creyente ha sentido el poder de la Palabra de Dios que le ha levantado:
Dándole vida, de entre los muertos (Salmo 116:8), elevándole a una vida más alta (Salmo 119:67).
En su experiencia presente, ha sentido el poder de la Palabra para hacer:
Su mente menos mundana.
Su corazón más dispuesto a orar.
Su espíritu más tierno.
Su fe más simple.

III. LA CLASE DE CONSUELO QUE TENEMOS ES UNA PRUEBA DE NUESTRO CARÁCTER.

1. Algunos miran a las riquezas; cuando su grano y su vino aumentan, dicen «éste es mi consuelo», pues buscan lo terreno; son mundanos (Luc. 12:19).

2. Algunos buscan consuelo en sueños y en visiones, impresiones y presentimientos; son supersticiosos.

3. Algunos recurren a sus compañeros por consejo y ayuda; no son sensatos y tendrán desengaños (Jer. 17:5).

4. Algunos corren al pecado, se entregan a la bebida, al juego, a los compañeros mundanos, a la disipación, a las drogas; son los impíos.
¿Qué es vuestro consuelo?
¿Os ha vivificado la Palabra de Dios?
Si es así, mirad a ella en todas vuestras pruebas, pues nunca os fallará.

El reverendo E. **Paxton Hood** dice: «Cuando visité un día a mi buen amigo Benjamín Parson, que estaba en su lecho de muerte, le dije: «¿Cómo se encuentra hoy, señor?» El me dijo: «Mi cabeza está reposando sobre tres suaves almohadas: Poder infinito, amor infinito y sabiduría infinita.»

«Habladme sólo en el lenguaje de las Escrituras —dijo un creyente moribundo—; yo puedo confiar en la Palabra de Dios, pero cuando se trata de palabra de hombres me cuesta un gran esfuerzo pensar que puedo confiar en ella.» — RALPH ERSKINE.

Estaba yo interrogándome a mí mismo acerca de mi vida espiritual; yo, que he sido por muchos años un predicador a otros, entré en una rústica asamblea; un hombre indocto estaba predicando el evangelio, y lo hacía con tal poder que empezaron a fluir lágrimas de mis ojos; mi alma dio un salto al oír la misma Palabra del Señor. ¡Qué consuelo fue para mí! Con frecuencia he recordado esta experiencia: ¡La Palabra de Dios me vivificó! Mi corazón no estaba muerto a su influencia. Fui una de aquellas felices personas que conocen el gozoso sonido. Ella trajo seguridad a mi alma. La Palabra de Dios me había vivificado. ¡Qué energía trae a veces un texto al corazón de un creyente! Hay más en una sentencia divina que en grandes folios de humana composición.

Hay en el mundo tintes tan fuertes que una sola gota es más poderosa que grandes dosis de otras soluciones. La Biblia es la esencia de la verdad; es la mente de Dios; la sabiduría de lo Eterno. Los hombres han obtenido vida por la Palabra de Dios, y por la misma Palabra son mantenidos vivos.

SERMÓN 41

ESCAPE HACIA DIOS

«*En ti me refugio*» (Salmo 143:9).

¡Qué bien es para nosotros que David no fue un hombre sin pruebas! Todos hemos sido enriquecidos por sus penosas experiencias.

«*Un hombre tan variado, que parece ser*
No uno, sino el epítome de toda la Humanidad.»

¿No puede ser que resulte una bendición para otros el que nosotros seamos también probados? Si es así, ¿no debemos sentirnos gozosos de contribuir con nuestra parte al beneficio de la familia redimida?

David puede ser un ejemplo para nosotros; volemos hacia Dios como él lo hizo. Tendremos gran ventaja si imitamos a este prudente guerrero en su modo habitual de escapar de sus enemigos.

El punto principal es, sin embargo, no sólo ver lo que hizo David, sino hacer como él, pronto y constantemente. Esto es lo esencial para imitar a este gran hombre de Dios.

I. UNA PERCEPCIÓN DEL PELIGRO. Nadie huye si no tiene temor. Debe haber un conocimiento y aprehensión del peligro, o no habrá escape de ninguna clase.

1. Los hombres perecen en muchos casos porque no tienen sentimiento del peligro. Respiran aire envenenado sin darse cuenta; tropiezan con el escollo oculto debajo de las aguas; chocan con el tren que aparece súbitamente sin haber sido visto. La ignorancia del peligro hace el peligro inevitable. Los hombres mueren sin darse cuenta del peligro del infierno.

2. Cada hombre está realmente en peligro. El pecador es como un marino dormido en la punta del mástil.

3. Algunos peligros dejan de sentirse poco a poco; son aquellos relacionados con pecados agradables.

II. UN SENTIDO DE FLAQUEZA. Nadie huye para ocultarse si se siente capaz de luchar.

1. Todos nosotros somos débiles e incapaces de romper con el pecado.

2. Algunos se sienten valientes, pero son los más débiles.

3. Los fallos pasados nos enseñan a no confiar en nuestra propia fuerza.

4. En un profundo sentido de flaqueza, somos hechos fuertes; sintiéndonos imaginariamente fuertes, somos débiles.

III. UNA PRUDENTE PREVISIÓN. «En ti me refugio.»

1. No quería aventurarse al peligro o esperar hasta que fuese derribado, sino que se prevenía y huía. A menudo ésta es la más elevada forma del valor.

2. Escapar por *miedo* es la más admirable prudencia. No

es un motivo mezquino: «Por temor, Noé fue movido a preparar el Arca.»

3. Mientras podemos huir debemos hacerlo, pues viene el tiempo cuando no podremos. David dice: «Me refugio»; lo que significa: «Me estoy refugiando siempre en ti, Dios mío.»

El hombre no debe vivir como las bestias que no ven más allá que el prado donde comen. Debe levantar la cabeza y «prevenir el mal y ocultarse», pues ésta es la mejor prudencia (Prov. 22:3).

IV. UNA SÓLIDA CONFIANZA. «En ti me refugio.» Estaba seguro:

De que había seguridad en Dios.
Que podía acudir a Dios.
Que podía refugiarse en El inmediatamente.

V. UNA FE ACTIVA. No solamente lo dijo, sino que se levantó y fue. Esto puede ser visto claramente:

Su huida a Dios significaba: Buena dirección, velocidad, ardor.

De algunos pecados no hay salvación sino por la huida. En la antigua leyenda de Calixto vemos que Mentor decía a su alumno: «Huye, Telémaco; no hay otro modo de conquista sino la huida.» «Huye de tus deseos juveniles», repetía el apóstol Pablo a su discípulo Timoteo. No basta luchar, hay que huir de la tentación.

El pueblo de Dios encuentra, sin embargo, que a veces el único lugar posible de protección es lugar de destrucción. Bien, en tal caso podemos decir que en todos los lugares la ayuda de Cristo no faltará; así fue con David (Salmo 142:4-5). Cuando perdió su refugio de Siclag su Salvador no le abandonó, sino que leemos «que David se fortaleció en el Señor su Dios» (1.º Samuel 30:6). Es un poderoso aliento para los creyentes saber que Cristo es su refugio. 1. El es un lugar de refugio seguro y fuerte (Isaías 33:16). 2. Es un lugar de refugio grande. 3. Es un lugar de refugio tanto para el alma como para el cuerpo. 4. El tiene el propósito de ser nuestro refugio; Dios le ha encomendado a todos sus elegidos para que los protegiera. — RALPH ROBINSON.

Bajo la influencia de un gran temor las criaturas más tímidas a veces huyen al hombre para hallar protección. Hemos oído de una paloma que huyó al seno de una señora para escapar de un buitre que la perseguía; y de una liebre que corrió hacia un cazador para protegerse de una fiera. En ambos casos hallaron protección. La confianza de los débiles les garantiza el apoyo de los fuertes que tienen un corazón sensible. Sería brutal rehusar la protección en un caso así. Con mucha mayor seguridad nosotros encontraremos refugio en el seno de nuestro Dios, y que su amor y majestad nos acogerá con una sonrisa.

Sermón 42

COSAS QUE NO SON LO QUE PARECEN

«*Todos los caminos del hombre son limpios en su propia opinión; pero Jehová pesa los espíritus*» (Proverbios 16:2).

A veces, en tiempos de escasez o de crisis, se descubre que cosas que parecían comercialmente buenas han sido falsificadas. Todo parece sólido y sustancioso hasta que viene el inevitable fracaso, y entonces los hombres sienten que no pueden confiar en sus prójimos.

Fracasos espirituales como éstos ocurren también en la iglesia. Personas de gran reputación se apartan; altivos profesantes desaparecen. Los hombres se creen fácilmente rectos y justos, pero cuando viene un tiempo de prueba tales profesiones muestran su falsedad.

I. Los caminos del abiertamente malvado. Muchos de éstos son «limpios a sus propios ojos».

Para llevar a cabo esta alta deserción:
Dan buenos nombres al pecado.
Piensan mal de otros, creyéndoles mucho peores que ellos, y así encuentran excusa para sí mismos.

II. Los caminos del religionista externo. Este parece limpio en:
Su observancia de las ceremonias.
Su asistencia regular al culto.
Su abierta profesión de religión.
Su generosidad a la causa del Señor y su general interés en cosas buenas.

De este modo, hay ministros, diáconos y miembros que pueden vanagloriarse de sus grandes cosas; sin embargo, el Señor que pesa sus espíritus sabe que son reprobados.

III. LOS CAMINOS DEL PROFESANTE MUNDANO. Este piensa de sí mismo que es «limpio». Que considere honestamente «si es limpio»:

En su vida privada.
En sus indulgencias privadas y ocultas.
En sus placeres y recreos.
En su compañía y conversaciones.
En su lugar secreto de comunión olvidado, en su Biblia olvidada, en su religión tibia, etc. ¡Qué revelaciones saldrán a luz cuando el «Pesador de los espíritus» aparezca!

IV. LOS CAMINOS DEL APÓSTATA SEGURO. El se imagina que su camino es «limpio», cuando una pequeña observación le mostraría suciedad en muchos lugares:

Disminución de la oración privada (Job 15:4).
Pecado que va apoderándose lentamente (Jer. 15:10).
Conversaciones raramente espirituales (Ef. 5:4).
Poca lectura de las Escrituras (Os. 8:12).
Endurecimiento progresivo del corazón (Heb. 3:13).

¡Cuán bellas aparecen todas las cosas cuando la nieve del invierno las ha blanqueado! ¡Qué lecho real no se ve por encima del corral! ¡Qué lecho real de hermosura puede verse en un rincón de escombros!; ¡su cubierta es más blanca que cualquier pintor de la tierra lo pudiera pintar! Parece que un ángel podría ponerse a descansar y levantarse tan puro como cuando se echó sobre él; pero no es nada más que un montón de suciedad.

Que todos los barcos eran suyos, declaraba en voz alta cierto hombre andando por el puerto. Se paseó por el muelle con un aire real, hablaba con todos los que se le presentaban respecto a sus barcos, y se vanagloriaba como si fuera verdad; pero ¿qué era? Escuchad: Era un pobre loco que se había persuadido a sí mismo de aquella insensatez; pero la verdad es que no tenía donde caer muerto. ¡Qué absurdas no son muchas personas víctimas de su propio engaño! Son ricos en su propia opinión, pero en realidad son desnudos pobres miserables.

«Este debe ser el camino recto, ya que es tan llano. ¡Cuántos pies le han pisado!» Pero ésta es, precisamente, la señal de ser el camino ancho, que lleva a destrucción.

«Pero ¡ved cuántas vueltas da y qué variedad de direcciones toma!» Precisamente esto prueba ser el camino errado, pues la verdad es una e inmutable.

«¡Pero gusta tanto!» Esto lo hace también sospechoso, pues lo que es tan grato para un hombre no regenerado es, probablemente, malo. Los corazones van tras lo que se parece a ellos mismos, y los hombres sin la gracia de Dios aman los caminos ajenos a la gracia.

«Pero ¿queréis que vaya yo por el camino estrecho y áspero?» Sí; debes hacerlo, pues lleva la vida; aunque sean pocos los que lo hallan, aquellos que lo hacen declaran que es un camino placentero. Es mejor seguir la senda áspera que conduce al Cielo que el camino ancho y llano que lleva al Infierno.

Sermón 43
PROBANDO LOS CORAZONES

«El Señor pesa los corazones» (Prov. 21:2).

Las pesas del Señor son fieles y exactas. El siclo del Santuario era doble que el que se usaba en las pesas comunes, por lo menos así nos lo dicen los rabinos. Los que profesan santidad han de hacer más que los otros. El siclo del Santuario era el peso al cual debían ajustarse todos los demás pesos. La ley del Señor es el modelo de moral. Las balanzas de Dios siempre están en orden, siempre son verdaderas y exactas.

I. Pesando los corazones.

1. Dios ya lo ha hecho. Todos los propósitos, pensamientos, palabras y acciones de los hombres están puestos sobre la balanza desde el primer momento de su existencia. Dios no puede ser engañado en ningún momento.
2. Las tribulaciones forman parte importante de tales pruebas; la impaciencia, la rebelión, el desánimo, la apostasía, han seguido muchas veces a aflicciones o persecuciones severas.

3. La prosperidad, el honor, el éxito, son pruebas en las cuales muchos han sido hallados faltos. La alabanza genera orgullo, la riqueza crea mundanidad y las deficiencias humanas se manifiestan más en tal situación (Prov. 27:21).

4. Las grandes crisis en nuestras vidas, en nuestra familia, en el pensamiento religioso, en los negocios públicos, son también pruebas. Es difícil conocer el corazón humano cuando todo va por caminos fáciles.

5. La verdad es también una prueba del corazón. Algunos abandonaron a Jesús cuando predicó ciertas doctrinas. Los corazones son pesados según su modo de tratar la verdad. Cuando rehúsan la Palabra de Dios, esta Palabra les condena.

II. Los corazones que son pesados.

Estos varían en gran manera, pero pueden ser divididos en tres categorías, y esperamos que nuestros oyentes juzgarán por sí mismos en cuál situación se encuentran.

1. *Los corazones que son hallados faltos en seguida.*
   El corazón natural (Jer. 17:9; 1.ª Cor. 2:14).
   El corazón doble o hipócrita (Os. 10:2).
   El corazón pusilánime. No es capaz de ninguna decisión, energía o seriedad (Os. 7:7).
   El corazón perverso, rebelde, malo, pecador.

2. *Corazones que son hallados faltos en subsiguientes pesadas.*
   Saúl tuvo «otro corazón». Una nueva fase de sentimientos, pero no una nueva naturaleza.
   Un corazón humillado como el que tuvo Acab cuando Elías hubo profetizado su ruina. Humillado, pero no humilde; cambiado, pero no vuelto de la iniquidad.

3. *Corazones que tienen buen peso.*
   El corazón tembloroso: penitente, temeroso del pecado, etcétera.
   El corazón tierno: sensible, afectuoso, amante.
   El corazón quebrantado: arrepentido, lánguido, humilde.
   El corazón puro: amante de lo que es bueno y limpio, que lamenta el pecado en sí mismo y en otros, anhelando santidad.
   El corazón firme: fijo, que permanece inmutable, etc.

¿Está vuestro corazón dispuesto para ser pesado? ¿No tenéis temor de la prueba final? ¿En qué se funda vuestra confianza?

En la mitología pagana, Momus, el dios inquiridor, se dice que reprendía a Vulcano porque en la forma humana, que hizo de barro, no había puesto una ventana en el pecho por la cual pudiera ser visto fácilmente todo lo que el hombre pensaba. No estamos de acuerdo con Momus, ni creemos que fuera deseable tener una ventana en el corazón por la cual los hombres pudieran ver todos sus pensamientos mutuos. Si esto fuera así todos procuraríamos poner puertas a tales ventanas y las mantendríamos bien cerradas.

Sermón 44
MERCADERES DEL CIELO

> *«Compra la verdad y no la vendas»* (Proverbios 23:23).

Describiendo el paso de los peregrinos por la feria de la vanidad, Juan Bunyan dice:

«Lo que no dejaba de divertir mucho a los mercaderes era que aquellos peregrinos prestaban poca atención a sus géneros, y ni siquiera trataban de admirarlos; y si eran llamados para comprar, ponían sus dedos en sus oídos y gritaban: "Aparta mis ojos para que no vean la vanidad", y miraban arriba, significando que sus intereses estaban en el cielo.

»Alguien, viendo su extraña traza, se atrevió a decirles: "¿Qué compráis?", pero ellos, mirándole seriamente, respondieron: "Nosotros compramos la verdad".»

I. El género: «La verdad.»

   1. La verdad doctrinal. El Evangelio. Las tres erres: ruina, redención y regeneración. O sea las doctrinas de la gracia.
   Un comprador del Evangelio debe aprender a discernir lo que tiene que rechazar:
   Una salvación sin Cristo como Dios.

Un perdón sin sacrificio expiatorio.
Una vida eterna sin nuevo nacimiento.
Una regeneración sin fe.
Una fe sin obras.
Una seguridad sin perseverancia en la santidad.

2. La verdad experimental. El nuevo nacimiento y la vida del cielo son verdaderas joyas, pero hay de ellas muchas imitaciones ruines. Hay que hacer distinción entre la verdadera religión y la fe sin arrepentimiento.
Hablar sin sentimiento.
Vida sin luchas.
Confianza sin examen.
Perfección sin humildad.

II. La COMPRA: «Compra la verdad.» Aquí tenemos que:

1. Corregir un error. Hablando estrictamente, la verdad y la gracia no son compradas ni vendidas. Sin embargo, las Escrituras dicen: «Comprad sin dinero y sin precio vino y leche.»

2. Explicando la frase, es adecuada. Porque toda alma anhelosa de salvación debería estar dispuesta a comprar la verdad si pudiera ser vendida.

3. Parafraseando la frase.
Comprad lo que sea *verdad verdadera.*
Comprad *toda* la verdad.
Comprad *sólo* la verdad.
Comprad la verdad *a cualquier precio.*
Comprad la verdad *ahora.*

4. Razones para realizar esta compra.
Es ella misma lo más precioso.
La necesitaréis en la vida y en la eternidad.

5. Dirijíos al mercado donde la podéis encontrar.
«Comprad *de Mí*», dice la Palabra de Dios.
El día del mercado es ahora: «Venid, comprad.»

III. La PROHIBICIÓN: «Y no la vendas.»

No la vendas o cedas por una buena vida; por respetabilidad humana; por reputación de ciencia y buen tono; para agradar a un amigo; por el placer de un pecado; por nada más que mera vanidad. Por el contrario, tienes que retenerla como la misma vida.

Cómprala a cualquier precio y no la vendas a ningún precio. Estás perdido sin ella. ¡No la vendas!

Es un legado que nuestros padres compraron al precio de su sangre; y esto debería hacernos sentir que no la podemos vender por nada del mundo, antes tenemos que darlo todo, como el mercader de la parábola del Evangelio, para adquirirla (Mateo 13:45). Compra esta preciosa perla que es más valiosa que el cielo y la tierra y que hace vivir al hombre feliz, morir confortablemente y reinar por la eternidad. — THOMAS BROOKS.

Como he dicho, el camino a la ciudad celestial está al otro lado de la ciudad donde existe la peligrosa feria, y el que quiere ir a aquélla tiene que pasar por ésta o tendría que salir del mundo. El mismo Príncipe, cuando estuvo aquí, tuvo que pasar por esta ciudad para ir a su propio país, y también por esta feria.

El mismo señor de esta feria, Belcebú, fue quien le invitó a comprar de sus vanidades. En tal caso le habría hecho señor de la feria si le hubiese reverenciado y honrado como tal señor. Por esto Belcebú le llevó por las calles de la ciudad y le mostró todos los reinos de este mundo para, si fuese posible, seducirle y que el bendito Señor comprara alguna de sus vanidades, pero él no hizo caso de tales mercaderías y, por tanto, abandonó la ciudad sin dar un penique por ellas. Por esto podemos decir que esta feria es muy antigua y muy grande. — JUAN BUNYAN.

SERMÓN 45

ES GLORIA DE DIOS ENCUBRIR EL PECADO

> *«Gloria de Dios es encubrir un asunto; pero la honra del rey es escudriñarlo»* (Proverbios 25:2).

Cuando la justicia es burlada, la verdad falseada por bribones, abandonada por prejuicios o hecha difícil por la falsedad, es en deshonor del rey y está obligado a escudriñar el asunto hasta el fondo. El honor del magistrado consiste en descubrir el crimen, pero la gloria de Dios es cubrir el pecado con justicia y ocultarlo de la vista.

Con Dios o para Dios no es necesaria la búsqueda, pues sus ojos lo ven todo. Su gloria es cubrir lo que es bastante evidente a sus ojos, cubrir y justificar lo realizado.

I. Es GLORIA DE DIOS CUBRIR EL PECADO.

1. La culpa, con sus agravantes, motivos y engaños de toda una vida, Dios puede quitarla para siempre mediante la sangre redentora.
2. El pecado, conocido y confesado, El puede cubrirlo de tal modo que no venga más en memoria.
3. El puede hacer esto precisamente mediante la obra de Jesús.
4. El puede hacer esto sin compensación alguna por parte del ofensor: porque ya lo ha hecho el Sustituto.
5. Esto puede hacerlo Dios sin producir ninguna mala impresión en otros. Nadie puede pensar que Dios pasa por alto el pecado al ver cómo lo castigó en la persona de Jesús.

II. MOTIVO DE GRAN ALIENTO PARA ALMAS ANSIOSAS.

1. No es necesario tratar de cubrir su propio pecado, puesto que es tarea divina ocultar sus iniquidades; por tanto, pueden dejarlo enteramente a El.
2. Da gloria a Dios creer en su poder para quitar el pecado, con toda su criminalidad.
3. Creer que El está dispuesto a hacerlo, a su favor, en este mismo momento.

III. PODEROSO ESTÍMULO PARA LOS SANTOS.

1. Para glorificar a Dios que cubre su pecado. Debemos hablar del perdón con entusiasmo, y decir cómo el Señor echa el pecado tras sus espaldas, lo arroja en lo profundo del mar, lo borra enteramente y lo pone donde no puede ser encontrado. «Jesús es el fin del pecado.»
2. Levantar en otros el deseo de ver cubiertos sus pecados, conduciéndoles a Jesús para que sus almas sean salvas de la muerte.
3. Imitar al Señor olvidando los pecados de aquellos que se arrepienten. Tenemos que olvidar para siempre cualquier ofensa que se nos ha hecho a nosotros mismos y tratar a los convertidos como si nunca hubiesen faltado. Cuando vemos a un hijo pródigo «traigamos el mejor vestido y vistámoslo, para que su desnudez sea cubierta y sus harapos olvidados».
Venid y exponed todos vuestros pecados al Señor para que él pueda hacerlos desaparecer.

La señora Elizabeth Fry, célebre por sus labores entre las mujeres prisioneras de Newgate, debió mucho de su éxito a la ternura con que las trataba. «Nunca les pregunté acerca de sus crímenes, ya que todos hemos pecado», era su calmosa respuesta si algún curioso inquiría acerca de los hechos de aquellas mujeres.

SERMÓN 46

BUENAS NUEVAS

«Como el agua fría al alma sedienta, así son las buenas nuevas de lejanas tierras» (Proverbios 25:25).

Es tan sólo en los días calurosos del verano que podemos apreciar bien esta ilustración, pues nosotros vivimos en un país bien regado y la sed entre nosotros es cosa rara. Sin embargo, podemos imaginarnos la condición de Agar, Ismael y de Sansón, de una caravana en el desierto o de pobres marinos en un bote, rodeados de agua salada, muriendo de sed.

I. BUENAS NUEVAS PARA LOS PECADORES DE PARTE DE DIOS.

El pecado hace a los hombres alejarse de Dios, en una provincia apartada; pero aquí hay buenas nuevas. Las buenas nuevas de que:

1. Dios os recuerda con piedad.
2. Ha preparado un camino para vuestra vuelta.
3. Ha enviado mensajeros para invitaros a volver al hogar.
4. Muchos han vuelto ya y están regocijándose.
5. Ha provisto todos los medios para traeros de nuevo al hogar.
6. Tenéis que volver en seguida: «Todas las cosas están preparadas.»

Si éstas son buenas nuevas para todos, lo serán extraordinariamente para las almas sedientas; para las demás no tendrá importancia.

II. **B**UENAS NUEVAS PARA LOS SANTOS PROCEDENTES DEL CIELO.

1. Estas nuevas vienen del Cielo, son producto de la aplicación de la Palabra por el Espíritu Santo de Dios y por los dulces susurros del amor de Jesús.

2. Si por algún tiempo has demorado tu decisión, la renovación espiritual te será más dulce que nunca; del mismo modo que el agua fría es doblemente refrigerante a una persona especialmente sedienta.

III. **B**UENAS NUEVAS PARA EL CIELO PROCEDENTES DE LA TIERRA.

Dan gozo al círculo del hogar. Da gozo al círculo familiar arriba oír que:

1. Los pecadores se arrepienten.

2. Los santos están corriendo su carrera con santa diligencia.

3. Las iglesias son edificadas y el Evangelio es esparcido por el mundo.

4. Más santos están siendo cosechados para el hogar celestial.

La idea de una vida futura entre los indígenas de las islas Hawai, donde no existía tal idea, o si había alguna noción de ella era vaga o imprecisa, produjo tal impresión en ellos —dice Mr. Ellis— que las recibieron como noticias de *ora loa ia Jesu* (vida sin fin por Jesús) y mostraban por ellas la mayor alegría. Según su propia frase: «Había roto sobre ellos como luz en la mañana.» «¿Es cierto que mi espíritu no morirá nunca y que este mi pobre cuerpo vivirá otra vez?», exclamó un anciano jefe. Y esta deliciosa sorpresa parecía ser el sentimiento general de todos los nativos. — De *Seis semanas en las islas Hawai,* por MISS BIRD.

El doctor Field, en su *Diario por el desierto,* habla de cuando estuvo en el monte Sinaí, y escribe: «Aquí, en un valle entre rocas, bajo un tremendo macizo de granito, hay una fuente de agua que los árabes dicen que nunca falla. ¡Cuán grato fue, en lo más fuerte del calor del día, encontrar un poco de nieve en un recodo de la roca, la cual, añadida al natural frescor de la fuente, nos dio verdadera agua helada en el monte Sinaí!»

Sermón 47

EL SIERVO HONRADO

«Quien cuida la higuera comerá su fruto, y el que mira por los intereses de su señor, tendrá honra» (Proverbios 27:18).

I. **Cristo es nuestro Amo.**

1. Nuestro único Señor. Nosotros servimos a otros para que podamos servirle a El. No dividamos nuestros servicios. «Uno es vuestro maestro, el Cristo.»
2. Nuestro mejor señor.
3. No hay otro igual en el Universo.
4. Nuestro misericordioso Señor, que soporta nuestras faltas, nos anima cuando desfallecemos o estamos cansados; nos cuida en la enfermedad; nos instruye con paciencia y nos promete una gran recompensa.
5. Nuestro Señor por toda la vida. Nuestra oreja está taladrada como la de los siervos voluntarios hebreos. Somos suyos por toda la eternidad.

II. **Nuestro negocio es servirle a El.**

1. Esto se expresa por la frase *«el que cuida de la higuera».* Tenemos que velar por nuestro Señor como un ayudante de cámara vigila a su amo, permaneciendo con él, nunca apartándonos de su lado, o dejando de tener comunión con El; defendiéndole, no permitiendo que nadie hable contra El, o injurie su honor, mientras nosotros tengamos lengua para responder.
   Esforzándonos para sus objetivos. Consagrándonos a nosotros mismos para llevar adelante el gran propósito de nuestro Señor, y dejando todo lo que nos impediría en tal empresa.
2. Expresado por las palabras *«el que mira por los intereses de su señor».*
   Los intereses de Su Palabra: «Habla, Señor, que tu siervo oye» (1.º Sam. 3:9; Salmo 85:8).
   Buscando su sonrisa. «Haz resplandecer tu rostro sobre tu siervo» (Salmo 31:16).
   Dependiendo de El para fortaleza. «Da tu fortaleza a tu siervo» (Salmo 86:16).

Esperando el cumplimiento de sus promesas. «Recuerda la Palabra que has hablado a tu siervo sobre la cual me has hecho esperar» (Salmo 119:49).

Consagrando a su servicio cuerpo, alma y espíritu, no teniendo fines particulares (1.° Crón. 12:18).

Aquiescentes a su voluntad. Listos incluso para sufrir o trabajar según El nos señale (Luc. 17:7-10).

Lo contrario de esto es:

Buscar los intereses propios. Procurando honores, riquezas, placer o bienestar.

Buscar nuestra propia voluntad. Haciendo lo que queremos y, sin embargo, pretendiendo que servimos al Señor.

Buscar aplausos propios. Despojando a nuestro Señor de la gloria que le pertenece sólo a El.

III. NUESTRO SERVICIO NOS TRAERÁ HONOR.

1. Entre nuestros compañeros de servicio.
2. Aun entre nuestros enemigos, que serán forzados a admirar la sinceridad y la felicidad.
3. De nuestro Señor, que nos dará un dulce sentimiento de su aceptación aun aquí abajo.
4. En el día del Juicio ante la asamblea del Universo.
5. Por toda la eternidad, entre ángeles y espíritus glorificados.

Entonces nos arrepentiremos de no haberle servido enteramente.

Pidámosle que nos reciba en su servicio desde hoy.

Dos pastores ancianos se encontraron un sábado en una estación de Gales cuando iban a predicar a sus respectivos lugares de culto el domingo. «Yo espero —dijo el señor Harris de Merthyr al señor Powell de Cardiff— que nuestro gran Amo hará resplandecer su rostro sobre mí mañana.» «Bien —respondió el pastor Powell—; pues, en cuanto a mí, si no lo hace, hablaré, sin embargo, bien de El a sus espaldas.»

Un perro que sigue a todo el mundo y no pertenece a nadie, nadie cuida de él. Cuanto más muestra su afecto a su amo, mayor es el afecto del amo hacia él. En el servicio doméstico no mantendríamos a un servidor que empleara la mitad de su tiempo en el servicio de otro.

Los criados viejos y fieles miran a la propiedad de sus amos como propia. Uno solía decir: «Mi coche», «Aquí están nuestros queridos niños que vienen a casa, de la escuela», etc. A nuestro Señor Jesús le gusta que sintamos una estrecha comunión de intereses con El. Esto hace que el tal servicio sea ya a nosotros mismos una recompensa, por la satisfacción que nos produce; y además añade la recompensa del cielo. No arroja fuera a los servidores ancianos, sino que les garantiza tenerles con El en Su gloria por toda la eternidad, así como ellos han estado con El en su humillación.

Sermón 48

EL TEMOR DEL HOMBRE QUITADO POR LA CONFIANZA DE DIOS

> «El temor del hombre pondrá lazo; mas el que confía en Jehová será exaltado» (Proverbios 29:25).

Aquí tenemos un proverbio doble, cada parte del cual es verdad en sí mismo, y, puestas juntas, nos proveen una completa enseñanza. El que teme al hombre está en gran peligro por esta misma causa; el que confía en el Señor no tiene ninguna clase de peligro. Confiar en el Señor es el gran antídoto contra el temor del hombre.

I. Un peligro muy común. «El temor del hombre pondrá lazo.»

1. A veces conduce a los hombres a grandes pecados, manteniéndolos como pájaros prendidos en una trampa. Aarón cedió al clamor popular e hizo un becerro de oro. Saúl tuvo más cuidado de ser honrado por el pueblo que de agradar al Señor. Pilato temió que se presentara una queja de él al César y por ello hizo traición a su conciencia. Pedro negó a su Maestro por temor a una simple criada.

2. Mantiene a los hombres apartados de la conversión. Sus compañeros les ridiculizarían; sus amigos se enojarían; podrían ser perseguidos; y así entran muchos en la categoría de «los temerosos e incrédulos» que sufrirán condenación (Apoc. 21:8).

3. Impide a otros confesar su fe. Tratan de ir al cielo por una puerta escondida. Recordad que dice: «Con la boca se confiesa para salvación» (Rom. 10:10).
4. Reduce la dignidad aun de hombres buenos. David era una pobre criatura ante Achis; y aun Abraham, el padre de los creyentes, hizo un pobre papel cuando por temor negó que Sara fuera su esposa.
5. Impide muchos deberes que requieren valor. Jonás no fue a Nínive por temor de ser tomado como un falso profeta si Dios perdonaba la ciudad. Los predicadores de Galacia se descarriaron a falsas doctrinas para ser considerados sabios, etc.

II. UNA PRECIOSA PROMESA. «El que confía en el Señor será exaltado.»

No es el pusilánime temor del hombre lo que exalta, sino la confianza infantil del creyente en su Señor.
1. El que confía está libre de temor del hombre.
Dios es con nosotros; por lo tanto, somos fuertes y no necesitamos temer.
Estamos determinados, y no temeremos.
Oramos, y al hacerlo perdemos nuestro temor.
Nos preparamos para lo peor, y el temor se desvanece.
2. Después de todo, ¿qué hay que temer?, ¿qué puede el hombre hacernos? Si Dios es con nosotros, nuestra seguridad es perfecta, continua y eterna, aun cuando toda la raza humana nos asediara y persiguiera (Rom. 8:31).

III. UNA GLORIOSA DOCTRINA. Consideremos el significado de la segunda frase: «El que pone su confianza en el Señor será exaltado»:

Por encima de las mezquindades humanas.
Por encima del poder del pecado.
Por encima de la fuerza de la tentación.
Por encima de los efectos perniciosos del temor.
Por encima de la muerte, el infierno y todo mal.
¿Temeremos como un gusano, o confiaremos en nuestro Dios?
Rompamos la trampa en que el temor nos ha cogido.
Entramos en el palacio de la exaltación y la honra por la puerta de la confianza.

El alma que no puede confiar enteramente en Dios, tanto si agrada o no a los hombres, no le será fiel por mucho tiempo; cuando miras a los hombres estás perdiendo a Dios e impidiendo el cristianismo en tu propio corazón. — Manton.

«El temor del hombre.» ¡Qué terrible ídolo! Muchas almas han sido engañadas por él y llevadas al infierno. Sus ojos están llenos de odio a los discípulos de Cristo; se mofa de ellos en su cara; la risa del burlador suena en su garganta. ¡Arroja de ti semejante ídolo! El temor del hombre impide a algunos la oración secreta; el adorar a Dios en familia; presentar un problema a sus pastores; confesar abiertamente a Cristo. ¡Vosotros los que habéis sentido el amor del Espíritu de Dios, haced pedazos a semejante ídolo! «¿Quién eres tú para que tengas temor del hombre mortal?» «No temas, gusano de Jacob.» «¿Qué tengo yo que hacer con los ídolos?» — Robert McCheyne.

Un fuego apaga al otro. Nada mata tan efectivamente el temor del hombre como la abundancia del temor de Dios. La fe es una armadura para el alma y vestidos con ella los hombres entran en lo más recio de la batalla sin temor de ser heridos. El temor del hombre mata la conciencia; distrae la meditación; impide las actividades santas; cierra las bocas para que no den testimonio, y paraliza el poder cristiano. Es un peligro astuto que algunos no perciben a pesar de que estén ya prendidos en él.

Sermón 49

LA PALABRA DE UN REY

«*Pues la palabra del rey es con potestad*» (Eclesiastés 8:4).

Tan sólo Dios es el verdadero soberano sin límites. Es Rey en el sentido más absoluto, y así debe ser, pues es supremamente bueno, sabio, justo, santo, etc.; como es el Hacedor de todo, su dominio sobre sus criaturas es de derecho natural.

Tiene infinito poder para cumplir su voluntad real.

Aun en lo más íntimo es Omnipotente; consideremos esto:

I. Para aumentar nuestro respeto a El.

Pensemos cuidadosamente en:

1. Su Palabra creadora, por la cual todas las cosas salieron de la nada.
2. Su Palabra preservadora, por la cual todas las cosas permanecen.
3. Su Palabra destructora, por la cual hace temblar cielos y tierra.

    ¿Quién puede permanecer ante El sin temblorosa adoración? El poder le pertenece hasta el más alto grado, pues cada una de sus palabras es palabra de un rey.

II. Para asegurar nuestra obediencia.

1. Cada precepto suyo ha de ser obedecido inmediatamente, de todo corazón, plenamente, por cada uno de nosotros, puesto que el Rey lo manda.
2. Su servicio no tiene que ser esquivado, pues sería rebelarse contra su soberanía. Jonás no tuvo éxito en esto, pues nadie puede burlarse del Señor, y el que trate de escaparse de El encontrará que su brazo es largo.
3. Arrepentirnos de la desobediencia. Si hemos caído en pecado permitamos que la Palabra del Rey, con su misericordioso poder, nos subyugue y traiga nuestro corazón al arrepentimiento.

III. Para inspirar nuestra confianza.

1. En que El es poderoso para dar perdón al penitente, pues El lo ha prometido en su Palabra.
2. Que dará al creyente poder para renovar su vida: «Envió su Palabra y curóles»; esto es muy cierto espiritualmente.
3. De que El dará a los que son tentados poder para vencer la tentación. Dios asegura la victoria del creyente sobre los asaltos de Satanás, mediante su Palabra. Esta es la espada que Jesús usó en el desierto.
4. Dará al que sufre poder para soportar con paciencia y sacar provecho de la prueba; dará al moribundo esperanza, paz, visión beatífica, etc. Una palabra del Señor de la Vida quita a la muerte su aguijón.

IV. Para dirigir nuestro esfuerzo cristiano.

1. No debemos mirar a ninguna otra parte. La oración,

la oratoria, la música, la riqueza, el ceremonialismo, son demasiado flacos para depender de ellos.

2. Debemos apoyarnos sobre la Palabra de nuestro Rey siempre que queramos hacer cosas en su nombre. Predica la Palabra del Señor, pues nada más puede quebrantar los corazones, consolar a los desalentados, engendrar fe o producir santidad. Ruega con la Palabra del Señor, pues seguramente el Señor cumplirá sus promesas y empleará su poder para hacerlas fieles. Practica la Palabra del Señor, pues nadie puede engañar a quien vive de acuerdo con los preceptos del Señor, ante el cual el hombre y los diablos tienen que humillarse.

Lee mucho esta Palabra real.

Habla más que nunca de la Palabra del Rey, que es el Evangelio de Paz.

Creed en la Palabra del Rey Jesús y sed valientes para defenderla.

Inclinaos ante ella y sed pacientes y felices.

Ningún lenguaje mueve los sentimientos más profundos de mi naturaleza como la Palabra de Dios; y ninguna produce tan profunda calma dentro de mi espíritu. Realiza lo que ninguna otra voz puede hacer: me conmueve hasta hacerme derramar lágrimas; me humilla hasta el polvo; enciende mi entusiasmo; me llena de felicidad; me eleva a la santidad. Todas las facultades de mi ser son afectadas por el poder de la Palabra santa. Suaviza mi memoria, alienta mi esperanza, estimula mi imaginación, dirige mi juicio, ordena mi voluntad y alegra mi corazón.

La palabra de hombre encanta por un tiempo, pero se hace anticuada y pesada, perdiendo su poder; es, en cambio, al revés con la Palabra del Rey de reyes, la cual me gobierna soberanamente, más prácticamente, más habitualmente y más completamente cada día. Su poder es para todas las ocasiones: para la enfermedad y para la salud, para la soledad y para cuando estoy en compañía, para sucesos personales y para asambleas públicas. Prefiero ser respaldado por alguna declaración de la Palabra que por todos los ejércitos y navíos de las grandes potencias, y aun de todas las fuerzas de la Naturaleza; pues la Palabra de Dios es la fuente de todo el poder en el Universo, y en ella hay una reserva infinita de poder.

LA ROSA Y EL LIRIO

«Yo soy la rosa de Sarón y el lirio de los valles»
(Cantar de los Cantares 2:1).

Aquí tenemos al esposo alabándose a sí mismo, y esto es algo que merece ser considerado con atención. La propia alabanza no está aquí empañada por el orgullo: esta falta no puede encontrarse en el humilde Jesús. Su egoísmo no es egotismo. El se recomienda a sí mismo, no por causa de Sí, sino por nuestra causa. El se presenta con brillantes términos porque:

En su condescendencia, desea nuestro amor. ¡Qué poca cosa somos nosotros para que El nos atienda! Sin embargo, ¡está anheloso de hacerlo!

Con sabiduría, usa los mejores medios para ganar nuestro amor.

Con ternura, se digna describirse a Sí mismo para que nosotros podamos ser animados por su familiaridad al alabarse a Sí mismo a nosotros. Esta es una de las más efectivas pruebas de su humildad.

Necesariamente El tiene que describirse a Sí mismo, pues ¿quién más lo podría hacer? «Nadie conoce al Hijo sino el Padre» (Mat. 11:27).

I. LA EXCELENCIA DE NUESTRO SEÑOR.

Se compara a Sí mismo no sólo, como en otros lugares, al pan que es necesario y al agua refrescante, sino a las admirables flores. En Jesús hay todas las delicias, así como la satisfacción de todas las necesidades.

1. El es ahora todo lo que ha sido siempre; pues su «Yo soy» va desde toda la eternidad hasta los siglos sin fin.
2. El es delicioso al ojo de la fe como las flores lo son a la vista de los ojos; ¿qué hay más bello que las rosas y los lirios?
3. Es deliciosa, asimismo, la fragancia que viene de El. En El hay una fragancia variada y permanente.

Sin embargo, los ciegos no ven el color y los hombres sin olfato no perciben el olor de las más fragantes flores; del mismo modo, el hombre carnal no ve delicia alguna en Jesús. Las rosas y los lirios requieren ojos y luz para que puedan ser apreciadas; del mismo modo, el conocer a Jesús necesita gracia y buena disposición. El dice: «Yo soy la rosa de Sarón»; y así es, esencialmente, pero la gran pregunta aquí es: «¿Lo es para ti?» ¿Sí o no?

II. LA DULCE VARIEDAD DE SU DELICIA.

1. La rosa simboliza majestad, y el lirio, amor.
2. La rosa simboliza sufrimiento, y el lirio, pureza.
3. De ambas flores hay gran variedad. Todas las rosas y todos los lirios, todas las bellezas del cielo y de la tierra coinciden en Jesús.

III. LA EXCELENTE FRESCURA DE SU DELICIA.

1. Significa que puede ser tomado y gozado como lo son las rosas y los lirios.
2. Es abundante, como lo son estas flores comunes; no es una flor rara del Oriente, sino como las anémonas que cubrían las extensas llanuras de Sarón y los lirios que abundaban en todos los valles de Palestina.
3. Existiendo en lugares comunes como ocurría con las rosas en Sarón y los lirios en los valles, cada viandante podía libremente coger manojos a su libre voluntad. Estas flores no se encontraban en lugares inaccesibles, ni estaban guardadas detrás de rejas. Jesús es tan accesible para todo el mundo como estas flores. Esta es la principal idea del texto: los que desean a Cristo pueden tenerle.
4. Su fragancia se extendía, no en una habitación de la casa, sino lejos, y con gran amplitud, perfumando los mismos vientos.
5. Sin embargo, las rosas y los lirios no pueden expresar todas las virtudes de nuestro Amado, ya que no son permanentes e imperecederas. Las rosas y los lirios de Sarón se secaban pronto; pero El no morirá jamás.

«Yo soy la rosa de Sarón y el lirio de los valles.» Estas palabras, más que de Salomón, son propias del Señor Jesucristo, en quien la alabanza no es sino condescendencia, y gracia el recomendarse a Sí mismo a los hijos de los hombres. Por ejemplo, la declaración: «Yo soy manso y humilde de corazón», significaría el mayor orgullo de parte de Gabriel, pero es humildad en

Jesús, porque El descendió de la suprema altura de su poder y divinidad para que pudiera ser manso y humilde. «Yo soy la vida verdadera», «Yo soy el buen pastor», etc., son expresiones similares, de verdad y de gracia. Así lo es ésta que estamos considerando. — A. Moody Stuart.

Jesús no se compara a las flores raras y difíciles que sólo los ricos pueden conseguir, sino a lo que es fácilmente obtenible. En los Evangelios vemos cómo El se detuvo siempre para atender al más humilde; y el común del pueblo le oía de buena gana. — H. K. Wood en *El Esposo Celestial y su Esposa.*

Sermón 51
CONSIGUIENDO AL AMADO

«Hallé luego al que ama mi alma: trabé de El y no lo dejé» (Cantares 3:4).

I. «LO HALLÉ»: O AMOR EN LA COMUNIÓN.

1. Significa que lo estaba buscando.
2. Significa que había dejado atrás a todos los otros hombres y todos los medios y no podía contentarse sino con El.
3. Lo miré significa que El se acercó. Jesús se nos acerca por su palabra y sus ordenanzas. Yo le percibí por el Espíritu. La fe le ve claramente.
4. Yo fui lleno de contento. Le miré, no como a uno más, sino que al hallarle había hallado mi todo en la tierra y en el cielo.

II. «TRABÉ DE EL»: O EL AMOR EN POSESIÓN.

1. Por la resolución de mi corazón, determinado a no perderle otra vez.
2. Por mis ruegos con lágrimas; suplicándole que no me hiciera otra vez desgraciado por dejarme.
3. Haciendo de El mi todo en todo. El permanece donde

es apreciado; por tanto, le puse en un trono alto dentro de mi espíritu.

4. Renunciando a todos mis otros amores, pecados, ídolos, etcétera. El es celoso y yo quiero conservarme a mí mismo enteramente para El.

III. «Y NO LO DEJÉ»: O AMOR EN COMUNICACIÓN.

1. En nuestro propio espíritu, buscando la comunión con Jesús antes de ir al culto público, y yendo allí en su compañía.

2. Por nuestras palabras. Deberíamos hablar de tal modo de Jesús que nuestro testimonio promoviera la comunión con El. ¡Ay, cuántos hablan de El controversialmente, o sin calor, o con oratoria carnal! Entonces no hay lugar para el amado.

Aplicación espiritual:
Lo que la iglesia necesita: Cristo en medio de ella.
Cómo se puede lograr: Debe ser traído.
Lo que tiene que hacerse primero: Hay que asirse de El.
Quiénes pueden hacer esto: Los que le han hallado.
Quiénes pueden hallarlo: Todos los que le aman y le buscan.
¿Estás tú en este número?

Retenle, no ofendiéndole; ante todo, por negligencia. Cuando el alma se vuelve dormilona o descuidada Cristo se va. En segundo lugar, por ídolos. No puedes retener dos objetos a la vez. Tercero, por rehusar la santificación. Cuarto, por un hogar no santo. «Lo metí en la casa de mi madre.» Procura traer a Cristo a tu hogar y déjale gobernar tu casa. Si andas con Cristo fuera, pero nunca lo tomas en tu casa, pronto te encontrarás separado de El siempre. — ROBERT MCCHEYNE.

«Lo hallé.» Yo, un simple hombre, hallé al Señor de la gloria; yo, un esclavo del pecado, hallé al gran libertador; yo, el hijo de tinieblas, hallé la luz de la vida; yo, el más perdido, hallé mi Salvador y mi Dios; yo, solitario y afligido, hallé a mi Amigo y amado Esposo celestial. Haced esto, hijos e hijas de Sión, y El será hallado de vosotros, pues dice: «Me hallaréis cuando me buscareis de todo corazón.»

SERMÓN 52
INVITACION A UNA CONFERENCIA

«Venid luego, dice Jehová, y estemos a cuenta; si vuestros pecados fueron como la grana, como la nieve serán enblanquecidos; si fueren rojos como el carmesí, vendrán a ser como blanca lana» (Isaías 1:18).

La condición pecaminosa de los hombres es terrible en extremo; esto se expresa vivamente en los anteriores versículos de este capítulo. Los hombres están totalmente separados y alejados de su Dios.

I. INVITACIÓN A UNA CONFERENCIA.

Los hombres pecadores no se preocupan de pensar, considerar y ver las cosas como son; sin embargo, estos despreocupados son llamados a una conferencia urgente. Si razonan, más bien razonan contra Dios que con El; pero el propósito aquí no es de discutir, sino de tratar de una conciliación. Esto es lo que las gentes no piadosas rehusan hacer:

1. Prefieren asistir a observancias ceremoniales. La asistencia a cultos ritualistas es más fácil, pues no necesita pensar y razonar.

2. Sin embargo, el asunto es de tal naturaleza que requiere la más seria consideración y la merece, pues Dios, el alma, el cielo y el infierno están implicados en ello. Nunca fue más deseable un consejo prudente.

3. Es gran benevolencia por parte del Señor el sugerir una conferencia con los pecadores. Los reyes no invitan a los criminales a razonar con ellos.

4. La invitación es una promesa de que El desea la paz; que está dispuesto a perdonar y deseoso de hacernos justos.

II. UNA MUESTRA DE LAS RAZONES POR PARTE DE DIOS.

1. La principal dificultad se menciona claramente: «Si vuestros pecados fueren como la grana...» Dios llama a los más conspicuos pecadores a venir a El, sabiendo lo que son.

2. Dios mismo quitará tal dificultad: «... serán enblanquecidos como la nieve». El perdonará y terminará la contienda.

3. El quitará la ofensa de un modo perfecto: «Como la nieve, como la lana.»
Quitará para siempre la culpabilidad del pecado.
Nos librará de la pena del pecado.
Destruirá el dominio del pecado.
Nos guardará de volver al pecado.

III. LA ARGUMENTACIÓN DE TALES RAZONES.

1. Todas las objeciones son respondidas por anticipado.
La singular grandeza de los pecados: «Rojos como el carmesí.»
Esto está solucionado por la grandeza de la expiación: «Que limpia de todo pecado.»

2. La larga continuación en el pecado no requiere un largo proceso de purificación. La ropa que hay que teñir de rojo tiene que estar mucho tiempo en el baño de tintura, pero la sangre de Jesús limpia en un instante. (Ejemplo: el ladrón en la cruz.)

3. La luz contra la cual los pecados han sido cometidos aumenta la gravedad de su culpa; sin embargo, se nos asegura: «Todo pecado y blasfemia será perdonado a los hombres.»

4. El desespero que causa el pecado es notorio: «Mi pecado está siempre delante de mí.» Sin embargo, será lavado con la sangre del Cordero de Dios que quita el pecado del mundo.

Cierta clase de tintura escarlata es puesta primero en frío y después en caliente. Así ocurre con el pecado, somos teñidos doblemente como pecadores: En primer lugar por razón de nacimiento, y en segundo lugar por la práctica. Nuestros pecados son como escarlata, pero por la fe en Cristo serán blancos como la nieve. Por la expiación de Cristo, aun cuando nuestras ofensas fueran rojas como el carmesí, serán como blanca lana. Esto significa tan blancos como la lana no teñida.—*Friendly Greetings.*

Un pecador es comparado a un negro que no puede cambiar su piel porque forma parte de sí mismo; sin embargo, el Señor puede quitar el pecado de un modo tan entero que el negro puede venir a ser como un blanco de raza caucásica. El quita las manchas de los tigres humanos, y no deja ninguna.

Se nos dice que la escarlata de Tiro era teñida, no superficialmente, sino sumergida una vez en tintura fuerte. Después puesta a secar y otra vez sumergida y golpeada dentro de la tintura. Podríamos compararlo al alma acostumbrada al pecado y reincidente en los pecados. El color carmesí estaba tan bien incorporado en el tejido que todo el mundo sabía que de ninguna manera podía ser quitado, porque estaba en el corazón de la misma materia de que se componía. Puede ser comparado al pecador, cuyo pecado está metido dentro de su propio ser; sin embargo, tales pecados, comparados a la escarlata, son entera y sustancialmente lavados por la sangre de nuestro Salvador. — Tomás Fuller.

Sermón 53

SIN LLUVIA

«Y aun a las nubes mandaré que no derramen lluvia sobre ella» (Isaías 5:6).

La lluvia es esencial para el crecimiento de las semillas y los frutos, y la falta de lluvia, por un tiempo considerable, es una terrible calamidad y juicio, especialmente en climas tórridos.

Una cosa es sobremanera enojosa: que vengan nubes y no derramen agua sobre la tierra. Esto significa tener los medios de gracia, pero no la gracia que pueden producir.

Consideremos, pues:

I. Lo que esto significa.

1. Pastores que pueden predicar, pero lo hacen sin poder.
2. La palabra leída, pero no aplicada al corazón.
3. Oración formal, pero no intercurso con Dios.
    Las nubes, ordenadas para dar lluvia, son impedidas de hacerlo por mandato de Dios mismo, que tiene la llave de la lluvia, ordenadas a retener su riego refri-

128

gerante. No hay una relación necesaria entre las ordenanzas externas y la gracia; podemos tener nubes de lo primero y ni una gota de lo segundo.

II. Lo QUE ELLO IMPLICA.

1. Falta de conversiones, pues éstas son producidas por el Espíritu de Dios.

2. Ninguna restauración de apóstatas; plantas secas, que no reviven cuando no hay lluvia.

3. Ningún refrigerio para los cansados. Ningún consuelo ni fortaleza puede venir si no es producto del cielo.

4. Ninguna actividad espiritual; reina la tibieza, la rutina y la muerte; los obreros se mueven como sonámbulos.

III. Cómo SE MANIFIESTA.

1. Un tiempo de sequedad espiritual se muestra en los individuos. La gente se siente cansada del Evangelio.

2. Empieza a criticar, a cavilar y a despreciar la Palabra.

3. Pronto están en disposición de descuidar el ir a escucharla.

4. O si la oyen la pervierten, ya sea por alabanza propia, controversia o mal vivir.

Es una cosa horrible cuando aquellos que debían llevar un «sabor de vida para vida», traen «sabor de muerte para muerte»; cuando hasta las nubes rehúsan derramar lluvia del cielo.

¿Es así con alguno de nosotros?

IV. Cómo PUEDE PREVENIRSE.

Usemos humildemente los medios, sin poner nuestra confianza en ellos, y procedamos a:

1. Confesar nuestros malos hechos. El Señor puede que retenga su gracia de nosotros con justicia.

2. Reconozcamos nuestra dependencia de las lluvias del Cielo, o sea la influencia espiritual.

3. Oremos incesantemente, como Elías, hasta que venga la lluvia.

4. Miremos a Jesús tan sólo: «El vendrá como lluvia.»

5. Valoremos la menor señal de gracia, vigilándola atentamente, como el profeta hacía desde la cumbre del

Carmelo hasta que vio una pequeña nube levantarse de la mar.

6. Usemos la bendición con más diligencia cuando vuelve a nosotros trayendo fruto a Dios.

La gracia de Dios puede salvar almas aun sin ninguna predicación; pero toda la predicación del mundo no puede salvar almas sin la gracia de Dios. — BENJAMÍN BEDDOME.

El oyente se queja a veces de que no hay alimento para su alma, cuando la verdad es que no hay alma para el alimento. — JOSÉ PARKER.

Cada predicador debe haber sentido, en ciertas ocasiones, que su labor es vana. Por alguna causa desconocida no hay respuesta a sus llamamientos, no hay frutos de sus enseñanzas. Conocí un lugar del cual fue arrojado el señor Whitefield, y se dice que desde entonces hubo como una maldición sobre aquella iglesia. Y en verdad era así. Yo he visto iglesias que han hecho algún agravio y han quedado secas desde aquel entonces.

Por el otro lado sabemos cuándo va a venir lluvia y cuándo la hay en abundancia. Yo he predicado a veces con la absoluta certeza del éxito, porque una lluvia de gracia estaba, y se dejaba sentir, tanto en los creyentes como en los pecadores, en el predicador y en el público.

Se cuenta que había un anciano portero a la entrada de una carretera tan poco transitada que ponía la valla por la noche y se echaba a dormir. Una noche oscura y lluviosa llamé gritando: «¡Puerta!, ¡puerta!», y oí la voz: «Ya vengo»; pero pasó un rato, llamé otra vez y la misma voz replicó: «Ya vengo.» Esto ocurrió varias veces, hasta que por último, enojado y bajando de mi coche, levanté la valla y pregunté al dormilón por qué me había tenido veinte minutos diciendo «¡Ya vengo!», sin venir. Entonces apareció un hombre tambaleándose, que dijo: «¿Qué desea usted, señor?» Pronto se deshizo en excusas. Me explicó: «Yo me hallaba en la cama, pero estoy tan acostumbrado a oír llamar que respondí "¡Ya vengo, ya vengo!" estando bien dormido.» Así puede un pastor llamar al público sin ningún resultado, porque la gente está tan profundamente dormida que todo en la iglesia se hace por mera costumbre. Solamente el Espíritu de Dios puede despertarnos. Cuando la secreta influencia del Cielo cesa de hablar al corazón, el mejor orador sirve de bien poco.

Sermón 54

RESPUESTA A LOS INQUIRIDORES

«¿Y qué se responderá a los mensajeros de las naciones? Que Jehová fundó a Sión y que a ella se acogerán los afligidos de su pueblo» (Isaías 14:32).

Está claro que Sión atrae la atención de los mensajeros de las naciones, preguntan respecto a ella.

La iglesia llama la atención por:

La peculiaridad de su gente.

La especialidad de su enseñanza.

La singularidad de sus retenciones.

La grandeza de sus privilegios.

I. ¿QUÉ PREGUNTAN LOS MENSAJEROS RESPECTO A SIÓN, O SEA LA IGLESIA?

Preguntan:

1. Cuál es su origen (Sal. 78:68-69).
2. Cuál es su historia (Sal. 87:3).
3. Quién es su rey (Sal. 99:2).
4. Cuál es su declaración de principios (Gál. 4:26).
5. Cuáles son sus leyes (Ez. 43:12).
6. Cuál es su tesoro (Sal. 147:12-14; Apoc. 21:21).
7. Cuál es su presente seguridad (Sal. 48:13).
8. Cuál es su futuro destino (Sal. 102:16).

II. ¿POR QUÉ PREGUNTAN?

1. Algunos por enemistad. Quizá cuando sepan más, su enemistad se desvanecerá.
2. Otros por simple curiosidad. Sin embargo, muchos que vienen a nosotros por tan pobre motivo son conducidos a Cristo. Zaqueo bajó del árbol diferente de lo que había subido.
3. Algunos por un deseo de venir a ser ciudadanos del reino. ¿Cómo pueden ser iniciados? ¿Cuál es el precio de su ciudadanía? ¿Qué se requiere para que puedan serlo? ¿Hay lugar para más ciudadanos?

III. ¿POR QUÉ DEBE RESPONDÉRSELES?

1. Para que puedan cesar sus cavilaciones.
2. Para que puedan ser ganados para Dios.

3. Nos hará bien a nosotros mismos dar razón de la esperanza que está en nosotros.
4. Decirle lo que su gracia ha hecho para su iglesia y lo que está dispuesta a hacer.

IV. ¿QUÉ DEBE RESPONDÉRSELES?

1. Que su origen es de El: «El Señor ha fundado a Sión.»
2. Que su pueblo es pobre en sí mismo y confía solamente en el Señor. Que es una ciudad para huir los pobres afligidos que necesitan refugio, como muchos huían a la cueva de Adullam porque estaban en guerras y dificultades.
3. Que su confianza es el fundamento de la ciudad que Dios mismo ha puesto.

Visitando un pasaje subterráneo en el palacio de Nerón en Roma que nos mostró varios frescos sobre el techo, el guía encendió una lámpara y, sacando un telescopio, hizo mirar las figuras una por una. Encendamos la lámpara para el creyente y que ésta esté tan arriba en su vida que brille sobre todos los altos misterios de nuestra santa fe que otros hombres no han percibido. Santos eminentes del pasado han servido para tal propósito; sus vidas han arrojado luz sobre verdades preciosas que habían sido olvidadas.

Un joven cafre fue llevado a Inglaterra para ser educado para la obra misionera en su propio país. Al visitar la catedral de San Pablo miró arriba al techo y por algún rato estuvo como abstraído de admiración. Por fin rompió el silencio y preguntó: «¿Hicieron los hombres esto?» Los que obtienen una visión de la grandeza y la gloria del templo espiritual pueden hacer la misma pregunta; nosotros podemos decirles que el «artífice y hacedor es Dios».

Se tiene que responder a los buscadores. Nunca está bien condenar al silencio a los oídos atentos. Como alguien dijo con razón: «Tendremos que dar cuenta tanto de los silencios de la pereza como de las palabras ociosas.»

Nuestro testimonio debe ser animado y optimista. Relatos pesimistas de tribulaciones y tentaciones no son a propósito para inducir a los pródigos espirituales a regresar al hogar. Los seguidores de Cristo descontentos y gruñones jamás harán decir a ningún pródigo: «¡Cuántos jornaleros en casa de mi Padre tienen abundancia de pan!» — MARK GUY PEARSE.

NUESTRO LUGAR DE REFUGIO

«*Y será aquel varón como escondedero contra el viento y como refugio contra el turbión*» (Isaías 32:2).

Inmensos beneficios han venido a las naciones mediante reyes como David, profetas como Samuel, caudillos como Gedeón y estadistas como Moisés.

Pero ¿qué son todos los hombres buenos al lado o comparados con AQUEL VARON Cristo Jesús?

Consideremos que:

I. NUESTRA VIDA ESTÁ EXPUESTA A TEMPESTADES.

1. Huracanes misteriosos por dentro que causan las más terribles confusiones de mente.

2. Insuperables tempestades de tragedia espiritual a causa del pecado.

3. Fieros ataques de enemigos humanos que calumnian, amenazan, etc.

4. Oleadas de prueba por pérdidas temporales, disgustos y otras aflicciones.

II. AQUEL VARÓN, CRISTO JESÚS, ES NUESTRO LUGAR DE REFUGIO EN TALES TEMPESTADES.

1. Como verdadero hombre, simpatizando con nosotros.

2. Como Dios-hombre, dominando cada tempestad.

3. Como sustituto de los hombres.
Por El somos librados de la ira divina.
En El estamos a cubierto de los ataques de Satanás.
Con El superamos la prueba, por la feliz comunión que nos comunica.
En El tenemos la victoria sobre la muerte.

4. Como Aquel que ha de venir. No tenemos catástrofes políticas o quebrantos sociales, pues El ha de reinar.
El fin de todo esto está seguro: «He aquí viene en las nubes» (Apoc. 1:7).

III. Procuremos refugiarnos en este varón.

1. Que El esté ante nosotros, interponiéndose entre nosotros y el castigo del pecado. Refugiémonos en El por la fe.
2. Procuremos que El nos cubra diariamente de todo mal, como escudo y protector (Salmo 119:114).

Vosotros los que estáis fuera de Cristo tened en cuenta que la tempestad se avecina. Venid a este refugio; apresuraos a acudir a este lugar seguro.

Es un lugar espacioso. Todavía hay lugar. Como en la cueva de Adullum pudo esconderse todo el ejército de David, Jesús es capaz para recibir ejércitos de pecadores.

Si me refugio bajo las alas del Señor en la gran tempestad, las aguas no pueden alcanzarme. ¡Que rían los necios su necia risa, y se burlen de Cristo, ordenando a los llorosos cautivos en Babilonia cantar uno de los cantos de Sión! Sí, podemos cantar aun en las tempestades de nuestro invierno, con la esperanza del sol de la primavera y verano que está por venir. Ninguno de los poderes creados en el infierno o fuera del infierno pueden avasallar la obra de nuestro Señor ni quitarnos nuestro canto de gozo. Regocijémonos, pues, en su salvación. Por la fe no tenemos que llorar, ni sentirnos tristes, ni caer, ni morir. — Samuel Rutherford.

Un refugio de nada sirve si estamos afuera del mismo. La principal dificultad con muchos casi cristianos son sus propias obras, sentimientos y logros. Esto es estar al lado de afuera, poniendo el yo antes que Cristo. Nuestra seguridad consiste en refugiarnos en Cristo y que sea El quien nos ampare de la tempestad. Debemos refugiarnos en El o Cristo no será nuestro lugar de refugio.

Los religionistas necios oyen hablar del lugar de refugio, pero nunca entran en el mismo. ¡Cuán grande es la locura de semejante conducta! Invalida a Jesús y su obra. ¿De qué sirve un techo a la persona que se sitúa fuera del mismo, o un bote a quien se hunde en el mar? El varón Cristo Jesús, aunque ordenado por Dios para ser refugio contra la tempestad, no puede cubrirnos si no estamos en El. Ven, pues, pobre pecador; entra mientras puedas; ocúltate en El, ya que El desea ampararte; fue ordenado como lugar de refugio y debe ser usado como tal; de otro modo, el mismo propósito de Su vida y de Su muerte sería hecho vano.

LA MIRADA QUE DA VIDA

«Mirad a Mí, y sed salvos todos los términos de la tierra; porque yo soy Dios y no hay más» (Isaías 45:22).

Por muchos siglos las naciones han estado mirando a sus ídolos, pero en vano.

Muchos están mirando a sus decantadas filosofías con el mismo resultado.

Las falsas religiones, los políticos, los alianzas humanas, las teorías, las organizaciones, todo será en vano para salvar las naciones. Deben éstas mirar a Dios.

I. ¿QUÉ SIGNIFICA LA PALABRA «MIRAR», CON REFERENCIA A DIOS?

1. Admitir su realidad. Considerar que hay un Dios y entronizarlo en vuestra mente con una persona real, el Dios verdadero y vuestro Señor.
2. Dirigirse a El en oración.
3. Reconocer que sólo de El puede venir la salvación.
4. Permanecer tan solamente en El para salvación. Mantener vuestros ojos fijos en El, como la estrella de la mañana de vuestra vida.

II. ¿POR QUÉ ELEMENTOS DE SALVACIÓN DEBEMOS MIRAR A DIOS?

Por todos, desde el principio hasta el fin.

1. Por perdón. Este tiene que ser un acto de Dios, y sólo puede venir por la redención que El proveyó en Cristo Jesús.
2. La preparación para el perdón, o sea vida, arrepentimiento y fe. La gracia debe prepararnos para más gracia.
3. La renovación del corazón es la obra del Espíritu Santo: Mirad a El para ella. La regeneración debe venir sólo del Señor.
4. El sostenimiento de la vida espiritual es cosa solamente del Señor. Todo crecimiento, fortaleza y fruto debe ser esperado de El.

III. ¿QUÉ NOS ANIMA A MIRAR Y ESPERAR EN EL SEÑOR?

1. Su *mandato*. El nos ordena mirar y, por tanto, debemos hacerlo.

2. Su *promesa*. El dice: «Mirad... y sed salvos», y El nunca faltará a su palabra.
3. Su *divinidad*. «Pues yo soy Dios.» Todas las cosas son posibles para El. Su misericordia equivale a nuestra salvación. Por tanto, su gloria se hará manifiesta.

¿Quién se negará a un acto tan simple como es mirar?

IV. ¿CUÁL ES LA OCASIÓN PARA MIRAR AL SEÑOR?

Mirad ahora, en este mismo momento.

1. El mandato está en tiempo presente: «Mirad a Mí.»
2. La promesa lo está igualmente: «y sed salvos». Es como un contrato, entra en efecto inmediatamente.
3. Vuestra necesidad de salvación es urgente, pues estáis ya perdidos.
4. Sólo disponéis del presente; no tenéis seguro ningún otro momento, pues el pasado se fue y el futuro será cuando venga.
5. Vuestro tiempo puede terminar pronto, la muerte viene de sorpresa. La edad se apodera de nosotros. La vida más larga es, sin embargo, muy corta.
6. Es el tiempo que Dios escoge; toca a nosotros aceptarlo.

A este texto, bajo la providencia de Dios, debo mi propia liberación del pecado. Una explicación sobre la obra redentora de Jesucristo dada por una persona humilde y sin letras, un predicador laico, fue seguida de un llamamiento directo a mí. «Joven —me dijo—, usted parece triste y nunca será feliz a menos que obedezca este mensaje: ¡Mire! ¡Mire!» Yo miré y en aquel instante me fue quitado el peso agobiante de la culpa. Todo fue claro para mí. Jesús había tomado los pecados de todos los creyentes. Yo creí y supe que había quitado el mío. La inmarcesible verdad de la sustitución de mi divino Señor en mi lugar dio luz y libertad a mi alma. Una mirada a Cristo me salvó, y para mi salvación no tenía otro recurso sino aquella mirada. «Mirar a Jesús» es el lema, tanto para el pecador arrepentido como para el predicador del Evangelio; tanto para el perdido como para el creyente. — C. H. S.

Hay una conmovedora historia de un célebre literato. Heinrich Heine fue prematuramente incapacitado por enfermedad y más tarde sufrió del corazón. En uno de los palacios de arte de París hay la famosa estatua llamada la Venus de Milo, la encantadora diosa del placer, la cual, por un accidente en el curso del tiempo, ha perdido ambos brazos; pero todavía conserva mucha de su encantadora belleza. A los pies de esta estatua se arrojó Heine con desespero y remordimiento, y para emplear sus propias palabras: «Allí estuve por largo tiempo, y lloré con tal desespero que hasta la piedra debía tener compasión de mí. La diosa, con su mirada abajo, parecía compadecerse de mí, pero no podía consolarme. Me miraba como si quisiera decirme: "¿No ves que no tengo brazos y, por tanto, no puedo ayudarte?"»

Del mismo modo, es en vano e inútil mirar a cualquiera por ayuda espiritual y consuelo, excepto a Aquel de quien se dice: «He aquí la mano del Señor no se ha acortado para salvar.»

Algunos teólogos necesitarían una semana para explicaros lo que tenéis que hacer para ser salvos; pero el Espíritu Santo sólo usa cinco letras: «MIRAD».

No seáis como aquel hombre de la casa del intérprete en la alegoría del peregrino, cuyos ojos estaban fijos en el suelo buscando algo de valor entre los escombros, mientras que encima de él se le estaba ofreciendo una corona celestial. ¡Mirad arriba! ¡Sí, mirad arriba!

SERMÓN 57

LA AUTODESCRIPCION DEL REDENTOR

> «... ¿Acaso se ha acortado mi mano para no redimir?...» (Isaías 50:2-6).

Nadie había que pudiera aceptar el reto divino. Nadie podía responder por el culpable. El llamamiento de Dios a alguien que pudiera salvar no tuvo respuesta, sino el eco de la propia voz.

I. ¡EL MESÍAS COMO DIOS!

1. Viene en la plenitud de su poder. ¿Se ha acortado mi mano del todo?

2. Su poder para salvar es igual que para destruir. Ved el ejemplo de Egipto: «Yo sequé el mar, etc.»

3. Su poder es quien produce los fenómenos de la Naturaleza. «Yo visto de oscuridad los cielos.»
4. Esto debería excitar nuestra más profunda gratitud. Pensar que el que puede reprender la mar fue él mismo reprendido y burlado; que el que viste los cielos con oscuridad, estuvo él mismo en tinieblas por nuestra causa.

II. EL MAESTRO ADECUADO.

1. Instruido y dotado. El Señor me ha dado lengua de sabios. El es sabio e imparte sabiduría.
2. Condescendiente con el necesitado. Hablar palabra al cansado.

III. EL SIERVO DEL SEÑOR.

1. Obediente en todas las cosas: «No fui rebelde.» Jamás rehusó Jesús la voluntad del Padre; ni siquiera en Getsemaní.
2. Perseverando en todas las pruebas: «Nunca me volví atrás.» No rehusó la tarea dura, sino que puso su rostro como pedernal para llevarlo adelante.
3. Valeroso en todas las cosas; como lo vemos en los versículos subsiguientes.
   ¡Qué modelo para nuestro servicio! Considerémoslo e imitémosle.

IV. COMO EL HOMBRE DE DOLORES.

1. Su *entera* sumisión: Su cuerpo, sus mejillas, su cabello, su rostro.
2. Su *voluntaria* sumisión: «*Di* mi cuerpo a los heridores.» «No *oculté* mi rostro.»
3. Su *humilde* sumisión: Soportando las injurias y esputos.
4. Su *paciente* sumisión: Sin una palabra de reproche o queja.

Juntad lo primero con lo último. El Señor Dios, y el doliente. ¡Qué condescendencia! ¡Qué habilidad para salvar!

Juntad por otro lado los dos nombres del medio: «El Maestro y el siervo», y ved cuán tiernamente sirve por su enseñanza, y enseña para servir.

Me imagino hallarme en el mundo en el tiempo cuando Cristo era esperado y que hubiese sido yo comisionado para anunciar que Dios estaba a punto de enviar a su Hijo, dotado con lengua de sabios. ¡Qué excitación produciría en todas las escuelas de filosofía! ¡Cómo se juntarían los sabios de la tierra para aguardar su enseñanza!

Pero esta divina persona no habló a multitudes de sabios y filósofos. Sí; el Señor le dio lengua de sabios, y descendió para hablar con la lengua de cada nación de la tierra, pero no de las estrellas y de los planetas, ni para zanjar las disputas de los sabios. No me ha dado tampoco lengua para hablar a vosotros disputadores de este mundo, sino para saber hablar palabra en sazón al cansado. ¡Qué desengaño sería para los sabios mundanos oír hablar de esta forma al enviado de la Divinidad! Dirían: «¿Esto es todo? ¿Es tan sólo para esto que te ha sido dada lengua de sabios? ¿Se necesita lengua de sabios para esto?»

No, hombres de ciencia, no os retiréis enojados; con toda vuestra sabiduría vosotros no sabéis sido nunca capaces de hacer esto. El cansado y necesitado de alma ha buscado ayuda de vosotros en vano. No han hallado la palabra en sazón, palabra de consuelo y sustento; y ¿por qué os sentiréis indignados de que la Providencia me haya asignado «palabra de sabios?» — *Condensado de* HENRY MELVIN.

SERMÓN 58

EL ROSTRO DEL REDENTOR COMO UN PEDERNAL

> *«Porque Jehová el Señor me ayudará, por tanto no me avergoncé; por eso puse mi rostro como un pedernal, y sé que no seré avergonzado»* (Isaías 50:7).

No era de pedernal el corazón de Jesús, pero sí su rostro. El era a la vez resuelto y sumiso. Leed el versículo 6 comparándole con éste: «... no escondí mi rostro de injurias y de esputos..., puse mi rostro como un pedernal». Aquí aparecen unidos firmeza y humildad.

En Lucas 9:51 leemos: «Cuando se cumplió el tiempo en que había de ser recibido arriba, afirmó su rostro para ir a Jerusalén.» En nuestro Señor no había cobardía, aun cuando nadie le ayudaba y todos estuvieron en su contra. El no era confundido como nosotros a veces por opuestos pensamientos dentro de su propia alma, ni se dio por ofendido a causa de las burlas.

I. SU FIRME RESOLUCIÓN PUESTA A PRUEBA.

1. Por los ofrecimientos del mundo. Querían hacerle rey.
2. Por los argumentos de sus amigos. Pedro le reprendió. Todos los discípulos se mostraban extrañados de su determinación. Sus parientes buscaban llevarle por un camino diferente.
3. Por la indignidad de sus clientes.
   El que comió con él su pan le traicionó.
   Sus discípulos le abandonaron y huyeron.
   Toda la raza conspiró para llevarle a la muerte.
4. Por la amargura que le fue dado gustar a su misma entrada a esta gran obra.
5. Por lo fácil que le habría sido volver atrás de la empresa.
   Pilato le habría soltado si Jesús se lo hubiese rogado.
   Legiones de ángeles habrían acudido en su defensa.
   En el más agudo momento de su dolor, él mismo hubiese podido desprenderse de la cruz.
6. Por las mofas de sus burladores.
   El pueblo, los sacerdotes, los ladrones: «Veamos si viene Elías a librarle.»
7. Por la fiera lucha de su agonía.
   El dolor, la sed, la fiebre, el desfallecimiento, la deserción, la muerte; ninguna de estas cosas cambiaron su invencible resolución.

II. SU FIRME RESOLUCIÓN IMITADA.

1. Nuestro propósito debe ser la gloria de Dios, como lo era el suyo.
2. Nuestra enseñanza debe ser la enseñanza de Dios, como era la suya.
3. Nuestra vida debe ser una combinación de obediencia activa y pasiva, como lo fue la suya. (Ved vers. 5 y 6.)
4. Nuestra fortaleza debe basarse en Dios, como la suya.
5. Nuestra senda debe ser de fe, como lo era la suya. Notad el versículo 10 y su remarcable relación con todo el asunto.

6. Nuestra resolución debe ser hecha cuidadosamente y proseguir con firmeza hasta que podamos decir: «Consumado es», a nuestro modo y según nuestras circunstancias.

Un sostén secreto y divino era dado a la naturaleza humana de nuestro Redentor; pues la gran obra que había emprendido requería mucha fortaleza. Como alguien dijo muy bien: esta obra habría quebrantado los corazones, las espaldas y las cervices de todos los gloriosos ángeles del cielo y de los más poderosos hombres de la tierra si alguno de ellos se hubiera empeñado en llevar la causa. Mediante la ayuda del Padre, el Señor Jesús se apoyó, según nuestro texto, en la ayuda del Padre, y esto le capacitó para contemplar los tremendos males de la pasión con la más firme e inquebrantable resolución.

La fe en Dios es el mejor fundamento para una firme resolución, y una resolución firme es el mejor preparativo para una gran empresa. Nada hay tan duro que no pueda ser cortado por otro material más duro. Contra la dura labor que nuestro Señor emprendió, él opuso una determinación más dura o firme todavía. Puso su rostro como un pedernal; nadie pudo persuadirle a abandonar su obra ni tener piedad de sí mismo. Estaba firme en este propósito: morir para poder salvar a su pueblo; y debía salvarles porque les amaba más que a sí mismo.

El esfuerzo de los verdaderos santos es imitar la firme resolución de nuestro Señor y triunfar. Por ejemplo, un simple obrero escocés que moría mártir en el patíbulo dijo: «Yo vengo aquí a morir por Cristo, y si tuviera en mi mano tantas vidas como cabellos tengo en mi cabeza, todas ellas las pondría para mi Cristo.»

¡Oh, qué mar de sangre, qué océano de ira, de pecado, de tristeza y de miseria atravesó el Señor Jesús para nuestro interno y eterno bien! Cristo no suplicó: «¡Esta cruz es demasiado pesada para mí; esta ira es demasiado fuerte; esta copa, que tiene todos los ingredientes del desagrado divino, es demasiado amarga para probarla, y mucho más para beberla hasta sus heces!» No, Cristo no tiene tales argumentos, no contiende contra la dificultad del servicio, sino que resuelta y valientemente lo atraviesa todo, como nos lo muestra aquí al profeta. A Cristo no le detuvo ni la ira de Dios el Padre, ni la carga de tus pecados, ni la malicia de Satanás, ni el odio del mundo, sino que pasó por todo ello triunfalmente y con calma.

¡Oh almas, si esta consideración no levanta vuestros espíritus por encima de todos los desalientos con que podáis tropezar por pertenecer a Cristo y a su servicio, y manteneros asidos a El, temo que nada más podría hacerlo! Un alma que no sea movida por esto, ni elevada por ello para ser resuelta y valiente en el servicio de Dios, a pesar de todas las dificultades y peligros, es un alma abandonada de Dios a su ceguera y dureza. — Tomás Brooks.

Sermón 59
CRISTOPATIA

«Por su llaga fuimos nosotros curados» (Isaías 53:5).

¡Qué capítulo es éste! ¡Es la Biblia en miniatura!

Cuando nuestro tema nos trae tan cerca de la pasión de nuestro Señor, nuestros sentimientos deberían ser profundamente solemnes y nuestra atención intensamente enardecida.

¡Oíd los golpes del látigo! Olvidadlo todo menos «sus llagas».

Nosotros todos, empero, formamos parte de sus flageladores. Nosotros le herimos, por cierto, y es bien cierto que por sus llagas nosotros somos curados.

Observad esto con atención.

I. Dios trata el pecado como una enfermedad.

El pecado es mucho más que una enfermedad, es un malvado crimen; pero la misericordia de nuestro Dios le lleva a considerarlo bajo este aspecto a fin de poder tratarlo en su gracia.

1. No es un elemento esencial en el hombre desde su creación; sino una cosa anormal, perturbadora y destructiva.

2. El pecado saca nuestras facultades de razón, rompe el equilibrio de las fuerzas de la vida, del mismo modo que la enfermedad perturba las funciones corporales.

3. Debilita la energía moral, del mismo modo que la enfermedad debilita el cuerpo.

4. O bien causa dolor, o deja insensible; lo mismo que ocurre por la enfermedad con nuestros órganos corporales.

5. Con frecuencia produce visible corrupción. Algunos pecados son tan asquerosos como la lepra de antaño.

6. Tiende a aumentar en quien lo padece, y resulta fatal dentro de poco.

El pecado es una enfermedad hereditaria, universal, contagiosa, inmunda, incurable, inmortal. Ningún médico humano puede con ella, ni siquiera la muerte que termina todo dolor corporal puede curar tal enfermedad; sino que despliega su mayor poder en la eternidad, después que el sello perpetuo ha sido puesto sobre los pecadores bajo el mandato: «El que es inmundo, sea inmundo todavía.»

II. Dios declara el remedio provisto.

Jesús, su Hijo, a quien ha entregado por todos nosotros.

1. He aquí la medicina celestial: las llagas de Jesús en su cuerpo y su alma. ¡Singular cirugía en la cual el Cirujano es el herido y sus propias heridas son el medio de nuestra curación!

2. Recordad que estas llagas fueron expiatorias: El sufrió en nuestro lugar.

3. Aceptad esta redención y seréis salvos por ella. La oración del penitente es una súplica por tal operación clínica.

La fe es la venda que envuelve la herida.

Confiad en la mano que la coloca.

El arrepentimiento es el primer síntoma de curación.

4. Que nada se interponga con esta medicina única y eficaz.

Habéis observado el lugar propio de la oración y el arrepentimiento, pero no las empleéis mal, ni las hagáis rivales o sustitutos de las «heridas». Es tan sólo por las heridas de Jesús que somos curados.

Un solo remedio ha sido establecido por Dios. ¿Por qué buscar otro?

III. Este divino remedio es de efecto inmediato.

1. Nuestra conciencia es curada inmediatamente: aliviada, pero no muerta o insensibilizada.

2. Nuestro corazón es curado de su amor al pecado. Odiamos al pecado que hirió a nuestro Bienamado.
3. Nuestra vida es curada de su rebelión. Venimos a ser celosos de buenas obras.
Si ya has sido curado, vigila en consecuencia.
Apártate de la compañía de enfermos cuando hay peligro de contagio.
Haz el trabajo de un hombre sano.
Alaba al médico y su singular método de cura.
Publica sus alabanzas.

El árbol balsámico derrama su bálsamo curador sobre las heridas de aquellos que lo cortan; ¿no hizo algo semejante nuestro bendito Salvador? Ora por los que le maltratan; éstos derraman su sangre y él la hace medicina para su curación; destrozan su corazón y él abre allí una fuente para limpiar su pecado e inmundicia. ¿Cuándo se ha oído que un médico derrame su sangre para curar a su paciente, o un príncipe ofendido muera para expiar las traiciones de sus súbditos rebeldes?

Nuestro bálsamo celestial es curación para toda clase de enfermedades. Si os parece que no hay pecados como los vuestros, recordad que no hay salvación como la de Cristo. Si habéis recorrido por entero el camino del pecado, recordad que «la sangre de Jesucristo limpia de todo pecado». Ningún pecador jamás ha perecido por ser demasiado gran pecador, a menos de que haya sido incrédulo. Ningún paciente ha dejado de curarse si ha aceptado del gran Médico el bálsamo de su sangre redentora.

Ved como Cristo, cuya muerte fue tan amarga para El, viene a ser dulzura para nosotros. El fue rechazado, nosotros aceptados; El herido, nosotros curados; El recibió la herida, nosotros el bálsamo; El tuvo una corona de espinas, nosotros de gloria y de vida; El murió, nosotros vivimos; El pagó el precio, nosotros recibimos el regalo. Hay más poder en la sangre de Cristo para salvar que en nuestro pecado para destruir. Por tanto, cree en el Señor Jesucristo y tu curación será un hecho. — Adaptado de *Química espiritual* por Spurstow's.

Los que vivís por esta medicina hablad en su favor. Decid a otros con quien tengáis oportunidad de hacerlo qué Salvador habéis encontrado. Si todas las personas que han experimentado la eficacia de las heridas del Salvador moribundo, impulsadas por la fe, fueran a publicar su caso, ¡cuán grande poder y gracia serían desplegados en el mundo. — JUAN NEWTON.

El cura la mente de su ceguera; el corazón, de su dureza; la naturaleza de su perseverancia en el mal; la voluntad, de su tendencia perversa; la memoria, de sus olvidos; la conciencia, de sus desviaciones, y los afectos, de su desorden. Todo ello de acuerdo con sus magnánimas promesas (Ez. 36:26-27). — JUAN WILLISON.

El Dr. McCheyne era un médico tan eminente como piadoso; pero se le consideraba severo en su régimen. Cuando él recetaba y el paciente empezaba a poner objeciones al tratamiento solía decir: «Si usted no lo necesita, ¿por qué viene a mí?»

Algunas personas no son bastante malas para Cristo —queremos decir en su propia estimación—, pero cuando encuentran y sienten que están enteramente perdidos y no tienen otra esperanza o ayuda, aceptan de corazón sus prescripciones por misteriosas y humillantes que sean. — J. JAY.

SERMÓN 60

ARREPENTIMIENTO

«Deje el impío su camino, y el hombre inicuo sus pensamientos y vuélvase a Jehová; el cual tendrá de él misericordia, y al Dios nuestro, el cual será amplio en perdonar» (Isaías 55:7).

Este es el gran capítulo de invitación evangélica. ¡Cuán gratuita! ¡Cuán plena! ¡Cuán sencillas y apremiantes son las invitaciones a la gracia!

I. LA NECESIDAD DE LA CONVERSIÓN.

El texto lo hace bien claro, pero puede ser inferido de:
1. La naturaleza de Dios. ¿Cómo puede un Dios santo ceder al pecado y perdonar a pecadores que continúan en su iniquidad?
2. La naturaleza del Evangelio. No es una proclamación

de tolerancia para el pecado, sino de liberación del mismo. No contiene ni una sola promesa de perdón para el hombre que continúa en su iniquidad.

3. Los hechos del pasado. No hay ni un solo ejemplo de perdón dado a una persona que persista obstinadamente en su mal camino. La conversión va siempre unida a la salvación.

4. El bienestar del pecador mismo requiere que abandone el pecado, o sienta su castigo. Ser favorecido con un sentimiento de perdón divino mientras uno permanece obstinadamente en el pecado, confirmaría al hombre en su pecado, y el mismo pecado es peor que su castigo.

II. La naturaleza de la conversión.

1. Se refiere a la vida y conducta. El «camino» del hombre. Su camino natural, aquel que sigue cuando es abandonado a sí mismo.
Su camino habitual; al cual está acostumbrado.
Su camino querido; donde ha encontrado placer.
El camino general; la amplia pista en la cual muchos corren.
Esto es lo que nuestro texto dice que debe «dejar».
Tiene que terminar con el pecado, o el pecado terminará con él. No es suficiente reconocer su yerro.
Profesar que lo lamenta, pero seguirlo.
Tener el propósito de dejarlo y terminar la vida con tal propósito.
Andar despacio en el camino errado.
No, tiene que dejarlo todo de una vez y para siempre.

2. Lo más curioso del caso es que tiene que abandonar aún sus «pensamientos». El pecador arrepentido tiene que dejar olvidado:
Sus opiniones no escriturales y sus nociones o ideas propias: Acerca de Dios, su ley, su Evangelio, su pueblo.
Acerca del pecado, el castigo, Cristo, y también sobre sí mismo, etc.

3. Tiene que cambiar su actitud respecto a Dios: «vuélvase a Jehová».
Ordena cesar con el orgullo, el descuido, la oposición, la desconfianza, la desobediencia y todas las otras formas de separación del Señor. Debe dar media vuelta y regresar. No andar más descarriado, sino venir al hogar.

III. El Evangelio de la conversión.

1. Una segura promesa: «tendrá de él misericordia».
2. El perdón que sigue es resultado de la plena redención que concede perdón abundante, justicia, salvación y alivio a la conciencia despertada.

¡Oh, que el pecador considerara la necesidad de un cambio total de pensamiento dentro de sí mismo, y de conducta fuera! Debe ser un cambio sincero y radical, o sería inútil.

Ruina total y terrible sería la consecuencia si continúa en el mal.

Que esta hora sea el punto decisivo en su curso de tu vida. Dios dice «vuélvase». ¿Qué te lo impide?

William Burns estaba predicando una tarde al aire libre a una vasta multitud. Apenas había terminado cuando se le acercó tímidamente y le dijo: «¡Oh, señor!, ¿quisiera usted venir a ver a mi esposa que está moribunda?» Burns aceptó, pero el hombre replicó inmediatamente. «¡Oh, tengo miedo de que usted no vendrá cuando sepa dónde está!» «Yo iré a cualquier lugar que sea», replicó el predicador.

El hombre, tembloroso, le dijo que era arrendatario del prostíbulo de más baja nota, en uno de los peores distritos de la ciudad. «No importa —dijo el misionero—. Vámonos.» Mientras andaban, el hombre, mirando el rostro del servidor de Dios, dijo: «Señor, también yo quiero abandonar todo esto cuando pueda.» Burns replicó: «No hay términos de dilación para Dios. Cada vez que el tembloroso publicano trataba de reanudar la conversación respecto al estado de su alma y el camino de salvación, no conseguía sacarle otras palabras que éstas: «No hay términos de espera para Dios.»

Llegaron por fin al edificio y entraron hasta la habitación de la moribunda. Tras una breve conversación el servidor de Dios se puso a orar y, mientras oraba, el publicano se deslizó silenciosamente fuera del cuarto. Pero de repente se oyó el sonido de una rápida sucesión de fuertes golpes de martillo; parecía que el hombre se hubiese vuelto loco, tratando de perturbar aquel solemne momento. ¿Era así? De ningún modo.

Cuando Burns salió a la calle vio el letrero anunciador de la casa hecho pedazos en el suelo. El hombre se había apresurado a dar fin a su nefando oficio y volvióse al Señor, quien

tuvo de él misericordia, y al Dios nuestro, que abundantemente
perdonó todos sus pecados. Nada ocurrió después de aquel día
que desacreditara la realidad de su conversión. — WILLIAM
BROWN en *Joyful Sound*.

SERMÓN 61
PERDON ABUNDANTE

«*Y vuélvase al Señor, quien tendrá de él misericordia, y al Dios nuestro, el cual será amplio en
perdonar*» (Isaías 55:7).

I. CONSIDEREMOS LA ABUNDANCIA DEL PERDÓN DIVINO.

1. La abundancia de los objetos de tal perdón. Desde los
   días de Adán hasta ahora, Dios ha perdonado a multitudes de todas las naciones, clases y edades.
   Nosotros rápidamente perdemos la paciencia cuando nos
   ofenden, pero no es así con Dios. «Tú has perdonado
   a este pueblo desde su salida de Egipto hasta ahora»
   (Núm. 14:19).

2. La abundancia de los pecados perdonados. ¿Quién puede
   contar los malos pensamientos, palabras y hechos que
   han sido perdonados? Estos se repiten hasta causar náu-
   seas (Is. 43:24; Apoc. 3:16).

3. Los abundantes medios de perdón.
   La expiación de Su Hijo, y su justicia.
   El mérito infinito del abogado que vive para siempre.
   El Espíritu Santo, siempre presente para aplicar el
   Evangelio provisto.

4. Las abundantes y generosas condiciones del perdón.
   No hay duros sacrificios ni penas de purgatorio.
   Solamente pide y tendrás perdón; arrepiéntete y confía.
   Aun el arrepentimiento y la fe requeridas son también
   un don de Dios.

5. La abundante plenitud del perdón.
   Cubre todos los pecados, pasados, presentes y futuros.

6. Las abundantes bendiciones que le siguen.
   Libertad del poder imperativo del pecado, largamente alimentado.
   Adopción en la familia celestial.
   Aceptación tan plena que desafía a los acusadores.
   Comunión con el Trino y santo Dios.
   Admisión final en la misma gloria, con todos los perfectos.

II. CONSIDEREMOS SUS PROPIAS INFERENCIAS.

1. No hay lugar para el desaliento: Si el Señor perdonara los pecados raramente y de vez en cuando, valdría la pena buscar su favor como y donde fuera, aun a riesgo de no conseguirlo; pero ahora podemos volvernos a Él con una segura y cierta esperanza de perdón.
2. Hay aquí un llamamiento especial a los más grandes pecadores, puesto que la misericordia abundante es la más propia de su caso; y con no menos confianza puede acudir al menos culpable, puesto que hay lugar para todos.
3. Si tal misericordia es tratada ligeramente, podemos estar seguros de que acarreará grande ira.

El pecado que no es demasiado grande para ser dejado, no es demasiado grande para ser perdonado.

¿Qué ocurre con una pequeña chispa de fuego si cae al mar? Lo mismo ocurre con los pecados de un pecador arrepentido, al tropezar con la misericordia de Dios. — TOMÁS HORTON.

Uno de los prisioneros seguidores del duque de Monmouth fue presentado ante Jaime II. «¿Sabes —le dijo el rey— que está en mi poder perdonarte?» «Sí —dijo el prisionero, que conocía el carácter cruel de su aprehensor—, pero sé que no está en su naturaleza.» A pesar de esta poco sabia respuesta le cayó en gracia la franqueza del hombre y le perdonó. Felizmente, nosotros sabemos que Dios no sólo tiene el poder sino la buena disposición a la clemencia. «Porque a ti solo, oh Señor, pertenece el tener misericordia.»

¡Señor!, antes de cometer un pecado me parece tan ligero como el simple vadeo de un riachuelo; pero cuando lo he cometido me parece tan profundo que no puedo escapar sin ahogarme. Así ando siempre entre dos extremos: o bien mis pecados me parecen tan pequeños que no necesitan arrepentimiento, o tan grandes que no pueden obtener tu perdón. **Préstame, ¡oh Señor!**, una caña de tu santuario para medir con certeza la **dimensión** de mis ofensas. Pero, ¡oh Señor!, en la medida que me revelas más mi miseria, revélame también más tu misericordia; de otro modo, si mis heridas fueran a mi opinión más anchas que tus vendas mi alma quedaría al descubierto. Si mi maldad me pareciera mayor que tu bondad en el ancho de un pelo, podría darme lugar y ocasión de correr el eterno desespero. — Tomás Fuller.

Sermón 62

¡VOLVEOS, VOLVEOS!

«Vuélvete, oh rebelde Israel, dice Jehová...; convertíos, hijos rebeldes, ... y sanaré vuestras rebeliones (Jeremías 3:12, 14 y 22).

Es cosa terrible un creyente apóstata, porque:
¡Ha sido objeto de una tan grande misericordia!
¡Ha gozado de un amor tan grande!
¡Tiene un porvenir tan glorioso!
¡Ha sacrificado tantos bienes presentes y eternos por su apostasía!

I. La maravilla del llamamiento.

Parece haber muchas razones por las cuales el Señor no debiera invitar al apóstata a volver...; pero sigamos la enseñanza del capítulo, pues vale bien la pena.

1. El celo propio del amor. Observad la expresiva imagen del versículo uno. Una impía adúltera es invitada a volver a su marido.

2. La abundancia de su pecado: «Has contaminado la tierra» (vers. 2). La misma tierra siente las consecuencias de la lepra del pecado (Rom. 8:21).

3. El abuso de la misericordia. Dios no guarda para siempre su enojo y ellos pecaron más a causa de su paciencia (vers. 5).

II. Los recuerdos que levanta el llamamiento.

¿No recordáis los días antiguos?

1. Cuando vinisteis por primera vez a Jesús.
2. Cuando erais felices con otros creyentes.
3. Cuando podíais enseñar y advertir a otros.
4. Cuando empezasteis a desviaros un poco.

III. Instrucciones para facilitar la obediencia al llamamiento.

1. Reconoce tan sólo tu iniquidad (vers. 13). ¡Cuán sencillo!
2. Lamenta el mal. «Los ruegos de los hijos de Israel» (vers. 21).
   ¿Lloras tus pecados de descarrío?
3. Unión renovada de todo corazón. «He aquí nosotros venimos a Ti, porque tú eres Jehová nuestro Dios» (versículo 22).

IV. Promesas a aquellos que respondan al llamamiento.

Estos obtendrán:

1. Guía especial: «Os introduciré en Sión» (vers. 14).
2. Alimento apropiado: «Yo os daré pastores según mi corazón que os apacienten con ciencia y con inteligencia» (vers. 15).
3. Visión espiritual. (Ver vers. 16 y 17.)

Notad en el capítulo la triple exhortación: «¡Volveos!» «¡Convertíos!» «¡Retornad!»

Yo estaba frío de corazón respecto a Cristo, a su sacrificio y a la obra del Espíritu Santo. Tenía un corazón frío en el púlpito, para orar en secreto y cuando estudiaba mis sermones. Por quince años en tiempos pasados había sentido mi corazón arder como si andara con Jesucristo en el camino de Emaús.

Un día, de eterna memoria para mí, iba yo de Dolgelly a Machynlletz y, subiendo la pendiente hacia Cadair Idris, consideré que debía orar, a pesar de lo duro y frío que tenía mi corazón y lo mundano de los sentimientos de mi espíritu. Habiendo empezado mi oración en el nombre de Jesús, sentí pronto como si las cadenas de mi espíritu hubiesen sido aflojadas, y ablandada la dureza de mi corazón, y como si montañas de hielo y nieve estuvieran disolviéndose y derritiéndose dentro de mí. Esto engendró confianza en mi alma y en la promesa del Espíritu

Santo. Sentí mi mente aliviada de un gran peso; lágrimas corrieron copiosamente por mis mejillas y fui constreñido a clamar por la grata visita de Dios en mi corazón que restauraba mi alma al gozo de su salvación. — CHRISTMAS EVANS.

A veces me siento anonadado por las excesivas riquezas de su gracia. Como Cristo puede perdonarme día tras día y hora tras hora, a veces me siento casi temeroso y avergonzado de pedir. — A. L. NEWTON.

Es propio del hombre caer en pecado,
Es propio del diablo permanecer en él,
Es propio del cristiano sentir dolor por sus culpas
Y es propio de Dios perdonar por completo.

LONGFELLOW

SERMÓN 63
DETERMINACION A LA IMPIEDAD

«No quisieron convertirse» (Jeremías 5:3).

I. ¿QUIÉNES NO QUISIERON CONVERTIRSE?

1. Los que se han decidido a declararlo. Con poco acostumbrada sinceridad o por presunción, han hecho declaración pública de que no dejarán sus malos caminos.
2. Los que han hecho promesa de arrepentirse, pero no la han cumplido.
3. Los que han ofrecido otras cosas en vez de un retorno práctico a Dios. Ceremonias, religiosidad, moralidad y otras cosas semejantes.
4. Los que han vuelto sólo en apariencia: Formalistas, meros profesantes, e hipócritas.

II. LO QUE ESTE RECHAZO DESCUBRE.

1. Un intenso amor al pecado.
2. Falta de amor al gran Padre celestial que les manda volver.
3. Un desprecio de Dios: rehusaron su consejo, su mandato y aun a El mismo.
4. Una resolución a continuar en el mal. Es su orgulloso ultimátum. «No quisieron convertirse.»

5. Un burlarse de las cosas más serias. Están demasiado ocupados, demasiado entusiasmados con las vanidades, etcétera; sin embargo, es tiempo ya de volver.

III. ¿CUÁL ES LA VERDADERA RAZÓN DE ESTE RECHAZO?
1. Puede ser auto-engaño: Quizá suponen que están ya en el buen camino.
2. A veces es descuido. Las personas rehúsan considerar sus mejores intereses. Prefieren burlarse de todo; la muerte, el infierno y el cielo son para ellos juguetes para divertirse.
3. Es una falta de gusto por la santidad. Esto está a la vista. Los hombres no pueden soportar la humillación, la negación de sí mismos y la obediencia a Dios.
4. Es una preferencia de lo presente por encima del futuro eterno.

Desde la cruz del Calvario, Jesús os invita a volver. Apresuraos a regresar al hogar. La puerta del cielo se cierra desde abajo, no desde arriba. «Vuestras iniquidades han hecho separación», dijo el Señor. — WILLIAM DE WERN.

Se oyó a Lord Byron decir poco antes de su muerte: «¿Rogaré misericordia?» Después de una larga pausa añadió: «Ven, ven, no seas débil; sé un hombre al fin.»

La razón por que el impío no vuelve a Dios no es porque no puede (como él piensa), sino porque no quiere. El no podrá decir el día del juicio: «Señor, tú sabes que yo hice lo mejor que pude para ser santo, pero no lo conseguí.» El hombre que no tenía el vestido de boda no podía decir: «Señor, no pude obtenerlo», sino que se quedó callado. — W. FENNER.

SERMÓN 64

LA PRUEBA DEL DESCANSO

«Así dijo Jehová: Paraos en los caminos, y mirad, y preguntad por las sendas antiguas, cuál sea el buen camino, y andad por él, y hallaréis descanso para vuestra alma» (Jeremías 6:16).

La señal distintiva del camino antiguo y bueno es que en él hallamos descanso para nuestras almas.

Nunca se puede encontrar descanso aparte del Evangelio y la fe en Jesús.

El descanso no viene de la riqueza, de la salud, los honores o cualquier otro bien material.

I. «EN EL BUEN CAMINO» HALLAMOS DESCANSO SI ANDAMOS POR ÉL.

1. El camino del perdón mediante una expiación, es lo que da descanso a la conciencia.
2. El camino de una fe infantil y sincera en la Palabra de Dios, da descanso al entendimiento.
3. El camino de la confianza en Dios para nuestros asuntos, da descanso a la mente.
4. El camino de la obediencia a los divinos mandatos, es lo que da descanso al alma.
5. El camino de la comunión con Cristo da descanso al corazón.

II. EL DESCANSO HALLADO POR ANDAR EN EL «BUEN CAMINO» ES LO MEJOR PARA EL ALMA.

1. Trae satisfacción, pero no satisfacción propia.
2. Trae un sentido de seguridad, pero no apoyándose presuntuosamente en el pecado.
3. Crea contentamiento, pero existe también el deseo de progreso.

III. EL DESCANSO DE ESTA CLASE DEBE SER GOZADO AHORA.

1. Deberías estar en el camino, saber que estáis en él y tratar de andar exactamente por en medio de tal camino. Creed verdaderamente en Jesús y vendrá a vosotros un descanso perfecto. «Justificados, pues, por la fe, tenemos paz para con Dios» (Rom. 5:1).
2. No deberíais tener dudas acerca del buen camino, y que éste es el camino del Señor.
3. Deberíais sentir una intensa satisfacción en Jesús. Así será a menos que viváis a distancia de él, perdiendo de ese modo su presencia y su sonrisa. Un Cristo presente es una fuente de deleite.

Invitamos a todos los trabajados y cargados a venir y probar al Señor Jesús y ver si El no les da descanso en seguida y para siempre.

Con frecuencia tenemos ocasión de oír testimonios acerca de la dulzura, la seguridad y la confianza perpetua de millares de verdaderos creyentes.

Es llamado «el buen camino». No es un camino fácil; las personas ligeras y necias piden un camino así; pero no vale la pena buscar tal camino, puesto que conduce a miseria y perdición. Tampoco es un camino popular, pues pocos son los que lo hallan; pero es el buen camino, hecho por el buen Dios en su infinita bondad para sus criaturas; pavimentado por nuestro buen Señor Jesús con dolores y trabajos, y revelado por el Espíritu Santo a aquellos que buscan el bien eterno. — C. H. S.

Aquí hay un camino bien pisado por muchos a través de los siglos. Mantengámonos en él. Puede ser el camino más corto, pues no nos lleva a través de todas las grandezas y sublimidades que los que andan por el camino ancho pueden ver. Podemos perdernos cuando una pintoresca catarata, un glaciar remarcable o una vista encantadora nos seducen, pero lo importante es que este camino nos lleva con seguridad a nuestro descanso para la noche que se acerca. — Dr. R. Dale.

SERMÓN 65

EL ETIOPE

«¿Mudará el etíope su piel?» (Jeremías 13:23).

Jeremías había hablado a su pueblo, el cual no le quería escuchar. Había llorado por ellos y ellos no hacían caso. Aun los juicios de Dios no habían logrado moverles, y vino a la conclusión de que eran incorregibles y no podían mejorar, como no podía un hombre negro transformarse en blanco.

I. La pregunta y su respuesta. «¿Puede el etíope cambiar su piel?» La esperada respuesta es: «No puede.»

La imposibilidad externa de que el etíope cambie el color de su piel es un experimento físico jamás realizado.

La imposibilidad interna de cambiar el corazón y el carácter de una persona acostumbrada «al mal».
¿Puede la tal persona cambiarse a sí misma? Jamás.
La dificultad en el caso del pecador consiste:

1. En la fuerza del hábito. La costumbre, se dice, es una segunda naturaleza. La práctica en el pecar ha forjado las cadenas y atado al hombre al mal.
2. En el placer que produce el pecado, el cual fascina y esclaviza la mente.
3. En el apetito por el pecado, el cual crece en intensidad cuando se le permite. La borrachera, la lascivia, la codicia, etc., son fuerzas crecientes.
4. En la ceguera del entendimiento, que impide a los hombres ver lo malo de sus caminos o darse cuenta de su peligro.

Por estas razones tenemos que responder a la pregunta en el sentido negativo: Los pecadores no pueden renovarse a sí mismos, ni cambiarse a sí mismos, del mismo modo que los etíopes no pueden cambiar sus pieles.

¿Por qué, entonces, predicarles?
Es el mandato de Cristo, y estamos obligados a obedecerle. Su inhabilidad no impide nuestro ministerio, pues el poder de Dios acompaña la Palabra.

¿Por qué debemos hablarles de su deber de arrepentirse?
Porque la inhabilidad moral no es una excusa: la ley no ha perdido fuerza porque el hombre haya crecido en el mal.

¿Por qué hablarles de su inhabilidad moral?
Para llevarles a desconfiar de sí mismos y hacerles volver a Cristo.

II. OTRA PREGUNTA Y RESPUESTA. ¿PUEDE EL ETÍOPE CAMBIAR, O PUEDE EL PECADOR SER HECHO NUEVA CRIATURA?

Este es un asunto muy diferente, y en él radica la fuerza de la esperanza para los hombres.
Con toda seguridad, Dios podría transformar a un negro en blanco.
El más grande pecador puede ser transformado en santo.
Las bases para creer son muchas, he aquí algunas:

1. «Mas para Dios todo es posible» (Mateo 19:26).

2. El Espíritu Santo tiene suficiente poder sobre el corazón humano.

3. Porque Jesús ha determinado obrar esta maravilla, y con este propósito vino a este mundo, murió y resucitó. «El salvará a su pueblo de sus pecados» (Mateo 1:21).

4. Muchos pecadores nacidos en su negrura, han sido totalmente cambiados.

5. El Evangelio está dispuesto precisamente para ellos. Aquí radica la esperanza para los más inveterados pecadores. No en el baño del bautismo, no en las más ardientes lágrimas del remordimiento, no en la medicina de votos y promesas, sino en Su Palabra de poder que realiza grandes maravillas de gracia.

Si fuera posible para los que han estado durante siglos en el infierno volver a la tierra sin ser regenerados, creo firmemente que, a pesar de todo lo que han sufrido por el pecado, volverían a amarlo y a practicarlo. — JUAN RYLAND.

Las sectas cristianas de Siria parece que consideran la conversión de un Druso al Cristianismo como algo completamente imposible, y dicen: «El lobo siempre aúlla, no puede ser domesticado.» La conversión de muchos pecadores parece también imposible y, sin embargo, hay muchísimos triunfos de la gracia en los anales de la historia tales como el que Juan Newton cuenta de sí mismo: «Yo era una bestia salvaje de la costa del Africa, pero el Señor Jesús me cogió, me domesticó y ahora la gente puede venir a verme como van a ver los leones del zoológico.»

¿No hay esperanza para mí?
Tú eres santo, oh Señor,
Mi corazón es pecador;
Pero no tanto que tu cruz
No pueda darle la salud,
Limpiándole del mal.
Sé que lo puedes, Salvador.
¿Será tu sangre sin valor?

CRISTÓBAL HARVEY en *Schola Cordis*

ALIENTO PARA LA ORACION

«Clama a mí, y yo te responderé, y te enseñaré cosas grandes y ocultas que tú no conoces» (Jeremías 33:3).

Esta es una palabra para el prisionero; los que están en prisiones espirituales pueden apreciarla.

Era ésta la segunda vez que el Señor había hablado al profeta, que se hallaba a la sazón en un calabozo. Dios no se aleja de su pueblo porque estén en un lugar tan mal oliente como el mundo, y aun cuando sean puestos en prisión, no les abandona de ningún modo; antes redobla sus visitas a ellos cuando están en grande tribulación.

El texto es para cualquier afligido siervo de Dios.

Le anima de una manera triple:

I. A CONTINUAR LA ORACIÓN. «Clama a mí.»

   1. Ora, aunque hayas orado ya. Ve, en el capítulo anterior, vers. 16 y adelante.
   2. Ora, aunque estés en prisión después de haber orado. Si la liberación tarda, haz tus oraciones más importunas.
   3. Ora, pues la palabra del Señor vendrá a ti, según esta promesa.
   4. Ora, pues el Espíritu Santo te impulsa y te ayuda.

II. A ESPERAR RESPUESTA A TU ORACIÓN. «Y yo te responderé y te mostraré.»

El Señor nos responderá porque:

   1. El ha establecido la oración y hecho arreglos para su presentación y aceptación. El no puede habernos engañado; no nos trataría de tal manera.
   2. El impulsa, alienta y aviva la oración y seguramente no se burlaría de nosotros excitando deseos que no tuviera que gratificar. Tal pensamiento sería casi una blasfemia contra el Espíritu Santo, que impulsa nuestro corazón a la oración. El ha dado su promesa en este texto y a menudo nos es repetida en otras partes de la Escritura. El no puede mentir ni negarse a sí mismo.

III. **Debemos esperar grandes cosas con respecto a la oración.**

«Yo te enseñaré cosas grandes y dificultosas.»
Leed el capítulo anterior desde el versículo 18 y veréis las grandes cosas que podemos esperar.

1. Grandes en consejo: Llenas de sabiduría y significado.
2. Cosas divinas: «Yo te mostrará.» Estas cosas son enumeradas en los versículos que siguen, hasta el final del versículo, y son:
   Salud y curación (vers. 6).
   Liberación del cautiverio (vers. 7).
   Perdón de los pecados (vers. 8).

Ved aquí cómo los dolientes pueden obtener liberación inesperada.

Los obreros pueden realizar maravillas sorprendentes y los buscadores encontrar más de lo que esperaban.

A un muchacho que se examinaba como ingeniero le fue hecha la siguiente pregunta: «Suponga que se halla ante una bomba construida para un barco que está bajo su responsabilidad, y sabe que todo está en perfecto orden en la máquina; sin embargo, cuando hace mover el émbolo no saca agua. ¿Qué pensaría usted?» «¿Pensaría que debe haber algún defecto en alguna parte?» «Pero esta conclusión no es admisible, porque la suposición es que todo es perfecto en la bomba y, sin embargo, no saca agua.» «Entonces, señor —replicó el estudiante—, yo tendría que mirar fuera del barco y ver si el mar se ha secado.» Del mismo modo, si la verdadera oración no obtuviera respuesta, tendría que verse si la naturaleza de Dios ha cambiado.

El pueblo de Dios que ora, llega a conocer mucho más de la mente divina que otros; como Juan, que al llorar obtuvo que el libro fuese abierto; y Daniel, que por la oración obtuvo la revelación del secreto del sueño del rey, en una visión de noche. — Trapp.

Cierto día, al pedir Sir Walter Raleigh un favor de la reina Elizabeth, ésta le dijo: «Raleigh, ¿cuándo dejará usted de pedir?» A lo que éste respondió, sin perturbarse: «Cuando Vuestra Majestad deje de dar.» Pedid grandes cosas de Dios. Esperad grandes cosas de Dios. Que su pasada bondad nos haga «persistentes en las oraciones.» — *Nueva Enciclopedia de Anécdotas Ilustrativas.*

El calabozo de la prisión de Mamertine, donde según una tradición probable estuvo encerrado S. Pablo, tiene como entrada tan sólo un agujero redondo en el techo, situado en el suelo de otro calabozo. El calabozo superior es bastante oscuro, pero el de abajo es oscuro del todo; de modo que la prisión del apóstol era lo más miserable que se puede imaginar.

Sin embargo, observamos un hecho curioso, y es que en el duro suelo del inferior hay una hermosa fuente de agua, clara como el cristal, que, sin duda, manaba tan fresca como ahora en los días del apóstol Pablo. Los católicos romanos creen que la fuente es milagrosa. Los que no son tan crédulos, piensan que es un símbolo lleno de instrucción: Jamás hay un calabozo para los siervos de Dios que no tenga su fuente de consuelo. — C. H. S.

Sermón 67

¿NO OS DICE NADA A VOSOTROS?

> «¿No os conmueve a cuantos pasáis por el camino? Mirad y ved si hay dolor como mi dolor que me ha venido; porque Jehová me ha angustiado en el día de su ardiente furor» (Lamentaciones 1:12).

Cuando los cristianos piensan en el Calvario y contemplan a su herido y ensangrentado Señor, no pueden menos que imitar a Jeremías e imaginarse a Jesús clamando las palabras de nuestros textos de la cruz. En todas las edades de la iglesia éste ha sido un texto favorito.

I. Los sufrimientos del Hijo de Dios sobre la cruz fueron, ciertamente, sin paralelo.

1. A causa de la divina dignidad de su persona. Han muerto reyes, han muerto filósofos, pero nunca murió uno como éste y en la forma de él, pues aquel que pendía ensangrentado en el Calvario era Profeta, Sacerdote y Rey; más aún, el eterno Hijo de Dios.

2. A causa de la perfecta inocencia de su carácter. Aquí hay un dolor que no debe ser olvidado, que el que pendía ensangrentado de la cruz era inocente y moría por los culpables.
3. Porque su caso era un conjunto de dolores. Algunas veces vosotros y yo hemos tenido un dolor tras otro, y sabemos cuán duro es; pero en Cristo se juntaron toda clase de dolores y aflicciones sin faltar ninguna.
4. Porque todos sus dolores eran tomados voluntariamente. No estaba obligado por nadie. Podía terminar con ellos en un momento y no lo hizo.

II. LOS SUFRIMIENTOS DE CRISTO TIENEN UN PROFUNDO INTERÉS PARA MUCHOS.

1. Multitudes han hallado en los sufrimientos de Cristo la curación para sus quebrantos; y más aún, al curar sus quebrantos han tenido una completa transformación en sus vidas.
El apóstol Pablo, en el camino de Damasco, respirando amenazas y muertes, se convierte en el más grande de todos los predicadores de Cristo.
2. Los sufrimientos de Cristo han equipado a los grandes héroes para sus hechos heroicos.
Por causa de Cristo multitudes de hombres y mujeres han afrontado la muerte y desafiado las llamas.
3. Enseñaron a los hombres a odiar el pecado, al ver las agonías que costó la redención de sus pecados.

III. ¿QUÉ OS DICEN A VOSOTROS?

1. Para muchos no significan nada; se elevan como un globo hinchado por su prosperidad. Pero cuando sobreviene la aflicción, ¿qué, entonces?
2. Significan todo para los contritos de corazón. ¿Te sientes culpable, quisieras ser perdonado? Entonces, vuélvete y mira a El, hasta que tus ojos estén llenos de lágrimas.
3. Si no quieres tomarle a El, ¿qué quieres en su lugar? Vosotros, los que decís que los cristianos no hacemos bien, tratad de hacer vosotros lo que hace el cristianismo. Id a los moribundos, visitad a los enfermos y traedles botellas de vuestra filosofía; consoladles con el elixir de la duda científica; probadlo y veréis vuestro fracaso.

Nunca he olvidado la ocasión en que estreché la mano de Livingstone; cuento como uno de los más grandes honores de mi vida el haberle conocido. Fue el amor de Cristo lo que le hizo pisar las tierras de Africa y morir entre los paganos... Id al campo de Smithfield, donde hombres y mujeres fueron llevados a la estaca y quemados; sin embargo, se les vio batir de manos en medio de las llamas y gritar: «¡Nada sino Cristo! ¡Nada sino Cristo!»

Había una pobre muchacha que había sido cristiana por mucho tiempo, pero estaba muy triste en su corazón a causa de su enfermedad; no obstante, cuando su pastor vino a verla le dijo: «Bien, Susana, ¿cuál es tu esperanza?» «Señor, temo que no sea yo cristiana; yo no amo al Señor Jesucristo como debería amarle.» El pastor dijo: «¿Por qué? Yo siempre he pensado que tú le amabas, siempre te has portado como una cristiana.» «No —dijo ella—, temo que me he engañado a mí misma y que no le amo.» El ministro pensó unos momentos y tuvo una idea feliz. Se acercó a la ventana y escribió sobre un pedazo de papel: «Yo no amo al Señor Jesucristo.» Entonces dijo: «Susana, aquí hay una pluma, pon tu nombre debajo de este escrito.» La muchacha lo leyó y dijo: «No, señor; yo no puedo firmar esto; me dejaría cortar a pedazos antes que firmar esta blasfemia.» «Pero, ¿por qué, si tú dices que es verdad que no le amas?» ¡Ah, Señor, yo espero que no sea verdad! Yo pienso que sí que le amo.»

Sermón 68
MEJOR QUE VUESTROS PRINCIPIOS

> «Y os haré morar como solías antiguamente, y os haré mayor bien que en vuestros principios; y sabréis que yo soy Jehová» (Ezequiel 36:11).

Los hipócritas y formalistas llegan a su fin cuando caen; pero los verdaderos hijos de Dios se levantan después de sus caídas y vacilaciones, como dijo el profeta Miqueas (7:8).

Mayor bendición que lo que han perdido puede ser concedida a los descarriados que se restauran.

I. Lo que era tan bueno en nuestros principios.

Como la tierra de Israel que fluía en sus principios leche y miel, así nuestra vida cristiana tenía una singular riqueza.

1. Gozábamos un vivo sentimiento de libertad y perdón completo.
2. Ganábamos repetidas victorias sobre nuestras inclinaciones pecaminosas y nuestras tentaciones externas, y esto nos llenaba de júbilo.
3. Sentíamos gran delicia en la oración, en la lectura de la Palabra de Dios, en la comunión, etc.
4. Abundábamos en celo y servicio y el gozo del Señor era nuestra fortaleza.

Nosotros leemos de «los primeros caminos de David» (2.° Crón. 17:3). Y somos exhortados a hacer «las primeras obras» (Apoc. 2:5).

II. ¿PODEMOS GOZAR ALGO MEJOR QUE AQUELLO DE NUESTROS PRINCIPIOS?

Sin duda que podemos, si el Señor cumple esta promesa; y es seguro que lo hará si andamos íntimamente con El.
1. Nuestra fe será más fuerte, más firme y más inteligente.
2. Nuestro conocimiento será más pleno y profundo.
3. Nuestro amor será más constante, más práctico y duradero.
4. Nuestra oración será más prevaleciente.
5. Nuestra utilidad será más extensa y permanente.
6. Todo nuestro ser será más maduro en la fe.

Tenemos que brillar más y más hasta que el día sea perfecto (Prov. 4:18).

III. ¿CÓMO PODEMOS GOZAR ESTA MEJORÍA?

1. Debemos volver a nuestra primera fe simple en Jesús.
2. Debemos dejar los pecados que nos apartan de Dios.
3. Debemos ser más enteros y ardientes en espíritu.
4. Debemos buscar de tener más íntima comunión con Cristo.
5. Debemos, resueltamente, esforzarnos para adelantar en las cosas divinas.

¡Admirad la liberalidad de nuestro Dios! El promete hacer mejor nuestro final que nuestros principios. ¿Qué más puede El hacer? Los tratos de Dios con sus escogidos son mejores al fin que al principio. Pudieron haber recibido mucha bondad y misericordia de Dios en la mañana de sus vidas cristianas, pero tendrán más en su atardecer. «Yo os haré morar como solíais antiguamente», etc. Los judíos ponían el mejor vino al final del banquete; ponían leche y miel antes, pero cuando terminaba el festín de comidas grasas el buen vino era necesario. Y lo mejor así fue su experiencia espiritual: tuvieron a Cristo y el Evangelio como final.

Abraham tenía mucho del mundo al principio, y así le ocurrió también a su hijo Isaac. Dios «bendijo las postrimerías de Job más que sus principios». Simeón, en sus últimos días, tuvo el privilegio de ver a Cristo y tenerle en sus brazos. — WILLIAM GREENHILL.

Aquellos que no vuelven a los deberes que han descuidado, no pueden esperar volver a los consuelos que han tenido. — G. S. BOWES.

Ha de ser un médico muy hábil aquel que, después de encontrar a un hombre maltrecho por enfermedades, no sólo consigue restaurarle la salud, sino que le pone mejor que estaba antes, curándole no tan sólo de la enfermedad que le causaba dolor, sino de otras ocultas de las que no se apercibía el paciente.

Así es con la medicina de la misericordia. Así nuestro misericordioso Dios trata a los pecadores arrepentidos. Sería peor que un bruto aquel que tratara de aprovecharse de esta verdad para pecar. Un verdadero hijo de Dios siente que las lágrimas acuden a sus ojos cuando piensa en el superabundante amor de su Señor.

SERMÓN 69

NOCIONES ERRONEAS ACERCA DEL ARREPENTIMIENTO

«Multiplicaré asimismo el fruto de los árboles, y el fruto de los campos, para que nunca más recibáis oprobio de hambre entre las naciones.
Y os acordaréis de vuestros malos caminos y de vuestras obras que no fueron buenas; y os avergonzaréis de vosotros mismos por vuestras iniquidades y por vuestras abominaciones» (Ezequiel 36:30, 31).

El arrepentimiento es obrado en el corazón por el sentimiento del amor Divino.

Esto trae el arrepentimiento a su verdadera luz y nos ayuda a evitar grandes errores que han oscurecido este asunto. Muchos han sido privados de Cristo y de su gloriosa esperanza por una mala interpretación de este asunto.

I. ERRÓNEAS IDEAS ACERCA DE LO QUE ES EL ARREPENTIMIENTO.

Lo confunden con:

1. Una autoacusación mórbida, que a veces es fruto de la dispepsia o neurastenia. Esto es una enfermedad de la mente, no la gracia del Espíritu. Un psiquíatra puede hacer más que un teólogo o pastor en tales casos.

2. La incredulidad, el desaliento o el desespero no ayudan al arrepentimiento, antes tienden más bien a endurecer el corazón.

3. El temor del infierno, y un sentimiento de la ira de Dios, puede tener lugar en los diablos; sin embargo, esto no causa arrepentimiento. Un poco de esto puede acompañar el arrepentimiento, pero no es arrepentimiento de verdad.

El arrepentimiento es odio al pecado.

Un sentimiento de vergüenza y un deseo de evitar el pecado.

Es obrado por un vivo sentimiento del amor divino.

II. IDEAS EQUIVOCADAS SOBRE EL LUGAR QUE OCUPA EL ARREPENTIMIENTO.

1. Es mirado por algunos como un medio de procurar gracia; como si el arrepentimiento mereciera la remisión de pecados; esto es un grave error.

2. También es equivocadamente considerado por otros como una preparación para la gracia; una bondad humana que pone el fundamento para la misericordia, como un salir al encuentro de Dios; esto es un error fatal.

3. Es tratado también como una especie de habilitación para la fe; todo esto es legalismo y contrario a la verdad del puro Evangelio.

4. Otros lo consideran como el medio para obtener paz de mente. Se han arrepentido tanto que todo debe estar bien con Dios. Esto es edificar nuestra confianza sobre un fundamento falso.

III. IDEAS EQUIVOCADAS ACERCA DE LA MANERA COMO SE PRODUCE EN EL CORAZÓN.

No se produce por un claro e inmediato propósito de arrepentirse.

No por una fuerte excitación en reuniones de despertamiento.

No por la meditación sobre el pecado, la muerte y el infierno, etc.

Sino que el Dios de toda gracia lo produce:

1. Por su libre gracia, la que por su libre acción renueva el corazón (vers. 26).
2. Por traer su grande misericordia a nuestras mentes.
3. Por hacernos recibir nueva misericordia (vers. 28-30).
4. Por revelársenos a sí mismo y Sus métodos de gracia (vers. 32).

No hay argumentos como los que se sacan de la consideración de las cosas grandes y gloriosas que Cristo ha hecho por ti; si esto no es suficiente para ganaros, pienso que ni el arrojar fuego del infierno en vuestros rostros lo haría. — TOMÁS BROOKS.

El arrepentimiento es la lágrima arrancada del ojo de la fe.

El favor de Dios derrite los corazones mucho más pronto que el fuego de su indignación. Su bondad es muy penetrante; entra en los corazones de los pecadores más pronto que sus amenazas. Es como una lluvia suave que penetra hasta la raíz de las plantas, mientras que una lluvia violenta corre y no hace mucho bien. Fue la bondad de David lo que quebrantó el corazón de Saúl (1.º Sam. 24), y es la bondad de Dios lo que quebranta los corazones de los pecadores.

La leche y miel del Evangelio afecta el corazón de los pecadores más que las amenazas de la ley; Cristo, en el monte de Sión, trae más arrepentimiento que Moisés en el monte Sinaí. — WILLIAM GREENFIELD.

«Algunas personas —dice Felipe Henry— no quieren oír mucho acerca del arrepentimiento, pero yo pienso que es tan necesario que, si yo tuviera que morir en el púlpito, quisiera morir predicando el arrepentimiento, y si fuera del pulpito, practicándolo.»

UN HOMBRE TURBADO POR SUS PENSAMIENTOS

«Sus pensamientos lo turbaron» (Daniel 5:6).

Para muchos hombres el pensar es una cosa fuera de uso. Sin embargo, es un rasgo distintivo del hombre el poder pensar.

No es extraño que cuando los hombres son obligados a pensar se sientan turbados.

I. No PARECE PROPIO QUE SUS PENSAMIENTOS LE TURBARAN.

1. Era un monarca irresponsable y temerario.
2. Había endurecido su corazón con orgullo (vers. 22 y 23). Daniel le dijo: «Te has levantado contra el Señor del cielo.»
3. Estaba bebiendo vino y éste había hecho su efecto en él (vers. 2).
4. Estaba de juerga con una compañía alegre.
5. Estaba aventurándose en el camino de la profanidad (vers. 3), atreviéndose a usar los vasos sagrados en su banquete como una expresión de su desafío y burla del Dios de Israel, al cual despreciaba.
   Nadie se vuelve sabio, o pensador, mediante copas de vino.
   Pero nadie está fuera del alcance de las saetas de Dios. Ninguna conciencia está tan muerta que Dios no pueda levantarla.

II. SIN EMBARGO, BIEN PODÍA SENTIRSE TURBADO POR SUS PENSAMIENTOS.

1. Pues lo que vio era impresionante (vers. 5).
2. Lo que no podía ver era sugestivo. ¿Dónde estaba la mano? ¿Quién era el escritor? ¿Qué significaba el escrito?
3. Por lo que había hecho, aquello era alarmante. Su propio pasado apareció como un relámpago delante de él: Sus guerras crueles, opresiones, blasfemias y vicios.
   Lo que había fracasado en hacer vino ante él (vers. 23). Lo que estaba viendo en el acto mismo le hacía sobresaltarse.

III. ¿No es posible que algunos de vosotros sean turbados por sus pensamientos?

1. Estáis en prosperidad. ¿No es cierto que el ganado es engordado para la matanza?
2. Estáis burlándoos de las cosas santas. Descuidáis, ridiculizáis o usáis sin seriedad las cosas de Dios.
3. Os mezcláis con los impuros, ¿no pereceréis con ellos? La historia puede enseñaros, o al menos haceros turbar.
5. El escrito sagrado «sobre el candelero» está contra vosotros. Leed la Sagrada Escritura y vedlo por vosotros mismos.

La conciencia, por falta de uso, es como un brazo seco en las almas de muchas personas. Pero el Señor de la conciencia dirá un día: «Extiéndete y haz tu obra.»

Como el avispero cuando es sacudido pone en movimiento a una multitud de insectos vivos en todas direcciones, así la conciencia del pecador, movida por el Espíritu, o los juicios de Dios, pone ante la vista del pecador millares de hechos que llenan su alma con agonía y terror. — McCosh.

El duque de Wellington dijo una vez que podía haber salvado las vidas de un millar de hombres cada año si hubiese tenido buenos capellanes o ministros de la religión en su ejército. La angustia de sus mentes reaccionaba sobre sus cuerpos y les mantenía en continua fiebre. Es nuestro bendito oficio decir de Uno que puede «ministrar a las mentes de los enfermos», cuyas gracias puede librar «de mala conciencia» y por quien todos los temores internos y turbaciones son quitados.

Carlos IX de Francia, en su juventud, era humano y sensible; el enemigo que le atentó fue la propia madre que le había criado. Cuando ella le propuso por primera vez la matanza de los hugonotes, él exclamó con horror: «No, no, señora; son mis amantes súbditos.» Entonces era la hora crítica de su vida. Si él hubiese mantenido esta sensibilidad natural contra el derramamiento de sangre, la noche de S. Bartolomé no habría ensuciado la historia de su reino y él mismo se habría librado del terrible remordimiento que le hizo volver loco en su lecho de muerte.

A su médico le dijo en los últimos momentos: «Despierto o dormido, veo formas de cuerpos mutilados de hugonotes pasando delante de mí. Están chorreando sangre. Me hacen odiosas muecas. Me señalan sus heridas y se burlan de mí. ¡Oh, si hubiese hecho, por lo menos, preservar a los niños de pecho!» Entonces rompió en gritos y gemidos de agonía; un sudor sanguinolento salía de los poros de su piel.

Es uno de los pocos casos de la historia que confirma la posibilidad del fenómeno que sufrió —pero en bien diferente sentido— nuestro Señor cuando padeció por nosotros las angustias de Getsemaní. La angustia del cobarde rey era el fruto de haber resistido, durante años, los mejores sentimientos de su juvenil conciencia, hasta caer en el extremo de la culpa. — AUSTIN PHELPS.

SERMÓN 71

ORACION POR LA IGLESIA

«Ahora pues, Dios nuestro, oye la oración de tu siervo, y sus ruegos; y haz que tu rostro resplandezca sobre tu santuario asolado, por amor del Señor» (Daniel 9:17).

Este hombre de corazón sincero no vivía para sí mismo. Daniel era un ferviente amante de su país.

Su oración es instructiva para nosotros.

Nos sugiere fervorosos esfuerzos para la iglesia de Dios en estos días.

I. EL LUGAR SANTO. «Tu santuario.»

El templo era un tipo de la iglesia, la casa espiritual. Hay muchos puntos dignos de nota en este ejemplo, unos pocos bastarán:

1. El templo era único; y del mismo modo que sólo podía haber un templo para Jehová, así hay una sola iglesia de Cristo en el Universo.

2. El templo era el resultado de grande dispendio y trabajo; así es la iglesia edificada por el Señor Jesús, a un coste que no puede ser calculado.

3. El templo era el santuario donde Dios habitaba.

4. El templo era el lugar de su adoración.

5. El templo era el trono de su poder. Su palabra salía de Jerusalén; desde allí gobernaba a su pueblo y derrotaba a sus enemigos. (Véanse los Salmos.)

II. LA ARDIENTE ORACIÓN. «Haz brillar tu rostro sobre tu santuario que está desolado.»

1. Se elevaba sobre todo egoísmo. Esta súplica era el centro de todas sus oraciones.
2. Se apoyaba sobre Dios mismo: «Oh nuestro Dios.»
3. Era una confesión de que no podía hacer nada por sí mismo. Los hombres honestos no piden a Dios lo que ellos pueden hacer por sí mismos.
4. Pedía un beneficio muy extenso. «Haz brillar tu rostro.» Esto significaba muchas cosas para la iglesia de Dios.
   1) Los ministros, cada uno en su lugar, fieles en su servicio.
   2) La verdad proclamada con toda claridad. El rostro de Dios brillando y haciendo notar cualquier falsedad o equivocación.
   3) Deleite en la comunión.
   4) Poder en el testimonio. Cuando Dios se agrada, su Palabra es poderosa.

III. LA CONSISTENTE CONDUCTA. Esto se desprende de semejante oración.

1. Que sea una oración ardiente de nuestros corazones. Ora para bien o para mal, que la condición de la iglesia nos afecte profundamente.
2. Hagamos todo lo que podamos por ella. O nuestra oración sería una burla.
3. No hagamos nada que desagrade al Señor, pues todo depende de su sonrisa. «Haz brillar tu rostro.»
4. Oremos mucho más que lo que hemos hecho hasta ahora; que cada uno de nosotros sea un Daniel.

Durante los turbulentos tiempos en Escocia, cuando la corte papista y la aristocracia se armaban para suprimir la Reforma en el país, y la causa del cristianismo evangélico estaba en inminente peligro, cierta noche Juan Knox fue visto que dejaba su oficina y se encerraba en un solitario aposento trasero.

Fue seguido por un amigo, quien después de unos momentos de silencio oyó su voz en oración; poco después su acento se hacía más y más fuerte e inteligible y salió una ardiente petición de su alma en lucha con el Cielo: «¡Oh Señor, dame Escocia o me muero!» Hubo una pausa de silencio y otra vez sonó la ardiente petición: «¡Oh Señor, dame Escocia o me muero!»

Una vez más se hizo silencio y resonó la ardiente exclamación por tercera vez: «¡Oh Señor, dame Escocia o me muero!», y Dios le dio Escocia a pesar de María Estuardo y del cardenal Beatoun. Un país y una iglesia que fue noble y leal a Cristo y a su Evangelio.

La iglesia puede estar enferma y, sin embargo, no morir. No puede morir, porque la sangre de un Rey eterno la compró, el poder de un Espíritu eterno la preserva y la misericordia de un Dios eterno la coronará. — Tomás Adams.

Sermón 72
CAMINOS CERCADOS

«Por tanto, he aquí yo rodearé de espinos su camino, y la cercaré con seto, y no hallará sus caminos. Y seguirá a sus amantes y no los alcanzará; los buscará, y no los hallará. Entonces dirá: Iré y me volveré a mi primer marido, porque mejor me iba entonces que ahora» (Oseas 2:6, 7).

Este es un paréntesis de misericordia en un pasaje de amenaza.

I. El carácter terco de muchos pecadores.

1. Ordinariamente significa haber fracasado en sus propósitos. Detalles de éstos son dados en anteriores versículos; por esto leemos la declaración de que a causa de sus anteriores faltas el Señor estaba probándole con ciertas medidas.

2. Medios extraordinarios han de ser usados.

3. Aun estos medios fallan a veces. Los hombres saltan setos y vallados para alcanzar sus pecados preferidos.

4. Sólo el Divino poder puede vencer a los endurecidos.

Dios mismo debe interponerse de un modo personal, o nadie se volvería a El.

Cuán pecadores deben ser aquellos para quienes ni cercos ni vallados pueden detenerles, a menos que Dios venga con toda la omnipotencia de su gracia.

II. LOS MEDIOS QUE DIOS USA A VECES PARA HACERLES RETORNAR.

1. Aflicciones agudas: «Yo cercaré tu camino con espinos.» Muchos son llevados a reflexionar por tales medios.
2. Dificultades insuperables: «y levantaré una pared». El Señor de amor pone a veces impedimentos en el camino de aquellos a quienes El quiere salvar.
3. Perplejidades cegadoras: «De modo que no encuentren sus caminos.»
4. Completos fracasos: «Seguirá a sus amantes, pero no los alcanzará.»
5. Amargos desengaños: «Los buscará, pero no los encontrará.»

Estos severos castigos son, con frecuencia, usados en los primeros días de impresión religiosa y son utilizados por Dios para arar el campo del alma antes de la siembra.

III. EL BENDITO RESULTADO CONSEGUIDO AL FIN.

1. Recuerdos sugeridos: «Era mejor para mí.»
2. Confesión de tristes pérdidas: «Mejor me iba entonces que ahora.»
3. Resolución hecha: «Iré y me volveré.»
4. Afecto estimulado: «Me volveré a mi primer marido.»

Volvámonos al Señor antes que El tenga que usar espinas para detenernos.

Si ya ha tenido que levantar el cerco de espinas, consideremos nuestros caminos.

«Yo cercaré tu camino.» — Hay dos clases de cercos que Dios hace para su pueblo. Uno es el cerco de la protección para guardarle de todo mal; y el cerco de la aflicción para guardarles del mal. El cerco de protección lo tenemos en Isaías 5:5 cuando Dios amenaza que quitará el cerco de su vida; y también se dice de Job que Dios le había cercado. Pero el cerco aquí citado es el cerco de aflicción. «Yo cercaré tu camino.» Esto es, te traeré aflicciones pesadas y duras para guardarte del mal.

Una conciencia herida es una cerca de espinos; pero esta cerca espinosa guarda nuestros indómitos espíritus en el verdadero camino, del cual nos apartaríamos de otra manera. Y es mejor ser mantenidos en el camino recto con cercos y espinos que vagar por campos de rosas en un camino equivocado que nos llevaría a la destrucción. — Tomás Fuller.

Un joven ministro, popular y próspero, de América fue enzarzado en las redes de la incredulidad. Abandonó el púlpito, se unió a un club de incrédulos y se burló de aquel Nombre que había predicado a otros como Salvador del mundo. Pero enfermó y en su lecho de muerte sus amigos le rodearon y trataron de confortarle con sus frías y heladas teorías, pero en vano. La antigua fe revivió en él, y dijo: «Esposa mía, tráeme el Nuevo Testamento griego.»

Allí, sobre su lecho, volvió a leer el capítulo 15 de 1.ª Corintios. Cuando lo hubo terminado grandes lágrimas rodaron por sus mejillas. Cerró el libro y dijo: «Esposa, vuelvo otra vez, por fin, a la antigua roca para morir.»

Sermón 73

QUE SERA LA COSECHA

«Porque sembraron viento, y torbellino segarán; no tendrán mies, ni su espiga hará harina; y si la hiciere, extraños la comerán» (Oseas 8:7).

La vida es un tiempo de siembra. De todos los hombres puede decirse: «Lo que sembraron.»

El hombre prudente se pregunta, pues: «¿Qué será la cosecha?»

I. El resultado de ciertas siembras será terrible. «Han sembrado vientos y recogerán tempestades.»

1. Los hombres viciosos siembran sus semillas silvestres, y no es necesario decir lo que segarán. Los borrachos viciosos y pródigos están alrededor nuestro, segando ya

en sus propias personas los primeros frutos de la triste cosecha de transgresión.

2. Los hechos inmorales van más allá de su intento original. Principian como un ligero airecillo de simpatía o afecto, y terminan como un torbellino, rompiendo toda traba de afectos legítimos.

3. Las herejías en la iglesia traen también males inesperados. Errores aparentemente sin importancia, crecen hasta hacerse graves males. El uso de un símbolo se transforma y desarrolla en idolatría. Una pequeña licencia se transforma en libertinaje; pequeñas contiendas conducen a divisiones que rompen el corazón.

4. La tolerancia del pecado en una familia es la fuente fructífera de indecibles males; ved el caso de Elí.

5. La tolerancia del pecado en uno mismo. Indulgencias ocasionales vienen a convertirse en hábitos, y el hábito es como el Simun del desierto. Antes que termine la vida y toda esperanza desaparezca. Aun actos permisibles en tu persona pueden desarrollarse en peligrosos sucesos.

II. EL RESULTADO DE ALGUNAS SIEMBRAS ES UN MANIFIESTO FRACASO.

«No tendrán mies.»

La débil semilla trata de crecer, pero sin vigor.

1. La autosuficiencia trata vanamente de producir una buena reputación.

2. La propia justicia se esfuerza inútilmente para obtener salvación.

3. La humana sabiduría intenta vanamente construir un nuevo Evangelio.

4. Las personas ligeras y muy habladoras parecen ser útiles, pero son un engaño. Lo que parece haberse cumplido, se desvanece pronto. «Grandes palabras, pero ningunos hechos.»

5. El que gasta su vida sin la fe de Cristo ni obediencia a su voluntad puede soñar un feliz futuro, pero quedará desengañado: «No habrá mies.»

III. EL RESULTADO DE MUCHAS SIEMBRAS ES POCO SATISFACTORIO. «Ni el fruto hará harina.»

1. Muchos hombres han vivido para el placer y han hallado hastío.

2. Han vivido para obtener fama y han cosechado vanidad.

3. Han vivido para sí mismos y han hallado pobreza.

4. Han vivido para sus propias obras y religiosidad, pero han segado intranquilidad de mente y ninguna salvación real.

Sin Dios nada es prudente, ni fuerte, ni digno de ser hecho. Sólo el vivir para Dios es una siembra acertada.

Que el Señor destruya todas nuestras siembras para la carne, para que no seguemos corrupción (Gál. 6:8).

Que el Señor Jesús nos provea de buena semilla y bendiga la siembra. ¡Oh qué preciosa es una vida consagrada!

Una leyenda oriental cuenta de Abdallah que se le presentó un mal espíritu en forma de abeja que dejó caer un átomo de miel. El no ahuyentó la pequeña criatura y, con gran sorpresa suya, ésta creció hasta ser como una langosta. No tratando de apartarla de sí, la criatura se convirtió rápidamente en un gran monstruo que devoró toda su comida y por fin le devoró a él mismo, dejando en su jardín unas huellas gigantescas. Así el pecado crece en los hombres hasta que se convierte en un hábito gigante y les mata.

San Agustín cuenta de un joven que pensó que el diablo había hecho las moscas y otros insectos pequeños que parecen inútiles o dañinos. Bajo este error aparentemente insignificante, fue llevado paso a paso a creer que Satanás era el creador de todo y cesó de creer en Dios. Del mismo modo el error siembra vientos y cosecha tempestades. La más escrupulosa corrección en cuanto a la fe es un deber, al igual que la más cuidadosa práctica en conducta moral.

David Hume, el historiador, filósofo y escéptico, pasó su vida combatiendo la Palabra de Dios. En sus últimos momentos se burlaba con aquellos que le rodeaban, pero a ratos caía en una gran postración y tristeza. Escribió: «Estoy afligido y confuso a causa de la triste soledad en que me ha puesto mi filosofía. Cuando vuelvo mis ojos dentro, no encuentro nada más que duda e ignorancia. ¿Dónde estoy, o qué soy? Empecé a engañarme a mí mismo con teorías plausibles, pero no comprobables, y me encuentro en la más triste condición, rodeado de la más profunda oscuridad.» — *Nueva Enciclopedia de Anécdotas.*

ENFERMEDAD DEL CORAZON

«Está dividido su corazón. Ahora serán hallados culpables» (Oseas 10:2).

Israel como nación estaba dividida respecto a su adhesión a Jehová o a Baal. Por tal razón fueron hallados faltos y entregados a la cautividad.

Dios ha hecho un corazón al hombre y tratar de tener dos, o sea dividir el único que tenemos, es perjudicial para la vida humana. Una iglesia dividida, o diversa en doctrina, se convierte en herética, contenciosa, y por cuanto tiene otros objetivos al lado de la gloria de su Señor, pasará, con toda seguridad, una vida inútil y pobre. Es idólatra y todo su carácter será hallado falto.

Un buscador de Cristo nunca le encontrará mientras su corazón esté titubeando entre los placeres del pecado, la confianza en su propia justicia o la entrega de su vida al Señor. Su búsqueda es demasiado defectuosa para tener éxito.

Un pastor que desee otras cosas al lado de su único objetivo, ya sea fama, cultura, filosofía, retórica o provecho material, será un pobre servidor de Dios.

En todos los casos el corazón dividido es una triste enfermedad. Un corazón quebrantado es una bendición; pero un corazón dividido es una enfermedad mortal.

I. LA ENFERMEDAD. «Su corazón está dividido.»

Este mal ha de ser visto:

1. En la idea de su propio estado: Dicen que son «miserables pecadores», pero se creen a sí mismos extremadamente respetables.

2. En la base de su confianza: Profesan fe en Cristo y, sin embargo, se apoyan en sí mismos; tratan de mezclar la gracia y las obras.

3. En el propósito de su vida: Dios y Mammon, Cristo y Belial, el cielo y el mundo.

4. En el objeto de su amor: Jesús y quizás algún otro amor terreno. No pueden decir «Jesús sólo».

II. EL MAL RESULTADO DE ELLO. «Ahora serán hallados faltos.»

1. Dios no es amado realmente cuando no es amado enteramente.

2. Cristo es insultado cuando se admite un rival.
3. La vida salta de un lado a otro cuando no hay un corazón entero detrás de ella.

III. INTENTOS DE CURACIÓN.

1. Se condena a sí mismo entregando un trozo de su corazón a Dios. ¿Por qué no todo? ¿Por qué ir una parte del camino si no se va todo el camino?
2. La salvación requiere todos los pensamientos del corazón, pues no es un asunto de poca importancia (Mateo 11:12; 1.ª Ped. 4:18).
3. Jesús dio todo su corazón a su obra redentora y, por tanto, no es justo que nosotros tengamos para El un corazón dividido.
4. Todas las potencias en la lucha del universo obran de un solo propósito.
   Los hombres malos se entregan enteramente a sus placeres y ganancias, etc.; el diablo obra el mal con todo su poder y destreza.
   Los hombres buenos son enteramente celosos para Cristo.

Lee la Palabra de Dios, escucha, ora, arrepiéntete y cree de todo corazón, y pronto te regocijarás con todo tu corazón.

Un pastor de Brooklyn fue consultado por un hombre de negocios, quien le dijo: «Vengo, señor pastor, a inquirir si Jesucristo me tomaría como un accionista pasivo.» «¿Qué quiere decir?», preguntó el pastor. «Un accionista pasivo es alguien que tiene parte en un negocio, pero no se preocupa ni se entera de nada.» La respuesta del pastor fue: «Cristo no toma accionistas pasivos.»

Algunos dicen que el diablo es patihendido; esto no lo sabemos, pero lo que sabemos es que sus hijos tienen un corazón hendido: una mitad para Dios y la otra para el pecado; una mitad para Cristo y la otra para el mundo. Dios tiene un rincón y el resto es para el pecado y el diablo. — RICHARD ALLEINE.

Una ilustración de lo perjudicial que es no ser una cosa ni otra, la hallamos en los ríos del sur de China, que en el invierno son enteramente inútiles para propósitos de comercio. La temperatura es allí de tal naturaleza, que ni es bastante fría para que se hielen los canales y los carros puedan transitar sobre el hielo, ni bastante templada para que los botes puedan navegar, a causa de sus *icebergs* flotantes.

EL TOQUE DE CAMPANAS

«Sembrad para vosotros en justicia, segad para vosotros en misericordia; haced para vosotros barbecho; porque es el tiempo de buscar a Jehová, hasta que venga y os enseñe justicia» (Oseas 10:12).

¿Qué pensaríamos de un granjero que dejara su mejor terreno inculto año tras año? Sin embargo, muchas personas descuidan sus almas, y estos campos internos, además de ser inútiles, se llenan de malas hierbas.

I. EL TOQUE DE LA CAMPANA. «Es tiempo.»

1. Para cualquier responsabilidad nunca es demasiado temprano.
2. En cuanto a nuestra relación con Dios, es tarde; pero no demasiado tarde. «Es tiempo», dice el texto.
3. Cuando el castigo ha venido, buscad al Señor inmediatamente; pues ahora es el tiempo más oportuno, «no sea que te venga alguna cosa peor» (Jn. 5:14).
4. No habéis pecado bastante (1.ª Ped. 4:3).
5. Cuando asumimos una gran responsabilidad y entramos en una nueva etapa de la vida, por ejemplo en el matrimonio, cuando recibimos un cargo, cuando venimos a ser padres, etc. (1.º Crón. 22:19).
6. Cuando el Espíritu de Dios está especialmente obrando y, por tanto, otros son salvos (Hech. 3:19).

II. ¿CUÁL ES EL TRABAJO QUE SE NOS LLAMA A EMPRENDER? «Buscad al Señor.»

1. Acercarnos a Dios; buscándole en adoración, oración, etcétera (Sal. 105:4).
2. Buscar el perdón de su mano mediante la expiación de Jesús (Is. 55:6).
3. Obtener las bendiciones relacionadas con el nuevo nacimiento (Jn. 1:12-13).
4. Vivir para su gloria: buscando su honor en todas las cosas (Mat. 6:33).
   Suponed una pausa entre el buscar y el hallar la bendición; en tal caso no miréis en ninguna otra dirección,

sino continuad buscando al Señor. ¿Qué más podéis hacer? (Jn. 6:68).
Hay seguridad en encontrarle. El vendrá y no tardará (Heb. 10:37).

III. ¿CUÁL SERÁ EL RESULTADO?

1. El vendrá. La venida de Dios en gracia es todo lo que necesitáis.
2. El vendrá con abundancia de gracia al encuentro de vuestra obediencia. Notad la condición: «Sembrad en justicia.»
   Notad luego la promesa: «y vendrá la lluvia sobre vosotros».
3. Como consecuencia de la venida del Señor en justicia, «segaréis en misericordia».
   ¡Venid, pues, y buscad al Señor desde este mismo momento! Si quieres encontrarle, hallarás que es el Cristo.
   ¡Cree y le encontrarás, y con El la justicia que es por la fe! (Rom. 3:22).

Sir Tomás Moore, cuando era prisionero en la Torre de Londres, no quería que le cortaran el pelo, diciendo que había una disputa entre el rey de Inglaterra y él por su cabeza; y, por tanto, hasta que la disputa terminara no quería gastar en arreglar lo que no sabía si iba a perder.

Esta ironía contiene para nosotros una enseñanza, pues ciertamente todo lo que gastamos en nuestras vidas será vano hasta que esté decidida la disputa entre Dios y nosotros, o sea cuál será el fin de la controversia que Dios tiene contra nosotros; no por nuestras cabezas, sino por nuestras almas, para el Cielo o el Infierno. Siendo así, ¿no es lo más prudente empezar con hacer la paz con él con el fin de poder empezar a vivir una vida feliz?

Se dice que «el que sale de deudas se hace rico». Del mismo modo, el alma perdonada no puede ser pobre, pues tan pronto como ha concluido la paz con Dios, empieza un activo comercio entre Dios y el alma. Una vez perdonados podemos anclar en cualquier puerto que pertenezca a los dominios de Dios y ser bienvenidos; todas sus promesas están abiertas para nosotros, con todos sus tesoros, diciéndonos: «Ven aquí, pobre alma, toma un cargamento completo de todas las cosas preciosas, tanto como tu fe te permita llevar.» — JUAN SPENCER.

Una mano pequeñita llamó con sollozos a la puerta del estudio de un pastor. «Entra», respondió una voz cariñosa. Giró la manecilla, pero continuaron los sollozos. «¿Qué te pasa, hijita?», dijo el simpático pastor. «¡Oh, papá —fue la respuesta—, es que yo he vivido siete años sin Jesús!» Quería decir que estaba celebrando su séptimo cumpleaños. — *The British Messenger*.

Tomás Fuller dice: «Dios invita con su cetro de oro a aquellos a los cuales no quiere romper las costillas con su vara de hierro.» Si la invitación de su gracia fuera más abundantemente aceptada, escaparíamos a menudo de castigos de su mano.

¡Oh, si los hombres conocieran que los tiempos de salud, felicidad y prosperidad son los más adecuados para buscar al Señor! Ciertamente, cualquier tiempo es bueno para buscar a Dios, mientras El se nos ofrece. La persona verdaderamente prudente encontrará que no hay mejor día en el calendario para buscar a Dios que aquel número que está delante de sí.

Que nadie juegue con el tiempo, pues en un instante podría sonar la hora de morir. Y está escrito, respecto a los impíos: «Yo también me reiré de su calamidad, y me burlaré cuando venga lo que temen» (Prov. 1:26).

SERMÓN 76

LO INTERNO MAS QUE LO EXTERNO

«Rasgad vuestro corazón, y no vuestros vestidos, y convertíos a Jehová vuestro Dios» (Joel 2:13).

I. La verdadera religión es más interna que externa.

La expresión «rasgad vuestro corazón, y no vuestros vestidos», se refiere a la costumbre hebrea de expresar dolor, y, en este caso, de arrepentimiento; pero en un sentido externo y ostentatorio.

1. Se refiere a las formas y ceremonias engañosas.
2. Se refiere a la práctica de las ordenanzas cuando son practicadas sin gracia y las almas se apoyan sobre ellas como medios de perdón.

Entre las cosas que pueden ser inútiles cuando se hacen en la forma indicada pueden citarse:

La lectura de las Sagradas Escrituras.

El mantener un credo ortodoxo.

La asistencia a los sacramentos.

Todas estas cosas tienen su lugar en nuestras vidas, pero no demuestran santidad, puesto que un pecador puede practicarlas también. La ausencia de un corazón verdadero las hará a todas ellas vanas.

II. LA DOCTRINA DE QUE EL CORAZÓN QUEBRANTADO ES MUCHO MEJOR QUE CUALQUIER ACTO DE PIEDAD EXTERNA.

El hombre es por sí mismo inclinado a las cosas externas:

1. Porque no es espiritual, sino carnal por naturaleza.
2. Porque lo interno es más difícil que lo externo, y requiere pensamiento, diligencia, cuidado, humillación, etc.
3. Porque ama su pecado. Romperá sus ropas, pues éstas no son él mismo; pero romper con sus pecados preferidos, es como sacarse los ojos.
4. Porque no quiere someterse a Dios. La ley y el Evangelio son desagradables a él; no ama nada que requiera obediencia de su corazón a Dios.

Multitudes acuden a los atrios exteriores de observancias religiosas que cierran el paso al santo lugar del arrepentimiento, la fe y la consagración.

III. LA DOCTRINA PARTICULAR DE QUE EL CORAZÓN QUEBRANTADO ES MEJOR QUE CUALQUIER ACTO EXTERNO DE PIEDAD.

1. El corazón quebrantado significa:
Tener el corazón roto, contrito, tierno, sensible.
Tener el corazón dolorido por los males pasados, por pecados pasados.
Tener el corazón contrito por el pecado, como por una violencia a la santidad.
La vista del pecado debe romper el corazón, especialmente cuando es visto a la luz de la cruz.
2. Debe practicarse el quebrantamiento de corazón. «Rasgad vuestro corazón», dice el texto.
Esto significa un gran esfuerzo. ¿Puede el hombre quebrantarse a sí mismo?
Esto no impulsa a buscar un poder más alto.
Esto es ir al encuentro de Jesús. Mirando a él, a quien

nuestros pecados han traspasado; nuestros corazones se romperán.

Esto, cuando es hecho plenamente, nos deja libres. Ya que «El cura los corazones quebrantados y venda sus heridas.»

Una leyenda hebrea cuenta que vino al templo, con pasos temblorosos, un pobre hombre que acababa de salir de su cama de enfermedad. Tenía vergüenza de salir porque era muy pobre y no tenía ningún sacrificio para dar; pero cuando se acercó a los atrios oyó que de dentro del coro cantaban los versículos del Salmo 51, que dice: «Señor, abre mis labios y publicará mi boca tu alabanza. Porque no quiere sacrificio, que yo lo daría; no quieres holocausto. Los sacrificios de Dios son el espíritu quebrantado; al corazón contrito y humillado no despreciarás tú, oh Dios.»

Otros adoradores venían y ofrecían sus sacrificios. Pero él no tenía ninguno; por fin se postró ante el sacerdote, quien le dijo: «Qué quieres, hijo mío; no tienes ningún sacrificio.» El hombre replicó: «No, padre mío, pues la noche pasada una pobre viuda y sus hijos vinieron a mí; yo no tenía nada que ofrecerles sino dos pichones que había preparado para el sacrificio.» «Pues trae —dijo el sacerdote— un efa de flor de harina.» «No, padre mío —dijo el anciano—, mi enfermedad me ha dejado tan empobrecido que sólo tengo un poco de harina para mis hijos hambrientos; no llega ni siquiera a un efa.» «Entonces, ¿por qué has venido al templo?», dijo el sacerdote. «Porque he oído cantar: "Los sacrificios de Dios son un corazón quebrantado"; ¿no aceptará Dios mi sacrificio si le digo: "Señor, sé propicio a mí pecador"?» Entonces el sacerdote dio la mano al hombre y le hizo levantar de sus rodillas y dijo: «Sí, tú eres bendecido; ésta es la ofrenda mejor que ríos de aceite.» — *The World of Proverb and Parable,* por E. Baxton Hood.

Si la hipocresía, o sea el confiar en ceremonias externas, era tan odiosa a Dios bajo la ley, una religión de símbolos, sombras y ceremonias ciertamente lo será mucho más bajo el Evangelio, una religión mucho más simple y que exige mucha más sinceridad de corazón, ya que libera al hombre externo de la práctica de los ritos y las observancias legales.

Y, sin embargo, si nosotros, bajo el Evangelio, pensamos engañar a Dios Todopoderoso, como Mical hizo con Saúl, con un ídolo cualquiera vestido como el verdadero David, nos encontraremos un día que nos hemos burlado de Dios y nuestra parte será con los hipócritas. — William Chillingworth.

Lo que son los vestidos para el cuerpo son las ceremonias para la religión. Los vestidos sólo preservan al cuerpo vivo que tiene calor natural, pero cuando el cuerpo está muerto no le proporcionan vida. Las ceremonias ayudan a incrementar la devoción; pero un corazón muerto no puede ser. Estos vestidos religiosos sobre un hombre santo y celoso son como los vestidos de Cristo sobre su santo cuerpo; pero cuando son puestos sobre un corazón profano son como las túnicas de Cristo puestas sobre los que le crucificaron. — Ralph Brownrig.

Sermón 77

LA PLOMADA

«He aquí el Señor estaba sobre un muro hecho a plomo y en su mano una plomada de albañil» (Amós 7:7).

Las metáforas de Amós son muy gráficas, aunque muy sencillas.

El Señor continúa usando la misma regla infalible hoy día; dondequiera que El está tiene una plomada en su mano.

I. El plomo se usa para construir los edificios.

En todo lo que nosotros edificamos debemos obrar bajo la regla de la plomada.

1. Dios lo hace así; El quita los antiguos muros que, probados por la plomada, son hallados falsos. La verdad requiere el derribo de la falsedad.
   El edifica en verdad y realmente.
   El edifica en santidad y pureza.

2. En la edificación de nuestra propia vida debería ser así. No es cuestión de apresurarse, sino que la verdad sea nuestro objetivo.
   No conforme al ojo del hombre, sino conforme a los hechos.

Nosotros deberíamos edificar bajo la guía de la Palabra de Dios; bajo la vista de Dios; según el ejemplo de Cristo; por el espíritu de santidad.

3. En nuestra edificación de la iglesia debería ser así.
   Enseñando las Escrituras de un modo completo.
   No predicando nada más que el Evangelio.
   Humillando a los pecadores mediante la ley y exaltando la gracia de Dios.
   Llevando los hombres a la santidad y la paz, por las doctrinas de la Verdad.
   Ejerciendo la disciplina, para que la iglesia pueda ser pura.

II. UNA PLOMADA SE EMPLEA PARA PROBAR.

1. Nosotros debemos usarla:
   En la pared de la propia justicia, engreimiento, vanagloria, etc.
   En la pared de la vida descuidada.
   En la pared de la confianza en las ceremonias.
2. Dios la usa en esta vida.
3. La usará al fin.
4. Por lo tanto, nos conviene usarla nosotros ahora sobre nosotros mismos.

III. LA PLOMADA SERÁ USADA PARA DESTRUIR.

1. Aun los que son salvos han de serlo solamente por nuestro Señor Jesucristo; y, en su caso, cada pecado tiene que ser destruido y cada traza del mal quitada antes de entrar en el cielo.
2. Ningún dolor será infligido injustamente.
   El conocimiento o la ignorancia aumentará o disminuirá el número de los azotes (Luc. 12:47, 48).
3. Los que rechazan a Cristo encontrarán su castigo intolerable, porque ellos mismos serán incapaces de negar su justicia (Luc. 19:27). Los perdidos comprenderán que su condenación es merecida.
4. Puesto que toda sentencia será infalible, no habrá lugar a revisión. Cada veredicto será tan imparcial y justo que permanecerá para siempre (Mat. 25:46).

La pregunta: «¿Qué es verdad?» fue hecha en una institución de sordomudos, cuando uno de los niños dibujó una línea recta. «¿Y qué es falsedad?» La respuesta fue una línea sinuosa. — G. Bowes.

Whitefield afirmaba con frecuencia que más bien quisiera tener una iglesia con tres personas rectas delante de Dios, que una iglesia de quinientas personas de la cual el mundo se burlara a las barbas. — Joseph Cook.

Cuando Livingstone hacía su obra misionera quería evitar a toda costa una grande iglesia de nativos negros que fueran tan sólo adherentes nominales. «Nada —escribió— me inducirá a formar una iglesia impura. Cincuenta nuevos miembros suena muy bien a los sostenedores de la Misión; pero si solamente cinco de éstos son genuinos, ¿de qué aprovecharán los demás en el gran día del juicio? Y aquí serán más bien un estorbo para la piedad.» — Blaikie.

Los pecadores en la tierra son siempre castigados menos de lo que se merecen, y en el infierno nunca tendrán más de lo que sus iniquidades merecen. — Benjamín Beddome.

Sermón 78

PROPIO ENGAÑO

«La soberbia de tu corazón te ha engañado» (Abdías 1:3).

Esto es cierto en todas las personas orgullosas, pues el orgullo es un alto engaño.

Puede haber personas orgullosas en esta congregación.

Los que están seguros de que no tienen orgullo son probablemente los más orgullosos de su propia humildad. Son ciertamente orgullosos.

I. Se engañaron a sí mismos.

    1. Respecto a la estimación de otros. Pensaron que eran honrados, pero el profeta dice: «Tú eres grandemente despreciable» (vers. 2).

2. Respecto a su **seguridad** personal, pues están al borde de su ruina (vers. 3 y 4).
3. Respecto a su sabiduría personal. Les llamaban «Los sabios de Edom» (vers. 8); pero el Señor decía: «No hay en ello entendimiento» (vers. 7).
4. Respecto al valor de sus motivos de confianza. Edom se apoyaba en alianzas, pero éstas fallaron. «Todos tus aliados te han engañado; los que estaban en paz contigo prevalecieron contra ti» (vers. 7). Parientes ricos, amigos influyentes, aliados probados; todos han fallado, muchas veces, a quienes pusieron en ellos su confianza.

II. Su propio orgullo les engañó.

1. En cada uno de los puntos mencionados arriba, el orgullo se vio totalmente desacreditado y fracasado.
2. En todas las formas el orgullo engaña a los hombres. Su juicio es pervertido. No puede sostener la palabra. Su medida resulta inadecuada; sus pesas son falsas. Sus deseos invitan a la adulación y su necedad la acepta.

III. Este orgullo les condujo a malos caminos.

1. Estaban llenos de desafío. «¿Quién me hará caer?»
2. Estaban faltos de compasión: «Pues no debiste tú haber estado mirando en el día del infortunio de tu hermano.» (Véanse vers. 9 al 12.) El orgullo tiene un corazón de piedra.
3. No debían haber tomado parte con sus opresores. (Véanse vers. 13 y 14.)
4. Se burlaron de las cosas santas: «Habéis bebido sobre su santo monte» (vers. 16).

IV. Estos malos caminos les trajo la ruina.

1. Su desafío les trajo enemigos.
2. Su desprecio de Dios hizo a éste decir: «Ni aun quedará remanente de la casa de Esaú» (vers. 18).
Aborreciendo todo orgullo, confiemos humildemente en El.

Si un hombre es perfeccionista y piensa que no es pecador, es una prueba, no de que es mejor, sino de que está más ciego que sus compañeros. — Richard Glover.

Adán pensó que la hermosa manzana de la tentación le haría como su Creador, pero Dios resistió su orgullo y aquella manzana se hizo como la serpiente que le había tentado. Absalón pensó que la rebelión le haría rey de Israel, pero Dios resistió su orgullo y su rebelión le colgó de un árbol. — HENRY SMITH.

Del mismo modo que Dios tiene el cielo para el corazón contrito, tiene un infierno para el diablo y los orgullosos de corazón. — T. WATSON.

El embajador de Venecia escribió acerca del cardenal Wolsey: «Cada año crece más y más en poder. Cuando fui por primera vez a Inglaterra solía decir: "Su Majestad hará esto y aquello"; más tarde decía: "Nosotros haremos esto y aquello"; pero ahora dice: "Yo haré esto y aquello".» Sin embargo, la historia nos cuenta cómo el orgullo de Wolsey produjo su destrucción, y su espíritu altivo le condujo a su muerte en el cadalso.

Napoleón Bonaparte, intoxicado por el éxito, en la cumbre de su poder, dijo: «Yo hago las circunstancias.» Pero Moscú, Elba, Waterloo y la rocosa isla de Santa Elena donde fue encerrado hasta el fin de su vida, testifican su humillante caída. — J. B. GOUGH.

EL ARREPENTIMIENTO DE LOS NINIVITAS

«Y comenzó Jonás a entrar por la ciudad, camino de un día, y predicaba diciendo: De aquí a cuarenta días Nínive será destruida» (Jonás 3:4).

«Los hombres de Nínive se levantarán en el juicio con esta generación, y la condenarán; porque ellos se arrepintieron a la predicación de Jonás, y he aquí más que Jonás en este lugar» (Mateo 12:41).

Nuestro Señor nunca perdió la paciencia con su auditorio y nunca presentó acusaciones injustas contra ninguna persona. Todas sus represiones eran bien merecidas.

Los hombres de Nínive se arrepintieron y se volvieron a Dios a pesar de que:

I. Sus llamamientos al arrepentimiento no fueron muchos.

Muchos fieles han sido amonestados y advertidos innumerables veces; sin embargo, permanecen sin arrepentirse; pero:
Nínive no había gozado tales privilegios, era un país oscuro y pagano.
Nínive solamente oyó la voz de un profeta, y no uno de los más grandes, ni de los más afectuosos.
Nínive oyó a este profeta una sola vez, en un sermón al aire libre, muy corto y monótono.
Nínive no había oído la Buena Nueva; solamente oyó los truenos de la Ley, y nada más.
Sin embargo, la obediencia a esta amonestación fue inmediata, universal, práctica y aceptable a Dios; de tal modo que la ciudad fue salvada.

II. El mensaje del profeta no era muy animador.

1. No proclamaba promesas de perdón.
2. Ni siquiera mencionaba el arrepentimiento, y, por lo tanto, no ofrecía esperanza.
3. Solamente amenazaba de una ruina total: «Nínive será destruida.» Su mensaje empezó y terminó con amenazas.
4. Citó una fecha muy próxima: «Dentro de cuarenta días.»
Sin embargo, el pueblo convirtió este mensaje amenazador en un Evangelio, y actuó de tal modo que obtuvo liberación; mientras que muchos de nosotros, ricos y privilegiados, teniendo la segura promesa del Señor, la hacemos inútil a causa de nuestra incredulidad.

III. El mismo profeta no ayudó a sus esperanzas.

Jonás no fue un pastor tierno y amante, deseoso de recoger la oveja perdida.
1. No le gustaba el ministerio que le había sido encargado, y sin duda lo cumplió de una manera ruda y dura.
2. No pronunció palabras de amor y simpatía, pues no la había en su corazón. Era de la escuela de Elías y no conocía nada del amor que ardía en el corazón de Jesús.
3. Nunca ofreció una oración amorosa ni mostró piedad por el pueblo amonestado.
4. Antes bien, se disgustó de que la ciudad fuese perdonada.
Sin embargo, aquel pueblo obedeció a su voz y obtuvo misericordia, prestando oído a su advertencia. ¿No aver-

güenza este ejemplo a muchos que han sido favorecidos con las más tiernas y amantes advertencias? Ciertamente, avergonzó a los que vivieron en los días de nuestro Señor, pues no puede haber dos caracteres más contrastados que Jonás y Jesús.

De cierto, Uno «más grande», mucho mejor y más tierno de corazón, estaba allí.

IV. LA ESPERANZA QUE DABA A LOS NINIVITAS SU ARREPENTIMIENTO ERA MUY DÉBIL.

No era más que un «¿Quién sabe?»

1. No tenían ninguna revelación acerca del carácter del Dios de Israel.
2. No sabían nada de un sacrificio redentor.
3. No habían recibido ninguna invitación a buscar al Señor, ni siquiera ningún mandato de arrepentirse.
4. Su confianza era simplemente negativa.
   Nada les había sido dicho, ni en favor ni en contra del arrepentimiento, pero pensaron que nada podían perder con arrepentirse.
5. El argumento positivo era muy débil.
   La misión del profeta era advertir, y el avisar implica un cierto grado de misericordia cuando precede al castigo; por esto se aventuraron a una débil esperanza, diciéndose: «¡Quién sabe si Dios tendrá misericordia!»

¿No tenemos nosotros mucho más que esto? ¿No es mucho mejor el Evangelio? ¿No nos aventuraremos sobre las bases tanto más firmes que tenemos? Dios advierte antes de herir, amenaza antes de castigar. Caigamos, pues, de rodillas ante el Señor, nuestro Hacedor. Entonces se apaciguará su ira; hará en nosotros una pascua diaria, y sus rayos pasarán por encima de nosotros sin herirnos.

«He oído —dice el señor Daniel Wilson en uno de sus sermones acerca de cierta persona cuyo nombre podría citar— que fue tentado a poner fin a su vida, la cual —pensaba—, si la continuaba solamente servirá para aumentar su pecado y consiguiente condenación, de la que no podía escapar. Puesto que tenía que ir al infierno, cuanto más pronto vaya mejor. Y, además, es preferible, antes que continuar la vida desastrosa, atormentada con la perspectiva de lo que viene.

»Bajo la influencia de tales sugestiones, fue al río con el propósito de arrojarse al agua, pero le pareció oír una voz que le decía: "¿Quién sabe?" Esto le detuvo y empezó a decirse a sí mismo: "¿Por qué Dios ha hecho proclamar el Evangelio? ¡Quién sabe si una persona como yo no puede encontrar misericordia! ¿Cuál sería el resultado si me pongo ahora a orar a Dios? ¿Cuáles son los propósitos de Dios para mí si me arrepiento?"

»Bajo tales pensamientos decidió probarlo, y Dios hizo por su gracia que todas sus dudas y temores desaparecieran al arrojarse por la fe en los brazos de Cristo, que es poderoso para salvar eternamente a los que vienen a El. Humildemente deseó y esperó misericordia para su alma, y no fue decepcionado, sino que vino a ser un cristiano eminente y más tarde un ministro del Evangelio. Con su propia experiencia de las riquezas de la gracia, fue grandemente estimulado y bendecido para la conversión y consolación de muchas otras personas.»

Sermón 80

EL PEOR DE LOS ENEMIGOS

«El que ayer era mi pueblo, se ha levantado como enemigo» (Miqueas 2:8).

Cuando los hombres están en tribulación se hallan muy propicios a quejarse de Dios.

El Señor responde aquí a la queja de Israel con una profunda queja de ellos.

I. Escuchemos la penosa acusación.

Hay aquí una profunda queja procedente del Dios de amor.

1. Eran su pueblo. «Mi pueblo.» Dios tiene bastantes enemigos sin que sus amados se conviertan en tales. Es una horrible ingratitud y traición, para aquellos que son escogidos, el rebelarse contra Dios.

2. Se habían levantado «como enemigos». Los amigos más fieles, cuando son heridos, se convierten a menudo en los peores y más amargos enemigos. Para los favorecidos, levantarse como enemigos es ciertamente muy cruel.

3. Ellos lo habían hecho últimamente: «Ayer», dice la Biblia. El pecado era reciente, la herida estaba sangrando, la ofensa estaba en pie; había en ellos muy mala voluntad.
4. Lo habían hecho «atrevidamente». (Ved la última parte del versículo.) Se habían levantado en rebeldía contra Uno que era «enemigo de la guerra». Dios quiere nuestro amor, pero a menudo nos volvemos contra El sin causa.

II. Escuchemos las más graves evidencias en que se apoya la acusación.

Tomando las palabras «mi pueblo» como refiriéndose a los cristianos profesantes, muchos de éstos se levantan como enemigos por:
1. Su separación del Señor. «El que no es conmigo, contra Mí es» (Mat. 12:30).
2. Su mundanalidad. El Señor está celoso cuando el mundo pone pie en el corazón de los cristianos. «La amistad del mundo es enemistad contra Dios» (Sant. 4:4).
3. Su incredulidad que mancilla su honor, duda de su veracidad, de su inmutabilidad, etc. (1.ª Jn. 1:10).
4. Sus herejías, que se oponen a la verdad revelada. Es mala obra cuando la Iglesia y sus ministros se oponen al puro Evangelio.
5. Su impiedad. Los cristianos profesantes pero no piadosos son por excelencia «los enemigos de la cruz de Cristo» (Fil. 3:18).
6. Su tibieza. Con la cual hastían a su Señor (Apoc. 3:16), contristan su Espíritu (Ef. 4:30), animan a los pecadores al pecado (Ez. 16:54) y desaniman a los inquiridores.

III. Oigamos las más graves advertencias.

Ningún bien puede venir de la oposición al Señor, sino los más penosos males, con sus inevitables consecuencias.
1. En el caso de los verdaderos cristianos les vendrán pesados castigos y humillaciones (Lev. 26:23, 24).
2. Juntamente con esto surgirán los más agudos remordimientos y pesares del corazón.
3. En el caso de los meramente profesantes, pronto vendrá el abandono de su profesión, la inmoralidad y una maldad siete veces peor, etc.

Los pecados de los impíos hieren el costado de Cristo, pero los pecados de los santos hunden la espada en su corazón.

Carlyle, hablando de los cambios que produce la edad en las personas, dice: «¡Cuán trágico es para mí la visión de antiguos amigos; es una cosa que siempre procuro evitar!»

El pecado ha producido cambios más penosos que los que produce el tiempo en el cuerpo físico, en algunos que figuran entre los amigos de Dios.

Farnaces, el hijo de Mithridates, rey de Ponto, envió una corona al César, al mismo tiempo que estaba en rebelión contra él. Este rehusó el regalo diciendo: «Que primero deponga su rebelión y entonces recibiré su corona.» Hay muchos que tratan de poner una corona de gloria sobre la cabeza de Cristo por una piadosa profesión cristiana, y sin embargo hunden una corona de espinas sobre su cabeza por su mala conducta. — SECKER.

Un árabe que había profesado ser de Cristo mediante los trabajos del reverendo W. Martyn, había apostatado del cristianismo y escrito un libro en favor del Mahometismo. Algún tiempo después tuvo una conversación en Malaca con el reverendo doctor Milne, quien le presentó algunos puntos difíciles de controversia. La respuesta del árabe fue: «¡Soy infeliz! Tengo como una montaña de arena ardiente sobre mi cabeza. Cuando paseo no sé adónde voy ni lo que estoy haciendo.» En verdad es una cosa mala y amarga abandonar al Señor Jesucristo. — *Bate's Cyclopaedia.*

SERMÓN 81

EL LLAMAMIENTO DEL SEÑOR A SU PUEBLO

«Pueblo mío, ¿qué te he hecho, o en qué te he molestado? Responde contra mí» (Miqueas 6:3).

No tratemos a la ligera cuando Dios pone una tal pregunta delante de nosotros, pues para El es un asunto profundamente solemne. En su gracia condescendiente, El tiene en gran estima el afecto de su pueblo y no quiere perderlo ligeramente.

I. Una exclamación lastimosa: «¡Oh pueblo mío!»

¿No es remarcable que tal lenguaje sea usado por el Dios eterno?
1. Es la voz del más solemne ahínco.
2. Es una exclamación de tristeza. La interjección va empapada de lágrimas.
3. Es el llamamiento del amor. El amor injuriado pero vivo, rogando, esforzándose, invitando.
4. Es el lenguaje del deseo. El divino amor desea la reconciliación de los rebeldes: Anhela tener su leal afecto.

II. Un hecho penoso: «Te he molestado.»

Israel actuó como si estuviera cansado de su Dios.
1. Estaban cansados de su nombre. Baal y Astarón se habían hecho de moda, y el Dios viviente era despreciado.
2. Estaban cansados de su culto. Los sacrificios, los sacerdotes, el lugar santo, la oración, la alabanza, etc., todo esto lo despreciaban.
3. Estaban cansados de obedecer sus leyes, aun cuando éstas eran fieles y rectas y tendían a su bienestar.
4. Estaban cansados de sus restricciones, deseaban libertad para arruinarse ellos mismos con sus pecados.

III. Una pregunta paciente: «¿Qué te he hecho?», etc.

¡Maravilloso amor! Dios mismo se pone a prueba.
1. ¿Qué acto de Dios podría inducirnos a abandonar su camino? «¿Qué te he hecho?»
2. ¿Qué proceder de Dios había podido causar su cansancio? O «¿en qué te he fatigado?»
3. ¿Qué clase de testimonio podemos aportar nosotros contra Dios? «Responde contra Mí.»

Si estamos cansados de nuestro Dios es:

Por nuestro loco desvarío.
A causa de nuestro voluble capricho.
A causa de nuestro débil amor a El y a la santidad.

Hay, empero, una cosa a la cual debemos de llamar la atención de los apóstatas, y es que el Señor nunca les ha abandonado a ellos, sino que ellos abandonaron al Señor. El nunca les ha dejado, sino que ellos le han dejado a El, y esto, además, sin causa.

El amor no quiere ser olvidado. Vosotras, madres, sentiríais vuestro corazón quebrantado si vuestros hijos os abandonaran y nunca os escribieran una palabra u os enviaran algún recuerdo de su afecto. Dios se dirige a los apóstatas como un padre a sus amados que se han extraviado y trata de ganarles otra vez; pregunta: «¿Qué te he hecho que te hayas olvidado de mí?» Las más tiernas y amantes palabras que podemos encontrar en toda la Biblia son de Jehová a aquellos que le han dejado sin causa. — D. L. Moody.

Que aquellos que son tentados a apartarse del Señor recuerden la respuesta que un cristiano dio a Apolión en el libro *El peregrino,* cuando éste trató de persuadirle a que volviera atrás y olvidara a su Señor: «¡Oh tú, destructor Apolión, te digo la verdad! Yo amo su servicio, su paga, sus servidores, su gobierno, su compañía, su país, mucho más que el tuyo, y, por lo tanto, deja ya de incitarme a abandonarle; soy su siervo y le seguiré.»

Cuando Policarpo fue requerido por un juez infiel a blasfemar de Cristo solamente consiguió esta ardiente y fervorosa respuesta: «Ochenta años antes hace que le sirvo, y nunca me ha hecho más que bien. ¿Por qué blasfemaría yo de mi Dios, que nunca me ha dañado ni perjudicado?»

SERMÓN 82

LA FORTALEZA

«Jehová es bueno, fortaleza en el día de la angustia; y conoce a los que en El confían» (Nahum 1:7).

Este texto parece como una isla en un lago tempestuoso. Todo está en calma en este texto, a pesar de que todo el contexto es como un mar en tempestad.

I. Lo QUE DIOS ES. «Jehová es bueno.»

  1. Bueno en sí mismo, esencial e independientemente.
  2. Bueno eternamente y de un modo inmutable.

3. Bueno en todos sus actos de gracia.

4. Bueno en sus actos presentes, sean lo que sean.
Sea lo que sea que no sea bueno a nuestro alrededor,
nosotros sabemos que el Señor es bueno (Mat. 19:17).

II. DIOS PARA NOSOTROS. «Una fortaleza en el día de angustia.»

1. Bajo especiales circunstancias es nuestro recurso.
En el día de tribulación, cuando la prueba es especial
y vehemente.
En el día de tribulación: temporal, pero demasiado larga para nosotros, pues puede durar toda nuestra vida
si el Señor no lo impide.
En el día de tribulación: cuando dentro, fuera y alrededor nuestro todo parece soledad, temor, necesidad y
pena.

2. Manteniendo nuestra paz.

3. Desafiando a nuestros enemigos, que no se atreverán a
atacar semejante fortaleza.

4. Una fortaleza permanente, pues Dios es el mismo y su
refugio seguro para los necesitados.

III. DIOS CON NOSOTROS. «Y conoce a los que en El confían.»

1. Su tierno cuidado para satisfacer todas las necesidades
de los suyos.

2. Su amante comunión con ellos, lo cual es la mejor prueba de que le conocen y son sus amigos queridos.

3. Su abierto reconocimiento: son suyos ahora y les reco-
nocerá ante la asamblea del Universo (Apoc. 3:5).

Cuando viajaba por el valle Yosemita, nuestro conductor nos
contó de una serie de terribles terremotos que vio en aquel valle
hace algunos años. Los pocos habitantes que allí había fueron
sacudidos de sus lechos y lanzados al suelo por la noche. Débiles cabañas fueron destruidas; grandes rocas fueron arrojadas
al precipicio del valle. Las sacudidas se repitieron por varios
días, hasta que la gente estuvo llena de pánico y pronta al desespero.

«¿Qué hicieron, pues?», preguntamos. El conductor, señalando a una roca inmóvil, al picacho llamado «El Capitán», que se
eleva tres mil pies a la parte sur del valle y tiene una base de

tres millas sólidas, respondió: «Determinamos ir y acampar bajo el viejo "Capitán", pues comprendíamos que si aquella tremenda roca se movía tenía que ser el fin del mundo.» — Dr. Cuyler.

Tamar podía disfrazarse y andar por una senda no acostumbrada de modo que Judá no la conociera; Isaac, a causa de la disminución de su vista, podía bendecir a Job y desheredar a Esaú; el tiempo transcurrido podía hacer que los hermanos de José no le conociesen; Salomón podía dudar acerca de a quién pertenecía el niño muerto que le presentaron, y Cristo podía venir a los suyos y éstos no reconocerle; pero el Señor conoce los que son suyos y su ojo está siempre sobre ellos.

Ni el tiempo, ni el lugar, ni el habla, ni la apariencia exterior pueden oscurecer o nublar su vista o su oído. Puede distinguir a Daniel en la cueva de los leones y reconocer a Job, por más que éste haya cambiado por sus calamidades. Puede ver a Jonás en el vientre de la ballena, a Pedro en la cárcel, a Lázaro envuelto en sus atavíos funerarios, o a Abel desfigurado en sus sangres. Puede llamar a los tales por su nombre y enviar sus ángeles a confortarles. La ignorancia y el olvido pueden enajenar y apartar el amor de las criaturas, pero el Señor no es susceptible a ello, pues su ojo, así como la esencia de su ser, está en todas partes; conoce todas las cosas. — Spencer, *Cosas viejas y nuevas*.

Muchos hablan de confiar en Dios, cuando nada saben de la fe verdadera. ¿Cómo podemos nosotros saber quién es, y quién no es, un verdadero creyente? Esta pregunta es difícil de responder en tiempos de prosperidad, pero no en los días de tribulación, cuando el verdadero creyente está en calma y confiado en su Dios y el que es tan sólo un pretendiente está lleno de angustia y temor; nuestro texto lo demuestra. Cualquiera puede encontrar un nido de pájaros en invierno cuando los árboles están desnudos, pero cuando las hojas verdes los cubren es mucho más difícil. Así es con los creyentes, que se descubren en el tiempo de adversidad. Una cosa, empero, no debemos olvidar: sea que nosotros conozcamos a los verdaderos creyentes o no, Dios los conoce. El no incluye ningún solo hipócrita en este número; ni excluye a un sincero creyente, aun cuando tenga poca fe. El conoce de un modo infalible y universal. ¿Me conoce a mí como uno de los que confían en El? El Señor conoce a los suyos, y ellos conocen que El es su fortaleza. ¿Tengo yo tal conocimiento?

EL ORGULLO DESTRUIDOR

«He aquí que aquel cuya alma no es recta, se enorgullece; mas el justo por su fe vivirá» (Habacuc 2:4).

La demora en la liberación es un modo de medir a los hombres.

La espera es siempre penosa y constituye una prueba (capítulo 2:3).

Esto divide a los hombres en dos clases, demostrando su verdadero carácter.

El orgulloso y el justo se demuestran en la prueba; el hombre envanecido y el justo están tan lejos el uno del otro como los polos de la tierra; y el resultado de la prueba en ambos casos es tan diferente como la muerte y la vida.

La demora de la promesa:

I. REVELA UNA GRAN FALTA. «Aquel cuya alma no es recta se enorgullece.»

El hombre es impaciente y no soporta la espera. Esto es orgullo demostrado, pues se pelea con el Señor y se atreve a dictarle órdenes.

1. Es muy natural para nosotros ser orgullosos. Así cayó nuestro primer padre y nosotros heredamos su falta.

2. El orgullo toma muchas formas y, entre otras, es el hábito vanaglorioso de pensar que nosotros tenemos que ser atendidos en seguida.

3. En todos los casos el orgullo es irrazonable. ¿Quiénes somos nosotros para que Dios se haga nuestro criado y tenga que atendernos en el momento que nosotros queremos?

II. DESCUBRE UNA SERIA OPOSICIÓN.

La persona falta de fe se cansa del Evangelio, que es la suma de promesas divinas, y se opone al ejercicio de la fe cuando es requerido.

Su orgullo le hace rechazar la salvación por gracia, mediante la fe en Jesucristo.

1. Es demasiado grande para tenerlo en consideración.

2. Es demasiado sabio para creerlo.
3. Es demasiado bueno para necesitarlo.
4. Es demasiado avanzado en «cultura» para soportarlo.

III. NOS DIRIGE A UN INTERESANTE CONTRASTE.

1. El hombre que es verdaderamente justo es humilde.
2. Siendo humilde, no se atreve a dudar de su Dios, sino que se rinde a Su Palabra con fe implícita.
3. Su fe se mantiene viva durante la prueba y le conduce a los goces y privilegios de la vida espiritual.
4. Su vida conquista la prueba y se desarrolla para vida eterna.

Del mismo modo que el primer paso al cielo es la humildad, así el primer paso hacia el infierno es el orgullo. El orgullo considera al Evangelio como locura, pero el Evangelio se enorgullece de que sea así. ¿Podrá el pecador estar orgulloso de ir al infierno? ¿Podrá el santo estar orgulloso de que fue salvo de él? Dios ha preferido más bien que su pueblo sea pobre que orgulloso. — MASON.

La pobreza de espíritu es la canasta en la cual Cristo pone las riquezas de su gracia. — ROWLAND HILL.

Tenemos que ser vaciados de nosotros mismos antes de que podamos ser llenados con la gracia; debemos ser despojados de nuestros harapos antes de que podamos ser vestidos con el vestido de justicia; tenemos que ser heridos antes de que podamos ser sanados; muertos, antes de que podamos ser resucitados; enterrados en desgracia, para que podamos levantarnos en santa gloria. Las palabras: «Se siembra en corrupción, se levantará en incorrupción; se siembra en vergüenza, se levantará en gloria; se siembra en flaqueza, se levantará con potencia» (1.ª Cor. 15: 42-43), son tan verdaderas en cuanto al alma como en cuanto al cuerpo.

Tomando una ilustración de la cirugía, podemos decir: Así como el hueso mal puesto tiene que ser roto otra vez a fin de que pueda crecer en su verdadera posición, del mismo modo ocurre con el alma humana. Es cierto que un alma llena de sí misma no tiene lugar para Dios; y así como en el mesón de Belén, repleto de huéspedes poco importantes, no hubo lugar para el Hijo de Dios, un corazón preocupado por el orgullo no tiene una habitación donde Cristo pueda nacer para nosotros como nuestra «esperanza de gloria». — THOMAS GUTHRIE.

De no haber sido por el orgullo los ángeles que hoy están en el infierno estarían en el cielo (Jud. 6). De no ser por el orgullo, Nabucodonosor, en vez de vagar por el bosque, habría estado en su palacio (Dan. 4). Faraón habría estado con sus nobles en vez de hallarse con los peces (Ex. 14). Ningún otro pecado ha hundido a más personas que éste, con la falsa promesa de levantarles.

Si no hubiese sido por el orgullo los fariseos habrían recibido a Cristo tan fervorosamente como sus discípulos. De no haber sido por el orgullo, Herodes le habría adorado tan humildemente como los pastores y los magos.

SERMÓN 84

VIDA POR LA FE

«Mas el justo por su fe vivirá» (Habacuc 2:4;
Romanos 1:17; Gálatas 3:11; Hebreos 10:38).

Cuando el Espíritu de Dios repite una frase muchas veces es que merece nuestra especial atención.

Una doctrina tantas veces declarada debe ser de vital importancia.

Una doctrina con tanta frecuencia expresada debe ser predicada constantemente.

Una doctrina tan reiteradamente repetida debe ser recibida sin ninguna duda por cada uno de sus oidores.

I.   TRATAREMOS LOS CUATRO TEXTOS COMO UNO SOLO.

La enseñanza es clara. «El justo por su fe vivirá.»
1.   La vida que se recibe por la fe hace al hombre justo. Una persona empieza a vivir cuando reconoce plenamente su condenación y muerte eterna y cree en Jesucristo. Una persona empieza a vivir y es levantada de

su tumba espiritual tan pronto como pone su fe en el Señor Jesucristo.

2. La vida es sostenida por la fe que mantiene al hombre justo. Aquel que ha sido perdonado y resucitado, vive, después, del mismo modo que empezó a vivir, o sea por su fe.

Vive por fe en cualquier condición:

En gozo y en tristeza; en abundancia y en pobreza.

En fortaleza y en debilidad; en trabajos y en angustias; en la vida y en la muerte.

Vive mejor cuando su fe es mejor. Aun cuando en otros aspectos pueda ser muy probado, vive la vida de Cristo con más bendición cuando más intensamente cree en Cristo.

II. TRATEMOS LOS CUATRO TEXTOS SEPARADAMENTE.

Si leemos con cuidado, veremos que la Escritura no se repite; el contexto da nuevo significado a cada aparente repetición.

1. Nuestro primer texto (Hab. 2:4) nos presenta la fe como capacitando al hombre para vivir en paz y humildad, mientras la promesa no ha llegado a su madurez. Mientras esperamos vivimos por fe, no por vista.

De este modo podemos soportar los triunfos temporales de los impíos. Así somos preservados de orgullosa impaciencia durante la espera.

2. Nuestro segundo texto (Rom. 1:17) presenta la fe como obrando la salvación del pecado que está en el mundo por concupiscencia. El capítulo en que aparece nos presenta una terrible visión de la naturaleza humana, e implica que tan sólo la fe en el Evangelio puede traernos vida en forma de:

Iluminación mental en cuanto al verdadero Dios (Romanos 1:19-23).

Pureza moral (Rom. 1:24 en adelante).

3. Nuestro tercer texto (Gál. 3:11) nos presenta la fe como trayéndonos aquella justificación que nos salva de la sentencia de muerte. Nada puede ser más sencillo, más positivo, más conclusivo que esta declaración de que el hombre es justificado ante Dios tan sólo por la fe.

Tanto la parte negativa como la positiva son bastante evidentes.

4. Nuestro cuarto texto (Heb. 10:38) nos presenta la fe como la vida cristiana de perseverancia final.
Es necesaria la fe para esperar el cielo (vers. 32-36).
La ausencia de semejante fe nos causaría la apostasía (vers. 38).
La apostasía no puede ocurrir, pues la fe salva al alma de todos los azares manteniéndola de cara al cielo hasta el fin.
¿Qué puedes hacer tú si no tienes fe? ¿De qué otra manera podrás ser acepto a Dios? ¿De qué otra manera podrás excusar tu incredulidad hacia tu Dios? ¿Preferirás perecer antes que crecer?

Los judíos tienen este dicho en su Talmud: «Toda la ley fue dada a Moisés en el Sinaí, en 613 preceptos.» David, en el Salmo 15, los reduce a 11. Isaías los reduce a 6 (Is. 33:15), Miqueas a 3 (Miq. 6:8), Isaías a 2 (Is. 56) y Habacuc a uno: «El justo por su fe vivirá». — LIGHTFOOT.

El alma es la vida del cuerpo; la fe es la vida del alma. Cristo es la vida de la fe. — FLAVEL.

> *Inscrita en el portal la frase bella,*
> *Conspicua como el brillo de una estrella;*
> *Perenne, pues jamás se borrará:*
> *«El que cree, por su fe vivirá.»*
> «Believe and Live»

Creer a Dios no es poca cosa; es el índice de un corazón reconciliado con Dios, y la prueba de la verdadera y perenne espiritualidad.

La fe es la esencia de la verdadera adoración y la raíz de la sincera obediencia. El que cree a su Dios a pesar de sus pecados, le honra más que el querubín y el serafín en su eterna adoración.

¡Qué poca cosa es la fe! ¿Cómo es, pues, que la incredulidad es un crimen tan grande que está señalado con la condenación y que cierra a los hombres la puerta del cielo? Sea lo que sea que pongas en el segundo lugar, pon la fe en el primero, ya que ella es tu vida.

Sermón 85
Q U I Z A

*«Buscad a Jehová todos los humildes de la tierra,
los que pusisteis por obra su juicio; buscad justicia, buscad mansedumbre; quizá seréis guardados en el día del enojo de Jehová»* (Sofonías 2:3).

En las cosas espirituales debemos sacar aliento de cualquier
señal de esperanza cuando procede de Dios. «Quizá seréis guardados.»

Aquí se manda al buscador de refugio que sea manso y humilde; pero es nuestro gozo y privilegio anunciar, como lugar
de refugio, a Aquel que es manso y humilde de corazón, y animar a los más tímidos a buscar refugio en El.

I. En muchos ejemplos, el «quizá» trajo a ciertas personas a
una acción feliz y acertada.

1. Un «quizá» indujo a Jonatán a atacar la guarnición de
los filisteos (1.º Sam. 14:6). Esto debe animar a los santos para empresas santas.

2. Un «quizá» animó a David cuando Absalón se rebeló y
Simei le maldijo (2.º Sam. 16:12). Esperemos en Dios
en nuestras horas más oscuras.

3. Un «quizá» indujo a los leprosos a visitar el campo de
los sirios (2.º Rey. 7:4).

4. Un «quizá» en la forma de «¿quién sabe?» trajo a los
ninivitas al arrepentimiento (Jon. 3:9).
Si nosotros nos acogemos a Jesús con fe infantil habrá
más que un «quizá» que terminará en un fin feliz.

II. En el caso de un buscador sincero el «quizá» es de especial
valor.

Hay toda clase de probabilidades de que el arrepentido
obtenga salvación, si consideramos:

1. La naturaleza misericordiosa de nuestro Dios (Miq. 7:18).

2. La gloriosa obra de Cristo para los pecadores (1.ª Timoteo 1:15).

3. El número y carácter de los que ya han sido salvos
(Apoc. 5:9; 7:9, y 1.ª Cor. 6:11).

4. La omnipotencia del Espíritu Santo (Jn. 3:8).

III. Pero en el caso del buscador tiene que ir más allá.

Hay innumerables y seguras promesas en la Palabra de Dios que han sido hechas:
Al arrepentimiento (Prov. 28:13; Is. 55:7).
A la fe (Marc. 16:16; Jn. 3:18; Hech. 16:31).
A la oración (Mat. 7:7; Hech. 2:21).
Estudiemos estas promesas y aceptemos sus alientos para proceder al inmediato cumplimiento de sus requerimientos.
Consideremos que Dios preveyó todos los sucesos y circunstancias cuando hizo estas promesas, y no ha cometido en ellas ningún error.
Consideremos que El es el mismo que cuando hizo tales promesas, y que de hecho las repite de día en día.

Alguien oyó decir al doctor Juan Duncan, hablando con una pobre mujer mendiga en Edimburgo: «Usted me promete que buscará la salvación, pero tenga en cuenta que el buscar no salva; sin embargo, piense que éste es su deber, y si la busca la encontrará, y el encontrarla la salvará.»
Nuestra esperanza no está pendiente de un hilo que puede llamarse «me imagino», o «es probable», sino que el cable seguro al cual está atada nuestra áncora es el juramento y promesa de Aquel que es la verdad eterna. Nuestra salvación está sujeta a la misma mano de Dios, y nuestra fortaleza en Cristo, a la inmutable naturaleza divina. — Samuel Rutherford.

¡Con cuánta paciencia espera un mendigo, y con qué ardor ruega a los que pasan, a pesar de que no tiene ninguna promesa de limosna, sino que cree en la posibilidad de obtener algún penique de los viandantes! ¡Cuán trabajosamente los pescadores echan sus redes a la mar, una y otra vez, aunque nada haya sido cogido, y su única esperanza es la posibilidad de que los peces vengan a pasar por aquel sitio donde ellos se encuentran! ¡Con qué afán se zambullen los buzos en el mar, con la esperanza de hallar perlas en las cáscaras de las ostras, exponiéndose a tener que luchar con monstruos en las profundidades, con la confianza incierta de enriquecerse! ¿Y no se acercarán los hombres a Dios cuando su esperanza es mucho más clara, segura y justificada? En cuanto a mí, pondré mi alma enferma a los pies de Cristo, en la creencia firme y segura de que El me curará, y entonces le seguiré por dondequiera que vaya, con la completa seguridad de que me conducirá a su reino eterno de gloria. — C. H. S.

Sermón 86

CONTAMINADO Y CONTAMINANDO

«Y dijo Hageo: Si un inmundo a causa de cuerpo muerto tocare alguna cosa de éstas, ¿será inmunda? Y respondieron los sacerdotes y dijeron: Inmunda será.

»Y respondió Hageo y dijo: Así es este pueblo y esta gente delante de mí, dice Jehová, y asimismo toda obra de sus manos; y todo lo que aquí ofrecen es inmundo» (Hageo 2:13-14).

El profeta hace a los sacerdotes testigos contra sí mismos y contra el pueblo; éste era un medio muy adecuado de obligarles a reconocer la verdad. ¡Qué descripción! Una persona inmunda hace inmundo todo aquello sobre lo cual pone su mano. No podía moverse sin esparcir contaminación por todos lados.

Así era el errante pueblo de los días de Hageo, en los días del juicio de Dios, y El nunca juzga las cosas con excesiva severidad.

Así son los pecadores hoy día.

I. La TERRIBLE CONTAMINACIÓN. Consideremos nuestro texto.

1. Las cosas más simples son contaminadas por los hombres de naturaleza contaminada.

   Por ejemplo: El hacerse dioses de tales cosas y diciendo: «¿Qué comeremos?», etc.

   Por exceso de su uso. Por la glotonería, la borrachera.

   Por exceso de guardarlas. Un avaro convierte en maldición el dinero, que puede ser en otros aspectos tan útil.

2. Las cosas santas son contaminadas por la naturaleza impía.

   Usan el Evangelio como excusa para el pecado. Ofrecen oraciones que son una solemne burla.

   Alaban a Dios con una música mundana.

   Convierten los sacramentos en hipocresía o algo peor.

3. Las buenas obras son corrompidas cuando proceden de hombres malos: «Así es toda obra de sus manos.»

   Pueden ser caritativos, pero con ostentación.

   Religiosos, para ser vistos de los hombres.

   Firmemente justos, a fin de vengarse.

   Humildes, con objeto de conseguir sus fines.

El pecado ha dejado su rastro de serpiente sobre todo el universo, haciendo a toda la creación misma sujeta a vanidad, como dice San Pablo. ¿Qué tocará el hombre que no lo degrade y corrompa? Aquí hay amplio campo para el pensamiento y causa abundante para la humillación.

II. EL REMEDIO TODO SUFICIENTE. Aquí nos vamos ya más allá de nuestro texto.

1. Había un sacrificio para la contaminación (Núm. 19:2-4; Heb. 9:22).
2. Había una destrucción por medio del fuego (vers. 5 y 6). El pecado es tan aborrecible que debe ser visto como algo digno de ser quemado.
3. Había una agua de separación.
4. Había la aplicación con hisopo. La fe debe recibir la purificación. Decía David: «Purifícame con hisopo y seré limpio.»
   Ve, ¡oh pecador!, tu necesidad de limpieza antes de tratar de hacer algo que agrade a Dios. Antes de ella, nada de lo que tú eres, tienes o haces, es limpio ante Dios. Después de ella todas las cosas serán santas para ti. Procura esta limpieza en seguida y todo lo demás seguirá por añadidura.

«Mis amigos dicen por todas partes que no soy cristiano. He procurado desmentirles realizando mis devociones de Pascua públicamente, probando con ello a todos mis vivos deseos de terminar mi larga vida de descuido y oposición a la religión en que he nacido. Y he cumplido estos importantes actos religiosos después de una docena de ataques de fiebre consecutivos, lo que me hacía temer que moriría antes de que pudiera asegurar mi respeto a la religión y a sus prácticas». — VOLTAIRE a *Madame du Barry.* (¡Qué ejemplo de contaminación de las cosas santas!)

Se oyó a Diógenes decir delante de un barril de agua sucia: «¿Cómo podrán lavarse los que se lavan aquí?»

Cuando los deberes religiosos son realizados por personas indignas, ¿cómo pueden esperar que sean limpias? Los que convierten la religión en una burla y los sacramentos en una exhibición pública, convierten la medicina en veneno. ¿Y cómo serán curados?

Si un niño es víctima de una enfermedad infecciosa, vendrá a acariciaros y le echaréis atrás; vendrá a tocar objetos y se los quitaréis de las manos. Tiene que ser encerrado y mantenido fuera del contacto de toda la familia. Suponed que él persiste en dejar su cuarto y unirse al resto de la familia. Sea cualquiera su motivo está obrando mal.

Cuanto más activo y servicial quiere hacerse, yendo de un lado a otro de la casa, más esparce el desorden. Los servicios domésticos que trata de realizar serían buena cosa si estuviera en buena salud, pero de este modo todos sus movimientos son un peligro, y todos sus trabajos dan más trabajo que el que cumplen.

El niño tiene que ser curado antes de que pueda hacer nada bueno en la familia. Mientras está infectado contamina todo lo que toca y perjudica a todos aquellos a quienes se acerca.

¡Oh, que los inconversos pudieran ser bastante sabios para entender que necesitan ser limpiados antes de que puedan realizar ninguna obra buena; de otro modo contaminan todo lo que tocan!

En una escuela de niños pobres de Irlanda un pastor preguntó: «¿Qué es la santidad?» Después de una pausa, un pobre muchacho irlandés recientemente convertido, pero vestido con sucios harapos, se levantó y dijo: «Es estar limpio por dentro.» — G. S. Bowes.

SERMÓN 87

COSAS PEQUEÑAS QUE NO DEBEN SER DESPRECIADAS

«Porque los que menospreciaron el día de las pequeñeces...» (Zacarías 4:10).

Gran número de personas desprecian el día de las pequeñeces.

Es propio del proceder de Dios empezar sus grandes obras con un día de pequeñeces.

Así se ve que no hay virtud en los mismos medios.

Así el poder divino es desplegado más plenamente.

Así la fe es ejercida y tiene oportunidad de aprender grandes lecciones.

¿Por qué despreciarán los hombres las cosas que Dios ordena?

Estos muestran su desprecio de varias formas:

Fingen tener piedad de tales cosas débiles (Neh. 4:2).
Critican y hallan faltas (1.° Sam. 17:28).
Se burlan y ridiculizan (Mat. 13:55; Hech. 17:18).

I. Los que desprecian a los demás en el día de las pequeñeces.

1. No saben que hay niños en la gracia y que éstos son verdaderos hijos de Dios. ¿Dudaréis de este hecho evidente?
2. ¿No fuisteis vosotros niños alguna vez? Si lo fuisteis, ¿por qué despreciáis a otros?, o ¿quiénes sois para despreciar a los demás?
3. ¿No fue débil algún día el más grande de los santos?
4. ¿No expresa nuestro Señor su eterno cuidado por los corderos? (Is. 40:11).

II. Los que desprecian el día de las pequeñeces en ellos mismos.

1. Con frecuencia dejarán de tener y alimentar pensamientos y sentimientos que les llevarían a Cristo.
2. No pueden creer que la salvación venga por medios ordinarios o por su presente conocimiento y emociones. Son estas cosas demasiado pequeñas en su estima, anhelan señales y milagros.
3. Si ellos alentaran sus flacos deseos, sus débiles resoluciones, su fe incipiente y temblorosas esperanzas, saldrían de tal situación y serían más fuertes.
4. Muchos piensan mal de su propia condición, cuando Dios piensa bien de ellos.

III. Los que no desprecian el día de las pequeñeces.

1. Los pastores optimistas. Estamos mirando las señales misericordiosas y nos hallamos más inclinados a ser engañados por nuestras esperanzas carnales que a caer en el lado opuesto y despreciar el día de las pequeñeces.
2. Los padres anhelosos desean ver florecer los brotes de la gracia en sus hijos. Las más pequeñas señales de vida espiritual les encantan.

3. Los prudentes ganadores de almas se alegran de ver «la primera brizna» de la cosecha.
4. Jesús mismo. El ama a los pequeños (Marc. 10:14). Venid a El, almas temblorosas.

Cuando el muchacho empieza a dibujar figuras sobre la pizarra y bosquejos con tiza sobre las paredes, se inicia, a veces, el gran artista en embrión. No todos los ojos pudieron percibir al genio naciente, pero el entendido puede verlo y anima al muchacho a proseguir en la vocación de su arte, hallando satisfacción en haberle animado y ayudado. Los que se burlaron de aquellos primeros dibujos se sentirán avergonzados, después, al observar su falta de visión artística; pero si le aman, se complacen en cada triunfo del nuevo pintor. Del mismo modo hay gozo, no sólo en el cielo, sino también entre nosotros si estimulamos la temprana piedad y enseñamos al corazón tierno el camino de la paz y la santidad.

Reprimir deseos espirituales porque se producen con cierta candidez infantil, es crueldad malévola; podad la cepa de sus brotes silvestres, pero no la cortéis. Alimentad las más pequeñas señales de la gracia. «No lo desperdicies, porque bendición hay en él» (Is. 65:8).

Observé cierta tarde en el culto a una señorita que yo sabía era instructora de Escuela Dominical. Después del culto le pregunté dónde estaba su clase. «¡Oh! —me dijo—. Fui a mi clase y encontré un solo muchachito, así que lo despedí y cerré la puerta.» «¡Sólo un niño! —le dije yo—. ¿Y usted no pensó en el valor de una sola alma? ¿Y si Dios hubiese escogido a este muchacho para ser un Knox, un Wesley o un Whitefield? Usted habría apagado, por su desánimo, una antorcha divina dispuesta por Dios para iluminar naciones.» — D. L. MOODY.

El césped es tan sólo una planta muy pequeña; sin embargo, cuando sus semillas entran en la tierra, ahogan todas las otras malas plantas que pueda haber y se desarrollan hasta formar una alfombra verde, sobre la cual pueden posarse nuestros pies, librados del barro, por la fuerte cubierta que forman sus raíces entretejidas entre sí.

«En la creación los fines más difíciles y complicados son obtenidos por el empleo de medios muy sencillos». — JAMES NEIL en *Luces en los dominios de la Naturaleza.*

PRISIONEROS DE ESPERANZA

«Y tú también por la sangre de tu pacto serás salva; yo he sacado tus presos de la cisterna en que no hay agua. Volveos a la fortaleza, oh prisioneros de esperanza, hoy también os anuncio que os restauraré el doble» (Zacarías 9:11-12).

Este es un texto maravilloso para aquellos que están en un estado de mente muy bajo. ¡Quiera el Señor hacerlo una bendición a ellos!

I. La condición de los tristes. «Prisioneros en una cisterna seca.»

1. Prisioneros: Sin libertad.
2. Prisioneros en una cisterna, de donde es imposible escapar. La oscuridad es insoportable; la mala suerte, inevitable; las incomodidades, terribles.
3. Prisioneros en una cisterna donde no hay agua, sedientos y desconsolados, expuestos a perecer de sed. La comodidad en el pecado es mortal; la ausencia de tal consuelo es esperanzadora.

II. La causa de su liberación. «Yo he sacado a tus prisioneros.»

1. El Señor, en su omnisciencia, vigila a los que se hallan en la prisión de este mundo y sabe qué clase de prisioneros son.
2. Tiene el poder de libertar a los prisioneros. ¿Quién puede aprisionar a los que él liberta?
3. Los liberta «por la sangre».
   Por la expiación hecha por el pecado.
   Por la paz creada en la conciencia del penitente.
   Que las almas conozcan la bendición del Pacto y el poder de la sangre de Cristo, y ya no se sentirán más prisioneros.

III. La recomendación a los prisioneros. «Volveos a la fortaleza vosotros los prisioneros de esperanza.»

1. Que hagan de la esperanza su característica. Cuando se

sientan libres estos prisioneros, que esperen; y así vendrán a ser «prisioneros, pero de la esperanza».

2. Que hagan de Cristo su fortaleza.
3. Que se vuelvan a El todos los días.
4. Que se vuelvan a El cuando se sientan prisioneros por algún motivo.

IV. EL CONSUELO DADO A AQUELLOS QUE HAN VUELTO A LA FORTALEZA: «Hoy también os anuncio que os restauraré el doble.»

1. Dios da un *pronto* consuelo a los que se vuelven a Jesús. «Hoy os anuncio.»

2. Dios es *abundante* en su misericordia: «Que os restauraré el doble.»
   El doble de vuestra tribulación (Job 13:10).
   El doble de vuestra esperanza (Is. 61:7).
   El doble de vuestros éxitos conseguidos: «Gracia por gracia» (Jn. 1:16).
   El doble de vuestra fe más amplia (Ef. 3:20).

3. Lo firmemente *consoladora* que es esta promesa. Observad cuán clara y sencilla: «Yo os anuncio.»
   Presente: «Hoy.»
   Positiva: «Hoy también os anuncio.»
   Personal: «Que os restauraré.»

¡Con qué gratitud y gozo debieran ser recibidas estas declaraciones esperanzadoras a quienes, por naturaleza, nos hallamos en una condición miserable! Se cuenta en la historia que cuando Tito Flaminio declaró en unos juegos públicos la libertad de Grecia, que acababa de ser conquistada por los romanos, los oyentes quedaron de momento mudos de admiración, pero inmediatamente reaccionaron con un grito que duró dos horas: «¡Libertad! ¡Libertad!»

Un gozo mayor que éste debía aparecer entre los miserables pecadores a quienes les es ofrecida la proclamación de libertad espiritual. ¿Y no es hecha esta declaración ahora mismo? ¿No os he estado diciendo, por la Palabra de Dios, que, aun cuando vosotros erais condenados bajo la justa sentencia de la Ley divina, mediante un Redentor esta sentencia ha sido revocada y vuestras almas pueden ser restauradas a la vida y a la felicidad? ¿No habéis experimentado ya, muchos de vosotros, que, aun cuando Satanás os tenía en oscuridad por la ley del pecado, mediante vuestro gran Redentor habéis sido rescatados de sus manos y hechos más que vencedores por su gracia?

¿No os he dicho muchas veces que, aun cuando tenemos luchas con la flaqueza y corrupción de nuestra naturaleza depravada, podéis recibir las comunicaciones del Espíritu que os purificarán, esforzarán y capacitarán para una perfecta santidad en el temor de Dios?... «Prisioneros de esperanza», ¿os desalentaréis? — Dr. Doddridge.

Sermón 89

CONVALECENCIA ESPIRITUAL

> «Y yo los fortaleceré en Jehová, y caminarán en su nombre, dice Jehová» (Zacarías 10:12).

El pueblo de Dios había sido muchas veces olvidado, perseguido y despreciado de tal modo, que necesitaban pensar en las profecías del glorioso futuro que el Señor su Dios había hablado respecto a su pueblo escogido. Pero la herencia de Israel natural pertenece también al Israel espiritual; y esta promesa es para nosotros.

I. La divina promesa de fortalecimiento: «Yo los fortificaré en el Señor.»

1. Es una penosa necesidad.
Por naturaleza somos débiles como agua.
Ante grandes empresas sentimos nuestra debilidad.
Necesitamos fortaleza para mirar, andar, obrar y luchar por el Señor.

2. Es una promesa gratuita. (Véase el versículo 6.)
El tierno amor del Señor observa nuestra necesidad.
El infinito poder la suple en abundancia.

3. Es concedida divinamente: «Yo los fortaleceré.»
De ahí su cierto cumplimiento.

4. Es recibido gradualmente. Vamos de fortaleza en fortaleza, mediante el uso de los medios de gracia: La oración, la comunión con Dios, el ejercicio espiritual, la experiencia, etc.

5. **Es deliciosamente percibida.**
Una excelente ilustración de esto es la satisfacción que siente el enfermo cuando va recobrando sus fuerzas. Como su caso, así es el nuestro.
Vuelve el apetito: Nos gozamos en la Palabra de Dios.
Las dificultades se desvanecen, las cargas se vuelven ligeras, etc.
La actividad es deseada. El fortalecimiento impulsa al ejercicio.

II. LA ACTIVIDAD CRISTIANA PREDICHA: «Andarán en su nombre.»

1. Gozarán de libertad, esto es, podrán andar.
2. Perseverarán en tal actividad «andando», en gerundio.
3. Consagrarán esta actividad al servicio del Señor: «Andarán en su nombre» —«Hacedlo todo en el nombre del Señor Jesús» (Col. 3:17).

III. AMBAS BENDICIONES GARANTIZADAS.

1. Aquí hay un divino «Yo haré», de la gracia omnipotente.
2. Un divino «ellos andarán», conservando la libertad dentro de la consagración.
3. Un divino «así dice el Señor», de infalible fidelidad.

Cuenta Sir Walter Scott que cuando era muchacho una de sus piernas quedó paralizada, y cuando todos los cuidados médicos fallaron, un tío suyo le persuadió a que ejercitara los músculos de aquella pierna sin fuerza, presentándole un reloj de oro para tentarle a andar hasta él, para cogerlo, y así gradualmente acrecentó su fuerza muscular.

Del mismo modo hace Dios en nuestra infancia espiritual y con la flaqueza de nuestra fe. ¡Cuán débiles son nuestros esfuerzos! ¡Cuán lentos nuestros movimientos! Pero la vitalidad espiritual es desarrollada y fortalecida por aquellos movimientos lentos y débiles.

La falta de fuerza es más seria que cualquier otra falta de bienes externos y posesiones. Un hombre rico paralítico está en peor posición que un pobre lleno de salud y vigor; en realidad el pobre es más rico que el otro. La debilidad impide el trabajo, reduce los goces y agrava los sufrimientos de toda suerte.

En muchos casos es, además, causa de pecado, llevando directamente a la transgresión y exponiendo al individuo a fieras y peligrosas tentaciones; de modo que para preservarnos contra el pecado debemos pedir fuerza diaria.

Todo hombre necesita fuerza; pero nadie la posee de sí mismo, necesita recibir fortaleza del exterior por medio de los alimentos.

El cristiano no es una excepción de esta regla. Necesita ser fortalecido. Su conversión no fue un traslado a la inactividad, a la quietud y comodidad. Su obra no consiste en cantar salmos sin cesar, reclinado sobre verdes pastos y sentado junto a aguas de reposo. Hay ocasiones cuando debe de estar sentado sobre verdes pastos espirituales; pero es cuando está cansado del trabajo activo y reposa allí para levantarse más fuerte que nunca y entrar en la más fiera de las batallas y en la más dura de las tareas. Nosotros no descansamos por motivo del reposo mismo, sino para que podamos trabajar otra vez. — SAMUEL MARTÍN.

SERMÓN 90
LLORANDO A CAUSA DE LA CRUZ

«Y derramaré sobre la casa de David, y sobre los moradores de Jerusalén, espíritu de gracia y de oración; y mirarán a mí, a quien traspasaron, y llorarán como se llora por hijo unigénito, afligiéndose por El como quien se aflige por el primogénito» (Zacarías 12:10).

Notad en este pasaje un cambio remarcable de persona: «Mirarán a Mí», y más adelante: «Llorarán por El.» Este cambio indica unidad sin distinción personal y nos ofrece una señal de la unidad de la Divinidad en la Trinidad de personas.

El que habla es Jehová, el que «extiende los cielos y funda la tierra» (vers. 1), y, sin embargo, dice: «Mirarán a mí, a quien traspasaron.»

Se trata de Jehová-Jesús, el que fue traspasado en el Calvario y derrama sobre los hombres el espíritu de gracia.

Es una maravilla que Jesús fuera crucificado, cuando la ley

judía ordenaba el apedreamiento; y que una vez crucificado el soldado romano, aun cuando ignoraba esta profecía, le traspasara con su lanza.

Vamos a considerar, pues, el dolor evangélico por el pecado.

I. Es CREADO POR EL ESPÍRITU SANTO «el espíritu de gracia y de oración».

    1. No es producido por una mera consciencia de pecado, ni por el terror, ni por la práctica de alguna forma de penitencia. Mucho menos por medio de música, pintura, etc.

    2. Viene como un don de la gracia: «Derramaré sobre ellos.» Se entiende aquí una iluminación y una renovación del corazón realizado por un acto distintivo del Espíritu de Dios enviado por el Padre.

    3. Se manifiesta por medio de súplicas, por medio de la oración: «Espíritu de gracia y de súplica.»
Esto es diferente de remordimiento sin oración.

II. Es CAUSADO POR MIRAR A JESÚS. «Mirarán a aquel a quien traspasaron.»

No se necesita, por tanto, ninguna preparación para este acto; miramos a Jesús tal como somos y esta mirada nos hace arrepentir.

    1. Vemos el horrible odio que el pecado tiene a la pureza, pues causó la muerte del Santo de los santos, y esto cuando El venía vestido de humildad y del modo más grato y atractivo (realizando milagros y curando a todos los oprimidos del diablo).

    2. Vemos la ingratitud al amor. El pecado paga la compasión infinita con el odio más inveterado; de ahí la crucifixión de Jesús.

    3. Vemos su odio a Dios. Lo mataría si pudiera, y así lo hizo, en efecto, en este caso. El pecado es deicida en intención y tendencia.

    4. Vemos que tan terrible culpa requería nada menos que un sacrificio infinito para expiarla.

III. LA MAYOR DE LAS TRISTEZAS. «Llorarán como se llora por hijo unigénito.»

    1. Comparable tan sólo a la terrible agonía de unos padres cuando pierden a su único hijo.

2. Personal y particular. (Véanse vers. 12 al 14.)
3. Extendido y de carácter social y público. «La tierra llorará» (vers. 12).

IV. ESTE LLORO NO ES, SIN EMBARGO, LIMPIEZA DEL PECADO.

Por él confesamos nuestra culpa, pero no podemos quitarla; la convicción es un espejo para mostrar nuestras faltas, no un baño limpiador.
1. Reconoce nuestra necesidad de una fuente de limpieza, pero no es sí mismo la tal fuente.
2. Conduce a la mirada salvadora a Jesús; pero no es un final de ella.
3. Conduce a suprimir el yo, y esto de propia voluntad.
4. Conduce a Jesús, lloramos por El; y esto nos une a Jesús y obra sobre nuestros corazones.
¡Ven, corazón herido, y mira a Jesús para tu curación!
¡Ven, corazón endurecido, y mira a Jesús para quebrantamiento!
¡Ven, corazón descuidado, pues la visión de Jesús te hará detener y prestar atención!

SERMÓN 91

APARTE

«Y la tierra lamentará, cada linaje aparte; ...»
(Zacarías 12:12-14).

El verdadero arrepentimiento sucede lógicamente al lloro por el pecado. No se trata tan sólo de tristeza, sino de arrepentimiento; pero un arrepentimiento que no incluya tristeza por el pecado sería una pretensión; es un cambio de mente, y este cambio implica dolor por el pasado.

Tenemos que dudar de un arrepentimiento que no tiene lágrimas en el ojo ni dolor en el corazón.

I. LOS DEFECTOS INDIVIDUALES DEL DOLOR POR EL PECADO. Observad cuántas veces tenemos la palabra «por sí».

1. Esto se hace notar aun cuando el llanto es universal. «La tierra llorará, cada familia por sí.» La más extensa

difusión de la gracia no disminuye su poder sobre cada individuo por separado.

2. Se ve en la distinción entre familia y familia, aun cuando todas éstas teman al Señor.
La familia real.
La familia del profeta.
La familia del sacerdote.
La familia ordinaria.
La familia de Simei, apartada del rey.

II. ¿Cómo se muestra esta individualidad?

1. Cada individuo ve su propio pecado.
2. Cada individuo desea estar solo en un lugar. No importa que se esté en un lecho de muerte, en el campo o en la era, la soledad es deseada y debe ser obtenida.
3. Cada individuo a su propio tiempo. El arrepentido tiene que llorar en seguida, sea por la mañana, por la tarde o por la noche; no hay tiempo propio de arrepentimiento.
4. Cada individuo lo hace a su manera; algunos en silencio, otros con un grande clamor; uno llora, otro no puede hacerlo literalmente, pero siente gran tristeza por su pecado; uno tiene el corazón quebrantado, otro lamenta su dureza, etc.
5. Cada individuo tiene su propio secreto. Ninguno puede entrar en el secreto de otro. Cada arrepentido tiene un deseo oculto en su propia alma que no puede revelar a los hombres.

III. ¿Cuál es la razón de este individualismo?

1. En parte por una vergüenza natural y justificable, que impide confesar todos nuestros pecados a una persona humana.
2. El corazón desea ir a Dios mismo, sin la presencia de una tercera persona que sería una interrupción.
3. La persona es consciente de su culpa como totalmente suya y se disocia de cualquier otro. Instintivamente viene a Dios aparte, en soledad, por su propia cuenta.
4. Esta es una señal de sinceridad. La piedad fingida representada en forma de religión nacional, se complace en el despliegue de ostentosas ceremonias en la iglesia o en la calle; la verdadera piedad está en el corazón,

y siendo «en espíritu y en verdad», es profundamente personal.

Reconoce el hecho de que cada uno tiene que morir aparte y, en cierto sentido, ser juzgado y sentenciado aparte. Nunca olvida su propia individualidad. Debéis tener a Cristo por vuestra cuenta y nacer de nuevo personalmente, o seríais perdidos.

Que la gran cuestión de la eternidad tenga un monopolio sobre nosotros es un asunto intensamente personal, pero en vez de hacernos egoístas expansiona nuestro corazón. Quien nunca ha sentido dolor por su propia alma, no puede sentirlo en favor de los demás. — Brownlow North.

La gran cuestión «culpable» o no «culpable» se aplica a cada reo por separado y cada uno tiene que responder su nombre y hacer su propia defensa. Si se concede un indulto general, el documento de aplicación tiene que llevar el nombre de cada preso de un modo individual, de lo contrario sería un documento sin valor. En cada caso la culpa y el perdón tienen un aspecto personal. Pero ¡cuán difícil es hacer comprender esto, en el terreno espiritual, a los pecadores!

¡Oh, que podamos predicar a millares de personas en un estilo tan personal que cada oyente sintiera en su propio corazón la declaración de Nathan: «Tú eres aquel hombre»! Si nuestros oyentes no claman: «Señor, ¿soy yo?», debemos ir a ellos con las palabras: «Tengo un mensaje de Dios para ti.»

SERMÓN 92

LA PREGUNTA DEL AMOR Y SU VINDICACION

«Yo os he amado, dice Jehová; y dijisteis: ¿En qué nos amaste?» (Malaquías 1:2).

I. EL AMOR DE DIOS DECLARADO. «Yo os he amado, dice el Señor.» A cada creyente este amor le ha sido mostrado en:

1. La elección en Cristo Jesús desde la eternidad.

2. El perdón del pecado, justificación por la fe, adopción, santificación.
3. Preservación hasta esta hora, y promesa para el tiempo futuro.
   Esta es una breve lista de las maneras por las cuales el Señor nos ha dicho a cada alma regenerada: «Yo te he amado.»

II. EL AMOR DE DIOS PUESTO EN DUDA. «Sin embargo, dijisteis: ¿En qué nos has amado?»

Esta pregunta ha sido hecha muchas veces:
1. Bajo grandes aflicciones en las cuales parece no llegar el alivio, el dolor ha puesto en duda pretenciosamente el amor divino.
2. A la vista de los impíos que prosperan en medio de su orgullo, más de un creyente pobre ha dudado del amor de Dios.
3. En tiempos de triste duda acerca de la propia salvación personal y bajo penosas tentaciones de Satanás, esta misma duda se ha levantado en algunos corazones.

III. EL AMOR DE DIOS RECONOCIDO.

1. El amor se lamenta: ¿Ha de ser Dios tratado así?
   Ha de exclamar con dolor: «¿Yo te he amado?», y, en cambio, nosotros responderle: «¿En qué me has amado?»
2. El amor invitando. ¿No nos dice cada acento de este texto: «vuélvete a Mí»?
3. El amor abundando. Nuestra propia pregunta nos avergüenza. Dios nos ama y muestra su amor de mil maneras; su amor es paciente, aun cuando nosotros lo ponemos culpablemente en duda.

¿Verdad que sería maravilloso ver un río brotar de la tierra con un caudal tan enorme que de él salieran todos los ríos y fuentes de agua que riegan el mundo? ¡Qué maravillosa visión no sería ésta! ¿Quién puede conseguirla? Sin embargo, el amor de Dios es esta fuente de la cual proceden todos los ríos de misericordia que han alegrado nuestra raza; todos los ríos de gracia de todos los tiempos presentes, y de la gloria futura, surgen de esta fuente del amor de Dios. ¡Alma mía, permanece al pie de la sagrada fuente y adora y magnifica para siempre a Dios nuestro Padre que nos ha amado! — C. H. S.

SERMÓN 93

AURORA

«Mas a vosotros los que teméis mi nombre, na-
cerá el Sol de justicia, y en sus alas traerá sal-
vación; y saldréis y saltaréis como becerros de
la manada» (Malaquías 4:2).

Hay una gran diferencia entre los hombres. Hay «quienes
sirven a Dios y quienes no le sirven».

El temor de Dios es la señal que distingue a los hombres
unos de otros, mucho más que la riqueza, el rango o la nacionalidad.

La venida de Cristo es una calamidad o una bendición a los
hombres según su carácter.

¡Qué cambio de figuras! Para los impíos «¡un horno!» (véase
vers. 1), para los que temen a Dios «¡un Sol!».

I. PENSEMOS EN NUESTRO SEÑOR COMO EL SOL.

1. El es el centro de todo el sistema de la gracia.
2. Es para nosotros nuestro gran atrayente y nos mantiene
   en nuestros lugares, dando vueltas alrededor de El como
   los planetas en sus órbitas.
3. Es sin cambio ni sombra de variación (Sant. 1:17). Es
   el mismo sin cambio alguno; brillando sin cesar.
4. Para nosotros ha tenido su aurora y sus ocasos. Si por
   un poco de tiempo hemos estado en la sombra, le vemos
   levantarse otra vez.
   ¿Qué sería el mundo sin el sol? Esto es lo que seríamos
   nosotros sin el Señor. ¿Podemos concebir la penumbra,
   la muerte, la desolación que ello significaría?

II. GOCEMOS DE LAS BENDICIONES QUE EL DERRAMA.

1. ¡Cuánta luz de conocimiento! ¡Cuánto calor de amor!
   ¡Qué radiante gozo recibimos de El! Andemos, pues,
   en El.
2. ¡Qué salud El nos da! Curación del enfermo, salud para
   el fuerte.
3. ¡Qué libertad nos trae! «Saldréis y saltaréis.» Cuando
   el sol ha llegado a cierto punto en su curso anual, el

ganado que ha estado en el establo durante el invierno es llevado al monte a pastorear; así el Señor saca a su pueblo y va delante de ellos.

4. ¡Qué crecimiento proporciona! «Y *creceréis* como becerros de la manada» (versión inglesa). Un corazón que tiene comunión con Jesucristo posee un vigor de juventud, un encanto de la vida y otras figuras que son aquí representadas por «becerros de la manada».

Nosotros no podemos hacer el sol, ni mover el sol, ni comprar el sol; sino tan solamente salir afuera y disfrutar de sus benditos rayos. ¿Por qué titubearemos de hacerlo en el sentido espiritual? ¿Por qué no saldremos por fe de las tinieblas a su maravillosa luz?

Hay una bonita fábula de la antigua mitología en la cual Apolo, que representa al sol, mató a una gran serpiente venenosa mediante los rayos que ésta deseaba recibir. Los rayos que vienen del cielo destruyen muchas cosas malas y mortíferas que se arrastran por la tierra y así hacen el mundo más seguro como habitación.

La parábola es, a nuestro respecto, muy atinada y corresponde muy bien con los aspectos del pacto de la gracia. La luz del rostro de Jesús, cuando se le permite brillar sin impedimento sobre el corazón humano, destruye las cosas venenosas que nos amenazan, como las saetas de Apolo mataron las serpientes. — W. Arnot.

Un burlador preguntaba: «¿Qué ventaja tienen las personas religiosas sobre mí? ¿No brilla el sol lo mismo para mí que sobre ellos?» «Sí —respondió un compañero de trabajo creyente—, pero el hombre religioso tiene dos soles que brillan a su favor, uno para su cuerpo y otro para su alma.» — *The Biblical Treasury*.

Sermón 94

DUDA IMPIA

«*Si eres Hijo de Dios*» (Mateo 4:3).

No hay pecado en ser tentado (Heb. 4:15).
La tentación no implica tener que pecar.
Puede ser necesario para nosotros ser tentados:

Para probar: La sinceridad, la fe, el amor, la paciencia, etc.

Para utilidad. Somos habilitados para consolar y advertir a los otros por medio de la prueba.

La soledad no impide la tentación, antes puede favorecerla. Jesús fue tentado en el desierto. El ayunar y orar no es una salvaguarda para la tentación, pues Jesús lo había hecho plenamente.

Satanás sabe cómo escribir prefacios. Nuestro texto es uno de ellos.

Empezó toda la serie de tentaciones con dos argumentos astutos: Primero, poner en duda el hecho de que Jesús fuera el Hijo de Dios, y, en segundo lugar, con una artificiosa cita de la Sagrada Escritura.

I. EL TENTADOR NOS ASALTA CON UN «SI» DE DUDA.

1. No con una denegación rotunda; ésta nos heriría demasiado. La duda sirve a los propósitos de Satanás mejor que la herejía.
2. Las dudas de Satanás con frecuencia se refieren a las palabras de la Sagrada Escritura: «Si tú eres hijo» (Salmo 2:7).
3. Pone en duda toda una vida. Desde su infancia Jesús había estado ocupado en los negocios de su Padre; sin embargo, después de 30 años trata de hacerle dudar de su filiación divina.

II. EL TENTADOR DIRIGE SUS «SI» DE DUDA A LAS PARTES VITALES.

1. A la realidad de ser o no hijos de Dios.
   En el caso de nuestro Señor ataca el caso de su filiación, humana o divina. En nuestro caso nos hace dudar de nuestra regeneración.
2. Acerca del honor de nuestro Padre, nos tienta haciéndonos dudar de la providencia de nuestro Padre Celestial, acusándole de no cuidarse de nosotros, dejándonos hambrientos.

III. EL TENTADOR APOYA SU «SI» DE DUDA EN LAS CIRCUNSTANCIAS.

1. Tú estás solo. ¿Abandonaría un padre a su hijo?
2. Estás en el desierto. ¿Es éste el lugar de un Hijo de Dios?

3. Estás entre bestias salvajes. ¡Qué compañía para un Hijo de Dios!
4. Estás hambriento. ¿Cómo podría un padre amante dejar que su hijo Unigénito y perfecto padeciera hambre? Poned todos estos argumentos juntos y la pregunta del tentador aparece con gran fuerza para uno que estaba hambriento y solo.

Cuando nosotros vemos a otros probados de esta manera, ¿los consideramos hermanos? ¿No nos preguntamos, si son realmente hijos de Dios, cómo los amigos de Job dudaban de su caso? ¡No es extraño que nos lo preguntemos nosotros mismos!

IV. CUANDO EL TENTADOR HA SIDO VENCIDO, SU «SI» DE DUDA NOS ES DE GRAN AYUDA.

1. Puesto que viene de Satanás, es un certificado de nuestra verdadera filiación.

Nos pregunta «si es cierto»; por tanto, «es cierto» que somos hijos de Dios.

Tan sólo hace esta pregunta de duda a los hijos; por tanto, somos hijos.

2. Quita el aguijón de las preguntas de quienes nos rodean, pues si primero ya hemos respondido a Satanás, que nos ha puesto la duda en nuestra conciencia, no temeremos de responder a los que nos pregunten.

3. La duda es preludio de bendición. Angeles vinieron a ministrar al Señor, y así será en nuestro caso. Ninguna calma es más profunda que la que sigue a una gran tempestad (Marc. 4:39).

¡Cuán diferente es el uso que hace Jesús de esta palabra «si» en aquellas lecciones de instrucción y consolación celestial que él frecuentemente daba a sus discípulos cuando estaba en la tierra! El emplea esta palabra para inspirar confianza, nunca para provocar desconfianza. Tomad un ejemplo de ello: «Si Dios viste así la hierba del campo que hoy es y mañana es echada en el horno, ¿no hará mucho más por vosotros hombres de poca fe?» ¡Qué contraste entre estas divinas demostraciones y la maliciosa insinuación del gran enemigo de Dios y de los hombres! — DANIEL BAGOT.

Dios tenía tan sólo un Hijo libre de corrupción, pero no tiene ninguno libre de tentación; tal es la enemistad de Satanás al

Padre, que cuanto más próximo y querido es un hijo para El, tanto más le inquieta con tentaciones. Nadie fue tan amado como Cristo y nadie fue tan tentado como El. — TOMÁS BROOKS.

¡Oh esta palabra «si», si pudiera arrancarla de mi corazón! ¡Oh tú, veneno de todos mis placeres! ¡Si yo pudiera arrancar y arrojar lejos de mí esta mano helada que me toca con tanta frecuencia y me hace tiritar con su toque! «¡Si!» «¡Si!». — ROBERTO ROBINSON.

SERMÓN 95

PESCADORES DE HOMBRES

> *«Y les dijo: Venid en pos de mí, y os haré pescadores de hombres»* (Mateo 4:19).

La conversión se hace evidente cuando lleva a los convertidos a buscar la conversión de otros; somos servidores de Cristo cuando tratamos de ser pescadores de hombres.

I. ALGO QUE NOSOTROS TENEMOS QUE HACER: «VENID EN POS DE MÍ.»

1. Debemos ser separados para El, a fin de que podamos realizar su propósito. No podemos seguirle a El a menos que dejemos a otros (Mat. 6:24).
2. Debemos permanecer en El, para que podamos adquirir su espíritu.
3. Debemos obedecerle a El, para que podamos aprender sus métodos.
   Enseñar lo que El enseñó (Mat. 28:20).
   Enseñar como El enseñó (Mat. 11:29; 1.ª Tes. 2:7).
   Enseñar a quienes El enseñó, o sea a los pobres, los humildes, los niños.

II. ALGO DEBE SER HECHO POR EL: «YO OS HARÉ.»

1. Cuando seguimos a Jesús, El obra convicción y conversión en las personas. Usa nuestro propio ejemplo como medio para este fin.

2. **Por su Espíritu, nos habilita** para alcanzar a las gentes.
3. **Por su Obra secreta** en los corazones de los que nos rodean, El facilita la tarea.

III. UNA FIGURA INSTRUCTIVA: «PESCADORES DE HOMBRES.»

La persona que salva almas es como un pescador en la mar.
1. Un pescador es confiado.
2. Es diligente y perseverante.
3. Es inteligente y está alerta.
4. Es laborioso y abnegado.
5. Es intrépido y no se asusta de aventuras sobre un mar peligroso.
6. Tiene éxito. No es pescador el que jamás pesca.

Me gustan las reuniones de oración y creo que nunca tendremos bastantes de las tales; pero creo que debemos trabajar a la vez que oramos, y orar a la vez que trabajamos. Yo prefiero más a una persona que ha sido salvada del abismo echando salvavidas a otras y esforzándose contra el torbellino de la muerte eterna en favor de los demás, que uno sobre sus rodillas, en la Roca de seguridad, dando gracias a Dios por su liberación. Porque yo creo que Dios aceptará nuestras acciones en favor de otros como la más alta expresión posible de gratitud que un alma salvada puede ofrecer. — THOMAS GUTHRIE.

El pastor es un pescador y como tal debe habilitarse para su tarea. Si algunos peces muerden de día, tiene que echar el anzuelo de día, y si otros lo hacen por la noche, debe dedicarse a esta tarea a la luz de la luna. — RICHARD CECIL.

Vi el otro día a un anciano pescador de truchas arrastrándolas una tras otra por un hilo, con gran energía. «Usted lo hace muy bien, viejo amigo —le dije—. He encontrado aquí abajo a otros pescadores que parece que no pescan nada.» El anciano se levantó y golpeó el suelo con su bastón a la vez que decía: «Bien, usted verá, señor; hay tres reglas para pescar truchas y no intenta dejar de guardarlas. La primera es mantenerse uno mismo fuera de la vista de los peces. La segunda es mantenerse tan lejos como sea posible de ellos, y la tercera es mantenerse aún más lejos de su vista. Entonces es cuando ellos tienen confianza y vienen.» Buen pensamiento para pescar hombres también. — MARK G. PEARSE.

Sermón 96

EL REPUDIADO

«No todo el que me dice: Señor, Señor...» (Mateo 7:21-23).

La mejor prueba de todas las cosas es como parecerán éstas en el momento de nuestra muerte, en la mañana de la resurrección y el día del juicio. Nuestro Señor nos da una descripción de cómo aparecerán algunas personas en aquel día.

I. ANDUVIERON BUENA PARTE DEL CAMINO EN RELIGIÓN.

1. Hicieron abierta profesión de fe. «Dijeron: ¡Señor, Señor!»
2. Emprendieron servicio para Cristo, y de primera clase.
3. Obtuvieron éxito.
4. Fueron distinguidos por su energía práctica.
5. Fueron diligentes y ortodoxos.
   Todo lo hicieron en nombre de Cristo. Las palabras «en tu nombre» se mencionan tres veces en este pasaje.

II. SE MANTUVIERON FIELES POR MUCHO TIEMPO.

1. No les hicieron callar los enemigos.
2. No fueron rechazados por el Señor mismo durante su vida.
3. Esperaban entrar en el Reino y se adhirieron a esta falsa esperanza hasta el último momento. Observad que se atrevieron a decir: «¡Señor, Señor!» a Cristo mismo, en el mismo juicio.

III. ESTUVIERON FATALMENTE EQUIVOCADOS.

1. Profetizaron, pero no oraron.
2. Echaron fuera demonios, pero los demonios no marcharon de ellos.
3. Esperaban maravillas, pero no cosas esenciales.
4. Obraron milagros, pero eran al mismo tiempo obradores de iniquidad.

IV. SE ENCONTRARON EN UNA TERRIBLE SITUACIÓN.

1. La solemnidad con que les dijo: «Nunca os conocí.» El había sido omitido en su religión. ¡Qué desastre!

2. El terror que ello implicaba. Tenían que ser apartados de El, sin ninguna esperanza, y ser apartados de El por toda la eternidad.

3. La terrible verdad que El les dijo: Que eran totalmente extraños al Señor en sus corazones. El no les había escogido, ni tenía comunión con ellos, ni los aprobaba, ni daba importancia a sus labores.

4. La solemne firmeza de lo que les dijo: Su sentencia no sería realizada, alterada o cambiada. Se mantiene en el: «Apartaos de Mí.»

En muchos casos Dios aparece más en trabajos sencillos que en obras maravillosas. El fariseo a la puerta del cielo dijo: «Señor, yo he hecho maravillas en tu nombre.» Pero, ¡ay!, ¿había hecho jamás maravilloso el nombre del Señor a otras almas? — T. T. Lynch.

Es como si el Señor les dijera: «Os conocí bastante bien, como "ovejas negras" o "cabritos para ser reprobados". Os conocí como asalariados e hipócritas, pero nunca os conocí con un especial conocimiento de amar, deleite y complacencia que tuvierais en Mí. Nunca os conocí ni acepté vuestras personas y vuestros hechos» (Sal. 1:6; Rom. 11:2). — Johan Trapp.

No dice: «Yo os conocí por algún tiempo, pero ahora no podéis ser míos», sino: «Yo nunca os conocí como verdaderos penitentes suplicando mi perdón, creyentes humildes, seguidores verdaderos.» — E. R. Conder.

Notad la abierta confesión que hace nuestro Señor ante los hombres y los ángeles, y particularmente ante los mismos reprobados: «Yo nunca os conocí. Conocí muchas cosas de vosotros, conocí que profesabais grandes cosas, pero no teníais relación conmigo, y aun cuando conocierais mucho acerca de Mí, nunca me conocisteis a Mí. Yo no fui en vuestra compañía ni os conocí; si os hubiese conocido alguna vez, nunca os habría rehusado.»

A aquellos que aceptan Su invitación: «Venid a Mí», nunca osará decirles: «Apartaos de Mí.» — C. H. S.

«Apartaos de Mí.» ¡Qué terrible sentencia de separación! «De Mí», dice Cristo. «De mí», que me hice hombre por causa de vosotros, que ofrecí mi sangre por vuestra redención. «De mí», que os invité con misericordia y vosotros no quisisteis aceptarme. «De Mí», que compré un reino de gloria para los que creyesen en

Mí y quise honraros coronando vuestras cabezas con un gozo eterno. «Apartaos de Mí»: de mi amistad, de mi comunión, de mi paraíso, de mi presencia, de mi Cielo. — Thomas Adams.

Sermón 97

A UN HOMBRE LLAMADO MATEO

> *«Pasando Jesús de allí, vio a un hombre llamado Mateo, que estaba sentado en el banco de los tributos públicos, y le dijo: Sígueme. Y se levantó y le siguió»* (Mateo 9:9).

Mateo está aquí describiéndose a sí mismo. Observad su modestia descriptiva: «Vio a un hombre llamado Mateo»; y su omisión del hecho de que la fiesta que se menciona en el vers. 10 fuese celebrada en su propia casa.

La historia sigue inmediatamente a un milagro, como si quisiera decir que la conversión de Mateo fue también un milagro. Hay puntos de semejanza entre el antedicho milagro y la referida conversión.

Mateo era espiritualmente paralítico en su pecado y su afán de hacer dinero; de aquí que necesitaba el mandato divino: «Levántate y anda.»

I. Su llamamiento pareció accidental e inverosímil.

1. Jesús había estado a menudo en Capernaum, población que había escogido hasta el punto de ser llamada «su ciudad»; y, sin embargo, Mateo permanecía sin ser salvo. ¿No parece raro que fuera llamado ahora? ¿No había terminado su día de gracia? Jesús iba a otros quehaceres, pues leemos: «Entonces, pasando Jesús de allí...» ¿Por qué llamó, pues, a Mateo? «Vio a un hombre llamado Mateo», porque le conocía desde la eternidad. Le llamó, entonces, porque le había conocido antes.

   En todo lo cual hay un paralelo entre Mateo y nosotros.

II. Su llamamiento fue impensado y no buscado.

1. Estaba en un negocio degradante. Nadie sino los más bajos de entre los judíos querían ser cobradores de tri-

butos para los conquistadores romanos. Su discipulado no honraría mucho al Señor Jesús.

2. El no se habría atrevido a seguir a Jesús aun cuando lo hubiera deseado. El se sentía asimismo demasiado indigno.

3. Habría sido rechazado por los otros discípulos si se hubiera atrevido a venir al Señor sin su invitación abierta.

4. El llamamiento fue de pura gracia, como está escrito: «Fui hallado por los que no me buscaban.»

III. SU LLAMAMIENTO FUE DADO POR EL SEÑOR CON PLENO CONOCIMIENTO DE CAUSA.

1. El vio todo el mal que había en él y, sin embargo, le llamó.

2. Vio en El Su escogido, Su redimido, Su convertido, Su discipulado, Su apóstol, Su biógrafo.

El Señor llama como y a quien quiere, pero ve lo que el tal está haciendo. La soberanía no es ciega, sino que obra con sabiduría infinita.

IV. SU LLAMAMIENTO FUE SUBLIMEMENTE SIMPLE.

1. Fue de pocas palabras: «Sígueme.» Todo el relato es abreviado: «Vio...», «dijo...», «se levantó...».

2. Se indica claramente la dirección: «Sígueme.»

3. Fue una invitación personal: «Le dijo.»

4. Fue un mandato real: «Le *dijo.*»

V. SU LLAMAMIENTO FUE INMEDIATAMENTE EFECTIVO.

1. Mateo le siguió en seguida: «Se levantó y le siguió.»

2. Se levantó y le siguió plenamente: trayendo su voz y su pluma con él.

3. Le siguió para siempre; nunca desertó de su Caudillo.

VI. SU LLAMAMIENTO FUE UNA PUERTA DE ESPERANZA PARA OTROS.

1. Su salvación animó a otros publicanos para venir a Jesús.

2. Su casa abierta dio oportunidad a sus amigos de venir a Jesús.

3. Su ministerio personal trajo a otros al Salvador.

4. Su Evangelio escrito ha convencido a muchos y continuará haciéndolo hasta la venida del Señor.

¿Estás tú hasta el cuello de trabajo? ¿Estás «sentado en el banco de los públicos tributos»? Con todo, un llamamiento del Señor puede venirte. En realidad te viene. Escucha con atención. Levántate prestamente y síguele inmediatamente.

Un antiguo escritor dijo: «Nuestro llamamiento es incierto respecto al lugar, pues Dios llama a algunos de sus barcos, a otros de sus tiendas, a otros de detrás de sus mesas y a otros de la plaza del mercado. Así lo hizo en el tiempo de su ministerio terrenal, para que estemos seguros de que, sea donde sea que El nos llame, tenemos el deber de seguirle; el tiempo y el lugar no importan.»

¡Oh, cuánto me gustaban aquellas palabras de Cristo cuando dijo a algunos de sus discípulos: «Sígueme», y a otro: «Ven tras de Mí.» Oh, pensaba yo que si El me lo hubiese dicho a mí, ¡cuán contento hubiera corrido tras de El! Y me decía: «Si yo hubiese nacido en los tiempos de Pedro y de Juan y le hubiese oído llamarles, hubiera corrido tras de ellos y le hubiera dicho: "Señor, llámame también a mí", pues temía que no me hubiese llamado.» — JUAN BUNYAN.

Leemos en una historia clásica cómo la lira de Orfeo encantaba con su música, no sólo a las bestias salvajes, sino hasta a los árboles y a las rocas del Olimpo, de manera que se movían de sus lugares para seguirle. Así Cristo, el celestial Orfeo, con la música de sus palabras de gracia atrae a El a quienes son menos susceptibles a su divina influencia que las bestias, los árboles y las piedras: a pobres, endurecidas e insensibles almas. ¡Que ponga El sus dedos en el arpa dorada de su amor y susurre en tu corazón «el ven, sígueme», y tú, como otro Mateo, serás ganado!

SERMÓN 98

APRENDIENDO EN PRIVADO LO QUE HAY QUE ENSEÑAR EN PUBLICO

«*Lo que os digo en tinieblas, decidlo en la luz; y lo que oís al oído, proclamadlo desde las azoteas*» (Mateo 10:27).

Ser útiles es el gran deseo de nuestras almas si somos discípulos de Jesús.

No debemos correr hasta que estemos preparados. Este versículo describe, y por implicación promete, la necesaria preparación del corazón.

I. Un privilegio inapreciable.

1. Se nos permite comprender la presencia del Señor con nosotros personalmente.
2. Se nos capacita para sentir las palabras que nos habla. De un modo inmediato: «Lo que os digo.» Esto significa un contacto personal.
   Persuasivamente: «al oído».
3. Tenemos el privilegio de recibir tales comunicaciones una y otra vez.
   Necesitamos por mil razones esta intuición privada, esta relación personal con nuestro comandante Jefe.

II. Un proceso preparatorio.

   Vemos la razón de este contacto personal con el Señor.

1. La verdad de su persona es viva y activa, pues El es el camino, la verdad y la vida. La verdad no es una teoría o un fantasma en la persona de Cristo. Es verdad sustancial, hablada por El.
2. La verdad en toda su pureza se encuentra en El; en sus enseñanzas escritas y en lo que El habla al corazón. La verdad de los hombres está mezclada con error y adulterada; pero la de Jesús es sin mezcla alguna.
3. La verdad en su poder. Viene de un modo súbito, persuasivo, convincente, omnipotente, ya que viene de El. Da vida y sustenta.
4. La verdad en toda su certeza. «De cierto, de cierto» es Su lema.

III. La consecuente proclamación.

Busca la publicidad. Se nos ordena predicar «sobre los terrados». ¿Qué es el mensaje que hemos escuchado con nuestros oídos? Damos nuestro voluntario testimonio a las siguientes verdades. Que:

1. Hay paz por la sangre de Jesús.
2. Hay poder santificador en su Espíritu Santo.
3. Hay reposo por fe en nuestro Señor y Dios.
4. Hay seguridad en conformidad con nuestro gran Ejemplo.

Se dijo de cierto predicador: «Predica como si Jesucristo estuviera a su lado. ¿No veis como de vez en cuando se vuelve, como si estuviera preguntando: "Señor Jesús, ¿qué quieres que diga ahora?".»

Toma mis labios y llénalos, Señor,
De los puros mensajes de tu amor.
                                F. R. HAVERGAL

Los poseedores de la verdad divina están ansiosos para esparcirla, pues como dice Carlyle: «Si es cierto que el oro, recién adquirido en abundancia, quema los bolsillos hasta que es puesto en circulación, mucho más la verdad recién hallada.»

A menudo, en el sur de Francia, yo necesitaba fuego, pero lo encontraba de poca utilidad cuando me lo encendían, pues los habitantes de aquella región campestre edifican sus hogares tan mal que todo el calor se va por la chimenea. Por grande que sea el tizón, el hogar parece que no se calienta sino a sí mismo.

Así, muchos preceptores de nuestra santa fe parecen tener grandes buenos pensamientos, pero son únicamente para ellos; el calor sólo va por su propia chimenea. Lo que han visto en la oscuridad lo mantienen en la oscuridad, y lo que les es hablado en sus oídos nunca va al oído de otro. — C. H. S.

SERMÓN 99

LLEVANDO LA CRUZ

«El que no toma su cruz y sigue en pos de Mí, no es digno de Mí» (Mateo 10:38).

Esta figura requiere un cuadro imaginativo de Jesús llevando la cruz y nosotros convirtiéndonos en ayudantes suyos. Esto no es una figura teatral, sino una cosa real, pues nos ocurre siempre. Preguntémonos exactamente:

I. ¿CUÁL ES MI CRUZ PECULIAR?

«El que no toma *su* cruz.»

1. Puede ser el tener que sufrir reproches y desaires, o el permanecer en pobreza y oscuridad para bien de otros.
2. Puede ser el sufrir diversas persecuciones por amor de Cristo.
3. Ciertamente significa una consagración entera. La consagración de todo lo que somos y tenemos a Jesús, inclinando todo mi ser bajo el peso de su servicio con el cual El me honra.

II. ¿QUÉ TENGO QUE HACER CON MI CRUZ?

«Tómala... y sigue en pos de Mí.»
1. Tengo que tomarla deliberadamente:
   No escoger una cruz, o desear otra forma de prueba.
   No hacerme una cruz propia por mis terquedades y petulancias.
   No murmurar de la cruz que se me ha asignado.
   No despreciarla por frío estoicismo o voluntario olvido de mi deber.
   No desmayarme debajo de ella, ni acostarme a su lado, ni escapar de ella.
2. Ser valiente para hacerle frente. Después de todo, es solamente una cruz de madera, posible de soportar.
3. Llevarla pacientemente, pues sólo se me pide llevarla un pequeño trecho. «Lo momentáneo y leve de nuestra tribulación.»
4. Afrontarla gozosamente, porque mi Señor es quien me la asigna.
   Es, por tanto, una carga real, santificada y santificante; una carga que me proporciona comunión con Cristo.

III. LO QUE DEBE ANIMARME.

1. Su necesidad: No puedo ser un discípulo de Jesús sin llevarla.
2. La asociación con otros: Hombres mucho mejores que yo han tenido que portar tales cruces y aun peores.
3. El amor: Jesús llevó una cruz mucho más pesada que la mía.
4. Por fe: Me será concedida gracia igual al peso de la cruz.
5. Con esperanza: La gloria será su recompensa. Sin cruz no hay corona.

Cuando Alejandro el Grande marchó sobre Persia fue detenido por nieve y hielo, de tal modo que sus soldados, cansados con duras marchas, fueron desanimados y no habrían ido más adelante. Cuando Alejandro lo vio, desmontó de su caballo y anduvo a pie, abriéndose camino él mismo con un hacha en medio de ellos a través del hielo, de tal modo que todos quedaron avergonzados. Primero, los amigos más íntimos de su corte; después, los capitanes de su ejército y, por fin, hasta el último de los soldados le siguieron.

Así, todos los hombres deberían seguir a Cristo, su Salvador, por el áspero y desagradable camino de la cruz que Él atravesó delante de todos nosotros. Él bebió hasta las heces la copa amarga de su pasión; por tanto, merece ser imitado cuando la ocasión se presente, pues nos ha dejado ejemplo de sus sufrimientos a fin de que sigamos sus pisadas. — Juan Spencer.

La cruz es más fácil al que la toma que al que la arrastra. — J. E. Vaux.

Se nos ordena *tomar* la cruz, no *hacer* nuestra cruz. Dios, en Su providencia, nos proporciona una cruz y nos ordena tomarla. Nada se nos dice de dejarla. Nuestras tribulaciones y nuestras vidas van juntas. — W. Gurnall.

La cruz de Cristo es la carga más dulce que jamás he llevado. Esta carga es como las alas al pájaro o como el peso de las velas para la nave: me llevan adelante a mi feliz destino. — Samuel Rutherford.

Cualquiera que sea la senda, Cristo está allí, y estar con Él es el mayor gozo para cualquier criatura, ora sea hombre o ángel. El no nos envía a andar por una senda temible y desolada. No nos indica un camino solitario en el cual no podamos encontrarle a Él, sino que dice: «Venid en pos de Mí.» Así que no debemos dar ningún paso por donde no se vean sus pisadas y donde su presencia no pueda ser sentida.

Si cortantes pedernales hieren nuestros pies, hirieron antes los suyos. Si la oscuridad nos envuelve, más densa fue la que le envolvió a Él. Si a veces tenemos que pararnos y luchar, Él pasó por conflictos cada vez más fieros; si la cruz es pesada sobre nuestras espaldas, es ligera comparada con la que Él llevó. «Cristo no me conduce —dijo Baxter— a lugares más oscuros que a donde El fue.» Si el camino fuere más áspero de lo que es, valdría la pena andar por él a causa de andar con Cristo. Seguir a Jesús significa comunión con Jesús, y el gozo de esta comunión no puede ser descrito.

Cuando Cristo nos da una cruz para llevar, exclama: «A medias, amor mío.» — Anon.

Sermón 100

DESCANSO PARA LOS CANSADOS

> «*Venid a Mí todos los que estáis trabajados y cargados, y Yo os haré descansar. Llevad mi yugo sobre vosotros y aprended de Mí, que soy manso y humilde de corazón, y hallaréis descanso para vuestras almas, porque mi yugo es fácil y ligera mi carga*» (Mateo 11:28-30).

Jesús había enseñado antes la solemne verdad de la *responsabilidad humana*, y después había gozosamente proclamado en una plegaria al Padre la doctrina de la *elección*. Ahora El viene a dar una libre y plena invitación a aquellos que necesitan descanso. Estas tres cosas son plenamente consistentes y pueden hallarse en toda predicación cristiana.

I. El carácter que describe.

1. Trabajo. «Todos los trabajados», de cualquier manera. En el servicio de una religión formalista, tratando de guardar la ley, o en otra forma de justificación propia. En el servicio de uno mismo, para obtener ganancias, honores, comodidades. En el servicio de Satanás, en borracheras, lujurias, infidelidad, etc.

2. Cargados. Llama a todos los cargados con el peso del pecado, temores, remordimientos y temor de la muerte. Cargados de ansiedades, enojo, ambiciones, etc. Cargados con pobreza, opresión, calumnia, etc.

II. Una bendición apetecible.

1. «Os haré descansar.»
   A la conciencia, por la expiación y el perdón.
   A la mente, por la infalible instrucción que ofrece el Evangelio.
   Al corazón, reposo por amor.
   A las energías, dándonos un objeto digno de alcanzar.
   A las inquietudes, asegurándonos que todas las cosas obran para bien de los que aman a Dios.

III. Dirección para guiarte.

1. «*Venid* a Mí.»
   Venid a una persona, Jesús, el viviente Salvador y ejemplo.
   Venid inmediatamente, Jesús está dispuesto ahora. ¿Lo estás tú?
2. «*Tomad* mi yugo sobre vosotros.»
   Obedeciendo mi mandato.
   Queriendo ser hechos a mi semejanza, en servicio y sacrificio.
3. «*Aprended* de Mí.»
   Vosotros no sabéis nada, pero debéis estar contentos de aprender.
   No debéis cavilar, sino tener una mente dispuesta a aprender.
   Debéis aprender de corazón y copiar mi mansedumbre y humildad.

«Yo os haré descansar.» Reposo para la conciencia cargada, mediante el perdón; para el intelecto inquieto, mediante la verdad; para los que tienen un corazón sediento, mediante el divino amor; para los que tienen un espíritu inquieto, por la seguridad de la Providencia y las promesas divinas; para los cansados con tristezas y sufrimientos, por la presente degustación de los goces divinos y, muy pronto, con el gozo completo de su reposo. — E. R. Conder.

«Venid —dice Cristo—, y os haré descansar.» No sólo os mostraré vuestro descanso, ni os diré que descanséis, sino que os daré reposo. Yo soy fiel en mí mismo y no puedo mentir. Yo os daré reposo. Yo que tengo el mayor poder para darlo, la mejor buena voluntad para darlo, el mayor derecho a darlo. Venid, pecadores cargados, y os haré descansar.

Reposo es el bien más deseable, el bien más conveniente, el mayor bien para ti. Venid, dice Cristo; esto es, creed en Mí y yo os daré descanso, os daré la paz con Dios, la paz con vuestra conciencia, volveré vuestra tempestad en una calma eterna, os daré un descanso que el mundo no puede daros ni quitaros. — TOMÁS BROOKS.

Señor, tú nos has hecho para Ti y nosotros no podemos hallar descanso hasta que te hallemos a Ti. — S. AGUSTÍN.

Hay muchas cabezas que descansan en el seno de Cristo, pero todavía hay lugar para ti. — SAMUEL RUTHERFORD.

SERMÓN 101
EL COMO Y EL PORQUE DE LA DUDA

«Al momento, Jesús, extendiendo la mano, asió de él, y le dijo: ¡Hombre de poca fe! ¿Por qué dudaste?» (Mateo 14:31).

Nuestro Señor no preguntó al dudoso hasta que le salvó de hundirse.

Sus represiones siempre son dadas a tiempo.

Cuando la gracia de la fe está presente, la duda tiene que responder por sí misma y desaparecer; no puede defenderse.

I. ¿POR QUÉ DUDAS TÚ, OH CRISTIANO?

1. *Mencionemos algunas razones supuestamente válidas.*
   ¿Puedes citar pasadas experiencias de promesas incumplidas?
   ¿Está el mal presente más allá de la omnipotencia divina?
   ¿Han sido abolidas sus promesas? ¿Están anulados sus propósitos de gracia?
   ¿Ha cambiado Dios mismo? ¿Ha desaparecido para siempre su misericordia?
   Ninguna de estas supuestas razones tiene lugar.

2. *Escuchemos nuestras propias razones, si nos atrevemos a declararlas.*
   Mi sentido de culpa es peculiarmente profundo y claro.

Mis faltas justifican mi desespero, considerándolo desde el punto de vista de los logros de otros, y mis propias obligaciones.

¡Mis pruebas son tan peculiares, tan largas, tan diversas!

Mi corazón falla, no puedo soportarlo más.

3. *Apuntemos las verdaderas razones de nuestras dudas.*
Tú viviste demasiado confiado y esta confianza te falló.

Miraste las cosas demasiado a la luz de los sentidos; y como quiera que andamos en la oscuridad, por esto te encuentras turbado.

Apartaste tu ojo de tu Señor.

II. ¿POR QUÉ DUDAS TÚ, OH PECADOR?

1. *Supongamos algunas buenas razones para dudar.*
¿Es que otras personas han creído y perecido?

¿Has probado tú mismo de creer en Jesús y halládolo en vano?

¿Ha perdido la sangre de Cristo su poder?

¿Ha cesado el Espíritu Santo de confortar, iluminar y renovar?

¿Ha sido abrogado el Evangelio? ¿Ha desaparecido la misericordia de Dios para siempre?

Ninguna de estas preguntas pueden ser respondidas afirmativamente.

2. *Oigamos tus razones aparentes.*
Tus pecados son grandes, numerosos, graves y singulares.

No puedes pensar que la salvación sea para ti.

Has rehusado el Evangelio por demasiado tiempo.

Tu corazón es terriblemente duro e insensible.

Ninguna de estas razones es suficiente para dudar del amor del Todopoderoso.

3. *Veamos la manera de tratar estas dudas irrazonables.*
Arrepiéntete de ellas, pues deshonran el poder y las promesas del Padre, la sangre de Jesús y la gracia del Espíritu Santo.

Termina con ellas creyendo simplemente lo que es seguro y verdadero.

Anda tan lejos como puedas por el otro camino. Cree hasta lo sumo. En todos los casos estemos seguros de que creer en Dios justifica el sentido común, y dudar de El es una extravagante locura.

Tengo una gran simpatía por Billy Bray, cuya esposa le dijo cuando volvió a casa después de haber malgastado todo su dinero: «No te conozco ni te he visto jamás en mi vida. Has ido tras otras esposas y tras otros hijos; que ellos te ayuden, puesto que has dejado a tu esposa y a tus propios hijos morir de hambre.» Billy respondió con energía: «Bueno, mujer, pero es que tú no has muerto de hambre todavía», y ella misma era un testimonio viviente de su exageración. — Henry Varley.

El bueno y anciano Mr. Crisp, quien había sido presidente del Colegio Bautista por cincuenta años en Bristol, tenía temor de que su fe le fallara. Alguien le recordó el pasaje: «El que a su propio Hijo no perdonó, antes lo entregó por todos nosotros, ¿cómo no nos dará con El todas las cosas?» Después de repetir la última parte del versículo el anciano dijo: «¡Oh, no, sería un error, no puedo atenerme a ello, no dudaré.» — S. A. Swaine en el libro *Hombres fieles*.

Ciertas personas piensan que dudar es una parte necesaria de la experiencia cristiana. Un niño puede tener una profunda experiencia del amor de su padre y no haber dudado jamás de él. Todas las experiencias de un cristiano no son la experiencia cristiana en su sentido real y verdadero. Si muchos cristianos están desalentados, no es razón para que yo lo esté, sino que es razón para que yo vele en contra de ellos. Si muchas ovejas sufren sarna, ¿estaré yo ansioso de padecerla también a fin de ser como ellas? Nunca dudéis del Señor hasta que tengáis un verdadero motivo para ello; y de este modo nunca dudaréis de El en toda vuestra vida.

Sermón 102

LOS INVITADOS A LAS BODAS

«*Entonces dijo a sus siervos: Las bodas a la verdad están preparadas; ...*» (Mateo 22:8-10).

Es el gran propósito de Dios celebrar unas grandes bodas para su Hijo.

Nuestro Señor Jesucristo está comprometido con Su Iglesia y debe haber una fiesta de boda.

I. La PRIMERA INVITACIÓN FUE UN FRACASO.

Puede verse en la historia de los judíos.
La invitación fue rehusada:
1. No porque implicase dolor, pues era una invitación de boda.
2. No porque no tuviera la preparación adecuada. «Las bodas están listas.»
3. No porque las invitaciones no hubiesen sido entregadas o mal entendidas, pues se les dijo claramente: «Venid.»
4. Porque no estaban listos para este elevado gozo. No eran leales a su rey. Estaban envueltos en sus propios intereses.
El amor debe reinar, la misericordia ha de ser gloriosa.
Cristo debería revelar su gracia; de otro modo no habría gozo por su unión con la Humanidad.

II. La INVITACIÓN FUE AMPLIADA.

1. El desengaño debe traer más actividad y empeño: «Id.»
2. El desengaño sugiere cambio de esfera: «Id por los caminos.»
3. Debe extremarse el interés: «A cuantos hallareis.»
4. Debe hacerse bien público: «Id por los caminos y vallados.»

III. La NUEVA MISIÓN FUE CUMPLIDA.

1. Los primeros siervos que escaparon a la muerte fueron de nuevo enviados.
2. Salieron en seguida, no podía perderse ni una hora.
3. Guiaron a todos los que encontraron a un mismo centro.
4. Aceptaron toda clase de caracteres: «A cuantos hallareis.»
5. Hallaron quienes estaban dispuestos a ir.

Los impíos, por un desayuno muy ligero de este mundo, pierden la magnífica cena de la gloria (Apoc. 19:9). Una buena fiesta debe reunir estas cuatro características. Un buen tiempo: la eternidad. Un buen lugar: el cielo. Una buena compañía: los santos. Una buena alegría: la de la gloria. Ciertamente no hay ninguna otra fiesta que reúna estas cuatro condiciones, sino la fiesta eterna. — THOMAS ADAMS.

Al diablo no le gusta la predicación al aire libre, tampoco a mí. A mí me gusta un lugar cómodo; un sillón confortable, un púlpito bonito; pero ¿dónde está mi celo si yo no pisoteo todas estas cosas a fin de salvar un alma más? — Juan Wesley.

Somos necios de malgastar el tiempo en la superficie, con nuestras iglesias y capillas, cuando en lo profundo del mar humano hay grandes bancos de peces esperando. Necesitamos nuevos oyentes. Cuanto más nuevas sean las noticias del Evangelio a las personas, tanto más probable es que las consideren buenas nuevas.

Sermón 103

ENTRADA Y EXCLUSION

«Las que estaban preparadas entraron con él a las bodas; y se cerró la puerta» (Mateo 25:10).

Durante el período de espera las vírgenes se parecían mucho; del mismo modo, hoy día nos es difícil discernir los falsos profesantes de nuestra fe, de los verdaderos.

Cuando el grito a medianoche se oiga, la diferencia aparecerá, y esto ocurrirá cuando la segunda venida se acerque.

I. Las que estaban listas, y su entrada.

1. ¿Qué significa estar listo?
No es un fruto de la naturaleza.
Debe ser una obra de gracia; consiste principalmente en la obra secreta obrada en nosotros.
En ser reconciliados con Dios por la muerte de su Hijo.
En ser regenerados y hechos aptos para la gloria.
En ser ungidos por el Espíritu Santo y aptos para servicios santos.

2. ¿Cómo es la entrada?
Inmediata: «Las que estaban listas *entraron.*»
No antes de que venga el esposo: El amor no admite espera.

Intima: Entraron «*con él*».
Gozosa: Entraron con él «*a las bodas*».

II. Las no preparadas y su exclusión.

1. ¿Qué es no estar preparado?
Era la ausencia de un secreto esencial, a pesar de mucha aparente preparación.
Estas personas tenían el nombre y carácter de irse.
Tenían lámparas o antorchas como las verdaderas vírgenes acompañantes.
Eran compañeras y amigas de las verdaderas vírgenes o actuaron como las verdaderas en sus virtudes y faltas.
Se despertaron aquellas y oyeron el mismo grito.
Oraron también de una manera especial: «Dadnos de vuestro aceite.»
Pero nunca habían estado listas para entrar con el Rey.
No habían procurado de corazón ser halladas listas; de ahí que la llama de las lámparas se extinguiera, no tenían aceite dentro.

2. ¿Cómo fue esta exclusión?
Fue universal, para todas las que no estaban listas.
Fue completa: «La puerta se cerró.» Se cerró tanto para las que estaban fuera como para las que estaban dentro.
Era justo, pues no estaban listas y así ofendieron al Rey.
Fue final. Después de la fatal noticia de que la puerta se cerró, no se dice que fuera abierta otra vez, o que lo fuera más tarde.

Una señora que oyó a Whitefield, en Escocia, predicar sobre las palabras «y se cerró la puerta», se hallaba cerca de dos jóvenes mundanos y oyó que uno susurraba al oído del otro un conocido refrán: «Cuando se cierra una puerta, siempre se abre otra.»

En este momento el señor Whitefield empezó a decir en su mensaje: «Es posible que haya algún indiferente aquí hoy que piense aquello de "Si se cierra una puerta, otra se abrirá".» Los dos jóvenes, que estaban muy lejos del púlpito, quedaron estupefactos al oír al predicador proseguir: «Sí, os digo que sí; puedo aseguraros que otra puerta se abrirá; ¡será la puerta del abismo, la puerta del infierno, la puerta que oculta a los ojos de los ángeles los horrores de la condenación!»

LA BURLA DE LOS SOLDADOS

«Entonces los soldados del gobernador llevaron a Jesús al pretorio, y reunieron alrededor de El a toda la compañía; y desnudándole, le echaron encima un manto de escarlata, y pusieron sobre su cabeza una corona tejida de espinas, y una caña en su mano derecha; e hincando la rodilla delante de El, le escarnecían, diciendo: ¡Salve, Rey de los judíos!» (Mateo 27:29).

I. Aprende aquí una lección para tu corazón.

Ve en el Señor de la gloria hecho centro de la burla más cruel:

1. Lo que merecía el pecado. Todo es puesto sobre El. El ridículo que la locura del pecado merecía. Tenía que ser befado como una loca rebelión contra la omnipotente voluntad del gran Rey de cielos y tierra.

Burla por sus pretensiones. ¿Cómo puede el pecado pretender usurpar el dominio sobre los corazones y las vidas que pertenecen sólo a Dios?

Vergüenza por su audacia: Se atrevió a desafiar al Eterno, combatiéndole. ¡Oh, cuán malo, impío y loco es el pecado!

2. Ved cuán bajo tuvo que descender nuestro Salvador, por nuestra culpa. Como Sustituto de los locos hombres pecadores, tuvo que ser tratado como tal.

Es apostrofado por los soldados de la peor manera.

Es hecho juguete de los hombres, que le tratan como loco.

3. Ved cómo nuestro Redentor nos amó.

Soporta una burla indecible. La recibe en silencio; apura la amarga copa hasta el fin. Y todo por amor a su pueblo.

4. San Bernardo solía decir: «Cuanto más bajo se hizo Cristo por nosotros, tanto más querido debe ser de nosotros.»

II. Una lección para tu conciencia.

1. Jesús es burlado aun hoy día:

Por los que rechazan su doctrina. Muchos lo hacen aparentando admirar su carácter. Este es el pecado peculiar de nuestra época.

Por resoluciones jamás cumplidas. Los pecadores hacen votos que no pagan; confiesan pecados y se mantienen adheridos a ellos. Esto es insultar al Señor.

Por creencias no obedecidas. Es muy común pretender creer lo que nunca influye ni afecta a la vida, burlándose de las más grandes verdades y obrando en contra de ellas.

2. Si eres culpable de burlarte de El, ¿qué harás?

No te desesperes, sino confiesa y reprueba tu pecado.

No te des por perdido: Cree y vive.

No repitas la lamentable ofensa. Arrepiéntete y abandona el pecado.

3. ¿Qué debes hacer en cualquier caso?

Corónale con tu amor.

Pon en su mano un cetro mediante tu obediencia.

¡Vosotros, pecadores, destruid los pecados que apenan a vuestro Salvador!

¡Vosotros, santos, desafiad toda la burla del mundo por su causa!

¿Hasta dónde, oh, hasta dónde te humillas por mí, Eterno Hijo del Eterno Padre? ¿Hasta dónde te abates por mi culpa? ¡Yo he pecado, y Tú eres castigado; yo soy exaltado, y Tú humillado; yo me he ensuciado, y Tú eres azotado; yo me he desnudado, y Tú te has vestido con las ropas de mi vergüenza; mi cabeza ha inventado el mal, y la tuya ha sido coronada de espinas; yo te he abofeteado, y Tú has recibido bofetones por mí; yo te he deshonrado, y Tú eres hecho objeto de burla por mi causa; te han hecho a ti juguete de los hombres por amor a mí, que he merecido ser insultado de los diablos! — Obispo Hall.

La cabeza de Cristo ha santificado todas las espinas; sus espaldas, todos los azotes; sus manos, todos los clavos; su costado, todas las espadas; su corazón herido, todas las tristezas que puedan sobrevenir a cualquiera de sus hijos. — Samuel Clark en *Ramillete de los santos*.

Ser burlados puede proporcionarnos comunión con el Señor Jesús, pero burlarnos de otros nos pone en comunión con sus perseguidores. — C. H. S.

Una piadosa señora, en sus últimos momentos, había perdido casi el habla, pero llegó a articular la palabra «traed». Sus amigos, no sabiendo lo que quería, le ofrecieron comida, pero ella meneó la cabeza y repitió otra vez la palabra «traed». Le ofrecieron uvas, pero las rehusó y por tercera vez articuló la palabra «traed». Pensando que deseaba ver a algún amigo ausente, fueron a buscarles en otra habitación; pero otra vez meneó la cabeza, y entonces, con un gran esfuerzo, llegó a completar la frase: «Traed la corona real y coronadle Señor de todo» (famoso estribillo de un himno), y diciendo esto pasó a la presencia del Señor Jesús. — Newman Hall.

Sermón 105

TENED CUIDADO COMO OIS

«Les dijo también: Mirad lo que oís; porque con la medida con que medís, os será medido, y aún se os añadirá a vosotros los que oís» (Marcos 4:24).

En nuestros días se dan muchas instrucciones acerca de cómo predicar; pero nuestro Señor dio principalmente instrucciones acerca de cómo oír. El arte de la atención es tan difícil como el de la homilética.

I. Un precepto: «Mirad cómo oís.»

1. Escuchad con discriminación, descubriendo la falsa doctrina (Jn. 10:5).
2. Escuchad con atención, verdadera y ardiente (Mateo 13:23).
3. Escuchad retentivamente, tratando de recordar la verdad.
4. Escuchad con anhelo, orando que la Palabra pueda ser bendecida en vosotros.

II. Un acertado proverbio: «Con la medida con que medís, os será medido.»

1. Los que desean hallar faltas y fallos en el sermón, las hallarán de sobra.

2. Los que buscan verdad sólida, la encontrarán en cualquier ministro fiel.
3. Los que tienen hambre, comerán alimento.
4. Los que traen fe, recibirán seguridad.
5. Los que vienen gozosamente, serán regocijados.
   Pero nadie encuentra bendición por escuchar el error.

III. UNA PROMESA: «Y aun se os añadirá a vosotros los que oís.»

Los que oís de veras tendréis:
1. Más deseos de oír.
2. Más comprensión de lo que escucháis.
3. Más convencimiento de la verdad que escucháis.

Escuchad bien. La enseñanza divina merece la más profunda atención.

Escuchad a menudo. No malgastéis el domingo; ni descuidéis ninguno de los cultos.

De qué vale ver a un hombre correr al culto si defrauda y engaña tan pronto como llega a casa. — JUAN SELDEN.

Ebenezer Blackwell era un rico banquero, celoso metodista y gran amigo de los Wesleys. «¿Va usted a oír al señor Wesley predicar?», dijo alguien al señor Blackwell. «No —respondió—, yo voy a oír a Dios; le escucho a El, sea cualquiera la boca que utilice; de otro modo pierdo mi tiempo.» — JUAN BUNYAN.

Algunos se contentan con escuchar todas las cosas agradables de la Palabra de Dios, tales como las promesas y misericordias del Señor, pero no pueden soportar sus juicios y represiones, sus amenazas y sondeos. Son como aquellos que en medicina se preocupan sólo de un olor agradable o una apariencia bonita en los remedios; prefieren las píldoras pintadas de color de oro, pero no se preocupan de su eficacia.

Algunos gustan de oír todo lo que se refiere a los pecados de otras personas y las represiones de que fueron objeto, pero nada que se refiera a ellos mismos y a sus propios pecados; del mismo modo que hay quienes pueden hablar de las muertes de otros, pero nunca quieren referirse a la suya propia. — RICHARD STOCK.

La lección de este pasaje me recuerda las palabras de un antiguo rabí que dijo: «He aprendido mucho de mis maestros, más de mis compañeros, pero he aprendido mucho más de mis alumnos.» Cuanta más luz damos a otros, más luz obtenemos nosotros. Comprenderás más la verdad cuando trates de impartirla a otros. El amor que te lleva a compartir con otros lo que tienes, abre tu corazón para recibir algo mejor. — RICHARD GLOVER.

SERMÓN 106

CORRER CON EXITO

«Cuando vio, pues, a Jesús de lejos, corrió, y se arrodilló ante El» (Marcos 5:6).
«Y cuando aún estaba lejos, lo vio su padre, y fue movido a misericordia, y se echó sobre su cuello, y le besó» (Lucas 15:20).

Estos dos textos se parecen mucho entre sí. El hombre necesitado corrió hacia Jesús desde lejos, y el padre corrió hacia su hijo pródigo y necesitado, cuando todavía éste estaba lejos.

I. EL LUGAR DEL PECADOR: «Lejos.»

Jesús está lejos del pecador en cuanto a:
1. Carácter: ¡Qué diferencia entre el endemoniado y el Señor Jesús, entre el hijo pródigo y su padre!
2. Conocimiento: El endemoniado conocía a Jesús de oídas, pero conocía poco de su amor. El hijo pródigo conocía poco del gran corazón de su padre.
3. Posesiones: El endemoniado no había recibido al Salvador; por el contrario, clamó: «¿Qué tengo contigo?» El hijo pródigo pensó que había perdido todos los derechos a la casa de su padre y por eso dijo: «No soy digno de ser llamado tu hijo.»
    Inmensa es la distancia entre Dios y el pecador; es tan ancha como el abismo que existe entre el pecado y la santidad, la muerte y la vida, el cielo y el infierno.

II. EL PRIVILEGIO DEL PECADOR: «Vio a Jesús.»

Esto significa mucho para aquellos que están más bajo la influencia de Satanás; significa que pueden ver y comprender la verdad acerca de Jesús.

1. Que hay Uno que es Dios y Hombre a la vez, el Salvador.
2. Quien ha hecho grandes cosas y es poderoso para arrojar los poderes del mal.
3. Que puede echarlos de ti y librarte.

III. EL SECRETO DE LA ESPERANZA PARA LOS PECADORES: «Vióle su Padre.»
1. El pecador que vuelve, es visto desde lejos por el Omnisciente.
2. Es reconocido, como el hijo fue conocido por su padre.
3. Es comprendido, como el hijo pródigo fue comprendido, amado y aceptado por su padre.

Dios perdonará al pecador arrepentido más pronto que una madre sacaría a su hijita del fuego. — VIANNEY.

Cuando Dios y el hombre son fuertemente movidos, tienen que correr. Un alma desolada corre a Jesús; Dios, en su compasión, corre al encuentro de los vagabundos que vuelven. Un paso lento muestra un corazón poco dispuesto. De ahí que la demora en arrepentirse es un signo mortal. Con el pecado dentro de ti, Cristo delante tuyo, el tiempo empujándote, la eternidad esperándote, el infierno debajo, el cielo arriba, ¡oh pecador!, ¿cómo puedes dejar de correr? Sí; tienes que correr, como el cazador que va detrás del ciervo que desea alcanzar, como el corredor que aspira al premio, como el que se escapa del vengador de la sangre. El que quiera tener el cielo tiene que correr para alcanzarlo. — C. H. S.

SERMÓN 107

LA AGENCIA LIBRE DE CRISTO

«Vino luego a Betsaida; y le trajeron un ciego, y le rogaron que le tocase...» (Marcos 8:22-25).

Los hombres llegan a Cristo por diferentes procesos: Uno es hallado por Cristo, otro viene a El, otro es llevado por cuatro; y otro, un ciego, es conducido por la mano. La manera no importa, con tal que cada uno de ellos llegue a El.

I. Es flaqueza de fe esperar la bendición de una manera fija.

«Le pidieron que le tocase.»

1. A veces nos imaginamos que la liberación de las dificultades tiene que venir de la manera que nos hemos imaginado.
2. Buscamos la santificación por aflicciones o por un éxtasis especial.
3. Esperamos que el despertamiento ha de tener lugar de un modo estereotipado.

II. Aunque nuestro Señor honra la fe, no se somete a sus flaquezas.

Jesús no hizo nada al ciego ante la vista de ellos, sino que le condujo fuera de la ciudad. No quiso ceder a las exigencias de su curiosidad. No le curó instantáneamente como ellos esperaban. Usó un medio que ellos no habían pensado. Puso saliva sobre sus ojos, etc.

1. De este modo rehusó fomentar la superstición que limitaba su poder.
2. Usó el método más adecuado al caso.

III. Aunque nuestro Señor rechaza la flaqueza, honra la fe.

1. El ciego consintió en ser llevado por la mano y Jesús le llevó lejos.
2. Sus amigos habían pedido que le devolviese la vista y el Señor se la dio. Si oramos con fe, Él estará de acuerdo con nosotros.

¿Es médico el enfermo, que quiere escoger el remedio? — Madam Swetchine.

La gente es muy propicia a tratar de imponer sus ideas preconcebidas, como hallamos en el caso de Naamán. Encontré en cierta ocasión a una joven a la cual expliqué el camino de salvación por la fe sola. Ella tardaba en aceptarlo y aun en entenderlo; pero cuando por fin lo comprendió, el gozo llenó su corazón y exclamó sorprendida: «Nunca hubiera pensado que las personas pudiesen encontrar la paz de este modo tan sencillo.» «¿Por qué no?», le pregunté. A lo que ella respondió con energía: «Yo siempre había creído que se tenía que pasar por el infierno para alcanzar el cielo. Mi padre estaba tan desesperado que tuvieron que encerrarle en un manicomio por seis meses, y cuando salió, entonces, al fin, llegó a convertirse.» — C. H. S.

Sermón 108

EL CIEGO MENDIGO DE JERICO

«Entonces Jesús, deteniéndose, mandó llamarle;
y llamaron al ciego, diciéndole: Ten confianza;
levántate, te llama. El, entonces, arrojando su
capa, se levantó y vino a Jesús» (Marcos 10:49-50).

Este hombre es un ejemplo de lo que tiene que hacer todo buscador de Jesús.

En su oscura soledad y profunda pobreza, pensó y llegó a estar persuadido de que Jesús era el hijo de David. Aunque no gozaba de vista, hizo un buen uso de su oído. Si no tenemos todos los dones, usemos por lo menos aquellos que tenemos.

I. Buscó al Señor bajo el peso de su desaliento.

1. Nadie hizo caso de sus clamores.
2. Tuvo oposición a su deseo. «Muchos le decían que callase» (vers. 48).
3. Por unos momentos pareció que el mismo Señor no hacía caso de él.
4. Era sólo un mendigo ciego, y esto bastaba para que se le tuviera por un plañidero.

II. Recibió ánimo.

Esto vino del mandato del Señor, que le mandó llamar.
Hay varias clases de llamamientos que vienen a través de los hombres cuando el Señor Jesús quiere llamarnos; por ejemplo:

1. El llamamiento universal. Jesús es levantado en alto para que todos los que miran a El puedan recibir la vida eterna (Jn. 3:14-15). El Evangelio es predicado «a toda criatura».
2. El llamamiento particular. A los trabajos y cargados. Muchas son las promesas del Evangelio para el pecador, el dolorido, el cansado, el afligido (Is. 55:7; Mat. 11:28; Hech. 2:38-39).
3. El llamamiento ministerial es usado por el Señor, que envió a sus siervos respaldados por su autoridad (Hechos 13:26, 38, 39; 16:31).

III. **Pero él no se contentó con buenas palabras de aliento, buscó a Jesús.**

Contentarse con buenas palabras y perder su curación habría sido una locura.

1. Se levantó. Lleno de esperanza, de resolución, dejó su postura de mendigo a fin de recibir la salvación. Debemos levantarnos y estar alerta.
2. Dejó «su capa y todo lo que le impedía». Nuestra justicia, nuestros pecados, nuestros hábitos, todo lo que pueda impedirnos de hallar a Cristo, debe ser abandonado.
3. Vino a Jesús. Aun dentro de su oscuridad se dejó guiar por la voz del Salvador.
4. Expuso su caso: «¡Señor, que pueda recibir la vista!»
5. Recibió salud. Jesús le dijo: «Tu fe te ha hecho sano.» Obtuvo vista perfecta y en todos los aspectos fue completamente curado.

IV. **Después de haber hallado a Jesús se mantuvo con El.**

1. Usó su vista para mirar a su Señor.
2. Se hizo un discípulo suyo. (Véase vers. 52.)
3. Fue con Jesús todo el camino, a la cruz y a la gloria.
4. Permaneció un discípulo bien conocido, del cual se nos da el nombre de su padre.

«*Y mandó que le llamasen.*» Con este mandato Jesús administró represión e instrucción: Represión, al ordenar a aquellos que habían tratado de impedirlo a que le ayudaran; e instrucción a nosotros, enseñándonos que, aun cuando El no necesita nuestra ayuda, no permitirá que le regateemos nuestros servicios. Que tenemos que ayudarnos los unos a los otros; que aunque nosotros no podamos curar o dar salvación a nuestros conciudadanos, debemos traerlos al lugar y medio de curación. — WILLIAM JAY.

El éxito en este mundo viene tan sólo a aquellos que se muestran determinados. ¿Podemos nosotros esperar salvación si no nos ponemos con la misma actitud? La gracia hace al hombre ser resuelto, como este mendigo lo fue, hasta alcanzar a Jesús y obtener la vista. «Tengo que verle», dijo un visitante en la sala de espera a una personalidad pública. «Usted no puede, no puede verle», respondió el ugier; pero el hombre esperó en la puerta. Salió y un amigo le dijo: «Usted no puede ver al amo, pero yo puedo consultarle y traerle la respuesta.» «No —dijo el visitante necesitado—. Me quedaré toda la noche en la puerta, pero le veré a él mismo. Solamente necesito verle a él.»

No es extraño que por fin, después de muchos desaires, obtuviera su propósito. Con mucha mayor razón el pecador importuno no dejará de obtener audiencia con el Señor Jesús. Si quieres obtener gracia, la obtendrás; si no quieres que te rechace, no te rechazará. Ora vengan las cosas favorables o desfavorables, apresúrate hasta que encuentres a Jesús, y lo encontrarás. — C. H. S.

Sermón 109

GETSEMANI

«Vinieron, pues, a un lugar que se llama Getsemaní...» (Marcos 14:32).

Fue un cambio mortal el ir desde el grato aposento de la Sagrada Comunión a la solitaria agonía del Getsemaní.

I. La elección del lugar.

1. Mostró su serenidad de mente y su valor.
   Va a su sitio acostumbrado de oración en secreto.
   Va a pesar de que Judas conoce el lugar.
2. Así manifestó su sabiduría. Muchas memorias de aquel lugar ayudaron su fe. La profunda soledad era a propósito para sus ruegos y súplicas.
3. Así nos lega algunas lecciones.
   En un jardín, el paraíso fue perdido y ganado.
   En Getsemaní, cuyo nombre significa «prensa de olivos», nuestro Señor fue aplastado por el dolor.

II. Su acción en aquel lugar.

1. Tomó las debidas precauciones por amor a otros.
   No quería que sus discípulos fueran sorprendidos de lo que iba a ocurrir y, por tanto, les mandó orar y velar.

2. Solicitó la simpatía de sus amigos. No debemos despreciar esto. Como nuestro Señor sentiremos algún día debilidad y exclamaremos como El: «¿No podéis velar conmigo?»

3. El oró y luchó con Dios.
   En la más humilde postura y manera. (Ved versículos 35-36.)
   Con angustiosa repetición de su clamor. (Ved versículos 36 y 39).
   En terrible agonía de espíritu, hasta el punto de sudar sangre (Luc. 22:44).

4. Una y otra vez buscó la simpatía humana; sin embargo, con indecible amor, excusó a sus amigos que le fallaron. (Ved vers. 38.) Nosotros no debemos jamás sentir amargura de espíritu contra nadie, aunque seamos amargamente defraudados.

III. EL TRIUNFO SOBRE EL LUGAR.

1. Su perfecta resignación. El lucha con el «si es posible», pero triunfa con el «no se haga mi voluntad, sino la tuya». Es nuestro ejemplo de paciencia.

2. Notad el servicio angélico que recibió. El gran siervo dolorido del Señor tiene todavía el cielo a sus órdenes (Mat. 26:53).

3. Recordad su majestuosa actitud hacia sus enemigos.
   Va a su encuentro con valor (Mat. 26:55).
   Les hace caer (Jn. 18:6).
   Se entrega a sí mismo, pero no por fuerza (Jn. 18:8).
   Va a la cruz, pero la transforma en un trono.

El finado Rev. W. H. Krause, de Dublín, visitaba a una señora en estado de desaliento. «¡Oh, soy tan débil, tan débil! —dijo la señora lamentándose—; he estado muy turbada hoy al ver que en mi meditación y oración me era imposible gobernar mis pensamientos y no hacía más que repetir las mismas cosas una y otra vez.» «Bien, querida amiga —fue la respuesta del servidor de Dios—, el Evangelio nos presenta un ejemplo: Nuestro Señor Jesucristo, cuando su alma estaba muy triste hasta la muerte, oró tres veces "las mismas palabras".» Esta explicación de la Escritura, tan a tiempo, fue motivo de gran consuelo para la afligida señora.

«Mi voluntad, no la tuya», cambió el paraíso en desierto. «No mi voluntad, sino la tuya», volvió el desierto en paraíso e hizo de Getsemaní la puerta del cielo. — E. DE PRESSENSE.

«Y apareció un ángel del cielo que le confortaba.» ¡Qué! ¿El Hijo de Dios recibe ayuda de un ángel, que no es sino una de sus criaturas? Sí; y de aquí aprendemos a esperar ayuda y aliento de los que son menos que nosotros. Cuando Dios quiere, toda la fortaleza y consuelo vienen de El; pero a través de criaturas suyas, ministros suyos. Debiéramos dar gracias a ellos y a El. — *Reflexiones prácticas sobre cada versículo de los santos Evangelios por un ministro.*

SERMÓN 110

LAGRIMAS DE ARREPENTIMIENTO

«Y *pensando en esto, lloraba*» (Marcos 14:72).

El arrepentimiento es obrado por el Espíritu de Dios. El obra en nosotros, llevándonos a pensar en los males del pecado.

I. ESTUDIAD EL CASO DE PEDRO Y USADLO PARA VUESTRA INSTRUCCIÓN.

1. Consideró que había negado al Señor.
   ¿No hemos hecho nosotros algo semejante?
   Podemos haberlo hecho de muchas maneras.
2. Reflexionó sobre la excelencia de aquel Señor a quien había negado.
3. Recordó la posición en que el Señor le había puesto, haciéndole apóstol y uno de los primeros. ¿No hemos sido nosotros colocados también en lugar de confianza?
4. Pensó de la especial intimidad de que había gozado con el Señor. El, Santiago y Juan, habían sido los más favorecidos (Mat. 17:1-13; 26:36-46; Marc. 5:37-43).
   ¿No hemos conocido también nosotros momentos de gozosa comunión con nuestro Señor?
5. Recordó que había sido solemnemente advertido por Cristo.
   ¿No hemos pecado también nosotros contra la luz y el conocimiento?

6. Recordó sus juramentos y jactancias: «Aunque todos te negaren, yo no te negaré» (vers. 29).
¿No hemos quebrantado también nosotros fervorosas promesas y propósitos?

II. ESTUDIEMOS NUESTRAS PROPIAS VIDAS Y QUE ELLO NOS SIRVA DE HUMILLACIÓN.

1. Pensemos en nuestro poco progreso en la vida espiritual.
2. En nuestros descarríos y apostasías.
3. En nuestro descuido de las almas de otros.
4. En nuestra poca comunión con el Señor.
5. En la poca gloria que hemos traído a su gran Nombre.
6. En las imponderables obligaciones que su amor infinito se merece.

III. ESTUDIAD EL EFECTO DE ESTOS PENSAMIENTOS SOBRE NUESTRAS PROPIAS MENTES.

1. ¿Podemos pensar estas cosas sin emocionarnos? Es posible que aportemos muchas excusas por el pecado, acerca de las circunstancias, de nuestra constitución, la compañía que nos rodea, nuestras ocupaciones, nuestra suerte. A veces llegamos a culpar a Satanás o algún otro tentador.
Esto es peligroso, no sea que al proceder así resultemos, no un Pedro, sino un Judas; no un santo caído, sino un hijo de perdición.
2. ¿Somos movidos por tales pensamientos?
Aún hay otras reflexiones que deberían movernos más. Nuestro Señor nos perdona y, como a Pedro, nos cuenta como uno de sus hermanos.
Nos pide si le amamos, y nos ordena pastorear sus ovejas.
Seguramente, cuando nosotros consideramos estos temas podría decirse de cada uno de nosotros: «Pensando estas cosas, lloraba.»

El recuerdo, por parte de Pedro, de lo que antes había oído era otro motivo de arrepentimiento. Nosotros no consideramos suficientemente las cosas que debemos recordar. Conocemos un millar de cosas, pero es necesario que las mantengamos vivas en nuestros corazones, recordándolas constantemente. Es extremadamente absurdo e infantil lo que replican ciertas personas: «No me digas nada, que ya lo sé.» A lo que yo respondo: «Puedes saberlo, pero lo olvidas y, por tanto, es necesario recordártelo, línea tras línea y precepto tras precepto, como dice el profeta.»

Pedro mismo dijo después en sus epístolas: «Yo no dejaré de recordaros siempre estas cosas, aunque las conocéis.» Somos muy propicios a olvidar lo que sabemos; por tanto, debemos considerar que cualquier cosa que sabemos solamente nos aprovecha mientras la recordemos a propósito. — Richard Cecil.

Pedro cayó lastimosamente, pero por el arrepentimiento se levantó muy a prisa. Una mirada de amor de Cristo quebrantó su corazón, haciéndole derramar lágrimas. Sabía que el arrepentimiento era la llave del reino de la gracia. En una ocasión su fe fue tan grande que anduvo sobre un mar de agua para venir a Cristo. Ahora su arrepentimiento es tan grande que sus ojos derraman un mar de lágrimas porque se ha alejado de Cristo.

Una tradición dice que su faz se entristeció de tal modo que se hizo un llorante anónimo, y que su faz era constantemente cruzada por lágrimas. Apenas había tomado el veneno de la negación, cuando lo vomitó; apenas había tomado la serpiente del pecado, cuando la transformó en una vara para apalear su propia alma con remordimiento por haber pecado contra una tan clara luz y un amor tan fuerte, y los dulces descubrimientos que había hecho del corazón de Cristo a su favor.

Clemente cuenta que Pedro se arrepintió de tal modo que toda su vida después, cuando oía el canto de un gallo, caía de rodillas y lloraba amargamente pidiendo perdón por su pecado. ¡Oh almas!, podéis pecar fácilmente como los santos, pero ¿podéis arrepentiros como los santos? Muchos mencionan el pecado de David y de Pedro como excusa para sus debilidades, pero no pueden arrepentirse como David y Pedro; y, por tanto, han de parecer para siempre. — Tomás Brooks.

Nada hace tan bella la faz de los hijos de Dios como el lavar cada mañana sus rostros con lágrimas. — Samuel Clark.

Los antiguos griegos pensaron que la memoria de las cosas sería tal motivo de tortura en el mundo venidero, que pusieron entre los dos mundos las aguas de Leticia, el río del olvido; pero los creyentes en Cristo no necesitan un río de olvido en las riberas del Eliseo. El Calvario está allí y esto basta. — Alexander Maclaren.

UN CUADRO TRISTE Y UNA MENSAJERA ALEGRE

«*Yendo ella, lo hizo saber a los que habían estado con El, que estaban tristes y llorando*» (Marcos 16:10).

I. UNA TRISTE ASAMBLEA. «Estaban tristes y llorando.»

¡Qué escena! Nos figuramos a los discípulos expresando su tristeza con abundantes lágrimas y lamentaciones.

1. Porque habían creído en Jesús, y le amaban y estaban muy preocupados por lo que había acontecido.
2. Porque sentían la gran pérdida de perderle.
3. Porque recordaban su mala conducta hacia El.

II. UNA MENSAJERA CONSOLADORA.

María Magdalena vino y les dijo que Jesús había resucitado y se le había aparecido.

1. Era una de ellos. Los testigos del Señor eran discípulos suyos y, por tanto, gentes de verdad a quien todo el mundo puede creer con entera confianza.
2. Vino con las mejores noticias.
   Declaró que Jesús había resucitado. La tristeza de nuestro Divino Señor quita la causa de nuestra tristeza.
   Nos asegura la ayuda de un Redentor vivo (Jn. 14:19).
   Nos asegura nuestra resurrección personal (1.ª Corintios 15:23).
   Nos trae justificación personal (Rom. 4:25).
3. No fue creída.
   La incredulidad parece ser un mal crónico. No habían creído al Señor cuando El mismo les predijo su resurrección, y ahora ellos no creían a un testigo que refería tal suceso.
   La incredulidad es cruelmente injusta; hicieron a María Magdalena mentirosa, y sin embargo todos la estimaban.

III. UNA REFLEXIÓN REAFIRMADORA.

1. No somos las únicas personas que hemos llorado a un Señor ausente.
2. No somos los únicos mensajeros rechazados.
3. Estamos seguros, más allá de toda duda, de la resurrec-

ción de Cristo; la evidencia es más abundante que la que tenemos a favor de cualquier otro gran hecho histórico.

Los apóstoles lo creyeron de tal manera que estuvieron dispuestos a morir como testigos de tal suceso.

En la famosa galería de pintura de Bolonia hay un cuadro muy interesante, pintado por Domenichino, que representa un ángel al pie de la cruz vacía, de la cual el cuerpo de Cristo acaba de ser quitado. El ángel tiene en sus manos la corona de espinas que acaba de caer de la faz del augusto doliente; y la expresión de su rostro al palpar con su dedo la agudeza de una de las agudas espinas está llena de significado, es una mirada de admiración y sorpresa. Para la naturaleza pura, inmortal, del ángel que ignora el dolor, todo sufrimiento es un profundo misterio. La muerte de Cristo fue, del mismo modo, un misterio para sus discípulos. — Hugo Macmillan.

Un dolor no es menos agudo porque esté fundado sobre un error. Jacob lloró amargamente por José, aunque su amado no estaba destrozado, sino en camino de ser señor de Egipto.

Sin embargo, mientras haya necesidad de que exista tanto dolor en el mundo, es lástima que sufran innecesariamente los que tienen los mejores posibles motivos para gozarse. El caso del texto es típico. Millares hoy en día están tristes y llorando, cuando podrían regocijarse.

¡Oh, la inmensa cantidad de dolor innecesario que existe en el mundo! La incredulidad obra en favor del padre de la mentira en este asunto y produce miseria y tristeza, manteniendo en una falsa posición a aquellos que no son hijos de tristeza, sino hijos de luz y de gozo. ¡Levántate, fe, y con tu luz echa fuera las tinieblas de la tristeza! ¡Y aun si tienes que tener tu lámpara aderezada por una humilde María, no rechaces su amable ayuda!

Sermón 112
COSAS MARAVILLOSAS

«Hoy hemos visto maravillas» (Lucas 5:26).

El mundo está cansado y espera cosas nuevas; la cosa más extraña y maravillosa en el mundo es Jesús mismo, y, ¡ay!, El es bien poco visto hoy día. ¡Es aquel de quien los hombres hablan menos!

Si los hombres quisieran estar atentos a El, verían cosas maravillosas.

Su persona, su vida, su muerte, su enseñanza, están llenas de cosas maravillosas.

Lo que Jesús está haciendo hoy día es también maravilloso. Pero fijémonos en nuestro pasaje:

I. OBSERVAD LAS COSAS MARAVILLOSAS QUE HIZO EN AQUEL DÍA.

1. Mostró a los doctores su poder para curar (vers. 17).
2. Su poder para perdonar los pecados con una sola palabra (vers. 20).
3. Su poder para leer el pensamiento de otras personas (vers. 22).
4. Para hacer que un hombre llevara sobre sus hombros el colchón con el cual había sido traído (vers. 25).

II. OBSERVAD LAS COSAS MARAVILLOSAS QUE CRISTO HA HECHO POR NOSOTROS.

1. El Hacedor de los hombres, nacido entre los hombres. El Infinito, hecho un infante.
2. El Señor de todo, sirviendo a todos.
3. El justo, acusado, condenado y sacrificado por los pecados.
4. Crucificado, se ha levantado de entre los muertos.
5. La muerte, vencida por el Señor que murió.
   Estos son tan sólo unos pocos incidentes en su vida, llena de cosas extrañas y maravillosas.

III. OBSERVAD LAS COSAS MARAVILLOSAS QUE VEMOS LOS CREYENTES EN ESTE DÍA DENTRO DE NOSOTROS MISMOS Y DE OTROS.

1. El pecador condenado, justificado por la fe.
2. El corazón natural, renovado por la gracia.
3. Un alma preservada con vida espiritual, en medio de males destructores, como la zarza que ardía con fuego sin consumirse.
4. Fortaleza hecha perfecta en la flaqueza.
   Buscad la conversión en vuestra familia y en la vecindad.
   Buscad conocer más y más la obra de Jesús entre los hombres.

Esto os dará ocasión de ver cosas maravillosas y extrañas, hasta que veréis la más maravillosa de todas: Cristo en su gloria. Una santa admiración de gratitud puede ser dispensada, pero una fría extrañeza debe ser resistida como sugestión de Satanás. La fe cuenta todas las cosas como posibles para Dios; es la incredulidad la que se extraña de las cosas que Dios hace.

Guthrie, de Fenwick, un ministro escocés, visitó cierta vez a una dama moribunda. Su explicación del Evangelio fue gozosamente recibida por ella y poco después murió. Cuando Guthrie volvió a su casa dijo: «He visto una maravilla hoy. Una mujer a la que he hallado en estado natural, la he visto pasar al estado de gracia y la he dejado en el estado de gloria.»

En un manuscrito hallado en el escritorio de un pastor del siglo pasado hay un remarcable relato de la conversión de Lord Jeddart, quien fue famoso por su vida de entrega al pecado y la admiración que su conversión produjo al pueblo cristiano.

Poco después de su conversión, y antes de que fuera conocida, se acercó a la Mesa del Señor. Se situó al lado de una señora que tenía cubierto su rostro con las manos y no le vio hasta que tuvo que pasarle la copa. Cuando vio que era nada menos que Lord Jeddart el que estaba comulgando con ella, se puso a temblar de admiración y extrañeza. Este, al notarlo, le susurró al oído: «Señora, no se extrañe, la gracia de Dios es libre.» Esto calmó a la señora; pero al considerar la clase de hombre que era Lord Jeddart, podemos comprender bien su tremenda sorpresa.

Cuando yo llegue al cielo veré tres maravillas: La primera será ver mucha gente que no esperaba encontrar allí; la segunda, hallar a faltar a mucha gente que esperaba encontrar en el cielo, y la tercera y mayor de todas será encontrarme a mí mismo allí. — JUAN NEWTON.

SERMÓN 113
A SUS PIES

«Y estando detrás de El a sus pies, llorando, comenzó a regar con lágrimas sus pies, y los enjugaba con sus cabellos; y besaba sus pies, y los ungía con perfume» (Lucas 7:38).

I. UNA POSICIÓN NATURAL.

Esta postura es admirable por muchas razones.

1. Puesto que El es divino, debemos rendirle la más humilde reverencia.
2. Puesto que somos pecadores, debemos hacer una humilde confesión.
3. Puesto que es Señor, expresémosle nuestra plena sumisión.
   Lo mejor de todo es que podemos estar a sus pies gozosamente, inclinándonos ante El; lo peor es que todos tendrán que ponerse en tal posición, quieran o no.

II. Es una postura adecuada y ayudadora.

1. Para el penitente lloroso (Luc. 7:38).
   Nuestra humildad ayudará al arrepentimiento.
   Nuestra humilde sumisión traerá seguridad.
   Nuestra buena obediencia nos preparará para el servicio.
2. Para un convertido fiel (Luc. 8:35).
   En esta posición los demonios son echados fuera y no nos gobiernan más.
3. Para un intercesor (Luc. 8:41).
   Rogamos mejor cuanto más humillados nos hallamos.
   Podemos ser jefes de la sinagoga, pero cuando nuestro corazón está quebrantado hallamos más reposo y esperanza «a sus pies».
4. Para un adorador agradecido (Luc. 17:16).
   El leproso curado expresó así su gratitud.
   Los ángeles le adoran en esta posición, dándole gracia.
5. Para el santo que contempla la gloria de su Señor (Apoc. 1:17).
   Sobrecogidos de admiración, humillados, llenos de gozo, enajenados en éxtasis.
   El es tan digno de que le rindamos toda reverencia.
   El ha recibido tantos desprecios de nosotros que bien se merece lo opuesto: besar sus pies.

III. Es una posición segura.

1. Jesús no rehusará esta posición, pues es la que nos corresponde ocupar.
2. Jesús no se burlará de la humilde postura de aquel que, desesperado y desengañado, se arroja de este modo ante El.

3. Jesús no permitirá ningún daño a los que buscan refugio a sus pies.
4. Jesús no negará el eterno privilegio de permanecer así.

Cuando el misionero danés establecido en Malabar puso algunos de sus convertidos a traducir un catecismo en el cual se decía, naturalmente, que los creyentes son hechos hijos de Dios, uno de los traductores quedó tan admirado que repentinamente levantó su pluma y exclamó: «¿No es esto demasiado? Yo creo que más bien deberíamos traducirlo: "Le será permitido besar sus pies".» — G. S. Bowes.

El reverendo Mr. Young estaba visitando, un día tempestuoso, entre algunas personas de su congregación, a un anciano que vivía con gran pobreza en una cabaña solitaria, a algunas millas de Edimburgo. Le halló sentado con la Biblia abierta sobre sus rodillas, pero en circunstancias externas de gran incomodidad, pues la nieve estaba produciendo una notable gotera en el techo, entraba agua por debajo de la puerta y no había apenas fuego en el hogar. «¿Cómo está hoy, señor Juan?», fue la pregunta del visitante. «¡Oh, señor! —dijo el feliz creyente—, estoy sentado bajo la sombra de sus alas con gran deleite.» — *Christian Treasury.*

El fin de toda predicación cristiana es arrojar a los pecadores temblorosos a los pies de Jesús en busca de misericordia. — Vinet.

Sermón 114
AMANDO MAS

«Dime, ¿cuál de los dos le amará más?» (Lucas 7:42).

I. Todos debemos ser salvos de la misma manera.

El camino de la eminencia en el amor, es el sencillo camino de salvación que todos los que están en Cristo deben andar.
1. Todos son deudores; debemos confesar de corazón que éste es nuestro caso.

2. El amante Señor perdona a todos: personalmente tenemos gran necesidad de tal perdón.

3. En cada caso él perdona francamente sin ninguna consideración ni compensación; así debe ser con nosotros, debemos aceptar su gracia libre e inmerecida.

II. DEBEMOS DESEAR TENER UN PROFUNDO SENTIMIENTO DE PECADO.

1. Fue la conciencia de su gran deuda lo que creó el gran amor de la mujer arrepentida. No su pecado, sino la consciencia de él fue la base de su actitud reconocida y amante.

2. Ha de ser cultivado. Cuanto más aborrecemos el pecado tanto mejor.
A fin de cultivar este sentimiento debemos buscar:
Una visión más clara de los requerimientos de la ley (Luc. 10:26, 27).
Una más profunda consciencia del amor de Dios hacia nosotros (1.ª Jn. 3:1, 2).
Un más profundo aprecio del coste de nuestra redención (1.ª Ped. 1:18).
Una más segura persuasión de la perfección de nuestro perdón nos ayudará también a mostrarnos la grandeza de nuestro pecado (Ez. 16:62, 63).

III. ESTO NOS CONDUCIRÁ A UNA MÁS ELEVADA CONDUCTA DE AMOR Y APRECIO A NUESTRO SEÑOR.

1. Desearemos estar cerca de El, siempre a sus pies.

2. Le mostraremos profunda humildad, deleitándonos aun en lavar sus pies.

3. Lo demostraremos con contrición, mirándole en medio de lágrimas.

4. Le rendiremos más ardiente servicio; haciendo todo lo que esté en nuestro poder para Jesús, como esta mujer lo hizo.

Una experiencia espiritual impregnada con un profundo y amargo sentimiento de pecado es de gran valor para El, que no tiene pecado. Es amargo al beberlo, pero sano y satisfactorio en las entrañas y en toda la vida posterior. Posiblemente, mucha de la piedad superficial de hoy día procede de la facilidad con que las gentes encuentran la paz en estos días, por lo sencillo que se les hace el camino de salvación por los modernos evangelistas.

No quisiéramos juzgar a los convertidos modernos, pero ciertamente preferiríamos aquella forma de ejercicio espiritual que llevaba al alma por el camino de la cruz y el llanto, y le hacía ver la negrura de su pecado, antes de asegurarle que estaba blanco como la nieve. Pensar demasiado ligeramente del pecado hace pensar ligeramente del Salvador.

El que se ha visto delante de Dios convicto y condenado, con la cuerda al cuello, es el que llorará de gozo cuando se ve perdonado; aborrecerá la maldad que le ha sido quitada y vivirá para el honor del Redentor con cuya sangre fue limpiado.

Los más atrevidos blasfemos deben ser los más entusiastas en honrar al Salvador que les lavó de sus iniquidades pasadas. Así como los cazadores furtivos se dice que son los mejores guardianes rurales, los mayores pecadores son el material del cual, por la gracia transformadora del Señor, se forman los grandes santos.

He oído decir que la profundidad de los valles de Escocia corresponde con la altura de las montañas que les rodean. Del mismo modo el sentimiento de obligación por el pecado perdonado hará más alto tu amor a Aquel que te ha perdonado. — C. H. S.

El amor al Salvador se levanta en el corazón del hombre salvado en proporción al sentido que tiene de su propia pecaminosidad, por un lado, y de la misericordia de Dios, por el otro; de modo que la altura del amor de un creyente para su Señor es como la profundidad de su humildad. Como la raíz que va profunda hacia lo profundo del suelo forma las más altas ramas floridas que se mecen en el espacio. — WILLIAM ARNOT.

SERMÓN 115

BIENVENIDA A JESUS

«Cuando volvió Jesús, le recibió la multitud con gozo; porque todos le esperaban» (Lucas 8:40).

Jesús fue a aquellos que le habían rechazado en el país de los gadarenos, donde salvó a uno de ellos, el endemoniado, para mostrar su libre gracia y soberanía.

Después abandonó el país, poco hospitalario, para mostrar que El no fuerza a nadie. La sabiduría abandona a aquellos que rehúsan sus consejos (Prov. 1:24). Aquellos a quienes el Señor ha escogido le servirán de buena voluntad en el día de su poder (Sal. 110:3).

I. UN HERMOSO ESPECTÁCULO. «Todos le esperaban.»

Esta espera puede ser observada hoy día de diversas formas:

1. En una iglesia celosa, un grupo que ora esperando el despertamiento y se prepara para cooperar en su labor.
2. En un pecador ansioso, suspirando por misericordia, escudriñando las Escrituras, oyendo la Palabra de Dios, inquiriendo de los cristianos, orando constantemente, y así está «esperándole a El».
3. En un santo que aspira llegar al hogar y dice como Jacob: «Yo he esperado tu salvación, ¡oh Señor!» (Génesis 49:18).

II. UNA LLEGADA SEGURA: «Jesús volvió.»

1. Su espíritu está ya allí donde hay quienes le esperan (Rom. 8:23).
2. He aquí su promesa: «Yo estoy con vosotros todos los días» (Mat. 28:20).
3. Es su costumbre estar allí. Su delicia es todavía con los hijos de los hombres (Prov. 8:31).

III. UNA BIENVENIDA DE CORAZÓN. «El pueblo le recibió gozosamente.»

1. Sus temores les hicieron darle la bienvenida. Temían que El se hubiese ausentado de ellos para siempre (Sal. 77:7).
2. Sus esperanzas le hicieron bienvenido. Confiaban que ahora sus enfermos serían curados y sus muertos levantados.
3. Sus oraciones les hacían dar la bienvenida. Los que oran que Jesús venga, estarán contentos cuando El llegue.
4. Su fe les hizo dar la bienvenida. Jairo esperaba ver curada a su hija. (Véase versículo 41.)
5. Su amor les hizo dar la bienvenida. Cuando nuestro corazón está con El nos alegramos de su aparición.

6. Su cuidado por el bien de otros les hizo darle la bienvenida.

Jesús nunca desengaña a aquellos que esperan en El.

Jesús nunca rechaza a los que le dan la bienvenida.

Una congregación no puede dar la bienvenida al Señor Jesús a menos que todos estén juntos, lo que requiere *puntualidad;* a menos que hayan venido con el deseo de entrar en relación con El, lo que implica oración *expectante;* a menos que estén dispuestos a oírle, lo que significa *atención;* y a menos que estén dispuestos a aceptar su enseñanza, lo que demanda *obediencia.*

Cuando los habitantes de Mentón deseaban ser visitados por el príncipe de Saboya, se dice que le hicieron una carretera por entre las montañas. Perforaron túneles y construyeron puentes para que su amado soberano pudiera recibir la bienvenida de sus súbditos.

Si nosotros queremos dar la bienvenida a Jesús, debémosle hacerle camino, bajando nuestro orgullo, elevando nuestros pensamientos, quitando nuestros malos hábitos y preparando nuestros corazones. Ningún alma preparó un camino para el Señor y fracasó en cuanto a gozar de su compañía. — C. H. S.

SERMÓN 116

AMOR EN EL HOGAR

«Esta tenía una hermana que se llamaba María, la cual se sentó a los pies de Jesús y oía su Palabra» (Lucas 10:39).

Marta buscó servir al Señor con lo mejor que tenía.

María, llena de amor a Jesús, vino a ungir sus pies con un costoso perfume, sirviéndole también con lo mejor.

Pero también escuchando sus palabras.

I. AMOR EN HOLGANZA. «La cual se sentaba a los pies de Jesús.»

Como María:

Debemos nosotros también sentirnos en familia con Jesús nuestro Señor.

Debemos librarnos de cuidados mundanos, dejándolo todo a Jesús.

Todo nuestro futuro, para el tiempo y la eternidad, está seguro en sus amantes manos.

Sin ningún temor, gocemos nuestros momentos de ocio en la compañía de Jesús. Ocio, pero no pereza; ocio para amar, para aprender, para comunicar con El, para imitarle.

II. AMOR EN HUMILDAD. «A los pies de Jesús.»

1. Como un penitente, reconociendo mi indignidad.
2. Como un discípulo, confesando mi ignorancia.
3. Como un receptor, admitiendo que estoy vacío.

III. AMOR ATENTO. «Y oía su Palabra.»

Escuchándole a El, estudiándole, leyendo en su propio corazón.

Escuchándole y no dejándose obstruir por ninguna clase de pensamientos propios, ideas propias, razonamientos, dudas, deseos y prejuicios.

Escuchando y rechazando los comentarios críticos y dudas de otros.

Dios se deleita en tratar con nosotros cuando estamos en privado.

Se le apareció a Abraham sentado a la puerta de su tienda (Génesis 18). El Espíritu Santo vino, llenó a los apóstoles, y llenó toda la casa, cuando ellos estaban sentados en actitud de oración (Hech. 2). El eunuco venía sentado en su carro, leyendo acerca de El, cuando fue llamado por la predicación de Felipe (Hech. 8). — HENRY SMITH.

¿Qué alabaremos más, la humildad de María o su docilidad? No la vemos tomar un taburete o una silla y sentarse a su lado, sino que, deseando mostrar que su corazón era tan humilde como sus rodillas, se sienta a sus pies. Se había puesto muy baja, pero era ricamente calentada por sus celestiales rayos. Cuanto más grande es la sumisión, mayor es la gracia. Al lugar más bajo en el valle es a donde van las aguas. — OBISPO HALL.

El doctor Chalmer se quejaba diciendo: «He sido arrancado del hoyo de mi espiritualidad.»

EL BUEN PASTOR EN TRES ACTITUDES

«... Y cuando la encuentra, la pone sobre sus hombros gozoso; ...» (Lucas 15:4-6).

El amor de Jesús no es de mero sentimiento, sino activo y enérgico.

Es un amor inquiridor, que va tras la oveja que no sabe cómo volver al redil del que anda descarriada.

Es un amor ferviente que le hace abandonarlo todo.

I. En la búsqueda. «Hasta que la halla.»

Observadle cómo sus ojos, su corazón y todas sus facultades van «tras la oveja perdida».

1. No hay gozo en su rostro, sino ansiedad por la descarriada.
2. No hay titubeos en su mente, no le importa la peligrosidad del camino, ni su largura, ni la oscuridad de la noche, prosigue hasta hallar la perdida.
3. No guarda rencor en su corazón. Los descarríos de la oveja le cuestan muy caros, pero lo considera como nada con tal que pueda hallarla.

II. El hallazgo. «Cuando la ha encontrado.»

1. La coge. ¡Con qué firme apretón!
2. Lleva su peso. No la arrastra con una cuerda, sino que la lleva sobre sus hombros, con comodidad.
3. Cada paso es en favor de su oveja.
   Tiene que andar penosamente todo lo largo del camino que la oveja ha recorrido por su tonto desvarío.
   En cambio, la oveja es llevada sobre los hombros sin ningún esfuerzo de su parte.

III. La llegada al redil. «Cuando llega al redil.»

1. «El cielo es el redil de Cristo.»
2. Jesús nos conduce todo el camino hasta allí.
3. Jesús quiere que otros se regocijen por el cumplimiento de su misericordioso propósito.

4. Un pecador puede hacer regocijar todo el cielo. (Véanse vers. 7 y 10.)

Aprendamos una lección de cada uno de los tres cuadros que hemos visto:

De perseverancia, hasta que las almas son salvadas.

De paciencia, con las almas recién halladas.

De ánimo, con la esperanza de la reunión en la gloria de aquellos por los cuales trabajamos para gozo de Cristo y de los pecadores.

Una tarde del año 1861, cuando el general Garibaldi regresaba al campamento, encontró a un pastor de Cerdeña lamentándose por la pérdida de una oveja de su rebaño. Garibaldi vino a su guardia y anunció su propósito de ayudar al pastor a buscar la oveja. Se formó una gran expedición, con linternas, y muchos oficiales de viejas campañas se dedicaron, llenos de celo, a buscar la fugitiva. Pero no se halló la oveja y los soldados volvieron a sus lechos.

La mañana siguiente el asistente de Garibaldi le halló en cama profundamente dormido. Se sorprendió de esto, pues el general siempre se levantaba antes que nadie. El asistente salió sin hacer ruido y volvió al cabo de media hora. Garibaldi todavía dormía. Después de otra espera el asistente le despertó. El general restregó sus ojos y el asistente los abrió de admiración cuando vio al famoso guerrero sacar de debajo de una manta la oveja perdida y, entregándole al asistente, le ordenó devolverla al pastor. El general había vuelto a buscarla toda la noche, hasta que la encontró. Así hace el Buen Pastor, que va en busca de sus ovejas perdidas hasta que las halla. — *The Preachers' Monthly.*

Cristo es un Pastor. — Es el Buen Pastor que puso su vida por las ovejas (Jn. 10:11); el Gran Pastor, que fue sacado de entre los muertos (Heb. 13:20); el Príncipe de los pastores, que vendrá otra vez (1.ª Ped. 5:4); el Pastor y Obispo de las ovejas (1.ª Ped. 2:25); el Pastor de las ovejas, que las junta con su brazo y las lleva en su seno (Jn. 10; Is. 40:11); el Pastor de Israel (Ez. 34:23); Jehová el Pastor (Zac. 13:7). — Juan Bate.

¿Por qué el pastor no lleva la oveja delante de sí, ya que fue bastante fuerte y lista para perderse? En primer lugar, porque, aunque el desierto es bastante grande para perderse, no tiene suficiente ciencia para ir por camino recto. En segundo lugar, porque probablemente la tonta oveja se había cansado bastante andando perdida. «Las gentes se fatigarán en vano» (Hab. 2:13). Por tanto, el buen pastor lleva a la oveja al redil sobre sus hombros. — TOMÁS FULLER.

En su examen para ser recibido como miembro en la iglesia bautista de San Francisco, se preguntó al joven Yam Sing: «¿Cómo encontraste a Jesús?» «Yo no encontré a Jesús, de ningún modo; El me encontró a mí.»

SERMÓN 118

EL MEMORIAL ORDENADO

> «... *Haced esto en memoria de Mí...*» (Lucas 22: 19, 20).

Aquí tenemos plenas instrucciones para celebrar la cena del Señor.

Vemos lo que era, y cómo fue hecha.

Las instrucciones son simples, claras y definidas.

I. EL PRINCIPAL OBJETO DE LA SANTA CENA ES UN MEMORIAL PERSONAL.

«En memoria de Mí.» Tenemos que recordar de El tanto sus doctrinas como sus preceptos y su persona.

Recordad al Señor Jesús en este día de Santa Cena.

1. Como el objeto de confianza de vuestros corazones.
2. Como objeto de vuestra gratitud.
3. Como Señor de vuestra conducta; como el gozo de vuestras vidas.

II. EL MISMO MEMORIAL ES SORPRENDENTE.

1. Sencillo, y sin embargo, como El mismo, transparente de sincera verdad. Sólo pan roto y vino.
2. Frecuente, «tantas veces como lo bebiereis», indicándonos con esto que tenemos que hacerlo con bastante frecuencia a causa de nuestra necesidad de tenerlo en nuestro corazón y memoria. Quiso que la Santa Cena fuese gozada de un modo universal y por todos los creyentes.

3. «Bebed de El todos.» En todo país, todo su pueblo tiene que comer y beber en su mesa.

4. Su muerte es la mejor memoria de El mismo; y es por el emblema y figura de su muerte que le recordamos a El.

III. EL OBJETO DE SU INVITACIÓN.

1. Vamos a recordar al Señor en su mesa, aunque a menudo le hemos olvidado de hecho. Esta es precisamente una razón para ir.

2. Tenemos que ir, aunque otros se olviden de El. No venimos a juzgarles, sino a recordarle a El nosotros mismos. Que en la Santa Mesa olvidemos todos los otros temas. Que no nos inquietemos con recuerdos turbadores de ninguna clase.

Que nuestro pensamiento esté totalmente absorbido en El, cuya carne es verdadera comida y cuya sangre es verdadera bebida (Jn. 6:55).

Nuestro Señor Jesucristo tiene también memoriales de nosotros, de la misma manera que nos ha dado a nosotros un memorial de El: Las heridas de los clavos constituyen para El un memorial peculiar, personal y permanente. «He aquí en mis manos te tengo esculpida» (Is. 49:16). Por estas marcas El ve lo que ha sufrido por nosotros y El se consagra a obrar nada aparte de aquellos sufrimientos, dado que sus manos, con las cuales El obra, fueron horadadas. Puesto que El lleva en sus manos las señales de su pasión, llevémosla nosotros en nuestros corazones. — C. H. S.

«Haced esto en memoria de Mí.» — 1. Este mandato implica un conocimiento de El. Para recordar debemos primero conocer. No es de ninguna utilidad decir a un hombre nacido ciego: «Recuerda el sol.» — 2. Revela el amor de Cristo, porque quiere El que le recordemos. Algunos de nosotros hemos oído a amados nuestros decirnos en el lecho de muerte: «Piensa en mí de vez en cuando; no me olvides.» Es muy natural que el amor quiera ser recordado. — 3. Implica una tendencia a olvidar. Dios nunca ordenaría una institución innecesaria. Es un pecado el que no nos acordemos más de Cristo. Deberíamos usar con gratitud todo lo que nos ayuda a recordarle. — *Bosquejo de un sermón,* por el DR. STANFORD.

«SERVOS SERVORUM»

«Yo estoy entre vosotros como el que sirve» (Lucas 22:27).

Es una frase singular y un acto muy adecuado para los apóstoles, que se hallaban en aquellos días turbados por dos preguntas: «¿Cuál de ellos sería el mayor?» y «¿Cuál de ellos sería el que había de negar a su Maestro?»

Allí donde la humildad tenía que abundar, se había introducido la ambición.

El remedio que usó fue su propio ejemplo (Jn. 13:12-17).

I. La posición de nuestro Señor.

    1. En todo el curso de su vida sobre la tierra Jesús tomó el lugar de siervo, o esclavo.

    Así leemos en el salmo profético: «Has horadado mis oídos» (Sal. 40:6). Algunos traducen «abierto», pero la palabra hebrea puede ser también traducida «horadado», a la luz de Ex. 21:6.

    Esta versión corresponde más al contexto, en donde se declara su oficio: «Heme aquí para hacer tu voluntad» (Sal. 40:7; Heb. 10:5-9).

    Su naturaleza era apta para el servicio, pues leemos que tomó la forma de siervo (Fil. 2:7).

    Asumió el lugar más bajo entre los hombres (Sal. 22:6; Is. 53:3).

    Cuidó de los demás más que de sí mismo: «El hijo del hombre no vino para ser servido, sino para servir» (Marcos 10:45).

    Puso aparte su propia voluntad (Jn. 4:34; 6:38).

    Llevó con paciencia toda suerte de improperios (1.ª Pedro 2:23).

II. La gran maravilla.

Siervo de sus propios siervos, esto hace la maravilla mayor:

    1. Como Señor de todas las cosas que eran por naturaleza y esencia (Col. 1:15-19).

    2. Como superior en sabiduría, santidad y de todas las maneras (Mat. 8:26, 27; Jn. 14:9).

    3. Puesto que era en tan grande manera su benefactor (Jn. 15:16).

III. La explicación de ello.

Debemos verla en su propia naturaleza.
1. Era tan infinitamente grande (Heb. 1:2-4).
2. Era tan inconmensurable su amor (Jn. 15:9; 1.ª Juan 3:16).

IV. La imitación de El.

Imitemos a nuestro Señor:
1. En su voluntaria y gozosa disposición a cumplir los más humildes oficios.
2. En manifestar gran humildad de espíritu y de conducta (Ef. 4:1-3; Fil. 2:3; 1.ª Ped. 5:5).
3. En soportar gozosamente la injusticia antes que romper la paz, vengarnos a nosotros mismos o dañar a otros (1.ª Ped. 2:19-20; 3:14).

¿No reprende esto nuestro orgullo?

¿No levanta en nosotros un adorable amor?

¿Por qué tantos cristianos profesantes se sienten resentidos al tomar trabajos humildes para Dios y la Humanidad? Oí una vez a un ministro de Cristo quejarse de que su cargo era «inferior a sus talentos». ¡Como si el alma de un mendigo estuviera por debajo del genio de un S. Pablo! Algunos no quieren distribuir tratados en barrios pobres, olvidando que su divino Maestro fue él mismo un misionero. ¿Han aprendido tales personas que la toalla con que Jesús enjugó los pies de sus discípulos tenía infinitamente más valor que la púrpura que envolvía al César? ¿No saben que el lugar de honor es el lugar de servicio? «Mi asiento en la Escuela Dominical es superior a mi asiento en el senado», dijo una vez un eminente hombre de Estado fervorosamente cristiano. — Dr. Cuyler.

Sermón 120

PADRE, PERDONALES

«Y Jesús decía: Padre, perdónales, porque no saben lo que hacen» (Lucas 23:34).

Vayamos al Calvario a aprender cómo somos perdonados. Y quedémonos allí para aprender cómo tenemos que perdonar. Allí vemos lo que es el pecado que asesina al Señor del amor.

I. Vemos al amor de Jesús soportando.

El acto culminante de la malicia humana.
Le vemos soportar la mayor vergüenza (Fil. 2:8; Heb. 12:2).
El límite extremo del sufrimiento personal (Sal. 22:1-18).

II. Vemos lo que el mismo amor revela.

El amor ora aun estando en agonía de muerte.
El amor trae el Cielo en socorro de aquellos a quienes ama.

III. Vemos cómo el amante Jesús ora.

Por sus indignos asesinos, en el acto mismo de su crimen.
Pide su perdón más pleno e inmediato.
Por ninguna otra razón más que su ignorancia, argumento que sólo la gracia podía sugerir o aceptar.

IV. Observemos cómo su plegaria advierte, a la vez que amenaza.

Advierte, puesto que sugiere que hay un posible límite al perdón.
Los hombres pueden pecar tanto que no quede ni siquiera este recurso de la ignorancia, ni ningún otro. Es una amenaza, pues demuestra que si hubiera alguna excusa para los pecadores, Jesús la encontraría.

V. Vemos cómo instruye desde la cruz.

Nos enseña a perdonar las mayores injurias (Marc. 11:25).
Nos enseña a orar por los demás hasta nuestro último aliento (Hech. 7:59, 60).

Hay algo en este ruego que me confundía al principio y que me hace preguntar con reverencia en qué sentido Cristo la hizo. Sin duda, la ignorancia no es un clamor del Evangelio. La ignorancia no da derecho a ningún hombre delante de Dios; no tenemos que decir: «Justificados por la ignorancia, tenemos paz con Dios»... La ignorancia no es inocencia, y a menudo es un pecado; y un pecado no es recurso de salvación para los demás pecados.

La ignorancia de los enemigos de Cristo, de todo lo que significaba su crimen capital, les lleva al terreno de la misericordia y hace que su perdón sea una posibilidad que la misma cruz estaba supliendo. Quizás es verdad que muchos hombres no saben lo que hacen cuando rechazan a Cristo.

Satanás sabía lo que hacía y por eso nada se nos dice de algún evangelio de perdón para él; pero los pecadores de la Humanidad no lo pueden saber plenamente; y su ignorancia, aunque no les justifica, permite que puedan ser perdonados. — Carlos Stanford.

¡Oh Salvador, Tú no podías sino ser escuchado en esta plegaria! Aquellos que por ignorancia y simplicidad te persiguieron, hallaron el fruto de tu intercesión. Vemos que tres mil personas fueron convertidas poco después con motivo de un sermón. No fue el discurso de Pedro, sino tu oración, lo que produjo tal efecto. Entonces ellos recibieron la gracia de conocer el secreto de la cruz y de confesar en virtud de que habían recibido perdón y salvación, y pudieron compensar sus blasfemias con acciones de gracia.

¿Qué pecado hay, Señor, del cual yo pueda desconfiar que no sea perdonado? ¿Qué ofensa puede existir que Tú no quieras redimir, si oraste por el perdón de tus asesinos y blasfemos? — Obispo Hall.

Es una marca de grandeza moral la que hallamos en el carácter de Fofio, quien, cuando estaba para ser ejecutado por sus enemigos, alguien le preguntó qué recado tenía para su hijo. Entonces el héroe exclamó: «Decidle que, ante todo y sobre todo, perdone el mal trato que yo he recibido de manos de los atenienses.»

Si tal espíritu de perdón podía existir en el corazón de un pagano, ¡cuánto más ha de estar en el corazón de un discípulo del amante Jesucristo, quien a la hora de su muerte oró: «Padre, perdónales, porque no saben lo que hacen»! Nadie tiene derecho a llamarse cristiano si rehúsa perdonar a un enemigo, y más aún, si no está dispuesto a demostrar su perdón con algún acto de amor abnegado.

Un muchacho grandote de una escuela trataba tan mal a sus compañeros más jóvenes que el maestro hizo votar a la escuela si debía ser o no expulsado. Todos los chicos votaron en favor de la expulsión, excepto un pequeño, de poco más de cinco años, que era el que más injurias había sufrido del díscolo muchacho.

«¿Por qué has votado que se quede?», preguntó el profesor. «Porque si es expulsado quizá no podrá aprender nada más acerca de Dios y será más y más malo.» «Entonces, ¿le perdonas?», preguntó el profesor. «Sí —dijo él—; mi padre y mi madre me perdonan cuando hago cosas malas; Dios me perdona también, y yo tengo que hacer lo mismo.» — The Biblical Treasury.

SERMÓN 121

VISITA DIVINA

*«Jesús se puso en medio de ellos y les dijo: Paz
a vosotros»* (Lucas 24:36).

I. CUÁNDO SE APARECIÓ.

1. Cuando habían estado obrando indignamente en el huerto de Getsemaní, abandonándole en la hora de su prueba.
2. Cuando no estaban preparados y eran incrédulos, dudando de su expresa promesa y rehusando el testimonio de sus mensajeros de que le habían visto resucitado.
3. Cuando necesitaban grandemente su presencia, pues eran como ovejas sin pastor.

II. LO QUE LES DIJO: «Paz a vosotros.»

1. Era una bendición: Les desea paz.
2. Era una declaración: De que ellos estaban en paz con Dios.
3. Era una promesa que les inspiraba paz.
4. Era una absolución: El borraba todas las ofensas que podían haber turbado su paz.

III. LO QUE SU APARICIÓN PRODUJO.

1. Desterró sus dudas. Aún Tomás tuvo que apearse de su incredulidad obstinada.
2. Reveló y selló su amor en sus corazones, mostrándoles las manos y los pies.
3. Refrescó sus memorias: «Estas son las palabras que yo os hablé, estando aún con vosotros» (vers. 44).
4. Abrió sus entendimientos (vers. 45).
5. Les mostró su posición: «Vosotros sois testigos de estas cosas» (vers. 48).
6. Les llenó de gozo (Jn. 20:20).

Hay profundidades en los océanos que ninguna tempestad puede alterar; están más abajo del alcance de las tempestades que mueven y agitan la superficie del mar. Y hay alturas en el cielo azul donde las nubes no pueden subir aun cuando la tempestad ruja abajo; allí hay perpetuo sol y nada puede perturbar su profunda serenidad. Cada una de estas cosas son emblemas del alma que Jesús visita, a la cual habla palabras de paz, cuyos temores El disipa y cuyas lámparas de esperanza El adereza. — TWEEDIE.

Se cuenta del doctor Juan Duncan que sufría de los nervios y padecía melancolía religiosa. Sus luchas mentales eran a menudo muy duras, arrojando una sombra sobre toda su vida y obra.

En una ocasión fue a su clase en el colegio, en un estado de extremado abatimiento. Durante la oración de apertura se disipó la nube de su mente. Sus ojos brillaron, sus músculos se relajaron y, antes de empezar la clase, dijo con patética simpatía: «Queridos jóvenes, he tenido una visión de Jesús.»

Nosotros somos soldados de Jesucristo. Se ha comprobado muchas veces en la historia humana que lo que enardece el brazo del soldado y fortalece su corazón no es tanto la multitud del ejército del cual forma parte, como el carácter del jefe a quien sigue.

Se cuenta que en una de las batallas del duque de Wellington una parte del ejército estaba cediendo bajo una carga del enemigo, cuando él vino a ponerse en medio de ellos. Entonces un soldado exclamó extasiado: «Es el duque, ¡que Dios le bendiga!; prefiero ver su rostro que el de toda una brigada»; y a estas palabras todos los ojos se volvieron hacia su jefe, y los soldados quedaròn tan animados que rechazaron al enemigo. Sintieron que a su lado estaba aquel que nunca había sufrido derrota y, por tanto, no serían derrotados.

Un amigo militar también conversó sobre este asunto; me dijo que, aunque él no había oído nunca esta anécdota, podía creerla, pues la presencia de aquel distinguido general —añadió— era, en cualquier momento, mejor que cinco mil hombres. — TAIT, sobre la *Carta a los Hebreos*.

SERMÓN 122

LA ACTITUD DE NUESTRO SEÑOR EN LA ASCENSION

«*Y los sacó fuera hasta Betania, y alzando sus manos, los bendijo*» (Lucas 24:50).

Esta escena es muy remarcable, tan diferente de lo que la superstición habría inventado.

Tan quieta y calmada; no aparece ningún carro de fuego con caballos de fuego.

Tan majestuosa; no se abren los cielos ni se dejan ver ángeles hasta que El está ya fuera de la vista de los discípulos; es el propio poder del Señor, como ser divino, lo que produce tal simplicidad.

I. SUS MANOS LEVANTADAS PARA BENDECIR.

1. Esta bendición estaba llena de autoridad. Les bendijo en el momento en que su Padre le reconocía recibiéndole al cielo.

2. Esta bendición era tan plena como si El vaciara sus manos sobre ellos. Vieron aquellas queridas manos como derramando bendiciones que de ellas se desprendían.

3. La bendición era para los que estaban debajo y más allá del sonido de su misma voz: Derramó bendiciones sobre todos ellos.

II. AQUELLAS MANOS HABÍAN SIDO TRASPASADAS.

Esto podía ser visto por todos ellos al mirar arriba.

1. Así conocieron que eran realmente las manos de Cristo.

2. Así vieron el precio de la bendición. Su crucificación había comprado bendición perpetua para todos sus redimidos.

3. Así vieron el medio de bendición. Todo viene de aquellas manos humanas y de sus expiatorias heridas.

III. AQUELLAS MANOS EMPUÑABAN EL CETRO.

Sus manos son omnipotentes. Las mismas manos que bendijeron a sus discípulos mantienen hoy el cetro:

1. De su Providencia: tanto en los asuntos grandes como en los pequeños.

2. Del juicio futuro y del reino eterno.

¡Qué lugar más a propósito eligió Jesús para su ascensión! No eligió Bethlehem, donde habían cantado sus alabanzas las huestes angélicas; ni el Tabor, donde seres celestiales le habían rodeado y prestado homenaje. No fue al Calvario, donde las rocas heridas y las tumbas abiertas habían proclamado su deidad. No fue a los atrios del templo, con toda su suntuosa gloria; donde por siglos había brillado el Shekinah con su místico esplendor;

sino que escoge un montecillo, el nombre de una humilde aldea, Betania, consagrada por un hogar lleno de amor a El. — Doctor Macduff's, *Memorias de Betania.*

La manera de la ascensión de Cristo al cielo es un ejemplo de simplicidad y sublimidad que no tiene paralelo. Mientras estaba bendiciendo a sus discípulos partió de ellos, era llevado arriba y desapareció tras una nube. No hay aquí pompa ni nada más simple.

¿Cómo pueden los seguidores de este Señor y Maestro apoyarse sobre pompas y ceremonias para esparcir su religión, cuando El, su fundador, no practicó tales recursos que apelan a los sentidos de los hombres? Si a alguien que no hubiera oído nada de la historia de la ascensión se le pidiera que expusiera un cuadro imaginativo de la misma, sin duda nos referiría algo muy diferente. — N. Adams.

Esto no es una escena de lecho de muerte. Aquí no hay lágrimas; no estamos en un final, sino en un principio de vida. No hay señal de lloro por un gran carácter que se ha ido, porque los labios del gran Maestro están mudos para siempre. No hay lugar para la melancólica pregunta que por dos veces sonó en los oídos de Eliseo: «¿Sabes tú cómo te será quitado tu maestro?» Y él dijo: «Sí, lo sé; callad.» No, la escena que tenemos delante de nosotros es de calma y victoria.

La obra terrenal del Redentor está terminada; la obra que su corta estancia sobre la tierra iba a producir, inaugurada; estamos en la presencia de Aquel que dijo: «Toda potestad me es dada en los cielos y en la tierra»; y otra vez: «En el mundo tendréis aflicción; mas confiad, Yo he vencido al mundo.» — Dr. Butler, *Head Master of Harrow.*

Aquellas maravillosas manos de Cristo eran las mismas manos que habían acudido tan rápidamente en socorro de Pedro cuando se hundía en las olas del mar de Galilea. Las mismas manos que habían sido mostradas a los dudosos discípulos el tercer día después de que ellos le hubieron dejado sin vida en la tumba; las mismas manos que el incrédulo Tomás pudo ver, antes de aceptar el poder de su resurrección; las mismas que fueron extendidas, no tan sólo para que las vieran, sino también para que tocaran las heridas de su palma. Estas mismas manos vieron los discípulos levantadas, impartiéndoles su bendición, cuando la nube le separó de ellos.

Sólo diez días después comprendieron ellos la plenitud de aquella bendición que vino de las manos horadadas de Cristo. Pedro, en Pentecostés, debe haber predicado con el recuerdo de su última mirada a aquellas manos, cuando dijo: «Dios ha hecho a este Jesús, que *vosotros crucificasteis*, Señor y Cristo»; aquellas manos traspasadas son las que llaman a la puerta de tu corazón pidiendo entrada. Aquellas manos que, con sus profundas marcas de amor, empujan al extraviado al camino del cielo. — F. B. PULLAN.

SERMÓN 123

EL MENSAJE DE JUAN EL BAUTISTA

> «*El siguiente día vio Juan a Jesús que venía a él, y dijo: He aquí el Cordero de Dios, que quita el pecado del mundo*» (Juan 1:29).

En el caso que tenemos ante nosotros el predicador era un hombre muy notable, y su tema más notable aún. Juan el Bautista predica a Jesús. Aquí tenemos un modelo para cada ministro del Señor Jesucristo.

I. EL VERDADERO MENSAJERO.

1. Es alguien que ve a Jesús él mismo (vers. 33).
   Que se alegra de predicar a Aquel que ha visto y conocido, y en quien todavía espera.
   Predica Aquel a que viene y está viniendo.
2. Llama a los hombres a ver a Jesús. «He aquí el Cordero de Dios.»
   Lo hace simple y confiadamente.
   Lo hace continuamente. Es su único mensaje. Observen que Juan predicó el mismo sermón el «día siguiente» (vers. 35).
3. Conduce sus seguidores a Jesús. Los discípulos de Juan oyeron hablar a éste y siguieron a Jesús (vers. 37).
   Tenía suficiente fuerza para inducir a los hombres a ser Sus seguidores.
   Tenía bastante humildad para inducir a sus propios seguidores a que le dejasen a él para seguir a Jesús. Esta es la gloria de Juan el Bautista.

Tenía bastante gracia para que esto le hiciera alegrarse. Nuestras palabras deberían hacer ir a los hombres más allá de nosotros mismos, a Cristo. «No nos predicamos a nosotros mismos, sino a Jesucristo el Señor» (2.ª Corintios 4:5).

4. El se pierde a sí mismo en Jesús.

   Juan comprende la necesidad de esto. «A él conviene crecer, mas a mí menguar» (Jn. 3:30).

II. EL VERDADERO MENSAJE.

Las palabras de Juan fueron breves y enfáticas.

1. Declaró que Jesús había sido enviado y ordenado «de Dios».

2. Le declaró el verdadero y divinamente designado sacrificio por el pecado: «el Cordero de Dios».

   Le declaró como el único capaz para quitar la humana culpa: «que quita el pecado del mundo».

III. LA VERDADERA RECEPCIÓN DEL MENSAJE.

1. Creerlo y reconocer a Jesús como el sacrificio que quita nuestros pecados.

2. Seguir a Jesús. (Véase vers. 37).

3. Seguir a Jesús, aun cuando vaya solo.

4. Morar con Jesús. (Véase vers. 39.)

5. Ir adelante y hablar a otros de Jesús. (Véanse vers. 40 y 41.)

En el año 1857, un día o dos antes de que tuviera lugar mi primera predicación en el Palacio de Cristal, mientras se estaba reparando nuestro Tabernáculo, decidí ir a su plataforma y hacer un ensayo. A fin de comprobar las propiedades acústicas del edificio, dije con voz fuerte: «He aquí el Cordero de Dios que quita el pecado del mundo.»

En una de las galerías estaba trabajando un obrero que no sabía nada de nuestro próximo traslado al edificio; aquellas palabras le vinieron como un mensaje del cielo a su alma. Fue herido en su conciencia con la convicción de pecado, dejó sus herramientas, se fue a su casa, y allí, tras un rato de lucha espiritual, halló la paz y la vida eterna, por mirar al Cordero de Dios. Años después contó esta historia a alguien que le visitó en su lecho de muerte. — C. H. S.

¡Observad cuán simple es el medio y cuán grande el resultado! Juan simplemente declaró: «He aquí el Cordero de Dios.»

No hay aquí ningún llamamiento vehemente, ninguna reprensión severa, ni ninguna febril e impresionante apelación; es una simple y fiel declaración de la verdad de Dios. ¿Qué más tienen que hacer los servidores de Dios sino declarar la verdad del Evangelio, la voluntad de Dios, revelada en la persona y la obra de Cristo?

Es mucho más importante poner toda nuestra energía y fuerza en declarar esto que tratar de forzar y aplicar esta verdad con amenazas en invitaciones o con peroraciones retóricas. La verdad misma bien comprendida deshace el corazón, hiere el alma y la consuela, entrando en ella y trayendo luz y poder. ¡Cuán quietos y objetivos se nos aparecen los sermones de Cristo y de los apóstoles! ¡Cuán poderosos, empero, para las conciencias que reciben esta verdad de Dios, luz del cielo y poder de arriba: «He aquí el Cordero de Dios»! — Adolfo Saphir.

Se cuenta de Juan Wesley que, predicando a un auditorio de cortesanos y nobles, tomó como texto de su sermón las palabras de Juan el Bautista «generación de víboras», denunciando los pecados a diestra y siniestra. «Este sermón debía haberlo predicado en la plaza pública de Newgate», dijo a Wesley un cortesano disgustado al salir por la puerta sin saludarle. «No —respondió el intrépido apóstol—, mi texto *allí* habría sido: "He aquí el Cordero de Dios, que quita el pecado del mundo".»

Ningún heraldo podría vivir de miel y langostas en el desierto, si no tuviera que predicar de Alguien que era más noble que él, y para el cual él era tan solamente como el crepúsculo matutino que anuncia el resplandor del sol. Juan vivía más de la verdad profética que predicaba que de la miel y langosta que comía. — Dr. Parker.

Sermón 124

JESUS AL LADO DEL POZO

> «Y estaba allí el pozo de Jacob. Entonces Jesús, cansado del camino, se sentó así junto al pozo. Era como la hora sexta» (Juan 4:6).

¡Cuán real era su humanidad! Jesús estaba más cansado que sus discípulos que fueron a la ciudad.

Sus negaciones propias se ven aquí de un modo remarcable:

No quiso ser exceptuado de la fatiga.
No quiso obrar un milagro en favor de su propio descanso.

I. SAQUEMOS EN NUESTRAS CONCIENCIAS UN CUADRO ESPIRITUAL DE NUESTRO FATIGADO SALVADOR.

1. Se halla fatigado por nuestros pecados (Is. 43:24).
2. Fatigado de nuestra adoración formalista (Is. 1:14).
3. Fatigado de nuestra incredulidad y error (Sal. 95:10).
4. Fatigado de nuestra resistencia a su espíritu (Is. 63:10).
5. Fatigado de nuestras rebeliones y descarríos (Mal. 2:17).
   Quizá nosotros hemos fatigado de un modo especial al Señor y podremos observarlo leyendo en Amós 2:13 algunas singulares provocaciones que allí se describen.
   Hay una grave pregunta que formula el profeta Isaías: «¿Fatigaréis vosotros también a mi Dios?» (Is. 7:13).

II. FORMAD EN VUESTRA CONCIENCIA UN CUADRO ESPIRITUAL DEL SALVADOR QUE OS ESTÁ ESPERANDO.

1. El espera a alguien en el pozo. Aprovecha todas las ocasiones para bendecir: Quizás una aflicción; el escuchar un mensaje de su Palabra; un motivo de cumpleaños o el más simple suceso de la vida.
2. Espera al más pecador. En este caso a una mujer que había tenido cinco maridos.
3. Espera para aceptar y para dar un encargo a los que han aceptado su mensaje.
4. Espera para empezar por medio de un solo convertido una gran cosecha de almas como en el caso de los samaritanos.
   ¿Cuánto tiempo ha esperado por alguno de vosotros?

III. QUE NUESTRO ARREPENTIMIENTO NOS HAGA VER OTRO CUADRO.

Cambiemos aquí el personaje.
1. ¿Estás cansado de tu camino de pecado?
2. Espera, aguarda la llegada de tu Salvador.
3. Pide que te dé a beber y, al hacerlo, dale a El de beber, pues la salvación de las almas es lo único que le satisface.
4. Bebe tú mismo del agua de vida y corre a proclamarlo a otros.

Mientras simpatizamos con el cansancio corporal de nuestro Señor recordemos el cansancio del alma que nuestro pecado debe haberle ocasionado. El tenía hambre de bendecir a los hombres y éstos rehusaban el pan de vida. El les habría juntado, pero ellos no querían juntarse debajo de sus alas. El debería estar especialmente cansado de las ostentaciones e hipocresías de los fariseos, de los torpes legalismos de los escribas que diezmaban la mente y el eneldo. A menudo se sentiría cansado de la testaruda incredulidad de los judíos y la provocadora falta de fe de sus propios discípulos.

El pecado, las dudas, las calumnias, el egoísmo, la dureza de alma de los que le rodeaban debió haber cansado su alma santa, haciéndole cada día el hombre de dolores. Sin embargo, El nunca abandonó su lugar; permaneció al lado del pozo; jamás rehusó dar el agua de vida al alma sedienta, ni cesó de invitar a los hombres a venir a El y beber. — C. H. S.

Cuando nos sentimos cansados, mantengámonos todavía a la espera de hacer algún bien.

Cansado y sentado sobre el brocal del pozo, nuestro Señor está todavía en actitud de observación. «Yo nunca me siento cansado de orar», dijo un fiel ministro del Evangelio, quien, después de un duro día de trabajo, el dueño de la casa donde se hallaba hospedado trataba de excusarle de la labor final del día, dirigir el culto de familia.

Cuando Dios está bendiciendo su Palabra los verdaderos ministros del Evangelio olvidan su fatiga; a veces permanecen hasta altas horas de la noche exhortando y enseñando a los inquiridores del Evangelio; pero, ¡ay!, cuando el Espíritu Santo no tiene nada que hacer en el corazón de un servidor de Dios nominal, éste se excusa de «hacer horas extras»; como oí una vez de un predicador que abandonó el local en el mismo momento que terminó el culto. Alguien, describiendo a cierto ministro, dijo: «¡Oh, es muy frío! Cree que es una equivocación ser demasiado religioso. No puede soportar el celo de sus miembros.» Que entre estos ejemplos sepamos escoger nosotros el camino más excelente.

El santo Brainerd, cuando no podía predicar porque estaba en su lecho de muerte, llamó a un pequeño muchacho indio y le pidió que leyera sus cartas evangelísticas de otros tiempos. ¡Oh, que sepamos vivir para salvar almas, y así muramos! — C. H. S.

Sermón 125

EL TRABAJO DEL DIA DE REPOSO

«Y era día de reposo aquel día» (Juan 5:9).

Encontramos seis casos especiales de curación que Jesús obró en el día de sábado.

1. Echó malos espíritus (Luc. 4:31-35).
2. Restauró la mano seca de un hombre (Luc. 6:6-10).
3. Sanó a la mujer encorvada (Luc. 13:10-17).
4. Curó al hombre enfermo de hidropesía (Luc. 14:1-6).
5. Sanó al paralítico (Jn. 5:1-9).
6. Abrió los ojos de un ciego (Jn. 9:1-14).
   Del mismo modo que Dios reposó el día séptimo y lo santificó, así reposó empleando a Jesús para curar, y santificó el día de reposo.

I. AQUELLAS CURACIONES RESPONDÍAN A CASOS MUY DIVERSOS.

1. Consciente inaptitud espiritual (Luc. 6:6-10).
2. Penoso encorvamiento y gran cansancio (Luc. 13:10-17).
3. Ceguera de nacimiento (Jn. 9:1-14). Muchos están en esta condición. No ven la verdad espiritual sino que viven en completas tinieblas en cuanto a la verdad del Evangelio.

II. ESTAS CURAS REPRESENTAN PROCESOS USUALES.

1. Una palabra personal al doliente. «Extiende tu mano» (Luc. 6:10). Era incapaz de hacerlo, y sin embargo se lo ordenó y él obedeció. Este es el método del Evangelio.
2. Una palabra aceptada por fe: «Mujer, eres libre de tu enfermedad» (Luc. 13:12). La fe convierte la promesa en hecho; la enseñanza del Evangelio, en salvación actual.
3. Poder sin ninguna palabra (Luc. 14:4).

III. TODAS ESTAS CURACIONES NO ERAN BUSCADAS.

Este es un aspecto muy especial de ellas.

1. El poseído rogó a Jesús que le dejara solo (Luc. 4:34).
2. El hombre con la mano seca no pensaba ser curado (Luc. 6:6).
3. La mujer enferma no esperaba ser curada (Luc. 13:11).

4. El hombre con hidropesía no pidió ninguna bendición (Luc. 14:2).
5. El paralítico estaba demasiado enfermo para ir en busca de Cristo (Jn. 5:5).
6. Era una cosa inaudita a los ojos del hombre nacido ciego que sus ojos fuesen abiertos, y por tanto no lo esperaba (Jn. 9:32).

Brainerd dijo en su lecho de muerte: «Nací de la carne un domingo; tengo razón para pensar que nací de nuevo otro domingo; y espero que moriré el próximo domingo.»

El primer día de la semana fue señalado por el don de la luz en la Naturaleza, y es admirable pensar que ha sido escogido como día del Señor para dar a muchos pecadores la luz de la gracia. — C. H. S.

Sermón 126

¿DONDE ESTA AQUEL?

«Y le buscaban los judíos en la fiesta, y decían: ¿Dónde está aquél?» (Juan 7:11).

Nadie que ha oído a Jesús puede permanecer indiferente, debe tomar alguna clase de interés en el Señor Jesús.

I. CONSIDERAD LAS FORMAS EN LAS CUALES LA PREGUNTA PUDO HABER SIDO HECHA.

1. Con odio, deseando ferozmente matarle y destruir su causa. Herodes era de este tipo.
2. Con infidelidad y burla, negando su existencia, mofándose de sus seguidores porque su causa no progresaba mucho (2.ª Ped. 3:4).
3. Con temor o tristeza, dudando de su presencia, de su poder. «He aquí yo iré al oriente, y no lo hallaré; y al occidente, y no lo percibiré» (Job 23:8-9).
4. Con arrepentimiento, buscando humildemente hallarle para confesar sus pecados, confiar en El como Señor y mostrarle gratitud (Job 23:3).

II. La respuesta de la experiencia de los santos, ¿dónde está?

1. En el trono de misericordia, cuando clamamos a El en secreto.

2. En su Palabra, cuando escudriñamos sus sagradas páginas.

3. En el horno de aflicción, revelándose a sí mismo, santificando por medio de la prueba y confortándonos.

4. El está cerca de nosotros; sí, con nosotros y en nosotros.

III. Cambiemos la pregunta a nosotros mismos.

1. ¿Está El al final de tu confianza? ¿Está en la raíz de tus goces?

3. ¿Está en el trono de tu corazón?

4. ¿Está su presencia manifiesta en tu espíritu, en tus palabras y en tus acciones?

5. ¿Está delante de ti al final de tu camino y al final del lugar a donde te vas apresurando cada día?

IV. La pregunta a los ángeles.

Estos a una voz responden que el Señor Jesús está:

1. En el seno del Padre.

2. En el centro de la gloria.

3. En el trono de gobierno.

Sermón 127

CRISTO, CAUSA DE DIVISIONES

«Hubo entonces disensión entre la gente a causa de El» (Juan 7:43).

Hasta hoy la mayor división en el mundo es: «A causa de El.»

I. Había división entre los que no eran discípulos.

1. Algunos admitían sus declaraciones.

2. Otros admitían una parte de ellas, pero negaban el resto.

3. Algunos admitían sus declaraciones, pero se negaban a seguir la legítima consecuencia de ellas.
4. Unos pocos vinieron a ser oidores sinceros, yendo tan lejos como El, por lo que habían aprendido de El.

II. HABÍA UNA DIVISIÓN ENTRE LOS CREYENTES Y LOS NO CREYENTES.

También hay una gran división hoy día:
1. De opinión en lo que respecta al Señor Jesús.
2. De confianza; muchos se apoyan en sí mismos; sólo los muy piadosos confían en Jesús.
3. En amor. Entregándose a placeres y propósitos diversos demuestran que el corazón va detrás de diferentes objetos.
4. En obediencia, carácter y lenguaje.
5. En desarrollo, crecimiento, tendencia.
6. En destino. Las direcciones de las líneas de la vida van a diferentes lugares, al final del viaje. El tema de Cristo divide todavía los más queridos amigos y parientes. Es la más profunda y real diferencia que existe en el mundo.

III. SIN EMBARGO, CUANDO VIENE LA FE SE PRODUCE LA UNIDAD.

1. Las nacionalidades se juntan. El Calvario cura la llaga de la torre de Babel. Judíos y gentiles son uno en Cristo.
2. Las peculiaridades personales cesan de dividir; los obreros de Cristo han de estar unidos a causa de sus comunes dificultades.
3. Las especialidades mentales sienten el toque de la unidad.
Los santos de todas clases de educación son uno en Jesús.
Los santos en el cielo serán como muchas olas, pero en un solo mar.
Las ambiciones que les integran son vencidas y puestas a los pies de Jesús.

Dividámonos, si hay división real. Unámonos íntimamente, si hay unión verdadera con Cristo. Cristo, autor de la paz, a causa de los hombres malos se convierte en ocasión de discordia. — JUAN CALVINO.

Nunca ha vivido en el mundo otra persona que haya movido tan profundamente los corazones de los hombres como lo ha hecho Jesucristo. Los grandes monarcas que han reinado, los grandes maestros en arte, ciencia o literatura, jamás han afectado a tantas personas, ni de un modo tan extenso, como lo ha hecho Jesús de Nazaret.

El ha cambiado el curso de la historia del mundo y ha hecho su condición casi inconcebiblemente diferente de lo que habría sido sin su venida. Sus enseñanzas son recibidas por las más distantes naciones de la tierra. Millones de hombres le llaman Señor; ocupa el más alto lugar en la estimación y afecto de multitudes; muchos han vivido por su causa y otros han muerto por causa de El. Pero en la proporción en que la fe, la veneración, el amor con que Cristo es mirado, hay en otra parte de la humanidad incredulidad, odio y mala voluntad hacia El; los polos no pueden ser más opuestos que los sentimientos de los hombres respecto a Cristo; no hay nada acerca de lo cual estén en más completa diferencia. Cantáis: «¡Cuán dulce el nombre de Jesús!», pero simultáneamente hay judíos que maldicen ese nombre e infieles que le tildan de impostor. Miráis a Cristo digno del más ardiente amor, y hay los que le miran con odio apasionado. El mismo Satanás no puede ser más hostil a Cristo que lo que son algunos hombres.

Por haberse originado entre los judíos, la religión cristiana fue mirada al principio en el Imperio Romano simplemente como una secta judía, y compartió tanto la impunidad como el odio con que este pueblo era tratado por sus amos imperiales. ¿Qué es lo que hizo Claudio, o Vespasiano? Se preocupaban más de esta nueva secta cristiana que lo que se preocupaban de los fariseos, saduceos, edvenios, libertinos, etc. Cristo era entonces solamente un «christus», y las controversias entre sus seguidores y los sacerdotes judíos era solamente una de aquellas numerosas controversias a que el inquieto pueblo judío estaba crónicamente sujeto.

Poco a poco, cuando la joven iglesia se hizo fuerte, empezó a tener existencia propia e hizo sentir su presencia al mundo, y entonces se mostró con su carácter genuino y su espíritu distintivo, frente a frente de Roma. Entonces se reconocieron una a la otra como naturales, irreconciliables enemigos, y en seguida empezó una lucha a muerte entre ellos que desde el principio tendió a su exterminación y sólo podía terminar con la caída del uno o del otro. No había lugar en el mundo para Cristo y César, de modo que uno de los dos tenía que perecer. — ISLAY BURNS.

LUGAR PARA LA PALABRA

«Mi palabra no halla cabida en vosotros» (Juan 8:37).

I. El lugar que la palabra de Dios debería tener en los corazones de los hombres.

1. Un lugar dentro. En los pensamientos, en la memoria, en la conciencia, en los afectos. «Tu Palabra he guardado en mi corazón» (Sal. 119:11). (Véanse también Jer. 15:16 y Col. 3:16.)
2. Un lugar de honor. Debería recibir también toda atención, reverencia, fe y obediencia (Jn. 8:47; Luc. 6:46; Mat. 7:24, 25).
3. Un lugar de confianza. Debemos en todas las cosas apoyarnos en la palabra segura; en las promesas de Dios, puesto que Dios no miente, ni se equivoca, ni cambia (Is. 7:9; 1.º Sam. 15:29; Tito 1:2).
4. Un lugar de amor. Debería ser apreciada más que nuestra comida diaria y defendida al igual que nuestras vidas (Job 23:12; Jud. 3).

II. Por qué la Palabra de Dios no tiene lugar en muchos hombres.

1. Estáis demasiado ocupados y no podéis admitirla. No viene como una novedad y, por lo tanto, la rehusáis.
2. Estáis cansados de «la vieja, vieja historia».
¿Estáis cansados del pan, del aire que respiráis, del agua, de la vida?
3. Sois demasiado sabios, demasiado cultos para someteros al gobierno de Jesús (Jn. 5:44; Rom. 1:22).
4. ¿O es alguna de estas otras la razón de vuestro rechazo de la Palabra de Dios?:
Que no tenéis celo de Dios.
Que os gusta el pecado.
Que estáis codiciosos de torpes ganancias.
Que necesitáis un cambio de corazón.

III. ¿Cuál será el resultado de no caber la Palabra en vosotros?

1. Cada rechazamiento de la Palabra de Dios ha significado un nuevo pecado acumulado en vuestras vidas.

2. La Palabra puede cesar de pedir lugar en vosotros.
3. Podéis convertiros en violentos oponentes de esta Palabra, como sucedió en los judíos.
4. La Palabra os condenará en el último día (Jn. 12:48).

La única razón por que tantos están contra la Biblia es porque saben que la Biblia está contra ellos. — G. S. Bowes.

Sermón 129
¿ES VERDAD O NO?

«Nosotros sabemos que Dios no oye a los pecadores; pero si alguno es temeroso de Dios y hace su voluntad, a éste oye» (Juan 9:31).

Es malo arrancar pasajes de la Biblia fuera de su contexto y tratarles como infalible Palabra de Dios, cuando son tan solamente palabras de hombres. Haciéndolo así podríamos probar que no hay Dios (Sal. 14:1); que Dios ha olvidado a su pueblo (Is. 49:14); que Cristo era un bebedor (Mat. 11:19) y que nosotros debemos adorar al diablo (Mat. 4:9).

Esto no lo haremos nunca. Debemos primero inquirir quién pronunció la frase, antes de predicar sobre ella.

Nuestro texto son unas palabras dichas por un hombre ciego, que estaba lejos de tener una perfecta instrucción cristiana; por tanto, han de ser tomadas estas palabras por lo que valen, pero no consideradas como enseñanza de Cristo.

I. No es verdad en algunos sentidos.

1. Dios oye a los pecadores, de otro modo no oiría a nadie, pues no hay ningún hombre en la tierra que no sea pecador (1.º Rey. 8:46).
Ningún santo sería escuchado, pues aun los santos son pecadores.
2. Dios oye algunas veces y responde a hombres no regenerados:
Para conducirles al arrepentimiento (1.º Rey. 21:27).
Para dejarles sin excusa (Ex. 10:16, 17).

3. Dios oye misericordiosamente a los pecadores cuando claman por misericordia.

No creer esto, sería negar el Evangelio.

No creer esto, sería negar los hechos: David, Manasés, el ladrón moribundo, el publicano, el hijo pródigo, confirman este testimonio (Is. 55:7).

II. Es VERDAD EN OTRO SENTIDO.

1. Dios no oye la oración del pecador, aparte de la mediación de nuestro Señor Jesucristo (1.ª Tim. 2:5; Ef. 2:18).

2. No oye la oración fría y formal del malo (Prov. 15:29).

3. No oirá al hombre que voluntariamente continúa en pecado y permanece en incredulidad (Jer. 14:12; Is. 1:15).

4. No oirá a quien no perdona (Marc. 11:25, 26).

5. No oirá ni siquiera a su pueblo cuando peca voluntariamente y mantiene el pecado en sus corazones (Salmo 66:18).

6. No oirá a los pecadores que mueren impenitentes.

Al fin cerrará sus oídos a ellos como en el caso de las vírgenes fatuas que clamaban: «Señor, Señor, ábrenos» (Mat. 25:11).

Son nuestros pecados que cierran el paso a nuestras oraciones. No es la gran distancia entre el cielo y la tierra, ni las nubes espesas, sino tan sólo nuestros pecados que impiden a nuestras oraciones ascender hasta el trono de Dios. «Cuando multipliquéis vuestras oraciones yo no os oiré», dice el Señor. ¿Por qué? «Porque vuestras manos están llenas de sangre». Dios no oirá las peticiones presentadas a El con manos culpables.

Nuestras oraciones son cartas de pago y serán admitidas en el cielo cuando vengan de corazones humildes y piadosos; pero si estamos en quiebra en cuanto a nuestra religión, y en bancarrota de la gracia, Dios protestará nuestras cartas de pago, no será ganado por nuestras oraciones. — TOMÁS ADAMS.

Dios nunca «es duro para oír, ni duro para dar.»

La sangre de una oveja y la de un cerdo son semejantes; sin embargo, la sangre del cerdo no podía ser ofrecida a causa de su procedencia; así, la oración del hombre irregenerado puede ser muy buena y elocuente; sin embargo, no puede ser aceptada a causa del corazón de la persona de quien procede. — SAMUEL CLARK.

Es difícil ilustrar esta verdad, porque nada ocurre en la vida humana que se parezca a lo que tiene lugar cuando un pecador impenitente pretende orar a Dios.

Muchas peticiones son presentadas al gobierno, pero jamás serán atendidas las de aquellos que están en rebeldía contra su autoridad. Es universalmente reconocido que la rebeldía contra cualquier gobierno suprime todos los derechos de petición. Del mismo modo, un pecador impenitente que pide favores a Dios, es la cosa más antinatural y monstruosa que puede concebirse.

¿Qué ciudad rebelde, sitiada por las fuerzas del ejército legal, se atrevería a pedir ayuda al Gobierno sobre la base de que hay grande escasez y hambre dentro de la tal ciudad, si sus habitantes no tienen la más ligera intención de rendirse al Gobierno? — *The Preachers' Monthly.*

SERMÓN 130

LA PUERTA

> «*Yo soy la puerta; el que por Mí entrare, será salvo; y entrará, y saldrá, y hallará pastos*» (Juan 10:9).

Nuestro Señor se muestra aquí muy condescendiente; la figura poética más elevada y sublime no es bastante gloriosa para describirle; sin embargo, El escoge ejemplos sencillos que la mente más prosaica puede asimilar.

La puerta de un corral es la más pobre que hay. Jesús condesciende a compararse a lo más vil, con tal de que sirva de ilustración a su pueblo.

I. LA PUERTA. EN ESTA FAMILIAR ILUSTRACIÓN VEMOS:

1. Necesidad. Suponed que no hubiera puerta de acceso a Dios; nunca podríamos entrar en la paz, la verdad, la salvación, la pureza o el cielo.

2. Singularidad. Hay sólo una puerta; no nos cansemos buscando otra. La salvación es por entrar por esta puerta, y ninguna otra (Hech. 4:12).

3. **Personalidad.** El mismo Señor Jesús es la puerta: «Yo soy la puerta»; no las ceremonias, las doctrinas, las profesiones de fe, las realizaciones valiosas; sino el Señor mismo, nuestra Redención.

II. LOS USUARIOS DE LA PUERTA.

1. No son los meros observadores, o los que llaman a la puerta, ni los que se sientan delante de ella, ni los guardas que andan de un lado a otro por delante de ella; sino los que entran por la fe, el amor, la experiencia, la comunión.

2. Son personas que tienen una cualidad: «entran por». La expresión «el que» significa cualquiera; pero la diferencia consiste en entrar.

Una puerta que es designada como LA PUERTA significa puerta única que ha de ser usada. La remarcable advertencia «Yo soy la puerta», y las promesas especiales hechas al que entra, son la más amplia y atractiva invitación que se puede imaginar.

III. LOS PRIVILEGIOS DE TALES USUARIOS.

1. Salvación. «Será salvo», de una vez y para siempre.

2. Tendrá libertad. «Entrará y saldrá.» No es la puerta de una prisión, sino la puerta de un rebaño, cuyo pastor da libertad.

3. Tendrá acceso. Entrará para suplicar, protegerse, tener comunión, instrucción y gozo.

4. Saldrá. Para servicio, progreso, etc.

5. Alimento. «Y hallará pastos.» Nuestro alimento espiritual se encuentra por Cristo, en Cristo y alrededor de Cristo.

La obra de la Reforma fue descrita así por un severo hombre de estado alemán: «Gracias a Dios, el doctor Lutero ha hecho la entrada al cielo un poco más fácil despidiendo una multitud de porteros, chamberlanes y maestros de ceremonia.» — JUAN BATE.

No podemos entrar y salir de casa sin pasar por este emblema de nuestro Señor. Del mismo modo que El está cerca en cuanto al tipo, está cerca en cuanto a su realidad. — C. H. S.

No hay media docena de caminos para salir de nuestro pecado y miseria; ni podemos elegir un camino por entre los valles y lugares desolados de esta vida mortal para alcanzar al fin el cielo por cualquiera de ellos, sino que hay sólo un camino.

Pero es el único camino, y asimismo el camino seguro y perfecto. «*Via unica, via certa*», dice un proverbio latino; su verdad es evidente en este caso. — Dean Howson.

Sermón 131

LA IMPORTANCIA DEL AMOR

«Habéis oído que os he dicho: Voy y vuelvo otra vez. Si me amarais, os habríais regocijado, porque he dicho que voy al Padre, pues mi Padre mayor es que yo» (Juan 14:28).

I. Deberíamos ver siempre las cosas a la luz de Cristo.

1. El lo ve todo. No solamente dice: «Me voy», sino «volveré otra vez a vosotros».
2. Ve a través de las cosas. No dice voy a morir, sino que mira más allá y dice: «Voy al Padre.»
3. Ve el verdadero significado de las cosas. Los sucesos que tenían que ocurrir eran tristes en sí mismos, pero conducirían a resultados muy felices; por esto podía decir: «Si me amaseis ciertamente, os gozaríais.»

II. Nuestro amor debe ser prominente con respecto a su persona.

1. El es la fuente de todos los beneficios que otorga.
2. Amándole le tenemos a El, y con El todos sus beneficios.
3. Amándole apreciamos más sus beneficios.
4. Amándole simpatizamos en todo lo que El hace.
5. Amándole amamos a su pueblo por causa de El.
6. Amándole nuestro amor soporta toda clase de denuestos por Su causa.
7. Amándole el Padre nos ama a nosotros (Jn. 14:23).

III. **Nuestras tristezas no pueden poner nuestro amor en entredicho.**

Sin embargo, en el caso de los discípulos, el Señor dijo con razón: «Si me amaseis...»
Desafortunadamente puede decir lo mismo de nosotros.

1. Cuando nos quejamos de su voluntad a causa de nuestras severas aflicciones.

2. Cuando tememos morir, y así demostramos nuestra poca voluntad de estar con nuestro Señor. Seguramente, si le amásemos más, nos alegraríamos de ir a estar con él.

IV. **Nuestro amor debería hacernos alegrar de que nuestro Señor sea exaltado, aun cuando sea con pérdida de nuestra parte.**

1. Era una pérdida aparente para los discípulos el que su Señor fuera al Padre, y así a nosotros nos parece a veces que ciertas providencias ocurridas en nuestra vida son pérdida para nosotros:
Cuando somos afligidos y El es glorificado con nuestras pruebas.
Cuando somos eclipsados y ello resulta en beneficio del Evangelio.
Cuando somos privados de nuestros privilegios para bien de otros.

2. Era en gran manera beneficioso para el Señor el ir a su Padre.
Esto le libraba de los sufrimientos humanos para siempre.
Le hacía recuperar la gloria prometida por el Padre en recompensa a su humillación redentora.

Un santo no se preocupa de si a él le van bien o mal las cosas, con tal de que vayan bien para Cristo. Dice, como Mefiboset a David: «Deja que él las tome todas, pues que mi señor el rey ha vuelto en paz a su casa» (2.º Sam. 19:30). Así como Moisés, quien, con tal de que el nombre de Dios no fuera difamado, estaba dispuesto a que su propio nombre fuera quitado del libro de la vida; y como Juan el Bautista, quien declaró: «A El le conviene crecer, mas a mí menguar; así que, por tanto, mi gozo es cumplido.» — Ralph Venning.

Sermón 132
ORDEN DE MARCHA

«Levantaos, vamos de aquí» (Juan 14:31).

Nuestro Señor estaba bajo órdenes de marcha, y lo sabía; no tenía que quedar sobre la tierra. Oídle cómo llama a sí mismo y a los suyos a levantarse y marchar, aunque el camino por donde iban les llevaría a una lucha de angustia y sudor de sangre.

I. LA ORDEN DE MARCHA DE NUESTRO MAESTRO.

Con esta orden de marcha expresa:
1. Su deseo de obedecer al Padre.
No fue impedido por el sufrimiento que le esperaba.
2. Indica su disposición a enfrentarse con el archienemigo: «Viene el príncipe de este mundo», acaba de decir.
Que estaba preparado para la prueba, «mas no tiene nada en mí».
3. Reveló su actividad práctica. Observad la energía de nuestro Señor a través de todo este capítulo: «Voy y vendré otra vez.» «Yo lo haré.» «Yo oraré.» «Levantaos, vámonos de aquí.»
Prefiere la acción a los más sagrados ritos; de modo que se levanta de la mesa de Comunión con esta palabra en sus labios.
Prefiere acción a la más dulce conversación. «Ya no hablaré mucho con vosotros; levantaos, vamos de aquí.»

II. NUESTRO PROPIO LEMA. «Levantaos, vamos de aquí.»

Siempre adelante, siempre en marcha (Ex. 14:15).
1. Fuera del mundo, desde que El nos llamó por gracia (2.ª Cor. 6:17).
2. Fuera de las asociaciones prohibidas. Si como creyentes nos encontramos como Lot en medio de Sodoma: «Escapa por tu vida» (Gén. 19:17).
3. Fuera de los presentes logros, cuando estamos creciendo en gracia (Fil. 3:13, 14).
4. Fuera de toda complacencia propia. No debemos pararnos ni un solo instante. La propia satisfacción podría detenernos.
5. A sufrir cuando el Señor pone sobre nosotros aflicción (2.ª Cor. 12:9).

6. A morir cuando la voz de arriba nos llama al hogar (2.ª Tim. 4:6).

Con razón dijo un gran hombre, y sus palabras son dignas de recordar: «Tened en cuenta que estáis empezando a desviaros, cuando os sentís un poco complacidos con vosotros mismos porque vais rectos.» Velemos contra esta trampa de Satanás y esforcémonos para mantener la actitud apostólica: «En humildad, estimándoos cada uno ser inferior al otro.»

Y permitidme advertiros no cometer el error de suponer que esta propia complacencia puede ser controlada por el mero uso de reconocidas expresiones teológicas, atribuyendo todo el mérito y alabanza a Dios. Tales declaraciones son, a veces, meros ropajes del orgullo espiritual, y de ningún modo deben ser confundidas con la verdadera humildad. — W. H. M. H. Aitken.

Apretado de todos lados por el enemigo, el general austríaco Melas envió un mensajero a Suwarrow pidiéndole si debía «retirarse». Suwarrow le escribió con un lápiz: «¡Siga adelante!»

El verdadero celo es impaciente con todos los obstáculos. Como dijo Edmundo Burke a los electores en Bristol: «¡Aplaudidnos cuando corremos, consoladnos cuando caemos, animadnos cuando nos recobramos; pero vayamos adelante por amor de Dios, vayamos adelante!» Hermanos, que sea éste nuestro lema: «Adelante», hasta que la última oveja descarriada, lejos, al otro lado del monte, oiga la voz de Cristo y sea juntada a su redil. — A. H. Baynes.

Sermón 133

«¡HE AQUI VUESTRO REY!»

«Dijo Pilato a los judíos: He aquí vuestro Rey» (Juan 19:14).

I. He aquí el Rey preparando su trono.

1. Está poniendo sus fundamentos con su sufrimiento.
2. Lo hace un trono de gracia mediante sus dolores expiatorios.

II. **He aquí al Rey reclamando nuestro homenaje.**
Reclama y conquista nuestra adoración.
1. Por los derechos de su supremo amor.
2. Por el derecho de su completa adquisición redentora.
3. Por el derecho de una agradecida consagración que de todo corazón le queremos dar bajo el sentimiento de nuestra amante gratitud.

III. **He aquí cómo prueba la seguridad de su Reino.**
1. ¿Es El Rey en su humillación? Entonces, con toda seguridad, es Rey ahora que se halla resucitado de los muertos y en su gloria.
2. ¿Es Rey en medio de la vergüenza y el dolor? Pues es poderoso para ayudarnos, si nosotros nos hallamos en igual caso.
3. ¿Es Rey mientras está pagando el precio de nuestra Redención? Entonces, ciertamente, es Rey ahora que la Redención está hecha y ha venido a ser «Autor de eterna salvación».
4. ¿Es Rey ante el tribunal de Pilato? Pues mucho más lo será cuando El está en el trono y Pilato ante la barra del juicio.

Es mucho peor pecado despreciar al Salvador revestido con su ropaje real, que crucificarlo cuando se hallaba vestido de harapos. Una afrenta es más grave cuando es hecha a un príncipe sobre su trono, que si el mismo príncipe se encontrara disfrazado con los vestidos de su siervo. Cristo entró en la gloria después de sus sufrimientos; en cambio, todos sus enemigos han de caer en la miseria cuando la muerte les despoje de sus efímeros privilegios y prosperidad. Por tanto, los que no estén regidos por su cetro de oro serán aplastados por su vara. — Esteban Charnock.

¿Es que Pilato esperaba quebrantar el corazón de los judíos mediante esta burla?

¿Pensó que les haría cambiar de su malvado propósito y avergonzarles de haber acusado a *El* de traición?

Quizá sí que pensó de esta manera, pero fracasó. Los dolores de Jesús, ni entonces ni ahora, vencen el odio de muchos hombres; pero este hecho prueba cuán terriblemente endurecido se halla su corazón.

Sin embargo, cuando obra la influencia del Espíritu Santo, no hay nada más a propósito para ganar los corazones a Jesús que mirarle en sus dolores. ¡Mira, oh hombre, y ve lo que tu pecado ha hecho, lo que tu Redentor ha sufrido y lo que El reclama de ti! ¡Mírale, no como un extraño, sino como algo tuyo! ¡Mírale, no sólo como tu Amigo y Salvador, sino como tu Rey! ¡Mírale, y cae en seguida de rodillas a sus pies y hazte su amante súbdito! — C. H. S.

SERMÓN 134

ENJUGANDO LAGRIMAS

«Jesús le dijo: Mujer, ¿por qué lloras? ¿A quién buscas?» (Juan 20:15).

La mujer tiene muchas razones para llorar, desde que tuvo lugar la caída.

Jesús fue a la muerte en medio de mujeres llorosas, y cuando resucitó se encontró también con algunas en semejante actitud.

Las primeras palabras del Salvador resucitado fueron a una mujer deshecha en lágrimas. Aquel que había nacido de mujer vino a secar las lágrimas de la mujer.

I. ¿TE HALLAS AFLIGIDA POR UN DOLOR NATURAL?

1. ¿Estás dolorida? El Salvador resucitado te consuela, pues te asegura la resurrección de tus amados que han partido.

    El está contigo como viviente Ayudador.

    El simpatiza contigo, pues también El experimentó el dolor de la muerte de un amigo, en el caso de Lázaro, y El mismo murió.

2. ¿Lloras porque tus amados están enfermos? El vive para escuchar oraciones de curación.

3. ¿Estás enfermo tú mismo?

    Jesús vive para mitigar tus dolores.

    Vive para sustentar tu corazón bajo el sufrimiento.

    Vive para dar vida a tu cuerpo, del mismo modo que lo ha hecho con tu alma.

II. ¿ES TRISTEZA ESPIRITUAL?

1. *Distingue:* Ve si ello es para bien o para mal. «¿Por qué lloras?»
   ¿Es dolor egoísta? Avergüénzate de él.
   ¿Es dolor de rebelión? Arrepiéntete.
   ¿Es de ignorancia? Aprende de Jesús y líbrate de él.
   ¿Es desespero? Cree en Dios y espera siempre.
2. *Declara:* Díselo todo a Jesús. «¿Por qué lloras?»
   ¿Es de tristeza por otros? El llora contigo.
   ¿Es por seres amados que permanecen en pecado?
   ¿Es porque la iglesia está fría y muerta?
   ¿Es el dolor de buscar tu propia santidad? El te la concederá.
   ¿Es porque tus oraciones parecen fracasar?
   ¿Es por tu vieja naturaleza rebelde?
   ¿Es el dolor de la duda? El te confortará.
   Ven a Jesús como pecador.
   ¿Es el dolor de un pecador que busca salvación? El te recibirá.
   ¿Lloras a causa de tu pecado pasado?
   El te acepta y en El tienes todo lo que estás buscando.

Una mujer hindú dijo a un misionero: «Seguramente vuestra Biblia fue escrita por una mujer.» «¿Por qué dice esto?», replicó el misionero. «Porque ¡dice tantas cosas buenas para las mujeres! Nuestros maestros hindús nunca nos hablan sino con reproches.» — OBISPO HALL.

Las primeras palabras que pronunció el Señor después de su resurrección fueron, según parece: «Mujer, ¿por qué lloras?» Es una buena pregunta después de la resurrección de Cristo. ¿Qué es lo que nos hace llorar ahora que Cristo ha resucitado? Nuestros pecados son perdonados porque El, que es nuestra cabeza y el secreto de nuestra seguridad, ha sufrido la muerte por nosotros. Entonces, si Cristo ha resucitado, ¿por qué lloramos? Si tenemos nuestro corazón quebrantado como humildes pecadores interesados en su muerte y resurrección no tenemos razón ninguna para lamentarnos. — RICARDO SIBBES.

«Los hombres buenos lloran fácilmente —dijo un poeta griego—, y cuanto más buenos son más inclinados están a llorar, especialmente bajo aflicción.» Así puedes ver a David, cuyas lágrimas fueron perlas que adornaron su cama; así vemos a

Jonatán, a Job, a Esdras, a Daniel, etc. Alguien dijo: «¿Cómo podría Dios enjugar mis lágrimas en el cielo si no las he derramado nunca en la tierra? Y ¿cómo cosecharé con gozo si no he sembrado con lágrimas? Yo nací llorando y moriré con lágrimas; ¿cómo podría vivir sin ellas en este valle de lágrimas?» — Tomás Brooks.

Sermón 135
«NO ME TOQUES»

«Jesús le dijo: No me toques, porque aún no he subido a mi Padre; mas vé a mis hermanos, y diles: Subo a mi Padre y a vuestro Padre, a mi Dios y a vuestro Dios» (Juan 20:17).

I. La advertencia: *«No me toques.»*

1. Podemos carnalizar lo espiritual.
   Esta ha sido siempre una tendencia, aun en los mejores santos, y ha desviado a muchos cuyos afectos han sido más fuertes que su inteligencia.
2. Podemos buscar con mayor pasión lo que de modo alguno es lo más esencial. La seguridad de los sentidos por el tacto, el oído o la visión; cuando la seguridad de la fe es mucho mejor y totalmente suficiente.
3. Podemos anhelar en el presente lo que sería mejor más adelante.
   Cuando seamos elevados a la gloria eterna podremos gozar lo que ahora no debemos pedir.

II. La misión: *«Vé a mis hermanos.»*

1. Esto era lo mejor para ella. La contemplación puede degenerar en sentimentalismo sensual e impracticable.
2. Esto fue cumplido, sin duda, por aquella santa mujer.
   Declaró lo que había visto.
   Contó lo que había oído.

Se dice que las mujeres son comunicativas, así que fue una buena elección.

III. EL TÍTULO: «*Mis hermanos.*»

1. Los llama hermanos aun cuando él estaba a punto de ser elevado a su trono.
2. Sus hermanos, aunque le habían abandonado cuando él estaba en humillación.

Tal expresión significaba mucho más para ellos, puesto que sus sentimientos de culpa les llenaba de temor. El fue un verdadero José para sus discípulos (Gén. 45:4).

IV. LA BUENA NOTICIA: «*Subo a mi Padre y a vuestro Padre.*»

1. Tenían que ser estimulados por la noticia de su próxima partida.
2. Consolados por su ascensión al Padre común, con la esperanza de que allí irían también ellos. No va a un país desconocido, sino a su hogar y el de ellos (Jn. 14:2).

La tendencia de las gentes del mundo, ahora y siempre, es ser demasiado adictos a las cosas que se ven y se palpan.

Esto hace el ser humano en su orgullo carnal. Sin embargo, Cristo dijo: «No me toques», ya no soy lo que era antes. Debemos cuidar de tener un alto concepto de Cristo, como dice Pablo en 2.ª Corintios 15:16. — RICHARD SIBBES.

¿A quiénes la envías, Señor? «Vé a *mis hermanos.*» ¡Bendito Jesús! ¿Quiénes son los tales? ¿No eran tus seguidores? Sí, pero también los que te abandonaron, ¿y todavía les llamas «hermanos»? ¡Oh admirable condescendencia! ¡Oh infinita misericordia! ¿Cómo puedes darles semejante título? Al principio eran tus siervos, después tus discípulos, un poco antes de tu muerte, tus amigos; ahora, después de tu resurrección son «tus hermanos». Tú que has sido exaltado infinitamente más arriba de lo inmortal a la inmortalidad, desciendes hasta el punto de llamar hermanos a aquellos que fueron antes tus amigos, discípulos y servidores. — OBISPO HALL.

Mientras que la ascensión de Elías puede ser comparada al vuelo del pájaro que no se puede seguir, la ascensión de Cristo es como un puente extendido entre el cielo y la tierra para todos aquellos que son atraídos a El por su existencia terrenal. — BAUMGARTEN.

SEÑALES Y EVIDENCIAS

«Luego dijo a Tomás: Pon aquí tu dedo, y mira mis manos; y acerca tu mano y métela en mi costado; y no seas incrédulo, sino creyente» (Juan 20:27).

Tomás pidió una prueba de la resurrección de su Señor y así puso a prueba su paciencia.

El Señor aceptó la prueba y probó así su condescendencia.

¿No es verdad que algunos de nosotros quisiéramos pruebas de esta clase?

I. No suspires por una señal.

1. Es deshonrar a tu Señor.
2. Es perjudicial para nosotros mismos. La fe es débil cuando pedimos tales pruebas; y en esta debilidad existe incalculable error.
3. Es peligroso. Podemos fácilmente ser llevados a la incredulidad o la superstición por anhelar tales señales y pruebas.

   Figuraos lo que Tomás habría venido a ser bajo la influencia de su incredulidad si su Señor no se hubiese interpuesto a ella.

II. Sin embargo, debemos volvernos a las heridas de Jesús.

1. Son los sellos de su muerte. El murió verdaderamente. ¿Cómo habría podido sobrevivir a aquella herida de su costado?
2. La identificación de su persona resucitada.
3. Las marcas de su amor. Nos ha esculpido sobre las palmas de sus manos.
4. Las señales de su conflicto, del cual El no se avergüenza, antes nos las muestra.
5. Los memoriales de su pasión por los cuales El se manifiesta allá en la gloria como el Cordero que fue inmolado (Apoc. 5:6).

Decid a un habitante de un país tropical que en ciertas épocas del año el agua que él ha visto siempre tan sólo en estado fluido se convierte en sólida y dura, hasta el punto de poder andar sobre ella, y le parecerá que es un cuento de hadas, y, razonando por lo que sabe, le parece increíble. Si Tomás hubiese tenido que juzgar las cosas según esta regla, ¡cuán poco habría podido creer!

No creer más que lo que podemos comprender, o reducirlo a algunos de nuestros raciocinios, no es honrar la autoridad de Dios; es poner en tela de juicio su sabiduría y su veracidad, como si nosotros no pudiéramos confiar en su Palabra, sino en aquello que podemos comprender. — WILLIAM JAY.

SERMÓN 137
LAZOS QUE NO PUEDEN RETENER

«Al cual Dios levantó, sueltos los dolores de la muerte, por cuanto era imposible que fuese retenido por ella» (Hechos 2:24).

I. NO ERA POSIBLE QUE LOS LAZOS DE LA MUERTE PUDIERAN RETENER A NUESTRO SEÑOR.

El era superior a los lazos de la muerte.
1. Por el mandato del Padre, por el cual tenía la seguridad de que podría volver a tomar posesión de su vida (Juan 10:18).
2. Por la dignidad de su humana persona a causa de su unión con la divinidad.
   Por ser El mismo absolutamente perfecto.
3. Por la naturaleza de las cosas, puesto que sin su resurrección nosotros no tendríamos ninguna seguridad de que El vive (1.ª Cor. 15:17).
   Ninguna seguridad de justificación (Rom. 4:25).
   Ningún representante en el cielo (Heb. 9:24).

II. NO ES POSIBLE QUE NINGUNOS OTROS LAZOS PUEDAN RETENER SU REINO.
1. El firme establecimiento del error en el mundo no impedirá la victoria de la verdad. Los colosales sistemas de la filosofía griega y otros errores se han desvanecido, y así será con todos los malos poderes.
2. La enseñanza de que sus enemigos no podrán resistir su sabiduría. Si derrotó a los inteligentes escribas y doc-

tores que vinieron a tentarle durante su vida terrena, mucho más lo hará por su Espíritu Santo (1.ª Cor. 1:20).

3. La ignorancia de la humanidad no oscurecerá su luz. «El Evangelio será predicado a los pobres» (Mat. 11:5). Las razas degradadas recibirán la verdad (Mat. 4:16).

4. El poder, riqueza, moda y prestigio de la falsedad no destruirán su Reino (Hech. 4:26).

III. No ES POSIBLE RETENER EN SERVIDUMBRE CUALQUIER COSA QUE SEA SUYA.

1. El pobre pecador que lucha, escapará de los lazos de su culpa, de su maldad, de sus dudas, de Satanás y del mundo (Sal. 124:7).

2. El Hijo de Dios esclavizado por los lazos de la tribulación, la tentación y la depresión, no será mantenido cautivo (Sal. 34:19; Sal. 116:7).

3. Los cuerpos de sus santos no serán retenidos en la tumba (1.ª Cor. 15:23; 1.ª Ped. 1:3-5).

4. La creación que gime, será libertada en la gloriosa libertad de los hijos de Dios (Rom. 8:21).

El emperador Teodosio, en cierta gran ocasión cuando abrió todas las prisiones y dio libertad a todos los prisioneros, dijo: «Y, ahora, ¡ojalá que pudiera abrir todas las tumbas y dar vida a todos los muertos!»

Pero no hay límites para el inconmensurable poder de Dios y la gracia real de Jesucristo. El puede abrir con la misma facilidad las prisiones de la justicia humana y las prisiones de la muerte; El redime no tan sólo el alma, sino también el cuerpo. — DR. STANFORD.

SERMÓN 138

HERIDAS QUE DAN VIDA

«Al oír esto se compungieron de corazón» (Hechos 2:37).

El sermón de Pedro no fue un magnífico despliegue de elocuencia, ni un llamamiento patético, ni un fuerte pero vacío clamor de «¡creed, creed!».

Fue una simple y sencilla declaración y un argumento sólido y persuasivo.

I. LA IMPRESIÓN SALVADORA ES UNA HERIDA EN EL CORAZÓN.

Un ataque de corazón significa la muerte (Hech. 5:33). Ser herido en el corazón significa la vida.

1. Toda verdadera religión debe ser del corazón.
Sin esto:
Las ceremonias son inútiles (Is. 1:13).
La ortodoxia de la mente es vana (Jer. 7:4).
La profesión y moralidad forzada es un fracaso (2.ª Timoteo 3:5).

2. Las impresiones que no hieren el corazón pueden causarle mal.
Pueden excitar la ira y la oposición.
Pueden conducir a hipocresía.
Pueden crear y mantener una esperanza falsa.

II. ¿QUÉ VERDADES PRODUCEN HERIDAS EN EL CORAZÓN?

1. La verdad del Evangelio, a menudo, por el poder del Espíritu Santo, ha producido heridas indelebles en mentes escépticas y opuestas.

2. El sentimiento de algún pecado notorio y especial ha herido con frecuencia las conciencias (2.º Sam. 12:7).

3. La instrucción acerca de la naturaleza y carácter de la ley, y por consiguiente de lo odioso del pecado, ha obtenido este fin benéfico (Rom. 7:13).

4. La exacta severidad y terror del juicio y consecuente castigo del pecado son pensamientos que hieren el corazón (Hech. 16:25-30).

5. La gran bondad de Dios ha conducido a muchos a ver la cruel ingratitud del pecado contra El (Rom. 2:4).

III. ¿QUÉ MANOS PRODUCE ESTA DOLOROSA HERIDA?

1. La misma mano que escribió estas verdades penetrantes y las aplica.

2. El que conoce bien nuestros corazones y puede alcanzarlos.

3. El es el Reavivador, el Consolador, el Espíritu que ayuda a nuestra flaqueza, mostrándonos las cosas de Jesús. Sus frutos son amor, gozo, paz, etc.; por tanto, no debemos desesperarnos enteramente cuando somos heridos por un tan tierno Amigo.

IV. ¿Cómo pueden ser curadas tales heridas?

1. Sólo Aquel que es divino puede curar un corazón divino.
2. La única medicina es la sangre derramada de su propio corazón.
3. La única mano apta para tocar nuestras heridas es aquella que fue traspasada.
4. El único precio exigido es recibirle a El gozosamente.

La conversión es una labor de argumentación, pues la razón es ganada por la verdad. Una obra de convicción, pues, despierta y hiere los corazones. Una obra de investigación, pues, pregunta: «¿Qué debemos hacer para ser salvos?» Y finalmente una obra de consuelo, pues los heridos de corazón reciben remisión de pecados y el don del Espíritu Santo. — José Sutcliffe.

«Por consiguiente, sepa ciertísimamente toda la casa de Israel, que Dios le ha hecho Señor.» Quiero llamar vuestra atención a este colosal «Por consiguiente» de Pedro. Es la más fuerte palabra del primer discurso pronunciado en defensa del cristianismo. El Espíritu Santo fue prometido, y había sido derramado; por tanto, aquellos que lo recibieron sabían que había un poder detrás de la ley natural. Nuestro Señor, que era, que es y que ha de venir, está ahora soplando sobre los siglos; como El sopló sobre el primer hombre espíritu racional, es quien ha derramado su Espíritu. Por tanto, sepan ciertísimamente todos los hombres que Dios ha hecho a Jesús Señor de todo. Cuando los que se hallaban reunidos en Jerusalén en aquella ocasión oyeron este *por consiguiente*, fueron compungidos en sus corazones. — José Cook.

Quebrantamiento de corazón ha de ser obra de Dios. Sólo el gran Hacedor del corazón puede ser el gran Quebrantador de corazones. — Ricardo Baxter.

El Consolador vino para redargüir al mundo. La palabra Consolador puede parecer un nombre extraño para vosotros los inconvertidos; os parece que al convenceros de vuestros pecados, en vez de consolaros, ha de cubriros de vergüenza y confusión y haceros caer al suelo con imponderable angustia y desaliento. No, queridos hermanos, no es así; aquellos de entre vosotros a quienes el Espíritu Santo ha convencido ya de pecado os confesarán que no es así, os dirán que al convencerles de pecado El ha demostrado en verdad ser el Consolador. Si la convicción de pecado viniera de otra fuente, entonces sí que nos aplastaría con vergüenza y nos llenaría de terror, pero cuando viene del Espíritu de Dios, viene con consuelo sanador en sus alas.

Recordad de qué pecados nos convence. Dice el texto «por cuanto no creen en Mí», es decir, del pecado de no creer en Cristo. Todas las otras convicciones de pecado serían sin esperanza, pero aquí la esperanza acompaña la convicción, y es una con ella. Si tenemos un profundo y vivo sentimiento del pecado de no creer en Cristo, debemos sentir al mismo tiempo que Cristo vino a perdonar este pecado, juntamente con los demás. — J. C. Hare.

Cuando un hombre es herido con una flecha de dientes, las agonías que sufre le hacen revolverse de dolor; pero cuanto más se esfuerza en arrancar la flecha de su carne más queda clavada en sus músculos, más abre la herida y la tortura es mayor.

Cuando por el poder del Espíritu Santo un hombre es herido en su conciencia a causa del pecado, y las flechas del Altísimo quebrantan su alma, a menudo trata de arrancarlas con su propia mano, pero encuentra que su desgracia es mayor, y las heridas inflamadas le causan desespero. Sólo el gran Médico divino sabe cómo quitar el dolor sin quebrantar ni emponzoñar el espíritu. — *Manual de Ilustraciones*.

Sermón 139

EL BOZAL DE ORO

«Y viendo al hombre que había sido sanado, que estaba en pie con ellos, no podían decir nada en contra» (Hechos 4:14).

La oposición de los impíos es:

Natural, puesto que el corazón del hombre es depravado.

Soportable, puesto que nuestro Señor y sus apóstoles lo sufrieron.

Sin daño, si encomendamos nuestro caso a Dios.

Gobernada por la buena gracia divina y la sabia providencia.

Los que habrían dicho cualquier cosa si pudieran, no pueden

decir nada de lo que quisieron cuando vieron ante sus ojos las curaciones obradas por la palabra del Señor Jesús. Hoy día ocurre lo mismo.

I. El Evangelio es vindicado por sus resultados.

1. En una amplia escala Dios ha hecho milagros en las naciones: Inglaterra, las islas del Pacífico, Jamaica, Madagascar, etc.
2. En conversiones individuales de pecados manifiestos. Algunos de los peores hombres han venido a ser claros ejemplos del poder purificador del Evangelio.
3. En los lechos de muerte de santos felices. En multitud de casos en toda la historia, y con personas de todas clases; y estos ejemplos no pueden menos que convencer a las personas sinceras.

II. Los obreros del Evangelio deben atenerse a estos ejemplos para igual vindicación.

Los hombres piden hoy día hechos. El árbol debe ser conocido por sus frutos o surgirá el clamor de «cortémoslo»; no podemos escaparnos de esta prueba.

1. El ministro debe hallar en sus convertidos una prueba de su llamamiento y una defensa de sus doctrinas, métodos peculiares, etc.
2. El mismo Señor Jesucristo obtiene honor o pérdida según se portan sus seguidores.

III. El Evangelio y sus obreros merecen tal vindicación que los cristianos podemos darles.

Los que son curados deberían valerosamente estar al lado de Pedro y Juan como testigos y compañeros de trabajo. Esto sugiere una serie de preguntas prácticas:

1. ¿Ha producido el Evangelio benditos resultados en nosotros?
2. ¿Hemos tenido el valor de estar al lado de los predicadores como una evidencia de la obra de salvación que ha sido hecha en nuestras vidas? ¿Estamos continuamente testificando de la verdad y valor del Evangelio de Cristo?
3. La influencia del Evangelio sobre nosotros, ¿continúa creciendo en la santidad debida, acreditando así su bendita influencia?

En el curso de uno de sus viajes predicando la Palabra del Señor, Wesley fue a Epworth. Habiéndose ofrecido para predicar en la parroquia el día siguiente, que era domingo, su oferta fue rehusada, por lo cual fue a la tumba de su padre por la tarde y predicó a la más numerosa congregación que Epworth había nunca conocido.

Esto continuó haciéndolo noche tras noche. Predicó también durante su estancia de ocho días en varios pueblos de alrededor, donde se habían formado congregaciones metodistas. Sus enfurecidos vecinos —dice Wesley— trajeron todo un coche de estos nuevos heréticos ante un magistrado. Cuando éste preguntó qué habían hecho aquellos acusados, hubo un profundo silencio, pues sus acusadores no sabían qué decir. Por fin uno dijo: «Pretenden ser mejores que los demás y oran desde la mañana hasta la noche.» Otro dijo: «Han convertido a mi esposa, que hasta ahora ¡tenía una lengua...!; pero ahora es mansa como un cordero.» «Volvedlos a vuestro pueblo —replicó el juez— y dejadles convertir a todos los malandrines del pueblo». — *Vida de Wesley*, por Tyerman.

Se cuenta de Lord Peterborough, famoso por su ateísmo, que cuando hubo convivido algunos días con Fenelon, arzobispo de Canterbury, fue tan impresionado de su piedad y hermoso carácter que dijo al pastor: «Si estuviera algún tiempo más aquí tendría que hacerme cristiano, en contra de mi voluntad.» — G. S. Bowes.

Algunos caballeros fueron a visitar al reverendo Matthew Wilks para quejarse de las excentricidades de sus discursos. Wilks les escuchó y luego les presentó una larga lista de nombres. «Estos —dijo el pastor— son las preciosas almas que han hallado salvación por lo que vosotros habéis llamado simplicidades y necedades. ¿Podéis vosotros traer una lista semejante de almas ganadas con vuestra sabiduría? Esta concluyente respuesta les hizo marchar en silencio.

La mala conducta de algunos profesantes del cristianismo ha dado ocasión muchas veces para denigrar la religión. Lactancio dice que los paganos decían: «El Maestro no pudo ser bueno, ya que sus discípulos son tan malos.»

La malicia de los pecadores es tal que critican la rectitud de la ley argumentando que es imposible mantenerse puro. ¡Oh, que la pureza de vuestras vidas cierre sus labios! — William Secker.

Sermón 140

ESTEBAN Y SAULO

«Los testigos pusieron sus mantos a los pies de un joven que se llamaba Saulo» (Hechos 7:58).

El Espíritu Santo refiere el martirio de Esteban, pero no entra en detalles sobre sus sufrimientos y muerte, como lo habrían hecho otros escritores no inspirados.

El objeto del Espíritu Santo no es satisfacer la curiosidad ni excitar los sentimientos, sino instruir e inducirnos a la imitación; nos cuenta la postura del mártir arrodillado, su oración: «Señor, no les imputes este pecado», y su compostura final: «durmió».

Sobre cada uno de estos puntos se podrían escribir volúmenes.

I. UN SUGESTIVO CONTRASTE. ESTEBAN Y SAULO.

1. El espiritual Esteban da en su discurso gran prominencia a la naturaleza espiritual de la religión y a la insignificancia comparativa de sus ritos externos. (Véanse vers. 48 al 50.)

   El supersticioso Saulo adorando las formas externas y el ritual, lleno de reverencia por el templo y los sacerdotes, etc.

2. Esteban, el humilde creyente en el Señor Jesús, salvo tan sólo por la fe. Saulo, el orgulloso fariseo, envaneciéndose de su propia justicia.

II. UNA SINGULAR INTRODUCCIÓN A LA VERDADERA RELIGIÓN.

Muchos han sido traídos a Dios por similares medios. El joven Saulo fue, sin duda, influenciado para seguir la religión de Jesús por la persona de Esteban, observando lo siguiente:

1. La visión de su resplandeciente faz.
2. Oyendo un noble discurso.
3. Siendo testigo de su triunfante muerte. Estas cosas no convirtieron a Saulo, antes le hicieron más duro, al permanecer inconverso, pero influenciaron en su conversión algún tiempo después.

Llevemos nuestra religión a los hombres de tal manera que la memoria de ella produzca un impacto en sus almas.

III. UN REMARCABLE EJEMPLO DEL CUIDADO DEL SEÑOR PARA SU IGLESIA.

1. La muerte de Esteban fue un golpe terrible para la causa del Evangelio, pero en el mismo momento Dios estaba preparando un sucesor.
2. Este sucesor procede precisamente de las filas del enemigo.
3. Este sucesor fue mayor que el propio mártir Esteban.

IV. UN PIADOSO MEMORIAL DEL PECADOR ARREPENTIDO A SU BENEFACTOR.

¿No debemos creer que esta información referente a la muerte de Esteban fue dada por el mismo Saulo al escritor Lucas? ¿Y no merecía bien su lugar en los Hechos de los Apóstoles?

Está bien que Pablo recuerde su pecado antes de su conversión. Estará bien que nosotros recordemos el nuestro.

1. Para crear y renovar sentimientos de humildad.
2. Para inflamar el celo y el amor.
3. Para profundizar nuestro amor a las doctrinas de la gracia soberana.

Un pintor español, en un cuadro de Esteban conducido al lugar de la ejecución, representó a Saulo andando al lado del mártir con calma melancólica. Consiente a su muerte por una convicción sincera, aunque errada, de su deber, y la expresión de su rostro está en fuerte contraste con el odio de los doctores judíos y la ferocidad de la turba que acompaña la escena.

Literalmente considerada, esta representación no concuerda con la conducta inmediata de Saulo ni con los propios rasgos de su carácter en períodos posteriores de su vida, pero el cuadro, aunque históricamente incorrecto, es poéticamente cierto. El pintor obró según la verdadera idea del arte, al poner en el rostro del perseguidor la sombra de su próximo arrepentimiento.

No podemos separar el martirio de Esteban de la conversión de Pablo. El espectáculo de tanta constancia, tanta fe y tanto amor no podía ser en vano. No podemos negar lo que dijo Agustín: Que «la iglesia debe a la oración de Esteban la conversión del apóstol Pablo». — CONYBEARE AND HOWSON.

Tan pronto como Satanás oyó que Pablo se había convertido, ordenó a los demonios que se entregaran al llanto. — JUAN RYLAND.

Entre los líderes del gran despertamiento del siglo XVIII estaban el capitán Scott y el capitán Oriel Job, el primero capitán de dragones, y el segundo capitán de barco; ambos habían sido tan impíos como fueron después famosos predicadores. Whitefield dijo de ellos: «Dios, que está sentado sobre las muchas aguas, puede traer un tiburón del océano y un león de la selva para rendirle alabanza.»

Las siguientes líneas de William Honey, autor de *Meditaciones diarias*, fueron escritas para describir su propia experiencia:

> *El orgulloso corazón que en mí latía*
> *Contra tu causa me creó enemistad;*
> *La mala voluntad que en mí habita*
> *Fue conquistada, Señor, por tu bondad.*
> *Tu voluntad, no la mía, sea hecha;*
> *Mi corazón rendido se halla a ti;*
> *Confesaré tu nombre y tu Palabra,*
> *Y obró con tal poder dentro de mí,*
> *Y pues que obraste en mí de tal manera,*
> *Será tu cruz mi única bandera.*

SERMÓN 141

A VOSOTROS

«*A vosotros es enviada la Palabra de esta salvación*» (Hechos 13:26).

I. ¿QUÉ ES LA PALABRA DE ESTA SALVACIÓN?

1. Es el testimonio de que Jesús es el Salvador prometido (vers. 23).
2. La palabra que promete perdón a todos los que muestran arrepentimiento del pecado y fe en el Señor Jesucristo (vers. 38-39).
3. En una palabra, es la proclamación de la perfecta salción mediante el resucitado Salvador (vers. 32-33).
4. Es una *palabra* de *salvación*, pues la declara, la describe, la presenta y exhorta a aceptarla con premura.
5. Es una palabra *enviada*, pues la dispensación del Evangelio es una misión de misericordia de parte de Dios,

el Evangelio es un mensaje, Jesús es el Mesías, y el Espíritu Santo es enviado para obrar salvación entre los hombres.

II. ¿DE QUÉ MANERA EL EVANGELIO ES ENVIADO A TI?

1. Por medio de la Gran Comisión, que ordena que sea predicado a toda criatura.
2. Por la Providencia, que te ha traído a que puedas escuchar hoy esta Palabra.
3. En la peculiar adaptación a tu caso, a tu carácter, a tu necesidad, es una medicina adecuada a tu enfermedad y que evidentemente te conviene. Sería muy triste si tuviéramos que discriminar a una sola persona y decirle: «Esta Palabra *no* es enviada a ti.»

III. ¿EN QUÉ POSICIÓN TE PONE?

1. Una posición de singular favor. Profetas y reyes murieron sin oír lo que tú oyes (Mat. 13:16).
2. Es una evidente deuda a los mártires y servidores de Dios de los siglos pasados, hasta estos días, que vivieron y murieron para traerte este evangelio.
3. De gran esperanza, pues confiamos que la aceptarás y vivirás por ella.
4. De seria responsabilidad, pues si la descuidas, ¿cómo podrás escapar? (Heb. 2:3).

IV. ¿DE QUÉ MANERA TRATARÁS TÚ ESTA PALABRA?

1. ¿Esperarás neciamente a responder? Es un proceder muy peligroso, pues podrías perecer en tanto.
2. ¿Jugarás al hipócrita y pretenderás recibirla, aun cuando tu corazón la rechace?
3. ¿Serás un convertido temporal, o bien aceptarás con gozo esta palabra de salvación? Jesús dice: «Predicad el Evangelio a toda criatura.»

Yo puedo imaginarme a Pedro preguntándole: «Pero, Señor, ¿ofreceremos salvación a los que te crucificaron?» Y me imagino a Jesús respondiéndole: «Sí, Pedro, yo quiero que prediques mi Evangelio a toda criatura, empezando desde Jerusalén. Proclama salvación a los que me crucificaron. Pedro, me gustaría que encontraras al soldado que me puso la corona de espinas sobre la cabeza: dile que si él acepta la salvación como un don, tendrá de mi parte una corona de gloria que no contendrá espinas; ve al soldado que hundió su lanza en mi propio corazón y dile que él está más cerca de mi corazón ahora que nunca; mi corazón está lleno de amor por su alma; proclámale salvación.» — D. L. Moody.

¿*A quién* el Dios de Salvación envía «la palabra de salvación»? La envía a todos los pecadores que la escuchan. Es una palabra que se adapta a todos los casos, a todas las clases de pecadores, y, por tanto, es enviada a todos ellos. Si preguntan: «¿Por qué *propósito* es enviada a los pecadores?»... Es enviada como una palabra de perdón al pecador condenado; de aquí que cada pecador condenado puede asirse de ella y decir: «Esta palabra es enviada a mí, es enviada como mensaje de paz a un rebelde pecador.»

Es enviada como palabra de vida a los muertos. Es una palabra de libertad a los cautivos, de curación a los enfermos, de limpieza a los ensuciados por el pecado. Es una palabra de dirección a los que van errantes, de refrigerio a los cansados, de consolación a los desconsolados; es una palabra que atrae y conforta al alma faltada de fortaleza. Es enviada simplemente como palabra de salvación de toda clase y de toda suerte; una palabra de redención a las almas perdidas, diciéndoles: «Cristo vino al mundo a buscar y a salvar lo que se había perdido.» — *Condensado de* Ralph Erskine.

Sermón 142
CRECIENDO Y PREVALECIENDO

«*Y muchos de los que habían creído venían, confesando y dando cuenta de sus hechos... Así crecía y prevalecía poderosamente la palabra del Señor*» (Hechos 19:18-20).

El Evangelio es el mismo en todos los tiempos; la raza humana no ha cambiado de corazón; los pecados que hay que vencer son los mismos.

El Espíritu Santo es igualmente poderoso para convencer y renovar.

315

I. La Palabra de Dios plantada.

La obra se realizó de la siguiente manera:

1. Ciertos discípulos fueron primero iluminados, estimulados y conducidos a buscar un grado más alto de gracia.
2. Un valiente ministro del Evangelio proclamó y defendió la verdad.
3. Se levantó oposición. Esto es siempre una señal necesaria. Dios no obra por mucho tiempo sin que lo haga también el diablo.
4. Empezó el engaño y fingimiento.

II. La Palabra de Dios prevaleciendo.

El crecimiento levanta oposición, pero donde la Palabra crece interiormente en vitalidad, surge la oposición externa.

1. Parece que Pablo no actuó constantemente contra el hábito malo de usar artes mágicas; pero la luz del Evangelio mostró el pecado de la magia y la Providencia quiso que entrara en conflicto con él.
2. Una vez expuesto el pecado, fue confesado por los que habían sido culpables del mismo y por los que habían comenzado a estudiarlo.
3. Su destrucción significó un gasto en el que incurrieron voluntariamente, y el valor de los libros dio peso al testimonio.

Es un tiempo de bendición para el alma, para la familia, para la congregación y para el país cuando la Palabra de Dios crece poderosamente y prevalece.

Es un tiempo de bendición cuando se ve a los pecadores dejar abiertamente sus pecados y buscar al Salvador; cuando se ve a los hombres dejar sus ganancias impías; cuando los taberneros quitan los letreros de sus tiendas y los queman, junto con sus permisos de tal negocio. Es un tiempo de bendición cuando los jugadores de cartas las echan al suelo y toman la Biblia en su lugar. Es un tiempo de bendición cuando las mujeres elegantes toman sus vestidos deshonestos, los queman y los destruyen. — Robert Murray McCheyne.

El Evangelio, como una planta de gran vigor, crecerá casi entre piedras. Así lo he visto crecer entre muchos hipócritas formalistas y mundanos; he visto al Evangelio apoderarse de uno y de otro y avanzar sobre el duro suelo. Así la Palabra de Dios ha crecido poderosamente y prevalecido. — Richard Cecil.

El alcalde de Rochester, de quien ha sido dicho que fue un gran pícaro, un gran erudito, un gran poeta, un gran pecador y un gran penitente, dejó el solemne encargo a la persona a quien entregó la custodia de sus papeles, que quemara todos sus escritos profanos e impíos, aptos sólo para promover el vicio y la inmoralidad, por los cuales él había ofendido tanto a Dios y blasfemado de la santa religión en la que había sido bautizado.

EL BUEY Y EL AGUIJON

«Saulo, Saulo, ¿por qué me persigues? Dura cosa te es dar coces contra el aguijón» (Hechos 26:14).

Jesús, aun desde el cielo habló en parábolas, como era su costumbre hacerlo cuando estaba sobre la tierra.

I. El buey. Un hombre caído no merece mejor comparación.

1. ¿No está obrando el pecador como bestia bruta en su ignorancia y pasión? El pecador, como las mismas bestias, carece de espiritualidad, de pensamiento sensato, de razón.
2. Sin embargo, Dios te aprecia a ti, pecador, mucho más que un labrador a su buey; por tanto, te sustenta, y no quiere matarte.

II. El aguijón. Tus pecados han obligado a Dios a tratarte como el labrador a su terco buey.

1. El Señor te ha tratado con dulzura, con una palabra, con un tirón de las riendas, etc., mediante el amor de tus parientes, por las tiernas advertencias de tus amigos y maestros y por los suaves llamamientos de su Espíritu.
2. Pero puede que El tenga que usar medios más severos. Las solemnes amenazas de su ley, los terrores de la conciencia y el temor del juicio.
   La pérdida de parientes, hijos o amigos.
   Enfermedades y aflicciones varias.
   Por acercarte a la misma muerte, con un oscuro futuro delante de ti.

III. Las coces contra el aguijón.
   1. Desde la infancia hay un instinto de rebelión en contra de las restricciones.
   2. Hay burladores del Evangelio, de los ministros y de las cosas santas.
   3. Hay pecados voluntarios contra la conciencia y la luz.
   4. Hay rebelión y persecuciones contra el pueblo de Dios.
   5. Hay preguntas de duda, infidelidad y blasfemia.

IV. El perjuicio que se acarrea. El buey se daña con los aguijones y sufre más que lo que el arriero desea.
   1. En el presente. Ahora mismo tú ya eres infeliz, estás lleno de inquietud y alarma, estás incrementando tu castigo e hiriendo tu propio corazón.
   2. En el futuro. Sentirás más y más amargos remordimientos, tendrás más hábitos difíciles de vencer y mucho mal hecho. Esto si al fin llegas a arrepentirte y ser salvo.

El Dr. Juan Hall, en uno de sus sermones, comparó los ataques de la incredulidad contra el cristianismo a una serpiente mordiendo una lima. Viendo que se formaba un montoncito blanco de virutas, pensó que estaba teniendo buenos resultados, pero cuando empezó a sentir dolor y manó sangre, pudo darse cuenta de que había estado limando sus propios dientes, mientras la lima estaba intacta. — Pollock.

El Espíritu de Dios puede usar cualquier medio para traer pecadores al arrepentimiento y la fe en el Redentor. Comentando cierta vez el texto: «El buey conoce su dueño y el asno el pesebre de su señor, pero Israel no conoce, mi pueblo no me considera», cierto predicador trató de impresionar al auditorio sobre la culpabilidad del corazón humano que desprecia la bondad divina de Dios y olvida su existencia. Tres o cuatro días después un granjero que había estado presente estaba dando de comer a su ganado, cuando uno de sus bueyes, evidentemente agradecido a su cuidado, empezó a lamer su brazo desnudo. Por este sencillo incidente el Espíritu Santo trajo a él la convicción de pecado. Rompió en lágrimas, exclamando: «Sí, es verdad; ¡cuán maravillosa es la Palabra de Dios! Este pobre bruto mudo es más agradecido que yo lo soy a Dios, a quien debo todas las cosas.» La enseñanza del domingo había hallado camino en su corazón y tuvo el efecto de conducirle a Cristo.

ENCENDER EL FUEGO

«Los naturales nos trataron con no poca humanidad; porque encendiendo un fuego, nos recibieron a todos, causa de la lluvia que caía, y del frío» (Hechos 28:2).

I. EL FRÍO ESPIRITUAL.
1. El mundo es un país frío para los hombres redimidos.
2. A causa de nuestro pecado innato, somos sujetos al frío y aptos para ser tibios o estar helados.
3. Hay en nuestra vida épocas frías, cuando todo alrededor nuestro parece helado: ministros, iglesias, creyentes; y, demasiado a menudo, fríos como hielo.
4. Hay ahora influencias frigoríficas a nuestro alrededor. El pensamiento moderno, la mundanidad, la depresión en los negocios, el desprecio a la oración o el descuido de la oración.
   Si nos rendimos al poder del frío nos sentiremos muy mal, inactivos y próximos a morir helados.

II. HAY MEDIOS PARA CALENTARSE.
1. La Palabra de Dios es un fuego. Oírla o leerla tiende a calentar el corazón.
2. La oración privada, en grupo y de familia, es como brasas de un hogar.
3. La meditación y comunión con Jesús: «Encendióse fuego en mi meditación» (Salmo 39:3). «¿No ardía nuestro corazón dentro de nosotros, mientras El nos hablaba en el camino?» (Luc. 24:32).
4. La comunión con otros cristianos. (Véase Mal. 3:16.)

III. NOSOTROS DEBEMOS ENCENDER FUEGOS PARA OTRAS PERSONAS.
Recordemos que el fuego de un verdadero despertamiento muchas veces se parece al fuego a que se refiere nuestro texto, y que a veces difiere de él.
1. Debe ser encendido bajo dificultades: «A causa de la lluvia las ramas estarían mojadas en lugar inundado, la atmósfera húmeda.» No es fácil encender un fuego en tales circunstancias; sin embargo, debe ser hecho.
2. El fuego que necesitamos, sin embargo, no puede ser

encendido por los hombres; la llama de nuestro fuego espiritual tiene que venir de arriba.

3. Una vez obtenida la llama, el fuego empieza con pequeñas cosas. Las varillas son buenas para encender.
4. Es bueno alimentar la llama arrodillándonos y soplando sobre ella con súplicas ardientes y de todo corazón.
5. Tiene que ser alimentada con combustible. Ved al gran apóstol Pablo recogiendo ramas para que el fuego fuera mayor. Cada uno tiene que traer su parte.
6. El fuego será de gran utilidad; sin embargo, no olvidemos que Satanás puede estar en él y enardecerse por la molestia que le causa el calor y herir a algún siervo de Dios, como hizo en el caso del apóstol Pablo. Gracias a Dios, empero, que si es sacudido o rechazado con energía el mismo fuego le destruirá.

Felipe Henry dio este consejo a su hija: «Si quieres calentarte en este tiempo de frío (enero de 1692) haz estas cuatro cosas: 1.ª Ponte en el sol. Bajo sus benditos rayos hay calor y confortamiento. — 2.ª Acércate a un fuego. «¿No es mi Palabra como fuego?» ¡Cuántos enardecedores pasajes no hay en ella! — 3.ª Mantente en movimiento y acción. El apóstol aconsejaba: «Despierta la gracia y el don de Dios que están contigo.» — 4.ª Buscar la comunión de los cristianos. «¿Cómo puede calentarse él solo?» — *Feathers For Arrows*.

Sermón 145

MENOSPRECIANDO LA BENIGNIDAD DE DIOS

«*¿O menosprecias las riquezas de su benignidad, y paciencia, y longanimidad, ignorando que su benignidad te guía al arrepentimiento?*» (Romanos 2:4).

Es un ejemplo de divina condescendencia que el Señor razone con los hombres y les haga preguntas como ésta (Is. 1:5; 55:2; Jer. 3:4; Ez. 33:11).

Es triste que el que ha visto los juicios de Dios en otros y ha escapado, saque de esta especial misericordia de que ha sido objeto una razón para añadir pecado a pecado (Jer. 3:8).

I. Honremos la paciencia y benignidad de Dios.

    1. Es manifestada a nosotros en tres formas:
Su bondad ha soportado nuestros pecados pasados (Salmo 78:38).
Su paciencia nos soporta al presente (Salmo 103:10).
Su longanimidad (que es lo mismo para el futuro como para el pasado y el presente) está preparada para soportar al culpable (Luc. 13:7-9).

    2. Es manifestada su excelencia por tres consideraciones:
La persona que la muestra. Es «la bondad de Dios». Aquel que es omnisciente para ver todos los pecados y que los aborrece tanto, y es poderoso para castigarlos; sin embargo, soporta con paciencia al pecador (Salmo 145:8).
La persona que la recibe. Es el hombre, culpable, insignificante, bajo, provocador, ingrato (Gén. 6:6).
La conducta que recibe tal respuesta. Es una respuesta de amor, a pesar del pecado. A menudo Dios perdona aunque los pecados sean muchos, graves, presuntuosos y repetidos, etc. (Mal. 3:6).

II. Consideremos cómo puede ser despreciada.

    1. Pretendiendo que es una cosa natural y hablando como si Dios estuviera obligado a soportarnos y perdonarnos.

    2. Convirtiéndonos en una razón para endurecer más nuestro corazón con presunción, incredulidad y más pecado (Sof. 1:12; Ecl. 8:11).

    3. Convirtiéndolo en una apología del pecado de dilación (2.ª Ped. 3:3-4).

III. Sintamos la fuerza del argumento.

    1. Dios no es duro e impasible, de otro modo nos habría destruido.

    2. Continuar ofendiéndole es una crueldad para El y desastroso para nosotros mismos. Nada puede ser tan bajo como hacer de la misericordia una razón para la provocación.

    3. Es evidente, de su misericordia, que se alegrará en aceptarnos si nos volvemos a El. Espera para que pueda salvarnos.

La misericordia y longanimidad de Dios hacia los pecadores es admirable. Observad cómo los pecadores de Jericó fueron advertidos durante siete días, en vez de dar la orden de asalto el primer día. — Benjamín Beddone.

Según una tradición de los judíos, el arcángel Miguel vuela con una sola ala y Gabriel con dos; esto significa que Dios es más rápido a enviar ángeles de paz que mensajeros de ira. Dios se apresura más a glorificar a sus siervos que a condenar a los impíos. — Jeremías Taylor.

Se dice que los magistrados romanos, cuando daban sentencia de azotes, hacían traer un puñado de varas atadas con una cuerda de muchos nudos, los cuales tenían que ser desatados delante del juez. La razón de esto es que mientras el verdugo desataba los nudos (lo que tenía que hacer como parte de la ceremonia, y no cortándolos), el magistrado podía ver el comportamiento y actitud del reo. Si ésta era de tristeza por su falta y mostraba alguna esperanza de corrección, el juez podía cambiar su sentencia o mitigar el castigo; de otro modo, si veía en el reo una actitud desafiante, podía hacerle castigar más severamente.

Del mismo modo, Dios, ¡cuán paciente es antes de castigar a los pecadores! ¡Qué repugnancia muestra en castigar! Es «lento para la ira», por si hay alguna esperanza de recuperación. ¡Cuántos nudos hace desaparecer! ¡Cuántas vueltas en su camino de justicia! El no juzga bajo consejo de guerra, sino que ruega a los pecadores diciendo: «¿Por qué moriréis, oh casa de Israel?»

Pecar contra la ley es atrevido, pero pecar contra el amor es cobarde.

Rebelarse contra la justicia es inexcusable, pero luchar contra la misericordia es abominable. El que puede clavar un aguijón en la mano que lo alimenta es nada menos que una víbora. Cuando un perro muerde a su amo, y le muerde cuando le está alimentando, es conceptuado como rabioso y tiene que ser ejecutado inmediatamente.

Sermón 146

«JESUS, SEÑOR NUESTRO»

«Jesús, Señor nuestro» (Romanos 4:24).

Este nombre Señor muestra un gran contraste con la encarnación y humillación en el pesebre. En pobreza, en vergüenza y muerte; Jesús era, sin embargo, Señor.

I. SU TIERNA CONDESCENDENCIA ENNOBLECE EL TÍTULO.

1. Nosotros le reconocemos como Señor más plenamente y sin reservas porque nos amó, dio su vida y se dio a sí mismo por nosotros.

2. En todos los privilegios que nos ha concedido El es Señor de nuestra salvación. Nosotros hemos recibido a Cristo Jesús el Señor (Col. 2:6).

3. Con referencia a la Iglesia le hallamos como cabeza de la Iglesia, a quien todo está sujeto (Ef. 5:23).

4. En la obra de nuestra vida es Señor. Vivimos para el Señor (Rom. 14:8). Glorificamos a Dios en su nombre (Ef. 5:20). En su resurrección es el primogénito entre los muertos (Col. 1:18).

5. En su advenimiento, su aparición era el principal motivo de gloria (Tito 2:13).

6. En la gloria eterna será adorado para siempre (Apocalipsis 5:12-13).

II. NUESTROS AMANTES CORAZONES LEEN ESTE TÍTULO CON ÉNFASIS PECULIAR.

1. Nos rendimos sólo a El. Moisés era un siervo, pero Jesús era Señor. Uno es vuestro Maestro (Mat. 23:8-10).

2. Nos damos a El sin reserva. Deseamos que nuestra obediencia sea perfecta.

3. Le reconocemos en la administración de todos los asuntos en la iglesia y en la providencia particular sobre nuestras vidas. «El Señor es, haga lo que bien le pareciere» (1.° Sam. 3:18).

III. HALLAMOS DULZURA EN LA PALABRA «NUESTRO».

1. Nos hace recordar nuestra relación personal con el Señor.
   Cada creyente usa este título en singular y le llama de corazón: «Mi Señor.» David dijo: «Jehová dijo a mi Señor.» Elisabet exclamó: «La madre de mi Señor.» Magdalena dijo: «Se han llevado a mi Señor.» Tomás dijo: «Señor mío y Dios mío.» Pablo escribió: «El conocimiento de Cristo Jesús mi Señor.»

2. Nuestro anhelo de hacerle Señor suprime toda exaltación propia. «Vosotros no querráis ser llamados Rabí, pues uno es vuestro Maestro el Cristo, ni seáis llamados señores» (Mat. 23:8, 10).

3. Nuestro gozo común en Jesús como Señor es una evidencia de la gracia y hace sentirnos unidos el uno con el otro (1.ª Cor. 12:3).

Debe ser el gran anhelo de cada uno de nosotros seguir al Señor plenamente: En el curso de nuestra obediencia a la voluntad de Dios y de nuestro servicio a su honor; universalmente, sin división; rectamente, sin separarnos; gozosamente, sin disputar; y constantemente, sin tibieza. Esto es seguirle plenamente. — MATTHEW HENRY.

Un discípulo de Cristo es aquel que se da a sí mismo plenamente a la disposición de Cristo: Para aprender lo que él enseña; creer lo que él revela; hacer lo que él manda; evitar lo que prohíbe; sufrir lo que él permite por Su causa, con la esperanza de la recompensa que nos ha sido prometida. Tal es un discípulo de Cristo, y solamente esta clase de persona es un verdadero cristiano. — DAVID CLARKSON.

Fue considerado como un maravilloso acto de condescendencia cuando el rey Jorge III visitó a una mujer gitana que estaba moribunda en una tienda de un campamento de gitanos acampado en el bosque Windsor, con el objeto de tener una conversación religiosa con ella. ¿Qué diremos, pues, de aquel que siendo el Rey de la gloria bajó hasta nosotros y tomó nuestros pecados y tristezas sobre sí mismo para que pudiera traernos a una comunión con El para siempre?

SERMÓN 147

HEREDEROS DE DIOS

«Y si hijos, también herederos; herederos de Dios y coherederos con Cristo, si es que padecemos juntamente con El, para que juntamente con El seamos glorificados» (Romanos 8:17).

Este capítulo es como el jardín del Edén, que contiene toda clase de delicias. Si alguien tuviera que limitarse a predicar solamente sobre el capítulo 8 de Romanos, tendría asuntos para toda la vida. Cada línea de este capítulo es un texto, una mina

inextinguible. Pablo pone delante de nosotros como una escalera de oro, cada peldaño de la cual nos lleva más arriba: desde la justificación a la glorificación. En este texto nos lleva de la filiación a la herencia, y de la herencia a la coherencia con el mismo Hijo de Dios, el Señor Jesús.

I. LA BASE DE LA HERENCIA. «Si hijos, también herederos.»

   1. Esto no procede de la creación ordinaria. No dice: «Si criaturas, también herederos.»

   2. No proviene de descendencia natural. No dice: «Si hijos de Abraham, también herederos» (Rom. 9:7, 13).

   3. No viene de ningún servicio meritorio. No dice: «Si siervos, también herederos» (Gál. 4:30).

   4. No procede de observancia de ceremonias. No dice: «Si sois circuncidados o bautizados, sois herederos» (Romanos 4:9-12).

   Es tan sólo el ser regenerados, o nacidos de nuevo por su Espíritu, lo que nos hace herederos.

II. LA UNIVERSALIDAD DE LA HERENCIA. «Si hijos, también herederos.»

   1. El amor de Dios es el mismo para todos.

   2. Somos todos bendecidos bajo la misma promesa (Hebreos 6:17).

   3. La herencia es suficiente para todos.

III. LA HEREDAD QUE ES MOTIVO DE LA HERENCIA. «Herederos *de Dios.*»

   Nuestra herencia es grande por ser divina. Nosotros somos herederos de todas las cosas.

   «El que venciere poseerá todas las cosas» (Apoc. 21:7).

   «Todo es vuestro» (2.ª Cor. 3:21).

   «Herederos de salvación» (Heb. 1:14).

   «Herederos de la vida eterna» (Tito 3:7).

   «Herederos de la promesa» (Heb. 6:17).

   «Herederos de la gracia de la vida» (1.ª Ped. 3:7).

   «Herederos de la justicia» (Heb. 11:7).

   «Herederos del Reino» (Sant. 2:5).

IV. LA PARTICIPACIÓN DE LOS TITULARES DE LA HERENCIA. «Y coherederos con Cristo.»

   1. Esta es la prueba de la herencia. Nosotros no somos

herederos excepto si lo somos con Cristo, mediante Cristo y en Cristo.

2. Esto nos da seguridad, pues Jesús no perderá su herencia. Sus títulos son nuestros, pues que estamos unidos a él de un modo indivisible.

3. Esta coherencia nos une más estrechamente a Jesucristo, puesto que nosotros no somos nada, ni tenemos nada aparte de Él.

Cómo trata Dios a los hombres. «Les perdona y les recibe en su casa, les hace hijos, y a todos los que son hijos los nombra herederos, y todos sus herederos son príncipes, y todos sus príncipes son *coronados.*» — JUAN PULSFORD.

Así como un muerto no puede heredar una propiedad, tampoco un alma muerta puede heredar el Reino de Dios. — SALTER.

Del mismo modo que la justificación es comunión y unión con Cristo en su justicia, la santificación es unión y comunión con Cristo en su santidad, o sea en su santo carácter y naturaleza. Con lógica comparación podemos decir que la adopción es una unión y comunión con Cristo en filiación. Sin duda, la más alta y la mejor unión y comunión de las tres. — DR. CANDLISS.

Herencia. ¿Qué es? La paga de un soldado no es la herencia; tampoco los honorarios de un abogado o de un médico; ni los beneficios de un negocio, ni la paga de un trabajo. Las recompensas del trabajo y la habilidad son ganadas por las manos del que las recibe; lo heredado es, en cambio, un verdadero don: puede ser propiedad de un recién nacido. De modo que la corona que costó gran esfuerzo para ser conquistada en el campo de batalla, sin merecimiento alguno, puede estar en la cuna del recién nacido y desvalido infante. — DR. GUTHRIE.

SERMÓN 148
DESOBEDIENCIA AL EVANGELIO

«*Pero no todos obedecieron al evangelio; pues Isaías dice: Señor, ¿quién ha creído a nuestro anuncio?*» (Romanos 10:16).

El hombre es la misma criatura desobediente en todas las dispensaciones. Nosotros nos quejamos de cómo la gente rechaza el evangelio, y lo mismo hizo Isaías hablando en nombre de todos los profetas.

Es una de las mayores pruebas de la depravación del corazón humano, que no obedece más al evangelio que la ley; sino que desobedece tanto cuando se le habla con amor, como con legalidad.

I. EL EVANGELIO VIENE A LOS HOMBRES CON LA FUERZA DE UN MANDATO.

No es opcional para los hombres aceptarlo o rehusarlo (Hechos 17:30). Veamos por qué.

1. Para asegurar el honor de Dios. No es una oferta de igual a igual, sino del gran Dios que ha condenado al pecador.

2. Para ennoblecer al que lo proclama. El ministro del evangelio habla ahora con confianza, con la autoridad de su Señor.

3. Para animar al más humilde inquiridor. Debe creer en Jesús, puesto que le es ordenado hacerlo y amenazado si no lo hace.

II. ¿CUÁLES SON LOS DERECHOS DEL EVANGELIO PARA SER OBEDECIDO?

1. La autoridad de quien lo envía. Todo lo que Dios manda el hombre está obligado a hacerlo.

2. El motivo del mandato. El amor brilla en el mandato del evangelio, y el hombre no debe tener en poco el amor infinito.

3. El gran don del mandatario. Nos ha dado a su unigénito Hijo.

4. El anhelo del mandatario. Todo su corazón está en el evangelio. Notad la gran importancia que Dios da al evangelio en su plan de salvación.

III. ¿QUÉ ES LA OBEDIENCIA REQUERIDA POR EL EVANGELIO?

No solamente oír, apreciarlo, gustarlo, profesarlo o proclamarlo, sino obedecer de corazón su mandato.

Esto significa:

1. Fe en el Señor Jesucristo.

2. Renuncia de la propia justicia y confesión de culpa.

3. Arrepentimiento y apartamiento del pecado.

4. Confesión pública de su nombre de la manera que él mandó, por el bautismo.

Un poderoso argumento para probar la enemistad del corazón del hombre contra Dios es el poco éxito del evangelio; lo que demuestra nada menos que una actitud de guerra del hombre hacia Dios. El propósito del evangelio es conducirnos a una íntima unión con su propio Hijo, y que creamos a Aquel a quien el Padre ha enviado.

Es un tema digno de seria consideración que, cuando Dios está llamando a los hombres a tan altos privilegios, sean tan pocos los que los reciban. ¡Cuán pocos son los que dicen: «Acepto a Cristo o estoy perdido»! «¡Nadie sino Cristo puede reconciliarme con Dios!» Sois conminados cada día en nombre de Cristo a reconciliaros con Dios, pero en vano. ¿Qué significa esto sino obstinada e invencible enemistad? — Juan Howe.

Desobedecer el evangelio es mucho peor que quebrantar la ley; pues la desobediencia tiene remedio en el evangelio; pero la desobediencia al evangelio no tiene remedio alguno. «No queda ya más sacrificio por el pecado.»

Sermón 149

PACIENCIA, CONSOLACION Y ESPERANZA

«Porque las cosas que se escribieron antes, para nuestra enseñanza fueron escritas, a fin de que por la paciencia y la consolación de las Escrituras, tengamos esperanza» (Romanos 15:4).

Este es el texto sobre el cual Hugo Latimer quería predicar continuamente en sus últimos días. Ciertamente le daba mucho consuelo.

El apóstol declara aquí que las escrituras del Antiguo Testamento tienen como principal propósito enseñar a los creyentes del Nuevo Testamento. Las cosas escritas en otros tiempos fueron escritas para nuestro tiempo.

El Antiguo Testamento no está pasado de moda; los apóstoles lo sabían.

No ha perdido su autoridad; todavía nos enseña con certeza.

I. La paciencia de las Escrituras.

    1. Cómo está expresada.

        Paciencia bajo cualquier designio de la divina voluntad.

Paciencia bajo humana persecución y oposición satánica.

Paciencia bajo cargas de los hermanos (Gál. 6:2).

Paciencia para esperar el cumplimiento de las divinas promesas.

2. Ejemplos que lo demuestran.

Job triunfantemente paciente bajo diversas aflicciones.

José perdonando pacientemente las ofensas de sus hermanos y soportando la falsa acusación de su amo.

David esperando pacientemente la corona, en medio de muchas pruebas y reproches, y rehusando dañar a su perseguidor.

Nuestro Salvador, modelo de paciencia bajo toda clase de formas de prueba.

II. LA CONSOLACIÓN DE LAS ESCRITURAS.

1. Cómo está expresada.

Nos manda levantarnos por encima del temor (Salmo 46:1-3).

Nos exhorta a preocuparnos poco de todas las cosas transitorias.

Nos ordena hallar nuestro gozo en Dios.

2. Cómo se demuestra.

Enoc caminando con Dios.

Abraham encontrando en Dios su escudo y su grande galardón.

David esforzándose en Dios.

Ezequías presentando la carta amenazadora ante el Señor.

III. LA ESPERANZA DE LAS ESCRITURAS.

Las Escrituras tienen el propósito de obrar en nosotros una buena esperanza.

La esperanza de salvación (1.ª Tes. 5:8).

La bendita esperanza de la aparición de nuestro Señor (Tito 2:13).

La esperanza de la resurrección de los muertos (Hech. 23:6).

La esperanza de gloria (Col. 1:27).

¡Qué tema tan importante hallamos condensado en este simple versículo!

¡Cuánta luz y cuánta gloria arroja sobre la Palabra de Dios! Ha sido observado que aquí tenemos *autoridad*, ya que se trata de una palabra escrita: *antigüedad*, ya que fue escrita en otros

tiempos; y *utilidad,* ya que fue escrita para nuestra enseñanza. —
JAIME FORD.

Se cuenta que Oliver Cromwell, en cierta ocasión cuando
leía en voz alta Filipenses 4:11-13, declaró: «El día que murió
mi pobre hijo, este pasaje de la Escritura casi llegó a salvar mi
vida.»

Cuando Jorge Peabody estaba hospedado en la casa de Sir
Charles Reed, vio al hijo menor trayendo a su padre una grande
Biblia, que apenas podía llevar, para que su padre la leyera en
el culto familiar. El señor Peabody dijo: «¡Ah, hijo mío! Ahora
llevas tú la Biblia, pero vendrá un día cuando verás que la
Biblia te lleva a ti.»

«Habladme ahora tan sólo palabras de la Escritura —dijo
un cristiano moribundo—. Yo puedo confiar en las palabras de
Dios, pero cuando son palabras de hombres me cuesta un esfuerzo siquiera pensar si puedo o no confiar en ellas.» — G. S. BOWES.

Como un ejemplo de paciencia, consuelo y esperanza procedente del Evangelio, podemos notar las siguientes palabras del
Dr. Payson: «Los cristianos podrían ahorrarse mucha inquietud
si creyeren que Dios puede hacerles felices sin nada más. Dios
ha estado quitándome una bendición tras otra, pero a medida
que cada una me era quitada, era llenado su lugar por otra.
Y ahora, cuando soy un paralítico que no puedo moverme, soy
más feliz que nunca antes había sido o había esperado ser. Si
hubiese creído esto hace veinte años, me habría ahorrado mucha
ansiedad.»

SERMÓN 150

COMPRADOS POR PRECIO

*«No sois vuestros, pues habéis sido comprados por
precio; glorificad, pues, a Dios en vuestro cuerpo
y en vuestro espíritu, los cuales son de Dios»*
(1.ª Corintios 6:19-20).

¡Con qué ardor el apóstol Pablo persigue al pecado para
destruirlo!

No es tan imprudente para dejar al pecado seguir su camino,
sino que clama con el lenguaje más claro y simple: «Huid de

la fornicación.» A algunos les choca este lenguaje, pero la vergüenza no está en la reprensión, sino en el pecado que la hace necesaria.

El persigue esta torpe maldad con argumentos (véase versículo 18); la trae a la luz del Espíritu de Dios. ¿Qué? ¿No sabéis que vuestro cuerpo es templo del Espíritu Santo? (vers. 19). La pone ante la cruz: «Comprados sois por precio.»

Consideremos este último argumento para que seamos capaces de matar nuestros pecados.

I. UN HECHO BENDITO. «Comprados sois por precio.»

«Sois comprados.» Esta es la idea de la redención que los teólogos modernos osan llamar idea mercantil. Sí, la redención de la Sagrada Escritura es mercantil en el más alto sentido: «Comprados sois por precio» es una doble declaración de esta idea, que va al principio y final de la frase.

1. Es un hecho o no lo es. «Sois comprados», de otro modo «no seríais redimidos». Terrible alternativa.
2. Es el hecho clave de vuestra vida. La maravilla de las maravillas.
3. Permanecerá eternamente para vosotros como el más grande de todos los hechos. Si es verdadero nunca cesará de serlo, y nunca dejará de tener importancia, ni será eclipsado por ningún otro hecho.
4. Por tanto, debe obrar en nosotros poderosamente, ahora y siempre.

II. UNA CONSECUENCIA NATURAL. «No sois vuestros.»

Negativo. Está claro que comprado es la antítesis de propio.
1. Esto envuelve un gran privilegio.
   No eres tu propio proveedor: las ovejas son alimentadas por su pastor.
   No eres tu propio guía, las naves son dirigidas por sus pilotos.
2. Envuelve también responsabilidad.
   No eres tuyo para dañar ni tu cuerpo ni tu alma.
   No lo eres para malgastar tu propio ser en la indolencia, en diversiones o en especulaciones.
   No eres tuyo para obrar a capricho y seguir tus propios prejuicios, tus afectos depravados, tu voluntad extraviada o tus apetitos insanos.

Positivo. «Vuestro cuerpo y vuestro espíritu, los cuales son de Dios.»

Somos totalmente de Dios. Cuerpo y espíritu; incluye el hombre entero.

Somos de Dios para siempre. Una vez pagado el precio eres suyo para siempre.

III. UNA CONCLUSIÓN PRÁCTICA. «Glorificad a Dios en vuestro cuerpo y en vuestro espíritu, los cuales son de Dios.»

1. Glorificad a Dios *en vuestro cuerpo.*
   Manteniéndolo en limpieza, castidad, temperancia, diligencia, buen ánimo, autonegación, paciencia, etc.
   Glorificad a Dios...
   En un cuerpo doliente, con paciencia, hasta la muerte.
   En un cuerpo activo, con santa diligencia.
   En un cuerpo adorador, inclinándote en oración.
   En un cuerpo bien gobernado, por abnegaciones propias.
   En un cuerpo obediente, haciendo la voluntad del Señor con deleite.

2. Glorificad a Dios en *vuestro espíritu.*
   Por medio de santidad, fe, celo, amor, espiritualidad, alegría, fervor, humildad, esperanza, etc.

¿Por qué se requería tan grande precio para comprar a los seres humanos? ¿Es el hombre digno de lo que cuesta? Un hombre puede, en algunas regiones del mundo, ser comprado por el precio de un buey. Pero el hombre está sujeto a sus relaciones y a tenor de ellas puede ser su valor. Por ejemplo, a una persona que ha sido siempre un borracho, perezoso e indigno le es bien aplicada la frase: «No vale un penique»; es decir, no vale nada.

Pero suponed que este hombre comete un crimen por el cual es sentenciado a ser ejecutado o a estar en la cárcel perpetuamente. Id y tratad de comprarle ahora, redimidle para hacerle vuestro siervo; ni que ofrecierais todas las riquezas que podáis poseer, no podréis comprar o redimir a semejante persona. ¿Por qué? Porque no es el hombre lo que se tiene en cuenta, sino la ley. Necesitaría una fianza grandísima para sustraerle de la maldición de la ley de Inglaterra, y en algunos casos no vale fianza alguna. Pero Cristo vino a redimir a todos los hombres de la maldición de la Ley divina. — WILLIAM ROBINSON.

EXAMEN ANTES DE LA COMUNION

«Pruébese cada uno a sí mismo y coma así del pan y beba de la copa» (1.ª Corintios 11:21).

La cena del Señor no es para todas las personas, sino para aquellas que son capaces de discernir espiritualmente el cuerpo del Señor.

No tiene como propósito la conversión de los pecadores, sino la edificación de los discípulos.

De ahí la necesidad del examen, no sea que nos hiciéramos intrusos donde no tenemos derecho de estar.

I. EL OBJETO DEL EXAMEN.

1. Para que pueda saber la responsabilidad que le atañe. El examen no es por un sacerdote o pastor, sino que dice: «Examínese *a sí mismo.*»

2. Para que pueda comulgar solemnemente y no venir a la mesa del Señor descuidadamente, como un asunto de rutina. Tiene que hacer un inquiridor examen de su propio corazón y así podrá acercarse a la mesa del Señor con verdadera humildad.

3. Para que pueda venir a la mesa inteligentemente, sabiendo a qué va, por qué y para qué.

II. LA MATERIA DEL EXAMEN.

1. Se trata de una fiesta; por tanto, es propio preguntarse:
¿Tengo vida espiritual? Los muertos no asisten a banquetes.
¿Tengo apetito? ¿Cómo puedo yo comer?
¿Tengo yo amistad con el Señor que es el Divino hospedador?
¿Traigo el vestido de boda?

2. Jesús nos manda recordar su muerte.
¿Tengo yo fe en su muerte?
¿Vivo por su muerte?

3. Jesús nos manda comer del pan.

¿Es este acto mío de comer el símbolo de un hecho, o una mera burla?

¿Es Jesús real y verdaderamente el alimento de mi alma?

4. Jesús nos manda hacer este acto juntamente con otras personas.

5. Jesús llama a su pueblo a recordarle en esta fe.

¿Son mis pasadas relaciones con El dignas de ser recordadas?

¿Es El tan amado por mí que deseo llevarlo en mi memoria?

Vosotros los que habéis venido a esta mesa sin atención, arrepentíos de vuestra culpable intrusión y guardaos de repetirla hasta que podáis venir con todo derecho.

Los que no habéis venido nunca, recordad que si no sois aptos para participar de la comunión con El aquí abajo, no lo sois tampoco para el cielo.

Vosotros todos pensad en Jesús, y habiéndoos examinado a vosotros mismos, humillándoos, miradle para vuestra consolación.

Las tres preguntas que Felipe Henry exhortaba a la gente a hacerse antes de participar del sacramento eran: ¿Qué soy yo?, ¿Qué he hecho? y ¿Qué quiero hacer? — Juan White Cross.

El deber requerido para prevenir el pecado y peligro de una comunión indigna es este examen propio. Es una metáfora tomada de los orfebres, que prueban el valor de su oro, o sea su pureza, por el fuego y el peso.

Aquí tenemos:

La persona que ha de ser examinada: «Cada uno de vosotros.» Quién ha de hacer el examen: «Cada uno»; ha de llevar su propio yo ante el juicio de su conciencia y hacerse preguntas a sí mismo (1) referentes a su estado, por si tiene el derecho de ir o no. (2) Sus pecados y caídas. (3) Sus necesidades. (4) Sus fines y propósitos. Si ha de obedecer el encargo de su Salvador moribundo para recordar su muerte, renovar el sello de su convenio con Dios, obtener un acercamiento y comunión con El, alimentar su alma y suplir sus necesidades. Y (5) respecto a sus gracias y cualidades; particularmente su conocimiento, fe, arrepentimiento, temor, amor, acciones de gracias, santos deseos y nueva obediencia. — Juan Willison.

Sermón 152
DORMIR EN EL SEÑOR

«Y *otros ya duermen*» (1.ª Corintios 15:6).

Sí, los compañeros de Jesús murieron uno a uno.

Sin embargo, no se emplea ninguna palabra de lamentación, no se dice que perecieron, o pasaron a la tierra de sombra, sino que «durmieron».

El espíritu está con Jesús en la gloria; el cuerpo reposa hasta su aparición.

I. LA HERMOSA FIGURA QUE SE EMPLEA.
   1. Es un acto de lo más natural: «Dormir.»
      Es el fin propio de un día de cansancio.
      No es penoso, sino que es el fin de la pena.
   2. Una posición de seguridad de mil peligros.
   3. Una condición no destructiva, a pesar de todas las apariencias.
      Ni el sueño ni la muerte destruyen la existencia de la persona ni la dañan.
   4. Una postura llena de esperanza.
      Nos despertaremos de este sueño.
      Nos despertaremos sin ninguna dificultad.
      Nos levantaremos animados de mayor vigor.

II. LOS PENSAMIENTOS QUE SUGIERE ESTA FIGURA.
   1. Cómo tratamos nosotros a aquellos que ahora duermen.
      ¿Valoramos su vida, su obra y su testimonio?
   2. Al recordarles a ellos, ¿no deberíamos ser más amables para los ancianos que todavía están con nosotros?
      ¡Qué bueno que nosotros estuviésemos bien preparados para entrar en este sueño!
      ¿Está nuestra casa en orden? ¿Está nuestro corazón dispuesto? ¿Está nuestra obra cristiana en orden?
      ¡Con cuánta paciencia veríamos nosotros sobrellevar los trabajos y sufrimientos del día, puesto que queda un reposo para el pueblo de Dios!

III. LAS ESPERANZAS CONFIRMADAS POR ESTA FIGURA.
   1. Los que duermen se despertarán.
      La voz del Padre les hará levantar.
      Se despertarán llenos de salud y energía.

Tendrán un nuevo vestido de inmortalidad.

No volverán a caer dormidos.

2. Los que duermen y nosotros gozaremos de una dulce comunión juntos.

El sueño no destruye el amor a nuestros actuales hermanos y hermanas.

Nos levantaremos como una familia inquebrantable, salvada por el Señor.

No nos entristezcamos acerca de los que duermen.

No temamos nosotros el dormir en tan buena compañía.

Alguien preguntó a un piadoso ministro de Escocia, durante su última enfermedad, si pensaba que iba a morirse. La respuesta fue: «No me preocupa, amigo mío, si moriré o no; pues si muero estaré con Dios, y si vivo El estará conmigo.» — ARVINE.

«El dedo de Dios le tocó y cayó dormido.» — TENNYSON.

Hablando del fallecimiento de S. T. Coleridge, un buen amigo dijo: «Es un restablecimiento, no una muerte, pues la Palabra de Dios dice: "Bienaventurados los que duermen en el Señor." Su vida está escondida en Cristo. Está escondida en la vida de su Redentor y en su gloria que les es revelada. Los fisiólogos dicen que es durante el sueño cuando nosotros crecemos y reparamos nuestras fuerzas. ¿Qué no será de las almas que duermen en el seno del Señor?»

Pero para que podamos dormir en el Señor debe haber habido antes vida en el Señor. «Nuestro amado Luis duerme en el Señor», dijo el clérigo que anunció la muerte de Luis XV. El comentario de Tomás Carlyle fue: «Si esta masa de pereza y lujuria duerme en el Señor, ¿a dónde irás tú a dormir?»

SERMÓN 153

CONSOLADO Y CONSOLADOR

«Bendito sea el Dios y Padre de nuestro Señor Jesucristo, Padre de misericordias y Dios de toda consolación, el cual nos consuela en todas nuestras tribulaciones...» (2.ª Corintios 1:3-4).

I. UNA OCUPACIÓN CONFORTABLE. «Bendito sea Dios.»

Si una persona que está en aflicción bendice al Señor.

1. Demuestra que su corazón no está derrotado, hasta el punto de satisfacer a Satanás murmurando.
   O de matar su propia alma con el desespero.
2. Profetiza que Dios le enviará liberación pronta para que pueda hacerle objeto de nuevas alabanzas. Nosotros estamos siempre dispuestos a prestar más dinero a la persona que nos paga un buen interés.
   Jamás un hombre ha bendecido a Dios que más tarde o más temprano Dios no le haya bendecido a él.
3. Aprovecha al creyente sobremanera.
   Quita de la mente las tribulaciones presentes.
   Levanta el corazón a pensamientos y consideraciones celestiales.
4. Es lo que debemos al Señor, en cualquier circunstancia que nos encontremos.

II. EL HECHO CONSOLADOR. «El Dios de toda consolación nos conforta en todas nuestras tribulaciones.»

1. Dios condesciende personalmente a consolar a sus santos.
2. Dios lo hace habitualmente. El ha estado siempre cercano para consolarnos en todos los momentos del pasado, y nunca nos ha dejado solos.
3. Dios lo hace actualmente también. Siempre ha sido poderoso para consolarnos en todas nuestras tribulaciones. Ninguna prueba ha sido superior a su habilidad para consolar.
4. El Dios eterno hace esto: Nos consolará hasta el fin porque es «el Dios de toda consolación», y no puede cambiar.

III. EL PROPÓSITO DE LA CONSOLACIÓN. «Para que nosotros podamos consolar.»

1. Hacernos consoladores de otros. El Señor lo desea. El Espíritu Santo, que es el gran Consolador, nos entrena para que seamos consoladores de otros. Hay una gran necesidad de este santo servicio en este mundo herido por el pecado.
2. Hacernos consoladores en grande escala. Para consolar a los que están en *cualquier* tribulación, tenemos que estar habilitados con toda clase de dolores y dificultades, para poder simpatizar con toda clase de dolientes.

«El glorioso aleluya
Que suena el hogar celestial
Principió en el cuarto oscuro
De un mundo material.»

No tenemos más religión que aquella que podemos mantener en tiempos de prueba. — ANDRÉS FULLER.

Antes abandonaba un viaje muy esperado que dejar a un solo feligrés que requería sus servicios. Y por su conocimiento de la naturaleza humana, era capaz en gran manera de ponerse asimismo en las circunstancias de aquellos que necesitaban su ayuda. No había simpatía semejante a la de él. — CHAMBERS *hablando de* JORGE GRABBE.

SERMÓN 154

TENSIONES

«El cual nos libró, y libra, y en quien esperamos que aún nos librará, de tan gran muerte» (2.ª Corintios 1:10).

Los amigos de la gramática tienen aquí una lección de tiempos de verbo; los cristianos, un saludable ejercicio espiritual.
Podemos considerar el pasado, el presente y el futuro de cada uno de nosotros.
Podemos ver también la relación de uno con otro.

I. EL TEXTO SUGIERE TRES FORMAS DE PENSAMIENTO.

1. La memoria nos habla de las liberaciones del pasado.
De una muerte violenta. En el caso de Pablo, lo que llama «una grande muerte», puede significar por las turbas enfurecidas o por el emperador.
De nuestra muerte en el pecado. Esta es, en verdad, «una grande muerte».
Del desespero absoluto cuando nos hallamos bajo convicción de pecado. Esto es también una muerte.
De la destrucción de nuestra personalidad por calumnias, envidias y enconos humanos.

2. Llama nuestra atención a observar la liberación presente.
Por la buena mano del Señor que nos ha preservado hasta ahora.
De peligros invisibles en nuestra vida.
De los sutiles asaltos de Satanás.
De los errores prevalecientes en nuestro tiempo.
Del pecado y la corrupción natural.
3. La esperanza que mira a través de la ventana del futuro. La fe descansa sólo en Dios, en quien confiamos y por El concibe la liberación futura.
De todas las comunes pruebas futuras.
De pérdidas, aflicciones y enfermedades que pueden sobrevenirnos.
De los males de nuestra edad.
De las peculiares sombras de la muerte.
Esta esperanza nos hace marchar confiados y gozosos.

II. El texto nos provee tres formas de argumento.
1. Porque el Señor nos ha empezado a librar deducimos con razón que también nos librará, pues no había ninguna razón para que El empezara a amarnos, y si su amor procede de su propia naturaleza, persistirá.
El no nos ha conocido mejor desde entonces para tener un desengaño de nosotros. El nos conocía antes con todas nuestras debilidades, por esto no hay ninguna razón para que nos abandone o arroje de sí.
2. Del hecho de que el Señor continúe librándonos sacamos la conclusión de que continuará haciéndolo, pues sus liberaciones han sido ya tantas, han demostrado tal sabiduría y poder que nos han venido cuando nosotros éramos indignos de él, y continuarán así de forma inquebrantable.

III. El texto nos ofrece tres deducciones.
1. Deducimos que estaremos siempre en peligro, ya que necesitaremos siempre ser librados; por lo tanto, no debemos envanecernos, sino temer.
2. Comprendemos nuestra constante necesidad de la intervención de Dios a nuestro favor. Solamente El pudo hacer frente a las dificultades del pasado, sólo El puede hacerlo en el futuro; por tanto, debemos estar siempre cerca del Señor.

3. Deducimos que toda nuestra vida debe de estar llena de alabanza a Dios, quien en el pasado, en el presente y en el futuro es nuestro libertador.

En primer lugar, Dios tiene un tiempo oportuno para todas las cosas, así también para nuestra liberación. Segundo, el tiempo de Dios es el tiempo mejor. El es quien discierne mejor las oportunidades. Tercero, esto tendrá lugar cuando haya realizado su obra en nuestras almas, especialmente cuando nos ha enseñado a confiar en El. Según este pasaje, cuando Pablo hubo aprendido a confiar en Dios, Dios le libró. — Ricardo Sibbes.

Un noble romano no podía dar mayor prueba de su confianza en su nación y en su ejército que cuando compró una propiedad en la ciudad rodeada por el ejército cartaginés.

Y nosotros no podemos dar mayor prueba de nuestra confianza en Dios que cuando confiamos en El, en este país en donde nuestros enemigos, las enfermedades, las tribulaciones y los poderes de las tinieblas parecen tener todo el control, obrando nosotros con la fe de que Dios es Señor de todos y más poderoso que ellos. Esto es obrar sobre la verdad, manteniéndonos como viendo al Invisible. — *Sword and Trowel, 1887.*

Sermón 155
TODAS LAS PROMESAS

«Pues todas las promesas de Dios son en El Sí, y en El Amén» (2.ª Corintios 1:20).

I. La dignidad de las promesas. «Son las promesas de Dios.»
1. Cada una de ellas fue dada por El según el propósito de su buena voluntad.
2. Son lazos de unión entre sus secretos y sus actos, siendo la voz de su secreto y el heraldo de su acto.
3. Despliegan las cualidades de Aquel que las pronunció. Son verdaderas, inmutables, poderosas y eternas, etc.
4. Permanecen unidas a Dios. Después del lapso de los siglos son todavía sus promesas, al igual que cuando fueron expresadas.

II. El carácter de tales promesas. «Todas las promesas.»
1. Son halladas tanto en el Antiguo Testamento como en

el Nuevo; desde el Génesis al Apocalipsis, a través de muchos siglos.

2. Son promesas de dos clases, condicionales e incondicionales: Promesas para ciertas obras, y promesas de un orden absoluto.

3. Son promesas para toda clase de cosas, corporales y espirituales, personales y generales, eternas y temporales.

4. Contienen bendiciones de diversos caracteres tales como:
Para el penitente: Lev. 26:40-42; Is. 55:7; 57:15; Jeremías 3:12-13.
Para el creyente: Jn. 3:16-18; 6:47; Hech. 16:31; 1.ª Pedro 2:6.
Para el servidor: Sal. 37:3; 9:40; Prov. 3:9-10; Hechos 10:35.
Para el que ora: Is. 45:11; Lam. 3:25; Mat. 6:6; Salmo 145:18.
Para el obediente: Ex. 19:5; Sal. 119:1-3; Is. 1:19.
Para el que sufre: Mat. 5:10-12; Rom. 8:17; 1.ª Pedro 4:12-14.

III. La estabilidad de las promesas. *«Todas las promesas son en El Sí, y en El Amén.»*

La palabra griega «sí» y la palabra hebrea «amen» son usadas para dar seguridad, tanto a los gentiles como a los judíos.

1. Su estabilidad es en Cristo, más allá de toda eventualidad; pues El es: el Testigo de la promesa de Dios, la seguridad del convenio, la suma y sustancia de todas las promesas, el cumplimiento de las promesas por su encarnación cumplida.

2. Su muerte redentora, su perfección viviente, su ascensión al trono de todo poder.

IV. El resultado de las promesas. «La gloria de Dios por nosotros.»

1. Nosotros glorificamos el condescendiente amor con que hizo la promesa.

2. Glorificamos su poder, viéndole guardar la promesa.

3. Le glorificamos por nuestra fe que honra su veracidad, esperando los bienes que nos ha prometido.

4. Le glorificamos en nuestra experiencia, la cual prueba que sus promesas son verdad.

Un predicador dijo en una reunión de oración de Fulton Street: «Yo puedo contar todos los cheques como dinero cuando hago mi balance; del mismo modo, cuando no tengo suficientes bienes de este mundo, puedo tomar como efectivo las promesas de Dios, pues son como cheques a la vista por la misericordia divina, y podemos contar con ellas entre nuestras posesiones. Entonces es cuando nos sentimos ricos, y es rica el alma que confía en la palabra de Dios y toma sus promesas como algo de uso presente.»

Las promesas de Dios son como los vestidos que llevamos: si hay vida en el cuerpo nos calientan, pero no si no la hay. Cuando hay una fe viva la promesa nos proporciona un dulce consuelo, pero sobre un corazón muerto e incrédulo son inefectivas y no dan ningún calor. Son como si pusiéramos un collar en la garganta de un cadáver. — WILLIAM GURNELL.

Si una persona se apoya sobre las promesas de Dios, y no sobre Jesucristo, será como nada..., porque ¡hay tantos que traen promesas al trono de la gracia y sacan tan poco de ellas! Es porque se apoyan sobre las promesas, en vez de apoyarse en el Cristo de la promesa. — *Faithful Teate.*

Es tan sólo cuando estas promesas se reducen a la experiencia que nos limpian de toda impureza de la carne y del espíritu, haciéndonos participantes de la naturaleza divina, haciéndonos andar de un modo digno de la vocación a la cual hemos sido llamados, llenándonos de bondad, benevolencia y haciéndonos soportar gozosamente toda clase de pruebas. Entonces es cuando glorifican a Dios por nosotros. — WILLIAM JAY.

SERMÓN 156

TRISTEZA Y TRISTEZA

«*Porque la tristeza que es según Dios produce arrepentimiento para salvación, de que no hay que arrepentirse; pero la tristeza del mundo produce muerte*» (2.ª Corintios 7:10).

Hubo un tiempo cuando las experiencias internas eran consideradas como el todo en el asunto de la conversión, y la predicación experimental estaba a la orden del día.

Los pecadores eran exhortados temerariamente por ciertos ministros a mirar a sus propios sentimientos, y muchos empezaron a buscar consuelo en su propio desconsuelo.

Ahora hay otra tendencia: «cree solamente». Y esto es verdad; pero debemos distinguir, y declarar, que «*hay dolor del pecado que obra arrepentimiento*».

I. EVITEMOS CIERTAS IDEAS ERRÓNEAS RESPECTO AL ARREPENTIMIENTO Y EL DOLOR POR EL PECADO.

Entre los errores populares debemos mencionar las siguientes suposiciones:

1. Que el mero dolor de mente con respecto al pecado es arrepentimiento.

2. Que puede haber arrepentimiento sin dolor por el pecado.

3. Que tenemos que llegar a un cierto punto de dolor y horror al pecado, de otra manera no estamos verdaderamente arrepentidos.

4. El arrepentimiento es cuestión de una sola vez y nada más.

II. DISTINGUIR ENTRE DOS CLASES DE DOLOR QUE SE MENCIONAN EN EL TEXTO.

1. El dolor santo que obra arrepentimiento para salvación, es:
Dolor por el pecado cometido contra Dios.
Dolor por el pecado, producido por un entero cambio de mente.
Dolor por el pecado, que gozosamente acepta la salvación por gracia.
Dolor por el pecado, que nos conduce a futura obediencia.

2. El dolor según el mundo es causado por la vergüenza.
De haber sido descubiertos en el pecado.
Está rodeado de duros pensamientos en contra de Dios.
Nos conduce a vejación y tristeza.
Nos incita al endurecimiento de corazón.
Arroja el alma en desespero.
Obra muerte de la peor clase.
De esta clase de dolor debemos incluso arrepentirnos, pues es en sí mismo pecado y terriblemente prolífico en la producción de más pecado.

III. Nos HACE DESCUIDAR EL DOLOR SANTO POR EL PECADO.

Debemos ser llenados por un verdadero dolor a causa de:
1. Haber quebrantado la ley pura y perfecta de Dios.
2. Haber desobedecido el Evangelio de la divina gracia.
3. Haber agraviado al Dios bueno y glorioso.
4. Haber considerado ligeramente a Jesús, cuyo amor es tierno y sin medida.
5. Haber sido ingratos a pesar de ser tan amados, elegidos, redimidos, perdonados, justificados y muy pronto glorificados.

Un texto similar es Romanos 2:2-4, y nos será de ayuda aquí. Estas dos declaraciones distintas, pero íntimamente unidas, pueden ser puestas en líneas paralelas y tratadas como una ecuación del modo siguiente:

«La bondad de Dios conduce al arrepentimiento.»

«El dolor según Dios obra arrepentimiento.»

Como resultado de esta comparación aprendemos que la bondad de Dios nos conduce al arrepentimiento por medio de un dolor santo. El principio de causa y efecto se demuestra de la siguiente forma:

«La bondad de Dios y dolor santo, igual a arrepentimiento.»

No nos equivoquemos, el temor del infierno no es dolor por el pecado; puede ser nada más que pesar porque la ley de Dios sea tan santa.

Es tan duro un corazón acostumbrado por mucho tiempo al mal que puede ser que nada le derrita sino la bondad, y no hay bondad mayor que la de Dios. «Gracias a Dios por su don inefable.» Mirar a Jesús es el gran remedio para producir dolor santo en un corazón humano.

Tenían que ser corazones muy duros los que no fueron derretidos por las miradas de su amante rostro cuando Jesús se halló ante la multitud en el pórtico de Pilato. En cambio, cuando Jesús miró a Pedro en el patio del pontífice, Pedro salió afuera y lloró. El amor de Emanuel no ha perdido su poder derretidor de corazones; los corazones más duros todavía son derretidos por la mirada de amor de Cristo. La bondad de Dios expresada en Cristo crucificado viene a ser, mediante el ministerio del Espíritu, la causa de dolor santo por parte de aquellos que creen. — WILLIAM ARNOT.

El pecado, el arrepentimiento y el perdón son como los tres meses de la primavera: marzo, abril y mayo. El pecado viene,

como el mes de marzo, abundando en tempestad y violencia. Le
sucede el arrepentimiento como el mes de abril, lluvia de lágrimas. El perdón sigue como el mes de mayo, trayendo flores de
gozo y alegres canciones. Nuestros ojos deben pasar por el mes
de abril, llenándose de lágrimas por el dolor de arrepentimiento,
y entonces nuestros corazones florecerán como el mes de mayo,
con el gozo del perdón. — Tomás Adams.

SERMÓN 157
UNA CONFERENCIA QUE HA DE SER EVITADA

«No consulté en seguida con carne y sangre»
(Gálatas 1:16).

Cuando Pablo fue convertido tomó un curso independiente.

Habiendo sido enseñado de Dios, no consulto con los creyentes que tenía alrededor, para que no pareciera que había recibido
su religión de segunda mano.

No consultó con sus parientes, que le habrían aconsejado
que no se precipitara.

No consultó con sus propios intereses, que estaban todos en
dirección opuesta, antes los contó como pérdida por amor de
Cristo.

No consultó su propia seguridad, sino que arriesgó su vida
por Jesucristo.

I. LA FE NO NECESITA OTRA GARANTÍA MÁS QUE LA VOLUNTAD DE DIOS.

Los hombres santos de todas las edades han obrado bajo
esta condición.

1. Noé, Abraham, Jacob, Moisés, Sansón, David, Elías, Daniel y los tres jóvenes que fueron echados en el horno
   de fuego obraron de un modo independiente a como habrían sido aconsejados.

2. En algunos casos, pedir consejo es renunciar al Señor
   como nuestro comandante en jefe y guía, poniendo al
   hombre en su lugar.

3. Titubear a causa de intereses creados es desafiar abiertamente al Señor.

II. **Este principio tiene una aplicación muy amplia.**

1. En cuanto a deberes conocidos para abandonar el pecado, no tenemos que consultar con la sociedad que nos rodea.

   En procedimientos rectos, no tenemos que consultar con las costumbres del comercio.

   En cuanto a consagrarnos a Cristo, no tenemos que seguir o imitar el nivel común de nuestros compañeros cristianos, no tenemos que consultar a nuestros gustos personales, a las facilidades, el honor o las posibilidades de avance o mejor remuneración.

2. En un servicio especial no debemos ser retenidos por:
   Consideraciones de flaqueza personal.
   Consideraciones de falta de medios visibles.
   Consideraciones de cómo otros interpretarán nuestros actos.

   Muchas veces no tenemos que consultar ni a nuestros hermanos, pues personas buenas pueden no tener tu grado de fe.

   Pueden no apreciar tu llamamiento.

   No pueden librarte de tu responsabilidad ante Dios.

III. **Este principio se encomienda a nuestro mejor juicio.**

Es justificado por:

1. El juicio que ejercemos sobre otros. Criticamos a la gente que no tiene voluntad propia.
   Aplaudimos a los que son valientes y fieles.

2. El juicio de una conciencia iluminada.

3. El juicio de un lecho de muerte.

4. El juicio de la eternidad.

«Señor...», dijo al duque de Wellington un oficial de ingenieros que trataba de demostrarle la imposibilidad de ejecutar las órdenes que acababa de recibir. «Yo no pido su opinión; le he dado mis órdenes y espero que serán obedecidas», replicó el duque sin dejarle hablar.

Tal debe ser la obediencia de cada seguidor de Jesús. Las palabras que El ha hablado son nuestra ley. No se nos permite oponer a ellas nuestras propias imaginaciones o juicios, aun cuando existiera un riesgo de muerte, pues como dice cierta estrofa: «No es de nosotros razonar el por qué, sino obedecer y morir por nuestra fe.»

Y, a las órdenes de nuestro Maestro, ir adelante aun en medio de la inundación o las llamas. — *Feathers for Arrows.*

Esta es, empero, una lección dura de aprender. Leía hace algún tiempo de un capitán alemán que hizo lo siguiente: Estaba entrenando una compañía de voluntarios en un campo de ejercicios cercano al mar. Los hombres iban arriba y abajo por la playa, cuando el capitán pensó que debía darles una lección de obediencia mandando avanzar hacia el agua. De repente dijo: «¡Compañía, alto!» Hicieron alto. «¡Media vuelta a la derecha, march! ¡Adelante, march!» Los hombres anduvieron algunos pasos en dirección al agua. Pronto llegaron a las olas y hubo una parada repentina. «¿Por qué os detenéis? —gritó el capitán—, yo no dije "¡Alto!".» «Porque hemos llegado al agua», dijo el primer soldado de la fila. «¿Y qué? —exclamó el capitán con grande excitación—. Para los soldados en acción de campaña el agua no es nada, el fuego no es nada; nada es nada. La responsabilidad es mía de si podéis o no avanzar.» El capitán tenía razón: El primer deber del soldado es aprender a obedecer. — Dr. Ricardo Newton.

Cuando Dios llama a una persona la responsabilidad es suya respecto a las circunstancias. Yo gobernaría media docena de mundos si Dios me llamara a hacerlo; pero si no me llama, no me atrevería con media docena de ovejas. — Dr. Payson.

Sermón 158

ENCERRADOS

«Empero antes que viniese la fe, estábamos confinados bajo la ley, encerrados para aquella fe que iba a ser revelada» (Gálatas 3:23).

Aquí tenemos una historia condensada del mundo antes de que el Evangelio fuera plenamente revelado por la venida del Señor Jesucristo.

Aquí está la historia de cada alma salvada; pero es en miniatura la historia de las edades. Dios obra sobre los mismos principios, tanto para la raza entera como para los individuos.

I. El período infeliz: «Antes que viniera la fe.»
  1. No teníamos idea de la fe por naturaleza. Nunca se le habría ocurrido a la mente humana que podríamos ser salvados creyendo en Jesús.
  2. Cuando oímos que la fe era el camino de salvación no le entendíamos. No podíamos persuadirnos a nosotros mismos de que las palabras que usaba el predicador tenían un significado común y usual.
  Veíamos la fe en otras personas y nos maravillábamos de sus resultados. Pero no la podíamos ejercer nosotros mismos.
  La razón de esta inhabilidad era moral, no mental: Eramos orgullosos y no queríamos renunciar a nuestra propia justicia. No podíamos concebir la idea de la salvación por fe, porque era contraria a lo corriente de nuestras opiniones.

II. La custodia en que nos hallábamos. «Guardados y encerrados bajo la ley.»
  1. Siempre estuvimos dentro de la esfera de la ley; en efecto, no hay manera de salir de ello. Así como decían los antiguos que el mundo entero era simplemente una prisión para el hombre que ofendía a César, así el universo entero no es más que una prisión para el pecador.
  2. Siempre estábamos dando coces contra las limitaciones de la ley, pecando y quejándonos de que no pudiéramos pecar más.
  3. No nos atrevíamos a saltar por encima de la ley y desafiar su poder; de modo que, en el caso de muchos de nosotros, éramos mantenidos cautivos en contra de nuestros propios deseos, con sus mandatos y prohibiciones.
  4. No podíamos hallar reposo. La ley despertaba nuestra conciencia, nuestro temor y vergüenza.
  5. No podíamos siquiera caer bajo el estupor del desespero, pues la ley acuciaba nuestros sentidos, aunque nos impedía toda esperanza.

III. La revelación que nos hizo libres: «La fe que debía ser revelada después.»
  La única cosa que podía sacarnos de la prisión era la fe. Vino la fe y entonces comprendimos:

1. Lo que tenía que ser creído.
   Salvación por medio de otra persona.
   Salvación de la más bendita suerte, gloriosa, segura y completa.
   Salvación mediante la persona más gloriosa.
2. Qué es creer.
   Comprendimos que era «confiar» de un modo implícito y sincero.
   Vimos que debíamos cesar de confiar en nosotros mismos y obedecer a Cristo.
3. Cuando creímos:
   Fuimos encerrados en este único camino de salvación.
   Fuimos desligados de cualquier otro.
   Fuimos compelidos a aceptar la gracia libre y gratuita, comprendiendo que de otro modo pereceríamos.

La Ley y el Evangelio son dos llaves. La Ley es la llave que encierra a todos los hombres bajo condenación, y el Evangelio es la llave que abre la puerta y les liberta. — WILLIAM TYNDALE.

La Ley obra como el centinela que guarda todas las avenidas excepto una: la que conduce a los elegidos por el camino de la fe del Evangelio. Somos encerrados ante esta fe como nuestra única alternativa. Del mismo modo que un ejército es empujado por las tácticas superiores del general opuesto, hasta que no tienen otra alternativa que huir a la única ciudad donde pueden encontrar refugio o seguridad. Esto parece haber sido el estilo favorito del argumento de Pablo; la forma en que él llevó a cabo su guerra espiritual con los enemigos de la causa de su Maestro. Es la base del admirable razonamiento que encontramos en la epístola a los Romanos.

La Ley tenía que preparar a los hombres para Cristo, mostrándoles que no había otro camino de salvación excepto él. Tenía dos fines principales: El primero era traer a la gente que vivía bajo ella a una consciencia de lo terrible del dominio del pecado, encerrarles como si fueran prisioneros cuya única puerta de escape visible sería la puerta de la fe en Jesús.

El segundo propósito era encerrar y guardar a la raza escogida, a la cual fue dada la Ley, como pueblo peculiar de Dios, separado de todo el mundo, para que en el tiempo debido el Evangelio de Cristo pudiera salir de él y extenderse para gozo y consuelo de toda la raza humana. — T. G. ROOKE.

IMPEDIMENTOS DIVERSOS

«Vosotros corríais bien; ¿quién os estorbó para no obedecer a la verdad?» (Gálatas 5:7).

Nunca se debe censurar de un modo indiscriminado; es justo admitir y alabar lo bueno del contrincante, para que podáis reprender lo malo con más efectividad. Pablo no titubeó en alabar a los gálatas diciéndoles: «Vosotros corríais bien.»

I. Usemos este texto para los creyentes impedidos.

    1. Tú estás, evidentemente, impedido:
No eres tan amante y celoso como eras antes.
Estás cambiando tu antigua fe con nuevas nociones e ideas.
Estas perdiendo tu primer gozo y paz.

    2. ¿Quién te ha embarazado o impedido?
¿Soy yo el culpable? Ora entonces por tu pastor.
¿Son los hermanos de la iglesia? Necesitas probarlo, y aunque te parezca que tienes razón, puede ser que ellos no te ofendieron con mala intención. Ora por ellos.
¿Es el mundo? ¿Por qué tienes que hacer tanto caso de él?
¿Es el diablo? Resístele.
¿No te has puesto el impedimento tú mismo? Esto es lo más probable.
¿No te has hecho orgulloso y satisfecho de ti mismo?
¿Has olvidado la oración, la lectura bíblica, los medios públicos de gracia, la mesa del Señor, etc.?
Tienes que considerarlo y volver a tus antiguos pasos.
Tu pérdida ha sido grande, puede que hayas llegado lejos ya en el mal camino.
Tu tendencia natural llevará a extraviarte todavía más.
Es grande tu peligro de ser vencido por el error y el pecado.

II. Usemos este texto para los pecadores impedidos.

    1. Algunas veces has emprendido una carrera hacia la fe.
Dios ha bendecido Su palabra levantando en ti anhelos espirituales.

Dios no te ha abandonado; el camino de la salvación de Dios todavía está abierto delante de ti.

2. ¿Qué te ha impedido?

¿La propia justicia y la confianza en ti mismo?

¿El descuido, la negligencia y el olvido?

¿El amor a ti mismo, o la práctica secreta de pecados que te son placenteros?

¿La frivolidad, el escepticismo o malas compañías?

¿La incredulidad y desconfianza en la misericordia de Dios?

3. Los peores males ocurren a los que son impedidos.

Los que no obedecen a la verdad, vendrán a ser presa de los más lamentables engaños.

La verdad no obedecida es desobediencia, y así el pecado es aumentado.

La verdad descuidada se convierte en acusadora, y su testimonio asegura nuestra condenación.

Que Dios tenga misericordia de los embarazados. Nuestro deber es despertarlos.

Cecil dice que algunos adoptan el proverbio indio de que: Es mejor andar que correr; mejor estar de pie que andar; mejor estar sentado que de pie, y mejor estar echado que sentado.

Pero ésta no es la enseñanza del Evangelio. Es buena cosa andar por los caminos de Dios, pero es mejor correr, haciendo real y visible nuestro progreso día por día, avanzando en nuestra experiencia y resultados. David compara el sol a un gigante que se alegra corriendo una carrera; sin temor, sin volver atrás, antes deleitándose en la oportunidad de manifestar todo su poder. El que así corre, corre bien. — *The Christian*.

Algunos están demasiado ocupados, corren detrás de demasiadas cosas para poder correr bien; algunos corren demasiado a prisa al principio y acaban sofocados. — T. T. Lynch.

Es muy posible que los profesantes de la religión, pero no convertidos, que están cerca de ti, te sean un impedimento. A menudo nos vemos obligado a acomodar nuestro paso al de nuestros compañeros de viaje. Si son perezosos, nosotros tenemos que imitarles. Siempre estamos a punto de dormir como lo hacen los otros. Somos estimulados o deprimidos, impulsados o retenidos, por aquellos con los cuales estamos asociados en nuestra comunión cristiana.

Hay mucha mayor razón para temer que en multitud de casos los amigos y compañeros mundanos son los impedimentos. Ciertamente, éstos no pueden ser otra cosa; nadie puede ayudar en una carrera, sino aquellos que están corriendo. Todos los demás son estorbos en el camino. Que un cristiano establezca una amistad íntima con una persona indiferente a las cosas de Dios, y desde aquel mismo momento se detendrá todo su progreso espiritual. Tiene que ir atrás; pues cuando su compañero anda en la dirección opuesta, ¿cómo pueden andar juntos si no es volviendo la espalda y corriendo decididamente tras los pasos hechos?

Un marino dice: «Al salir de Cuba pensábamos que habíamos navegado sesenta millas en un día; esto es lo que debíamos hacer; pero al observarlo atentamente hallamos que habíamos perdido más de treinta. Estamos bajo el dominio de una corriente; la nave había adelantado al impulso del viento, pero corrido atrás por motivo de la corriente.»

De la misma manera, a veces, puede parecer que una persona está adelantando en el terreno espiritual, pero la corriente del pecado que le rodea está llevándole en el camino contrario. — CHEEVER.

SERMÓN 160

EL ESCANDALO DE LA CRUZ

«En tal caso se ha quitado el tropiezo de la cruz»
(Gálatas 5:11).

Pablo trata de declarar aquí que el escándalo de la cruz no ha cesado y nunca cesará. Imaginarse que ha cesado sería una locura.

La religión de Jesús es la más pacífica, amable y benevolente; sin embargo, la historia nos demuestra que ha sido objeto de los más terribles odios y guerras. Es claramente ofensiva a la mente no regenerada.

No hay razón para creer que es un ápice más agradable al mundo ahora que lo que fue en otros tiempos. El mundo y el Evangelio no han cambiado.

I. En qué consiste la ofensa de la cruz.

1. Su doctrina de la expiación ofende el orgullo humano.
2. Su enseñanza, sencilla, ofende la sabiduría humana y los gustos artificiales.
3. Por ser el remedio para la ruina del hombre, ofende su imaginario poder de salvarse a sí mismo.
4. Al dirigirse a todos los pecadores, ofende la dignidad del fariseo.
5. Al venir como una revelación de Dios, ofende el «pensamiento moderno».
6. Su elevada santidad ofende el amor al pecado del hombre.

II. Cómo se manifiesta esta ofensa.

1. Con frecuencia, por la persecución efectiva de los creyentes.
2. Más a menudo, por calumnias contra los creyentes y burlas acerca de su mente atrasada, retrógrada, inculta, etc.
3. A menudo, omitiendo la predicación de la cruz. Muchos predican ahora un evangelio sin Cristo y sin sangre.
4. O aplicando nuevos significados a términos ortodoxos.

III. En qué consiste la locura.

1. Es locura que los hombres sean escandalizados u ofendidos por lo que Dios ordena, que es lo único que puede darle victoria. Lo único que puede salvarle.
   Con lo que está lleno de la mayor sabiduría y belleza.
2. He aquí la gracia.
   Que aquellos que una vez fuimos escandalizados por el mensaje de la cruz, ahora hallamos que es:
   La única esperanza de nuestros corazones.
   El mayor deleite de nuestras almas.
   El mayor motivo de gloriarnos gozosamente.
3. Un examen de corazón.
   Quizás estamos secretamente escandalizados por el mensaje de la cruz.
   Quizá no nos atrevemos a ofender a los enemigos de la cruz.
   Muchos cristianos profesantes no causan ofensa a los más impíos en esto porque no dan testimonio de la cruz.
   Los predicadores que han adoptado el espíritu de esta

edad son del mundo, y el mundo les ama; no puede dejar de reconocerles.

No nos inquietemos por la ofensa de la cruz, aun cuando resulte en la más amarga burla para nosotros.

Considerémoslo y aceptémoslo como una prueba de que estamos en la justicia. Hay una necesidad en la mente humana que nada más que la Redención puede satisfacer; aunque sea tropezadero para los judíos y locura para los griegos.

Con las palabras de Henry Rogers: «Está adaptada a la humana naturaleza, como una medicina amarga a un paciente. Los que la han tomado han probado su eficacia y, una vez restablecidos a su salud espiritual, gozosamente proclaman su valor. Pero para aquellos que no la han probado y no la probarán, es una poción detestable.»

En un antiguo libro escrito en contra del cristianismo por Arnobio leemos: «Nuestros dioses no están disgustados con vosotros, cristianos, por adorar al Dios todopoderoso, sino por empeñaros en sostener la deidad de uno que fue crucificado, de quien creéis que está vivo y le adoráis con vuestras diarias súplicas.»

En el museo Kircheriano de Roma me enseñaron una placa de un pie de largo que fue arrancada de una pared del palacio del Palatino hace pocos años. Sobre la placa de ladrillo había una cruz con una figura humana con cabeza de animal, y ante ella estaba un soldado arrodillado extendiendo sus manos en la postura típica griega para la devoción. Debajo estaban escritas en griego las palabras: «Alexámenes adora a su Dios.»

Esta representación del hecho fundamental del cristianismo era motivo de burla por algún rudo soldado en los días de Caracalla, pero hoy es en Roma el mejor monumento de su edad en el mundo. — JOSÉ COOK.

La cruz es la fortaleza del ministro. Por nada del mundo estaría yo sin ella, me sentiría como un soldado sin arma, un artista sin pincel, un piloto sin brújula o un obrero sin herramientas.

Que otros prediquen, si quieren, la ley y la moralidad.

Que otros utilicen los terrores del infierno y los goces del cielo en sus mensajes. Que otros engañen a sus congregaciones con la eficacia de los sacramentos y de la iglesia, pero dadme a mí la cruz de Cristo. Es la única palanca que ha trastornado el mundo de arriba abajo y ha hecho a los hombres abandonar sus pecados.

Si esto no tiene éxito, nada lo tendrá. Un predicador puede empezar a predicar con un perfecto conocimiento del latín, el griego y el hebreo, pero hará poca cosa entre sus oyentes a menos que conozca algo de la cruz.

Nunca ha habido un predicador que haya hecho mucho para la conversión de almas si no predica a Cristo crucificado.

Lutero, Rutherford, Whitefield, M'Cheyne, fueron todos eminentes predicadores de la cruz. Esta es la predicación que el Espíritu Santo se deleita en bendecir. El quiere honrar a aquellos que honran la cruz. — J. C. Ryle.

Mis pensamientos me llevaron una vez a abrazar cosas dañinas. ¿Qué son ellas ahora, cuando dos temibles muertes están cerca? La muerte física me sujeta, la muerte eterna saca su espada. Vana es la ayuda de la pintura y la escultura, si a ellas me refiero. Mi solo refugio es el amor divino, que desde la cruz extiende sus brazos para salvarme. — *Ultimas líneas escritas por* Miguel Angel *cuando tenía más de 80 años.*

Sermón 161
SEMBRANDO Y COSECHANDO

«No os engañéis, Dios no puede ser burlado; todo lo que el hombre sembrare, esto también segará» (Gálatas 6:7).

I. No puede jugarse con Dios.

1. Ni con la idea de que no habrá recompensas ni castigos.

2. Ni por la de que una mera profesión bastará para salvarnos.

3. Ni por imaginarnos que escaparemos con la gran multitud.

4. Ni por la suposición supersticiosa de que ciertos ritos o

ceremonias lo arreglarán todo en el último momento, sean lo que sean nuestras vidas.

II. Las leyes de su gobierno no pueden ser desechadas.

1. Así es en la Naturaleza. La ley es inexorable. La gravitación aplasta al hombre que la vulnera.
2. Así también en la Providencia. Malos resultados siguen, con toda seguridad, al que obra mal en el terreno social.
3. La conciencia nos dice que debe ser así. El pecado debe ser castigado.

III. Mala siembra traerá mala cosecha.

1. Esto se ve ya al presente como resultado de ciertos pecados. Los pecados de lujuria traen enfermedades corporales.
   El pecado de idolatría ha conducido a los hombres a prácticas crueles y degradantes.
   Los pecados del carácter han causado asesinatos, guerras, luchas y miserias.
   Los pecados del apetito, especialmente de la embriaguez, causan necesidad, miseria, *delirium tremens*, etc.
2. Esto se ve cuando el pecador queda desengañado por los resultados de su conducta.
3. Su malicia corroe su corazón; su mal humor consume su alma; su infidelidad destruye su bienestar; sus pasiones agitan su espíritu.

IV. Buena siembra traerá buena cosecha.

1. ¿Cuáles son las simientes?
   Con respecto a Dios sembramos en el Espíritu fe y obediencia.
   Respecto a los hombres, amor, verdad, justicia, bondad y paciencia.
   Hacia nosotros mismos, control de los apetitos, pureza, etcétera.
2. ¿Qué es la siembra del Espíritu?
   Vida eterna, que habita en nosotros y permanecerá para siempre.
   No es una cuestión elegible si sembraremos o no; la única cuestión a decidir es: ¿Qué sembraremos, buena o mala semilla?

Todo hombre está sembrando siempre, para cosechar en la eternidad, o trigo o zizaña. Según el hombre siembre así también segará. El que siembra los vientos de la vanidad, segará el torbellino de la ira.

Suponed que un hombre recogiera una cantidad de zizaña y la tiñera con tanto cuidado y tan bien escogida que pareciese trigo, y lo sembrara en sus campos, esperando segar una cosecha de trigo como sus vecinos. El tal hombre estaría loco de pensar que por su necia jugarreta evadiría las leyes de la Naturaleza y se burlaría de la naturaleza de Dios.

No menos loca, y mucho más digna de castigo, es la conducta del hombre que siembra maldades al presente y espera cosechar salvación en la vida futura. El pecado no tan solamente es desastroso y sin provecho, sino que es una obra particularmente engañosa. Ningún hombre se propone condenarse. El pecado engaña al pecador y pierde su alma.

El sembrar justicia, nunca y en ninguna parte es una labor perdida. Todo acto hecho por la gracia de Dios, y bajo su mandato, es fructífero y vivo. Puede parecer que desaparece de la vista y se pierde, como la simiente sembrada en el campo, pero se levantará de nuevo. ¡Sembrad, pues, cristianos! Nuestra vista no seguirá a la semilla hasta muy lejos; pero cuando la vista falla, sembrad con fe y segaréis pronto con gozo. — WILLIAM ARNOLD.

¿Piensa alguien que tendrá pérdida por su caridad?

Ningún sembrador del mundo, cuando siembra la semilla, piensa perderla, sino que espera verla aumentada en la siega. ¿Confiarás en la tierra y desconfiarás del Dios que la creó? Sin duda, Dios es mejor buen pagador que la tierra. La gracia nos da mejor recompensa que la tierra. Aquí abajo puedes recibir cuarenta granos por uno, pero en el cielo, según la promesa de Cristo, segarás ciento por uno; recibirás medida rellena y rebosante.

«¡Bienaventurado el que piensa en el pobre!» —esto es la siembra—. «El Señor le librará en el día malo» (Sal. 41:1) —esto es la cosecha—. ¿Y termina esto aquí? ¡No! En Mateo 25:35 leemos: «Tuve hambre y me disteis de comer, tuve sed y me disteis de beber, estuve afligido y me consolasteis» —esto es la siembra—. «Venid, benditos de mi Padre; heredad el reino preparado para vosotros» —he aquí la cosecha—. TOMÁS ADAMS.

Sermón 162

MIDIENDO COSAS INCONMENSURABLES

«Para que os dé, conforme a las riquezas de su gloria, ... para que seáis llenos de toda la plenitud de Dios» (Efesios 3:16-19).

Dios quiere que midamos lo inconmensurable, pero primero nos habilita para hacerlo.

Nuestro tema principal serán las cuatro cosas que hemos de medir; pero observaremos lo que viene antes y lo que sigue después.

I. LA PREPARACIÓN PARA PROCEDER A ESTA MEDIDA.

1. Tenemos que tener nuestras facultades espirituales en pleno vigor.

    «Vuestro hombre interior»: Comprensión, fe, esperanza, amor; todo el poder necesario procedente de una fuente divina.

    «Por su Espíritu»: El poder requerido es un poder espiritual, santo, celestial, divino, impartido en el tiempo presente por el Espíritu Santo.

2. Quiere el apóstol que tengamos el objeto siempre delante de nosotros.

    «Que Cristo habite por la fe en vuestros corazones.» Nuestro amor debe aprender a medir el amor de Cristo. Es revelado al corazón más bien que a la cabeza.

    «Por la fe.» El hombre carnal mide según la vista; un cristiano, por la fe.

3. Quiere que estemos ejercitados en el arte de medir.

    Estando «arraigados y fundados en amor», etc.

    Tenemos que amarle, si queremos medir el amor de Cristo.

II. LA PROPIA MEDICIÓN.

1. *La anchura.* Inmensa.

    Comprende todas las naciones. «Predicad el Evangelio a toda criatura.»

    Abarca multitud de iniquidades, «toda clase de pecados».

    Incluye todas las necesidades, preocupaciones y cuidados, etc.

Confiere indecibles bienes para esta vida y para la vedera.

2. *La longitud.* Eterno.

Amor eterno es la fuente. La elección y el pacto.

Amor que fluye sin cesar: Redención, llamamiento, perseverancia.

Amor sin fin, por lo que soporta: Longanimidad, perdón, fidelidad, paciencia, inmutabilidad.

Amor sin límites. En extensión excede a la extensión del pecado, y puede soportar la apostasía, la edad o la tentación.

3. *La profundidad.* Incomprensible.

Condescendencia del amor divino dignándose considerarnos, tener comunión con nosotros, recibirnos en amor, soportar nuestras faltas y elevarnos de nuestro bajo estado.

Condescendencia del amor personificado en Cristo.

Se inclina hacia nosotros y se encarna; soporta nuestros dolores, lleva sobre sí nuestros pecados y sufre nuestra vergüenza y nuestra muerte.

¿Quién es capaz de medir todo esto?

Nuestra debilidad, insignificancia, pecaminosidad y desalientos constituyen un factor de esta medida.

Su gloria, santidad, grandeza, deidad constituyen la otra.

4. *La altura.* Infinita.

Expresada en el privilegio de hacernos una sola cosa con Jesús.

Ser revelados en gloria futura: algo que nunca será plenamente comprendido, por todas las edades.

III. Los RESULTADOS PRÁCTICOS DE ESTA MEDICIÓN. «Para que podáis ser llenos con toda la plenitud de Dios.»

Aquí hay palabras llenas de misterio, dignas de ser ponderadas.

«Ser *llenos.*» ¡Qué cosas tan grandes puede contener el hombre!

Llenos *de* Dios. ¡Qué exaltación!

Llenos de la *plenitud de Dios.* ¿Qué debe ser esto? Llenos de *toda* la plenitud de Dios, ¿qué más puede ser imaginado?

En la historia del Evangelio hallamos que Cristo tuvo una cuádruple recepción de parte de los hijos de los hombres.

Algunos le recibieron en su casa, no en su corazón, como Simón el fariseo, que no le dio beso, ni agua para sus pies; otros le recibieron en su corazón, pero no en su casa, como Nicodemo; y otros no le recibieron ni en su corazón ni en su casa, como los porqueros de Gadara. Pero algunos le recibieron en su casa y en su corazón, como Lázaro, María y Marta.

Y así deben hacerlo todos los buenos cristianos: procurar que Cristo habite en sus corazones por la fe; en sus cuerpos, dignos de su Espíritu Santo. Que ahora, en esta vida, mientras Cristo está a la puerta de sus corazones llamando para ser admitido, levanten la cancela de sus almas y le dejen entrar; pues si esperan entrar por las puertas de la Ciudad celestial después, deben abrir a El sus corazones, las puertas de su propia ciudad, en este mundo. — JUAN SPENCER.

«Cuanto más ancho es el diámetro de la luz, mayor es la circunferencia de las tinieblas que la envuelven.» Cuanto más sabe un hombre, entra en más puntos de contacto con lo que es desconocido.

SERMÓN 163

VERDADERA INSTRUCCION

«Pero vosotros no habéis aprendido así a Cristo, si en verdad le habéis oído, y habéis sido por El enseñados, conforme a la verdad que está en Jesús» (Efesios 4:20-21).

I. NUESTRA LECCIÓN: «Aprender a Cristo.»

Este aprender a Cristo es:
Mucho más que aprender una doctrina, precepto o ceremonias.
Mucho más que conocer acerca de Cristo o aprender de Cristo.

1. Conocerle a El como un Cristo personal.
2. Conocer su naturaleza y tratarle de acuerdo con ella.
3. Conocer sus oficios y cómo aprovecharnos de ellos.

4. Conocer su obra completa para Dios, y a nuestro favor.
5. Conocer su influencia sobre los hombres y ponerla a prueba.
6. Conocer, aprendiendo de Cristo, la manera de vivir como El.

II. CUÁNDO NO HEMOS APRENDIDO A CRISTO.

1. Cuando permanecemos como éramos antes.
   Sin cambiar, y sin embargo tranquilos en nuestros corazones.
2. Cuando excusamos el pecado a causa de su expiación.
3. Cuando nos sentimos en libertad de pecar a causa de su perdón.
4. Cuando cometemos pecado en nombre de Cristo.
5. Cuando, aceptando que no podemos vencer al pecado, nos quedamos parados bajo el dominio de alguna tentación constitucional.
6. Cuando profesamos reverencia a su nombre y carácter y nos preocupamos poco de la verdad que El revela.

III. CUANDO LO HEMOS APRENDIDO.

Conocemos la verdad, y la conocemos de la mejor manera:
1. Cuando somos enseñados directamente por El y por su propio Espíritu.
2. Cuando la distinguimos perfectamente en su vida y carácter.
3. Cuando la relacionamos con El y le honramos.

«Si es así —dice el apóstol—, habéis aprendido la verdad como es en Jesús.» El que no lo hace así, como aquellos que adoptan otras doctrinas o filosofías que enseñan a quitar tan sólo los defectos de vuestra conducta externa y poner una nueva conducta sobre vuestra vieja naturaleza, como el lobo vestido de piel de cordero; el que no hace nada más que esto, está destituido de aquella gracia que Cristo requiere; pero el apóstol enseña a quitar el hombre viejo, que es la causa de todos los males de nuestra conducta externa, al decir: Con respecto a vuestra conducta «quitad el viejo hombre», sin lo cual es imposible reformar la conducta. — TOMÁS GOODWIN.

Una ilustración de las anteriores advertencias la hallamos en Lord Chesterfield, que enseñó a su único hijo a no abandonar el vicio, sino a portarse como un caballero en la práctica del pecado.

Algunas personas en vez de quitar el viejo hombre lo visten con un nuevo vestido. — San Bernardo.

La sabiduría no santificada es el mayor instrumento del diablo.

Un puñado de vida santa es de más valor que un gran montón de instrucción.

Sermón 164
CALZADO CELESTIAL

«*Y calzados los pies con el apresto del Evangelio de la paz*» (Efesios 6:15).

I. Examinemos estos zapatos celestiales.

1. Vienen del bendito Hacedor.
Aquel que, supremamente hábil en todas las artes, conoce por experiencia lo que necesitamos, puesto que ha transitado por los más duros caminos de esta vida.

2. Están hechos del mejor material, el apresto del Evangelio de paz.
«Bien curtido, suave de llevar y permanente.»

3. Paz con Dios en cuanto al pasado, el futuro y el presente.
Paz con la Palabra de Dios, en todas sus enseñanzas; paz en la propia conciencia, con sus temores, deseos, etcétera. Este es el calzado que Jesús llevó, así como todos sus santos.

4. Son de tal calidad que nunca se gastan; son tan viejos, y sin embargo nuevos; podemos llevarlos en todas las edades y por todos los lugares.

II. Probemos el calzado.

Observad con placer:

1. Su perfecta medida; están hechos para adaptarse a cada uno de nosotros.

2. Su excelente material; podemos andar con santa confianza a los lugares más elevados con este calzado.
3. Sus poderes impulsivos para el diario deber. Nadie se cansa llevando esta clase de calzado.
4. Su maravillosa protección contra las pruebas del camino. «Pisarás sobre el cachorro del león y el escorpión» (Sal. 91:13).

III. CONSIDEREMOS A LA GENTE DESCALZA QUE HAY ALREDEDOR NUESTRO.

1. El pecador va descalzo; sin embargo, da coces contra los aguijones; ¿cómo puede realizar su viaje al país celestial?
2. El religioso profesante es una persona medio calzada o que lleva zapatos demasiado estrechos. Sus delgadas zapatillas pronto se gastarán. No ama el Evangelio, nada sabe de su paz, no busca su preparación. Tan sólo el Evangelio provee calzado apto para todos los pies. Acudamos en seguida al Evangelio. ¡Ven, pobre mendigo descalzo!
3. «Poned zapatos en sus pies», fueron las primeras palabras de bienvenida al hijo pródigo. Ser un descalzado era, en Israel, señal de gran vergüenza; indicaba una heredad perdida, un estado de miseria y de penuria. (Véase Deut. 25:10.)

«Vuestros pies calzados con el apresto del Evangelio de paz.» Este pasaje ha sido parafraseado de la siguiente forma: «Calzados con el firme calzado de un conocimiento sólido del Evangelio.»

La palabra apresto significa preparación o disposición. Comparad 2.ª Tim. 4:2: «Insta a tiempo y fuera de tiempo»; así como también Rom. 1:15: «Listo estoy para predicar el Evangelio.»

Esta preparación agrada a Dios. «¡Cuán hermosos son tus pies con zapatos, oh hija de príncipe!» (Cantares de Salomón 7:1; Is. 52:7). — MRS. GORDON.

El calzado del Evangelio no se adaptará al pie afectado por algún tumor pecaminoso (de justicia propia o práctica impía). Este mal tiene que ser curado con el arrepentimiento, o no podrá llevar el calzado de la paz.

No te has puesto todavía el calzado, ¡oh cristiano! No estás listo para la marcha; si lo estás, ¿qué temes?

No puedes temer que ninguna piedra pueda dañarte a través de tan fuerte suela. — WILLIAM GURNALL.

Pablo estaba calzado de este modo (Rom. 8:38). «Estoy cierto de que nada me podrá separar del amor de Dios.» «Yo sé que todas las cosas obran para bien de los que son amados de Dios» (Rom. 8:28). Este buen calzado le permitió andar con gozo por caminos duros de aflicción. Esto es común en los hijos de Dios, que, aunque no de un modo literal, andan sobre el basilisco y el escorpión; sin embargo, pueden desafiar sus aguijones y no recibir daño; pero si los pies están desnudos en alguna parte, con ausencia de esta paz, cualquier cosa puede producirles una profunda llaga. — PABLO BAYNE.

SERMÓN 165

EL GOZO, COMO DEBER

«Regocijaos en el Señor siempre; otra vez os digo: ¡Regocijaos!» (Filipenses 4:4).

I. LA GRACIA ORDENADA. «Regocijaos.»

1. Es un deleite: Viene el jubileo de nuestras almas cuando entra este gozo.

2. Es expresivo: Es más que una paz pasiva: reluce, brilla, canta, ¿por qué no? El gozo es un pájaro; dejémoslo volar en lo abierto de los cielos y que su música sea oída por todos los hombres.

3. Es estimulante: E impulsa a su poseedor a hacer frente a los hechos.

4. Es influyente para bien: Los pecadores son atraídos a Jesús por el gozo de los santos. Se cazan más moscas con una cucharada de miel que con un barril de vinagre.

5. Es contagioso: Otros se ponen contentos cuando ven nuestro gozo.

6. Es un mandato:
   Porque el gozo nos hace semejantes a Dios.
   Porque es para nuestro provecho.
   Porque es un bien para otros.

II. DISTINCIÓN EN EL GOZO. «En el Señor.»

1. Como esfera: «En el Señor» es el sagrado círculo donde debe emplearse siempre la vida cristiana.
2. Como objeto: «En el Señor.»
   Debemos regocijarnos en el Señor Dios Padre, Hijo y Espíritu Santo.
   Debemos regocijarnos en el Señor Jesús, en su muerte, en su resurrección, en su ascensión. En todo lo suyo, que es para nuestro provecho.
   No en cosas temporales, política o finanzas.
   No en nuestros propios hechos (Fil. 3:3).

III. EL TIEMPO SEÑALADO. «Siempre.»

1. Cuando no puedes gozarte en nada más, regocíjate en Dios.
2. Cuando no puedas gozarte en otras cosas, santifícalas todas con el gozo del Señor.
3. Si no has aprendido antes a regocijarte en El, empieza ahora.
4. Cuando hace mucho tiempo que te sientes gozoso, no permitas que tu gozo cese por un momento.
5. Cuando estás en compañía de otras personas, condúcelas en esta dirección.
6. Cuando estás solo, sumérgete en el placer de regocijarte.

IV. EL ÉNFASIS PUESTO EN ESTE MANDATO. «Otra vez os digo que os gocéis.»

Pablo se alegraba. Era habitualmente un hombre feliz.
Esta epístola a los Filipenses es peculiarmente gozosa. Considerémosla en su totalidad. El apóstol está gozoso por:
La dulzura de la oración (1:4).
Porque Cristo es predicado (1:18).
Desea vivir para gozo de la Iglesia (1:25).
Para ver a los miembros gozosos a causa de su gozo (2:2).
Era su gozo saber que no había corrido en vano (2:16).
Su despedida era: «Gozaos en el Señor» (3:1).
Llama a sus convertidos «gozo y corona suya» (4:1).
Expresa su gozo por su bondad (4:4, 10, 18).

En los días de trabajo, regocíjate en el Señor porque te da fuerzas para tu labor y te alimenta con el trabajo de tus manos.
En los días de fiesta, regocíjate en el Señor que te festeja

con la grosura de su casa. En la prosperidad, regocíjate una vez más porque el Señor te da. En la necesidad, regocíjate porque el Señor es el que quita, y son la voluntad del Señor todas las cosas que nos pasan. — EDUARDO MARBURY.

El calendario del mundo tiene sólo unos pocos días festivos, pero el calendario del cristiano está señalado, por la mano de Dios, cada día como festivo. — ANÓNIMO.

Es pecado para un hombre bueno el estar triste. — EDUARDO YOUNG.

Napoleón, cuando fue enviado prisionero a la isla de Elba, adoptó como orgulloso desafío a su muerte el lema: «*Ubicumque felix*». No era cierto en su caso; pero el cristiano puede ser verdaderamente «feliz en cualquier lugar» y siempre.

SERMÓN 166

CRISTO EL CREADOR

«Porque en El fueron creadas todas las cosas, las que hay en los cielos y las que hay en la tierra, visibles e invisibles; sean tronos, sean dominios, sean principados, sean potestades; todo fue creado por medio de El y para El» (Colosenses 1:16).

Cualquier tema que exalta al Salvador es precioso para los santos. Este es un texto en el cual el predicador no puede hacer nada más que mostrar su grandeza. El tema está por encima de él.

I. CONSIDEREMOS ESTA DECLARACIÓN EN SÍ MISMA.

1. El cielo mismo fue creado por y para Jesucristo.
   Es un lugar a la vez que un estado, y de este lugar Jesús es el centro; Enoc y Elías están allí con sus cuerpos. Jesús, en su cuerpo humano, glorificado, está allí; y allí estarán con él todos los suyos. Dios, que es Espíritu puro, no necesita ningún lugar; ni los ángeles, pues por todas partes donde se encuentran ven a Dios. Fue creado para Jesús y su pueblo, a quienes El traería un día a habitar para siempre con El.

Existe por Jesús y para Jesús.

Todo en los cielos ha sido preparado por Jesús. Es el arquitecto del Universo.

Todo en los cielos refleja a Jesús; es el alma de todas las cosas.

Todo en el cielo alaba a Jesús; es el rey de todo.

2. Los ángeles, en todos sus rangos, fueron hechos por El y para El.

Para adorarle y glorificarle con su adoración.

Para regocijarse con El y en El, como lo hacen cuando hay pecadores que se arrepienten.

Para guardar al pueblo de Cristo en vida y conducirles a El en el momento de su muerte.

Para llevar a cabo sus propósitos de juicio, como fue el caso de Faraón, Senaquerib, etc.

Para cumplir sus propósitos de liberación, como con Pedro.

3. Este mundo fue hecho por El para ser:

El lugar donde vivir y morir.

El escenario para la vida y actividades de su pueblo.

II. CONSIDEREMOS LAS REFLEXIONES QUE SURGEN DE ESTO.

1. Que Jesús es Dios: «Por El fueron creadas todas las cosas.»

2. Que Jesús es la clave del Universo, su centro y explicación. Todas las cosas han de ser vistas a la luz de la cruz, incluyendo el universo entero.

3. Vivir para Jesús es hallar el verdadero objeto y razón de ser y estar de acuerdo con toda la creación.

4. Sin vivir en Jesús no podemos tener bendición.

5. Sólo podemos vivir para El cuando vivimos por El; pues así es con todas las cosas. De ahí se hace evidente que El debe triunfar. Todas las cosas ayudan a bien. Si miramos la historia desde su trono, todas las cosas son «para El». El debe reinar. Consolémonos unos a otros con estas palabras.

¡Qué honor es ser el más pequeño paje en la corte de semejante príncipe!

Cuando el mártir cristiano Policarpo fue preguntado por sus jueces: «¿A qué Dios adoras?», replicó: «Adoro al que hizo los cielos y los embelleció con estrellas y ha enriquecido la tierra con flores y árboles.» «¿Quieres decir —preguntaron maliciosamente los magistrados— aquel que fue crucificado?» «Ciertamente —replicó Policarpo—, Aquel a quien el Padre envió para la salvación del mundo.»

Al igual que Policarpo murió Blandina, y toda la hueste de aquellos que en los tres primeros siglos, sin conocer el Credo Niceno, lo mantuvieron implícitamente, si no explícitamente, y lo proclamaron en medio de las llamas, en los calabozos, en hambre y desnudez, bajo el látigo y la espada. — José Cook.

En la Creación Dios nos muestra su mano; pero en la Redención Dios nos da su corazón. — Adolfo Monod.

Con acierto dijo cierto filósofo pagano: «*Si essem luscinia* —si yo fuera ruiseñor cantaría como el ruiseñor—; *si a alauda...* —si fuera una alondra levantaría el vuelo como las alondras—; puesto que soy un hombre, ¿qué haré sino conocer, amar, alabar a Dios sin cesar y glorificar a mi Creador?»

Las cosas son inútiles o mal colocadas cuando no buscan o sirven a su fin; por tanto, ¿de qué utilidad somos si no servimos a nuestro propio fin? Somos como los sarmientos de la vid; no servimos para nada, ni siquiera para hacer una percha donde colgar alguna cosa (Ez. 15:2). No servimos sino para ser arrojados al fuego, a menos que produzcamos fruto. ¿Qué valemos si no somos útiles al fin para el cual fuimos creados? — Tomás Manton.

Sermón 167

CRISTO EL TODO

«*Donde no hay griego ni judío, circuncisión ni incircuncisión, bárbaro ni escita, siervo ni libre, sino que Cristo es el todo, y en todos*» (Colosenses 3:11).

Hay dos mundos, el viejo y el nuevo, y hay personas con dos personalidades, el viejo y el nuevo hombre, acerca del cual se nos habla en los versículos 9 y 10.

En el primer mundo hay muchas cosas que no hay en el segundo.

En el segundo hay muchas cosas que no están en el primero.

I. Lo que no hay en el nuevo mundo.

1. Distinciones nacionales: «Donde no hay griego ni judío.»

Jesús es un hombre en el más amplio sentido, no es judío ni gentil.

No vemos en El ninguna restricción de nacionalidad, y nuestra nacionalidad peculiar desaparece por la unión con El.

2. Distinciones ceremoniales: «Circuncisión ni incircuncisión.» Esta separación típica era quitada. Tanto judíos como gentiles están unidos en un cuerpo por la cruz de Cristo.

3. Distinciones sociales: «Siervo ni libre.» Somos capacitados por la divina gracia para ver que estas distinciones son transitorias.

Estas distinciones son superficiales.

Estas distinciones son de poco valor.

Estas distinciones no existen en el reino del Espíritu.

II. Qué cosas hay en el nuevo.

Cristo es el todo en todo; y esto en muchos sentidos:

1. Cristo es el todo en nuestra cultura. En El imitamos y superamos «a los griegos».

2. Cristo es el todo de nuestra revelación. Nos gloriamos en El como «los judíos» se gloriaban de haber recibido los oráculos de Dios.

3. Cristo es el todo en nuestras tradiciones naturales. Es mucho más para nosotros que las más nuevas ideas que surgían de la muerte de los bárbaros.

Cristo es el todo de nuestra incomparable libertad.

Los escitas no tenían tanta independencia, de la cual se gloriaban, como nosotros tenemos en El.

Cristo no es apreciado del todo, a menos que sea apreciado sobre todo. — San Agustín.

El es la senda al descarriado.
Protector a quien desnudo va,
pan al hambriento, y al esclavizado
esperanza y segura libertad.
Si alguno es débil, Jesús es el Fuerte;
al muerto es vida, al enfermo salud,
al ciego vista y al pobre riqueza,
gozo sin pena, tesoro de grandeza;
todo esto es para mí mi Fiel Jesús.

Giles Fletcher

Yo no puedo sino reverenciar la memoria del reverendo Welsh, de quien en un momento emocionante de un discurso sobre la persona de Cristo brotaron abundantes lágrimas de sus ojos antes de que pudiera darse cuenta. Cuando le preguntaron la razón, confesó que lloraba de pena porque no podía arrastrar su torpe mente a apreciar del modo debido la persona de Cristo. Me temo que esto es una experiencia rara entre los cristianos, pues muchos piensan que con un poco basta y sobra. — SAMUEL WARD.

Por fin, una noche, mientras me hallaba en una reunión de oración vino la gran acción libertadora: El testimonio del Espíritu Santo de que la sangre de Jesús me había limpiado de todos mis pecados; que yo no era nada, pero Cristo todo en todo. Le recibí gozosamente con todos sus oficios, como un Profeta para enseñarme, un Sacerdote para hacer expiación por mí, y un Rey para reinar sobre mí. ¡Oh, qué felicidad sin límites es Cristo para un pobre pecador como yo! Este feliz cambio tuvo lugar en mi alma el 13 de marzo de 1772. — WILLIAM CARVOSO.

Dannecker, el escultor alemán, pasó ocho años para producir un busto de Cristo, y por último sacó uno en el que las emociones de amor y tristeza estaban tan perfectamente expresadas que los que lo veían lloraban al mirarlo.

Más tarde, al ser solicitado para emplear su gran talento en hacer una estatua de Venus, replicó: «Después de mirar tanto el rostro de Cristo, ¿pensáis que yo puedo ahora volver mi atención a una diosa pagana?» Aquí está el verdadero secreto de vencer a los ídolos mundanos: «el expulsivo poder de un nuevo afecto».

SERMÓN 168

UNA FELIZ REUNION MINISTERIAL

> «... damos gracias a Dios, ... vinisteis a ser imitadores de las iglesias de Dios...» (1.ª Tesalonicenses 2:13-14).

Pablo abre su corazón a la amante iglesia de Tesalónica. El sabía lo que era ser molestado por los corintios y los gálatas, pero se sentía feliz cuando pensaba en los tesalonicenses.

Los ministros más probados tienen algunos momentos brillantes.

Al expresar sus gozosas memorias sobre Tesalónica, Pablo nos da una visión de tres cosas.

I. LOS MINISTROS DANDO GRACIAS.

«Damos gracias a Dios.» Los pastores no siempre han de estar gimiendo y llorando, aunque a menudo tienen que hacerlo. Tienen también su tiempo de acciones de gracias, como en el caso de Pablo.

1. Esto siguió a severas dificultades. (Véase vers. 9.) Solamente cuando sembramos con lágrimas segamos con gozo.

2. Esto estaba respaldado por una vida santa. Fijaos en cada punto de los versículos 10 y 11. Los pastores poco consagrados tendrán escasos motivos para alegrarse.

3. Impedía la alabanza propia. Daban gracias a Dios, y esto es lo opuesto de glorificarse uno mismo.

4. Era de carácter social. «*Damos* gracias a Dios.» Pablo, Silas y Timoteo. Se produce una fraternal y gozosa reunión cuando Dios nos bendice en medio de nuestro amado pueblo.

5. Era de carácter permanente. «Sin cesar.» No podemos cesar de dar gracias al Señor por su bondad en salvar almas.

II. LOS OYENTES RECIBIERON LA PALABRA.

«Vosotros recibisteis la Palabra de Dios.»

1. Ellos recibieron la Palabra de Dios: la oyeron con calma, la atendieron con sinceridad, la consideraron cuidadosamente.

2. Recibieron la Palabra de Dios con una bienvenida cordial. La aceptaron por fe, con confianza personal y gozo.

3. No recibieron la palabra de hombre. Es bueno mantener la puerta cerrada en esta dirección.
Recibieron la palabra revelada de Dios y, por tanto, la aceptaron:
Con reverencia por su divino carácter.
Con seguridad de que era infalible.

Con obediencia a su autoridad.
Con experiencia de su sagrado poder.

III. LOS CONVERTIDOS MOSTRANDO SU SEMEJANZA FAMILIAR.

1. Eran como los cristianos de Judea; como los mejores de ellos, en fe, en experiencia, en aflicciones.
2. Nunca habían visto la iglesia de Dios en Judea; no eran copiadores; sin embargo, debieron hacer facsímiles de ellos.
3. Esta es una confirmación singular del carácter divino de la obra; el mismo Señor obra en todos los creyentes, y por lo general ocurre la misma experiencia en todos los santos, aun cuando no se hayan visto unos a otros.
4. Esta semejanza de todos los hombres regenerados nos ofrece una valiosa colección de evidencias experimentales que prueban el divino origen de la conversión.
   No seamos espantados por la oposición, pues en Tesalónica Pablo fue perseguido y triunfó.

«¿Quién hizo este libro?», dijo un chino convertido. «Me hizo a mí, pues me dice los pensamientos de mi corazón.»

El informe de las Misiones Moravas entre los indios de Norteamérica. — El escrito por Loskiel me ha enseñado dos cosas: He hallado en él una notable ilustración de la uniformidad con que obra la gracia de Dios con los hombres. Y el de Crantz, sobre las Misiones de Groenlandia, me ha mostrado la gracia de Dios obrando en el hombre-topo, es decir, sobre una criatura estúpida, torpe, insensible, apenas superior al pescado del que vive de un modo absoluto.

Loskiel me muestra la misma gracia obrando en un hombre-diablo; un sanguinario y fiero vengador guerrero danzando su danza de guerra infernal con una mente de furia. La gracia divina trajo a estos hombres al mismo punto: Aviva, estimula y eleva al groenlandés y lo levanta a una especie de vida nueva; parece concederle nuevos sentidos, abre sus ojos, inclina sus oídos, levanta su corazón y, por encima de todo, lo santifica. La misma gracia toma el espíritu orgulloso del indio, le reduce a la humildad, docilidad y simplicidad de un niño. La evidencia del cristianismo por estos hechos no es suficiente para convencer al incrédulo; pero al creyente le fortalece grandemente en la razón de su fe. He visto en estos libros que, con la única diferencia del bote de pescado o el hacha de guerra y el sombrero de plumas, el hombre es la misma clase de criatura, ora sea groenlandés, indio o entre las naciones civilizadas. — R. Cecil.

Estas epístolas vivientes son las mismas en todo el mundo; la única diferencia consiste en la encuadernación.

Sermón 169

CANSANCIO EN HACER EL BIEN

«Pero vosotros, hermanos, no os canséis de hacer bien» (2.ª Tesalonicenses 3:13).

Leed los dos versículos anteriores y observad la represión del apóstol a estos perezosos, ocupados en «no hacer nada».

I. Un sumario de la vida cristiana.

Les invita a «hacer el bien».

1. La labor religiosa es hacer el bien. Predicar, enseñar, escribir libros y cartas, celebrar reuniones de temperancia, clases bíblicas, distribuir folletos, conversaciones personales, oración privada, alabanza, etc.
2. La obra filantrópica es «hacer el bien». Cuidar del pobre, la viuda, el huérfano, el ignorante, el enfermo, el caído y el desesperado, es cumplir la voluntad de Dios. Es «hacer el bien» todo lo que es hecho desde un punto de vista del deber, con dependencia de Dios y fe en su Palabra. Todo lo que procede del amor de Cristo, con buena voluntad hacia otros, orando para dirección, aceptación y bendición, es «hacer bien».
Las acciones más simples y sencillas vienen a ser santas, y el pan dado al pobre se convierte en pan divino cuando es dado por un motivo puro y elevado.

II. Una advertencia a causa del cansancio natural.

1. Los ejemplos de pereza son una tentación a la pereza para la persona activa y trabajadora (vers. 11).

2. Las personas perezosas y desordenadas en la iglesia impiden a muchos de sus diligentes servicios (vers. 11, 12).

3. Los quisquillosos, así como los «hombres malos e irrazonables», desalientan a aquellos que servirían al Señor (vers. 2).

III. Un argumento contra el cansancio en bien hacer.

«Pero vosotros, hermanos, no os canséis de hacer el bien.»

1. No perdáis lo que ya habéis obrado.

2. Considerad los sacrificios que otros hacen para cosas muy inferiores: Los soldados, los deportistas, los ciclistas, los participantes en regatas, etc.

3. Acordaos de que la mirada de Dios está sobre vosotros, sus manos con vosotros, su sonrisa para vosotros y su mandato sobre vosotros.

4. Reflejad la grandeza del mismo servicio como hecho al Señor y su gloriosa causa.

Pero, más que todo esto, «es que es mi deber hacer el bien». La palabra griega expresa belleza y así es como entra en el pensamiento apostólico. La verdadera piedad es hermosa, pero en el caso del apóstol Pablo va más allá de belleza, pues significa excelencia moral.

La actividad no es suficiente, pues puede haber intensa actividad para el mal. Lucifer es tan activo, tan constante y tan diligente como Gabriel, pero uno es un monstruo y el otro un serafín; cualquier actividad que no es para bien, es una maldición. Es mejor estar muerto, ser materia inerte, una piedra o un pedazo de barro, que un reptil heridor o un demonio destructor. Sí; aquí reside la gran virtud práctica de la regeneración: transforma al simple hacedor de cosas en un hacedor del bien. No es tanto un cambio en la energía como en la dirección. — Carlos Wadsworth D.D.

Los judíos tienen el refrán de que Dios se complace más en adverbios que en verbos; esto es, más en el *cómo* se hace que en el *hacer*. No en el *cuánto,* sino en el *cómo.* Es el bien hacer lo que recibirá un «bien hecho y fiel». Sirvamos, pues, a Dios, no nominalmente o verbalmente, sino adverbialmente. — Ralph Venning.

PALABRA FIEL

> *«Palabra fiel y digna de ser recibida de todos,*
> *que Cristo Jesús vino al mundo para salvar a los*
> *pecadores; de los cuales yo soy el primero»*
> (1.ª Timoteo 1:15).

Pablo acababa de describir su ordenación en el versículo 12 y procede luego a hablar de la gracia manifestada en el llamamiento de una persona como él para el ministerio (vers. 13), y de la consiguiente gracia mediante la cual había sido sostenido en este ministerio.

I. Cómo PREDICAMOS NOSOTROS EL EVANGELIO.

    1. Ciertamente, es «una palabra fiel». No dudamos de la verdad de nuestro mensaje; de otro modo, ¿cómo podríamos esperar que vosotros la creáis? Nosotros creemos y estamos seguros porque es una revelación de Dios.
Está atestiguada por milagros.
Lleva el testimonio en sí misma.
Su poder ha sido demostrado en nuestros propios corazones.

    2. Es una verdad diaria. Es una «palabra» o proverbio.

    3. Merece toda vuestra atención, «digna de ser recibida»; debéis apropiárosla vosotros mismos.
Debéis hacerlo, porque es digna de vuestra aceptación.

II. QUÉ ES EL EVANGELIO QUE PREDICAMOS.

    1. El evangelio de una persona: «Cristo Jesús.»
Ungida de Dios: «Cristo.»
Salvador de los hombres: «Jesús.»
Dios y hombre en una persona.
Que murió, y vive para siempre.

    2. El evangelio para los pecadores.
Para los cuales Jesús vivió y trabajó.
Por los cuales murió e hizo la expiación.
A los cuales ha enviado el evangelio de perdón.
Por los cuales intercede en el cielo.

    3. Un evangelio de liberación efectiva: «Para salvar a los pecadores.»

No para ser un medio de salvarles.
No para hacer posible su salvación.
No para ayudar a salvarse.
No para salvar a los justos.
Sino para salvar plenamente a todos los hombres de sus pecados.

III. POR QUÉ LO PREDICAMOS.

1. Porque nosotros mismos hemos sido salvos por él.
2. Porque no podemos hacer otra cosa, pues un impulso interior nos impele a hablar del milagro de misericordia obrado en nosotros.
¿No creeréis una palabra tan segura?
¿No aceptaréis una verdad tan feliz?
¿No vendréis a un Salvador tan admirable?

Un visitante de Roma dice: «Yo fui impresionado por la frecuencia con que los sacerdotes o los guías de curiosidades eclesiásticas usan las palabras «se dice» cuando hablan de las reliquias y curiosidades que allí se ven. Tienen vergüenza de que los turistas les consideren como creyentes de tales simplezas. Por esto repiten una y otra vez «se dice». ¿Es que ellos tratan de satisfacer así sus propias conciencias? No expresan su fe personal, sino lo que «se dice». No predicamos nosotros así el Evangelio, sino que podemos decir como el apóstol Juan: «Lo que hemos visto y oído, esto os declaramos.»

Hay una frase hermosa en este texto. La frase: «digna de ser recibida». Es algo preparado para vosotros; diríamos casi como una cena; encontráis la mesa puesta y todo está listo, no se espera que vosotros traigáis algo.

En cierta ocasión fui invitado al té por una viuda pobre y traje algo en mi maletín. Pero nunca más lo haré. Eran dos pastelillos, pero cuando los saqué y los puse sobre la mesa, ella los tomó y los arrojó a la calle diciendo: «Le invité a usted al té; no le pedí que usted proveyera té para mí.» Así es con Cristo, El nos pide que aceptemos su don y provee todo lo necesario para nosotros; si tratamos de hacer algo para ganar nuestra salvación El lo rechazará. Solamente podemos cenar con El cuando vamos tal como somos.

Dice Lutero: «Una vez el diablo me dijo: "Martín Lutero, tú eres un gran pecador y estás condenado." "¡Alto, alto! —le dije—; es cierto que soy un gran pecador, pero tú no tienes ya derecho a reprochármelo." "Así que lo reconoces —me dijo él—; por tanto, serás condenado." "Esto no es una buena razón —le respondí—; es verdad que soy un gran pecador, pero está escrito: 'Jesucristo vino a salvar a los pecadores'; por tanto, yo seré salvo. ¡Vete de aquí!" Así que el diablo tuvo que marcharse chasqueado porque no podía vencerme llamándome pecador.»

Sermón 171

NUESTRO EVANGELIO

«*Por lo cual asimismo padezco esto; pero no me avergüenzo, porque yo sé a quién he creído, y estoy seguro que es poderoso para guardar mi depósito para aquel día*» (2.ª Timoteo 1:12).

I. Lo que El había hecho.

1. Jesús le había curado como *médico*.
2. Había suplido las necesidades de su alma como *pastor*.
3. Había dirigido el curso de su vida como *piloto*.
4. Había intercedido por él como *abogado*.
5. Su alma era guardada por Jesús como *protector*.

II. Lo que sabía. «Yo sé en quién he creído.»

1. Conocía al Señor Jesús por su personal encuentro con El en el camino de Damasco, y en otras ocasiones.
2. Por la comunión que tenía con El. Este es el camino abierto a todos los santos.
3. Por sus experiencias, en las cuales había sido probado y demostrado el amor y fidelidad de su Salvador.
   ¿Tenemos nosotros este conocimiento personal del Señor? Si es así, alegrémonos y confiémosle nuestro todo.

III. De qué estaba seguro. «De que El es poderoso para guardar.»

1. La capacidad de Jesús para guardar a todas las almas confiadas a El:
   Es divino y, por lo tanto, omnipotente para salvar.

Su obra ha sido terminada, de modo que responde a todos los requerimientos de la Ley.

Su sabiduría es perfecta, de modo que El solucionará todos los conflictos y peligros.

Su ruego es constante y siempre prevalecerá para guardar a los suyos.

2. La habilidad de Jesús para guardar la propia alma de Pablo.

3. La habilidad de Jesús para guardar su alma bajo las más pesadas pruebas que se acumulaban sobre El. «Yo sufro... pero no me avergüenzo, porque estoy persuadido de que El es capaz para guardar.»

4. La habilidad de Jesús para guardar su alma al final de todas las cosas: «En aquel día.»

IV. Por tanto, él se siente:

1. Muy animoso; tenía todo el tono y aire de un hombre completamente feliz.

2. Muy confiado, aunque prisionero, dice: «No me avergüenzo» ni de su condición, ni de la causa de Cristo, ni de la cruz que llevaba.

3. Muy agradecido. Con gozo alaba al Señor en quien confiaba.

Este texto es una confesión de fe o una forma de adoración.

Cuando el Dr. James W. Alexander estaba en su lecho de muerte, su esposa trató de consolarle con buenas palabras, citándole: «Yo sé en quién he creído.» El Dr. Alexander en seguida corrigió diciendo: «No "en quien", sino a *quién* he creído.» Es más intensa esta preposición e implica: «Yo sé que sus palabras son verdaderas.»

«Yo he perdido el pesado yugo de la duda y casi del desespero que me encadenó por muchos años. Tengo los mismos pecados y tentaciones que antes, no lucho contra ellas más que antes, y a menudo es para mí un duro trabajo. Pero mientras que antes no veía por qué habría de ser salvo, ahora no puedo ver por qué no habría de ser salvo si Cristo murió por los pecadores. Me acojo a esta palabra y confío y reposo en ella.» — F. R. Havergal.

A Justino Mártir le preguntó irónicamente el prefecto romano si suponía que después de ser decapitado ascendería al cielo. Su respuesta fue: «No lo supongo, lo sé; y estoy tan seguro de la gracia que Jesucristo ha ganado para mí que no tengo la menor duda de que va a ser así.»

Donaldo Cargill, cuando estaba en el patíbulo, el 27 de julio de 1681, entregó su vieja Biblia a uno de sus amigos que estaba cerca y dio este testimonio: «Bendigo al Señor que durante más de treinta años he estado en paz con Dios y nunca tuve temor de perderla. Y ahora estoy tan seguro en Cristo y de la paz de Dios como de todo lo que está en esta Biblia y el Espíritu de Dios puede hacer en mí. No tengo ningún temor a la muerte, ni temo el infierno a causa de mis pecados, pues son como si nunca los hubiera cometido, ya que todos fueron gratuitamente perdonados y lavados por la preciosa sangre y la intercesión de Jesucristo.»

Sermón 172

MISERICORDIA EN EL DIA DEL JUICIO

«Concédale el Señor que halle misericordia cerca del Señor en aquel día» (2.ª Timoteo 1:18).

La mejor manera de mostrar nuestra gratitud a alguien por sus favores es orar por él.

Aun los mejores hombres serán mejores si oramos por ellos.

I. Aquel día.

1. No dice específicamente a qué día se refiere, porque era bien conocido y estaba en la mente de los cristianos lectores de la epístola. ¿Pensamos nosotros suficientemente en aquel día? Si es así, sentiremos nuestra gran necesidad de hallar misericordia de parte del Señor cuando venga.

2. No sabemos la fecha, esto sería solamente complacer nuestra curiosidad.

3. No se especifica su duración, probablemente será un período de tiempo bastante largo para el juicio deliberado de todos los hombres. (Véase 2.ª Ped. 3:8).

4. Será un día de gloria la revelación de Jesús desde los cielos para juzgar a los hombres. Esto lo hará grandemente memorable.

5. Sus decisiones serán estrictamente justas, indiscutibles, inmutables, etc.; será el último día, de ahí que el estado de los hombres será fijado para gozo o condenación.

II. LA MISERICORDIA.

Todos la necesitaremos, con toda seguridad; la necesitaremos nosotros también. Pensemos en lo terrible que será para aquellos que no encuentren misericordia del Señor en aquel día. Quiénes serán:

Los que no han tenido misericordia de otros.

Los que han vivido y muerto impenitentes.

Los que han descuidado su salvación. ¿Cómo escaparán? (Heb. 2:3).

Los que dijeron que no necesitaban misericordia.

Los justos en su opinión.

Los que no han buscado misericordia, enemigos de Cristo e indiferentes.

Los que se han burlado de Cristo y han rehusado el Evangelio.

III. HOY.

No quisiéramos desalentaros en cuanto al futuro, pero procurad encontrar misericordia en el día presente, para que podáis encontrarla en aquel día.

Recordad que ahora es el tiempo aceptable, pues:

Todavía no estáis ante la barra del juicio.

Todavía estáis en lugares donde se ora.

Estáis donde la fe salva a todos los que la ejercitan en Cristo.

Estáis donde el Espíritu Santo obra.

Estáis donde el pecado puede ser perdonado de una vez y para siempre.

Estáis donde la gracia reina, aun cuando abunde el pecado.

Un incrédulo fue introducido a cierto pastor por un caballero que dijo: «Este amigo mío nunca asiste a los cultos.» «¡Ah! —dijo el ministro—, espero que usted esté equivocado», respondió el pastor, queriendo suavizar el osado reproche del forastero. «¡Oh, no —respondió su amigo—, dice la verdad. Pero es que yo tengo que pasar mis cuentas el domingo.» «Si es así, lo siento mucho, pero creo que usted tendrá esta misma ocupación en el día del juicio. — J. S. BOWES.

Cuando Tomás Hooker estaba en su lecho de muerte alguien le dijo: «Hermano, usted va a recibir pronto la recompensa de sus labores.» Este replicó humildemente: «Hermano, yo voy a recibir *misericordia.*»

A causa de esta tremenda frase: «eterno juicio», considerad vuestros caminos y sed sabios. ¡Oh, si su verdadero significado pudiera iluminaros en este mismo momento, qué consternación heriría cada espíritu aquí presente! Cada hombre saltaría de su asiento y clamaría: «¡Decidme!, ¡oh, decidme en este mismo momento lo que tengo que hacer!» — Carlos Standford D.D.

Sermón 173
LA PALABRA DE DIOS NO ESTA PRESA

> «*En el cual sufro penalidades, hasta prisiones a modo de malhechor; mas la Palabra de Dios no está presa*» (2.ª Timoteo 2:9).

La resurrección de Cristo era el áncora de la fe de Pablo. Observadlo en el versículo anterior, donde él menciona este hecho como la esencia del Evangelio.

Ahora él mismo sufría y estaba preso, pero no sin tener un motivo de consuelo.

Su mayor gozo era que la Palabra del Señor no estaba presa.

I. En qué sentido es esto verdad.

La Palabra de Dios no está presa; por consiguiente:

1. Los ministros que la predican pueden ser aprisionados, pero no la Palabra.

   El Libro que la contiene puede ser quemado, pero la verdad permanece.

2. De este modo el alma necesitada puede hallar consuelo.

   La convicción de pecado no impedirá la consolación cuando se nos otorga la fe.

   El desaliento será vencido, como Sansón destrozó las cuerdas con las que había sido atado.

3. Por tal motivo el error no puede prevalecer.

   La incredulidad, el ritualismo, las falsas doctrinas, no

atarán el Evangelio hasta el punto de impedir su poder sobre los hombres.

El Evangelio debe cumplir y cumplirá los propósitos de Dios.

II. POR QUÉ RAZONES ES ESTO VERDAD.

La Palabra de Dios no puede estar presa, puesto que:
1. Es la voz del Todopoderoso.
2. Es empleada por el poder del Espíritu Santo.
3. Crea tal entusiasmo en los corazones donde habita que las gentes tienen que declarar que ha de estar libre.

III. OTROS HECHOS PARALELOS CON ÉSTE.

Así como la prisión de Pablo no era atadura para la Palabra de Dios:

La muerte de los pastores no es la muerte del Evangelio.

La debilidad de los obreros no es su debilidad.

Las ataduras de la mente del predicador, por falsos conceptos o doctrinas, no son impedimento para ello.

La frialdad de los hombres no es su frialdad.

La falsedad de los hipócritas no hace falsa la Palabra.

La ruina espiritual de los pecadores no es la derrota del Evangelio.

El rechazo de los incrédulos no es su victoria.

En un retrato de Tyndale que se conserva en Inglaterra puede verse al lado del héroe un libro ardiendo atado a la estaca, mientras que otros libros similares están volando fuera del fuego. Este cuadro representa un hecho histórico. Tonstal, obispo de Londres, había comprado centenares de Nuevos Testamentos traducidos por Tyndale y los había hecho quemar, pero el dinero pagado por ellos posibilitó a Tyndale imprimir una edición nueva y más correcta.

Hacia el final del último siglo, antes de que aparecieran las grandes Sociedades Bíblicas, había una terrible escasez de Biblias en América, en parte motivada por la ola de incredulidad que había venido de Francia y en parte por la general apatía religiosa que siguió a la Guerra de la Independencia. En aquel período un hombre fue a una librería de Filadelfia y pidió una Biblia. «No tengo ninguna —dijo el librero—. No hay ningún ejemplar a la venta en esta ciudad. Y más os diré —exclamó (pues él era uno de los librepensadores al estilo francés)—,

dentro de cincuenta años no habrá ninguna Biblia en el mundo.»
La ruda respuesta del comprador fue: «Habrá abundancia de
Biblias en el mundo mil años después que usted haya muerto y
se halle en el infierno.» — *De «Christian Age».*

Como un pájaro en el aire, la verdad vuela con rápidas alas;
como un rayo de luz, entra en los palacios y cabañas; como un
viento irresistible, se burla de las leyes y prohibiciones de que
ha sido objeto. Las paredes no la pueden retener, ni las rejas
aprisionar; es libre, y hace a los hombres libres. Que todos los
hombres libres estén de su parte y que nadie se permita dudar
de que ella tendrá la victoria final. — C. H. S.

La verdad es más impenetrable que el agua. Si se la com-
prime de alguna manera, sale por una parte u otra; y se hace
más visible por los intentos de reprimirla. — Dr. Pusey.

Sermón 174
LA JOYERIA DEL EVANGELIO

*«Para que en todo adornen la doctrina de Dios
nuestro Salvador»* (Tito 2:10).

I. Un título hermoso para el Evangelio. «La doctrina de Dios
nuestro Salvador.»

1. Expresa su grandeza. «Doctrina de Dios.»
   Expresa nuestra caída, ruina, pecado y castigo, que son
   grandes.
   Nuestra salvación y redención, que son grandes.
   Nuestra felicidad, seguridad y esperanza, que son gran-
   des.
2. Expresa seguridad. «Es de Dios.»
   Ha venido por revelación de Dios.
   Está garantizada por la fidelidad de Dios.
   Es inmutable como Dios mismo.
3. Expresa su relación a Jesucristo. «De Dios nuestro Sal-
   vador.»
   Es el autor, la sustancia y el proclamador de ella.
   Es el objeto de ella. El Evangelio glorifica a Jesús.

II. Un método de adorno para el Evangelio.

1. En los días de Pablo las personas que tienen que adornar el Evangelio eran los esclavos y siervos.

En nuestros días son por lo general los criados y las gentes de clase más humilde.

2. La forma en que estas personas podían adornar especialmente el Evangelio.
   Controlando sus lenguas: «No respondones.»
   Por medio de una escrupulosa honestidad: «No defraudando» (vers. 10).
   Por un carácter digno, mostrando fidelidad en todas las cosas.
   Todo esto haría que sus amos admiraran el Evangelio de Cristo.

3. El modo de adornar la doctrina en general.
   En el sentido negativo:
   No por medio de un brillante pensamiento filosófico.
   No por elocuencia o lenguaje retórico.
   Positivamente:
   En otra dirección diferente los adornos caen bien a las personas bellas.
   La santidad, la misericordia y la alegría, etc., son congruentes con el Evangelio; el adorno es generalmente un tributo a la belleza; así es la santa conversación: Honra al Evangelio.
   El adorno es un reclamo a la belleza. La santidad llama la atención de las gentes a la belleza natural del Evangelio.
   El adorno es un encarecimiento de la belleza. La santidad enfatiza la excelencia de la doctrina.

4. Adornemos todos el Evangelio por:
   Estricta integridad en los negocios.
   Constante cortesía y atención a los demás.
   Amor altruista a todos los que nos rodean.
   Pronto perdón de las injurias.
   Abundante paciencia bajo las pruebas.
   Santa calma y alto dominio en todas las ocasiones.

Observad que esto ha de ser hecho, no como la prerrogativa de unos pocos y algunos pocos altamente dotados de espíritu, y en grandes ocasiones, cuando el proceder de esta manera puede elevarles y hacerles conspicuos a la vista de todas las gentes.

En el texto hallamos que esto podía ser hecho por los pobres esclavos cretenses a quienes el apóstol estaba escribiendo, y que podía hacerlo, no en alguna prueba tremenda como la tortura o el martirio a los cuales la crueldad de sus amos podía a veces someter su fe, sino que podían y debían hacerlo en todos los momentos, en todas las cosas, en los deberes diarios, en los servicios más bajos que pudieran ordenarse, en las cosas más pequeñas así como en las grandes, tanto en las casas humildes como entre los esplendores de un palacio; absolutamente en todas las cosas tenían que adornar el glorioso Evangelio de Dios. ¡Oh benditos esclavos de Creta, andando bajo el látigo y la cadena, pero con corazones llenos de fe bajo sus cargas y sonrisas de amor entre lágrimas, haciendo por amor de Dios lo que los ángeles no pueden hacer! — CARLOS WADSWORTH D.D.

Todos hemos oído la historia de aquella niña que dijo que había sido convertida porque ahora escobaba debajo de las alfombras. Un indio llamado Koba dio testimonio recientemente de su conversión diciendo: «Yo oro cada día y pelo cebolla.» Un indio no podía dar mejor evidencia que su sinceridad de esto, pues el trabajo manual de la cocina es lo más aborrecible para el orgullo de un guerrero indio.

Un brahmán escribió a cierto misionero: «Os atrapamos a vosotros blancos porque no sois tan buenos como vuestro Libro; si vuestro pueblo fuera tan bueno como vuestro Libro conquistaríais a la India para Cristo en cinco años.»

SERMÓN 175

LA HISTORIA DE UN ESCLAVO FUGITIVO

«Porque quizá para esto se apartó de ti por algún tiempo, para que le recibieses para siempre» (Filemón 15).

La Naturaleza es egoísta, pero la gracia es amante; el que se envanece de que no se cuida de nada, nadie tiene cuidado de él; pero el cristiano no es así.

El apóstol Pablo era un hombre de gran corazón y simpatía.

I. Consideremos el caso de Onésimo como un ejemplo de la gracia divina.

1. Vemos la gracia de Dios en su elección.

   ¿No había hombres libres en Roma, que tuviera Dios que elegir a un esclavo fugitivo? Onésimo era un hombre del arroyo, sumergido en el pecado; sin embargo, el amor eterno, que pasó de largo a reyes y príncipes, fijó su ojo sobre este esclavo.

2. En su *conversión*, cuán inverosímil parece que tal clase de persona pudiera venir a ser un fiel cristiano. Era un esclavo asiático, del mismo grado y condición que cualquier pagano de nuestros días. Era deshonesto y bastante atrevido para hacer un largo viaje a Roma con dinero robado. Pero el amor eterno, cuando convierte a un hombre, lo convierte de veras, sea lo que sea. Vemos la gracia de Dios en el cambio de carácter obrado en Onésimo. Hay gente que, sin duda, irá al cielo como simples trofeos de la cruz; serán como tizones arrebatados del cielo. Estos ilustran la sabiduría y paciencia de Dios, pero no son buenos compañeros para otros viajeros al cielo. Onésimo era un espíritu tierno y amable, pero no de sí mismo, sino que fue traído a esta condición por la gracia de Dios.

II. Nos da un interesante ejemplo de pecado perdonado.

Onésimo no tenía derecho a robar a su amo y escaparse, pero Dios usó este crimen para su conversión.

Ved cómo Dios trajo las cosas; nadie habría podido tocar el corazón de este esclavo, pero Pablo estaba en la prisión de Roma, mientras que Onésimo estaba en Colosas. El diablo puso en su corazón la tentación de robar y con su dinero poder ir hasta Roma. Pero el diablo no sabía que al llevarle a hacer esto perdería un buen servidor. El diablo, a veces, es tonto de capirote.

III. Un ejemplo de relaciones restablecidas y mejoradas.

Las grandes verdades necesitan tiempo para ser aprendidas. Filemón no había descubierto todavía que no es lícito a los cristianos tener esclavos. Pero el texto habla de Onésimo como un hermano amado, no ya como un esclavo. Cuando Onésimo volvería a Filemón vería un mejor siervo y Filemón un mejor amo. Filemón podía haber rehusado aceptarle, o sospechar de él, o tratarle duramente; pero no pudo ser así siendo ambos verdaderos cristianos.

Es mucho mejor dispensar una falta que podéis haber advertido, que advertir una falta que podíais haber dispensado.

Rowland Hill solía decir que no daría un penique por la piedad de un hombre si su perro y su gato no eran tratados mejor después de su conversión. Hay mucho peso en esa observación. Todo en la casa de un cristiano debe ir mejor cuando la gracia ha venido a lubrificar las ruedas... Yo no creo en vuestro cristianismo, amigos, si es un cristianismo de iglesia y de reunión de oración, pero no del hogar.

Hace tres años estaba yo hablando con un anciano ministro cuando él empezó a manosear los bolsillos de su chaqueta; pero tardó mucho en encontrar lo que buscaba, hasta que finalmente sacó una carta tan vieja que se rompía en pedazos y dijo: «¡Dios Todopoderoso, te bendigo! ¡Dios Todopoderoso, te bendigo!» Yo le dije: «Amigo mío, ¿qué significa esto?» El dijo: «Yo tenía un hijo que pensaba permanecería conmigo en mi vejez; pero para mi desgracia huyó de mí y no supe dónde se hallaba, solamente dijo que iba a América.» Tomó un billete para América en Londres, pero no fue el día en que quería ir. El anciano pastor me pidió que leyera la carta, la cual decía así: «Padre, estoy en América; he hallado un buen trabajo y Dios me ha prosperado. Te escribo para pedir tu perdón por los mil ultrajes que te he hecho y el dolor que te he causado; pero, ¡alabado sea Dios!, he hallado al Salvador y me he unido a la iglesia de Dios aquí, y espero gastar mi vida en el servicio del Señor.

»Sucedió lo siguiente: Que como perdí el barco para América el día que quería embarcar, fui al tabernáculo de Spurgeon por curiosidad, y Dios me encontró allí. El señor Spurgeon dijo: "Quizás hay en esta congregación un hijo fugitivo, el Señor le llama por su gracia." Y así lo hizo El en mi caso.» «Ahora —prosiguió el anciano pastor, dejando la carta— este hijo mío ha muerto y está en el cielo, y yo vengo a decirle cuánto le amo a usted, señor Spurgeon, y le amaré toda mi vida, porque usted fue el medio para llevar mi hijo a Cristo.»

SERMÓN 176

LA ESPADA DEL SEÑOR

*«Porque la Palabra del Señor es viva y eficaz, y
más cortante que toda espada de dos filos; y penetra hasta partir el alma y el espíritu, las conyunturas y los tuétanos, y discierne los pensamientos y las intenciones del corazón»* (Hebreos
4:12).

I. Las cualidades de la Palabra.

1. Es divina: «Es la Palabra de Dios.»
2. Es viviente: «La Palabra de Dios es viva.»
   En contraste con nuestras palabras que pasan y se ol-
   vidan, la Palabra de Dios vive y permanece.
   Tiene vida en sí misma: Es simiente viva e incorrup-
   tible.
   Crea vida por doquiera que va.
   No puede ser destruida ni exterminada.
3. Es efectiva: «Viva y eficaz.»
   Trae convicción y conversión.
   Obra consuelo y confirmación.
   Tiene poder para levantarnos a las mayores alturas de
   santidad y felicidad.
4. Es cortante: «Más penetrante que toda espada de dos
   filos.»
   Hiere más o menos todo lo que toca.
   Mata la propia justicia, el pecado, la incredulidad, etc.
5. Es discriminadora: «Hasta partir el alma y el espíritu.»
   Separa cosas que se parecen mucho: la religión natural
   y la espiritual. Lo interior de lo exterior, la religión
   sincera y la aparente, «las conyunturas y los tuétanos».
6. Es penetrante: «Hasta partir el alma.»
   Se abre camino en el corazón duro.
   Penetra por la más pequeña rendija.
7. Es reveladora: «Discierne los pensamientos y las intenciones del corazón.»
   Descuartiza al hombre como el carnicero la res, y abre
   las secretas facultades y tendencias del alma.

II. Las lecciones que debemos aprender de aquí.

Que debemos tener en gran reverencia la Biblia como verdadera Palabra de Dios. Que venimos a ella para vivificar nuestras almas.

Que acudimos a ella para recibir poder con el fin de luchar las batallas por la verdad.

Que venimos a ella para adquirir fuerza para matar nuestros propios pecados y ayudar a destruir los males de nuestros días.

Que debemos permitirle que denuncie y censure nuestras opiniones, proyectos y actos, y todo lo que se refiere a nosotros.

Bendice a Dios por la eficacia de la Palabra sobre tu propia alma. Que su cortante acero rompa tu corazón y derrame la sangre de tus pecados. Bendice a Dios por ella. Tú bendices al médico que corta la llaga y separa la carne putrefacta de tu cuerpo, aunque te torture al hacerlo así.

Así espero que tú piensas acerca de Dios que te ha hecho mayor beneficio. No hay en el mundo otra espada como ésta, que puede cortar y curar a la vez; ni otro brazo que pueda manejar esta espada y lograr tales resultados, excepto el Espíritu de Dios.

La Palabra de Dios es una cosa demasiado sagrada, y la predicación una obra demasiado solemne, para jugar con ella como suelen hacer algunos que en sus sermones no valoran otra cosa que la más exquisita oratoria. Si queremos llegar a los corazones de los hombres hemos de hacerlo no tanto por palabras como con poder. Satanás no se preocupa por los sermones de alta retórica. Saca, pues, esta espada de su vaina y hiere con su desnudo acero hasta que llegue a las conciencias de tu pueblo y saques de ellos la negra sangre de sus pecados. — William Gurnall.

Miss Whateley dice: «Despertar la torpe e inculta mente de una mujer mahometana es difícil, pues están sumidas en ignorancia y degradación; sin embargo, mientras leía a una de ellas unos pocos versículos de la Palabra de Dios, de repente exclamó: "¡Oh, esto es tal como si yo estuviera en la oscuridad y usted pusiera una lámpara delante de mí para que pudiera ver el camino".»

El Revdo. James Wall, de Roma, refiere el siguiente ejemplo de conversión por la lectura de las Escrituras. Uno de los convertidos, cuando le regalaron un Nuevo Testamento, dijo: «Muy bien, es del tamaño adecuado para liar mis cigarrillos», y así empezó a hacer cigarrillos con las finas hojas del librito. Se fumó los cuatro evangelios hasta llegar al capítulo 10 de Juan, el cual se paró a leer un poquito. Desde aquel día no destrozó más el Nuevo Testamento para no perder las siguientes historias del evangelio de Juan, y aquella lectura le trajo a Cristo.

SERMÓN 177

CONFIANZA ANTE EL TRONO

> *«Acerquémonos, pues, confiadamente al trono de la gracia, para alcanzar misericordia y hallar gracia para el oportuno socorro»* (Hebreos 4:16).

La oración ocupa el lugar más importante en la vida de todo cristiano. Este versículo es una de las más hermosas invitaciones a la oración.

I. NUESTRO GRAN RECURSO: «El trono de la gracia.»

Al acercarnos a Dios en oración, venimos:

1. A Dios como Rey, con reverencia, confianza y sumisión.
2. A uno que da como Rey; por lo tanto, podemos pedirle mucho. Tiene grandes tesoros de gracia y poder.
3. A uno que se sienta sobre el «trono de la Gracia», con el especial propósito de dispensar gracia. Es su deseo y objeto de su realeza.

II. UNA AMOROSA EXHORTACIÓN: «Vengamos.»

1. Procede de Pablo, un hombre como nosotros, pero creyente experimentado que había probado muchas veces el poder de la oración.
2. De toda la Iglesia, hablando por él.
3. Del Espíritu Santo; pues el apóstol hablaba por inspiración del Espíritu.

III. Un adverbio calificativo: «Confiadamente.»

No orgullosamente, ni presuntuosamente, ni con un tono de demanda, porque es un trono; sino «confiadamente», porque es el Trono *de la Gracia.*
1. Vengamos sin reserva, con toda suerte de peticiones.
2. Vengamos libremente, con palabras francas y sencillas.
3. Vengamos con esperanza, llenos de confianza de que seremos oídos.
4. Vengamos fervorosamente, con importunidad en el ruego.

IV. Una razón dada para la confianza: «Por tanto.»
1. Podemos venir cuando necesitamos grande misericordia a causa de nuestros pecados.
    Podemos venir cuando nos damos cuenta de que tenemos poca gracia.
2. Hay muchas otras razones para ir inmediata y confiadamente.
    El carácter de Dios nos anima a ser confiados. Nuestra relación a El como hijos nos ofrece gran libertad.
    Cristo nos ha sido dado ya, y, por tanto, Dios no nos negará nada.
    Nuestros anteriores éxitos ante el trono nos dan confianza en el futuro.
3. La gran razón de toda nuestra confianza para acercarnos a Dios es la persona de Jesús.
    El fue muerto por nosotros, y el trono de misericordia ha sido rociado con su sangre.
    Ha resucitado y nos ha justificado con su justicia.
    Vengamos al trono, si somos pecadores, para hallar misericordia.
    Vengamos al trono cuando somos de Dios, en busca de ayuda.
    Vengamos al trono cuando somos tentados, para hallar gracia.

Cuando Dios dicta leyes, está en un trono legislativo; cuando administra estas leyes, está en un trono de gobierno; cuando prueba a sus criaturas por tales leyes, está en un trono de juicio; pero cuando recibe peticiones y dispensa favores, está en un *trono de Gracia.*

Una santa confianza y una casta familiaridad es el verdadero espíritu de la oración. Fue dicho de Lutero que cuando oraba estaba con mucha reverencia porque oraba al Dios infinito, pero con tanta familiaridad como si estuviera hablando al amigo más íntimo. — G. S. Bowes.

La palabra confianza significa libertad sin restricción alguna. Podéis sentiros libres al orar a Dios, porque sois invitados a hacerlo. Podéis usar libertad de palabra. La misma expresión es usada en Hech. 2:29 y 4:13. Tenéis libertad para hablar, para dejar hablar a vuestras mentes libremente, para hablar con todo vuestro corazón, para expresar vuestros anhelos y necesidades, temores y congojas. No necesitáis ceñiros a oraciones de fórmula, por buenas que sean, sino que debéis hablar libremente, según los requerimientos de vuestra condición. — David Clarkson.

Cuando los hombres oran con un sentimiento de reticencia en ellos, con frases frías y artificiosa solemnidad, el espíritu libre del Señor puede bien reprenderles. ¿Es que estás hablando a un tirano? Una santa confianza, o por lo menos una esperanza infantil, es más propia del cristiano.

Observad que primero dice «obtener misericordia», y «hallar gracia para el oportuno socorro» viene después. No podemos cambiar el orden. No hallaremos gracia para ayuda o socorro hasta que hayamos buscado y encontrado misericordia para salvar.

No tenéis ningún derecho de recurrir a Dios para ayuda, protección y guía y todos los demás espléndidos privilegios que El promete a los «hijos de Dios por la fe en Jesucristo», hasta que tengáis esta primera bendición: la misericordia de Dios en Cristo Jesús, pues es «en» Jesucristo que todas las promesas de Dios son sí y amén. — F. R. Havergal.

Sermón 178

LA EDUCACION DE LOS HIJOS DE DIOS

«Aunque era Hijo, por lo que padeció aprendió la obediencia» (Hebreos 5:8).

I. El ser hijo no exime del sufrimiento.

1. Ni siquiera Jesús, como Hijo, escapó del sufrimiento.
   Era *el* Hijo, de un modo peculiar por encima de todos los demás.
   Fue honrado y bien amado como unigénito.
   Era fiel y sin pecado.

2. Ningún honor puesto sobre los hijos de Dios les exceptuará del sufrimiento. Ninguna santidad del carácter y completa obediencia puede eximir a los hijos de Dios de la escuela del sufrimiento.
3. Ni siquiera la oración de los hijos de Dios, por ardiente que sea, puede quitar de un modo completo todas las espinas de la carne.
4. Ni el amor de Dios hacia sus hijos, aunque es fiel y ferviente, puede impedirles de ser probados.

II. EL SUFRIMIENTO NO QUITA LA FILIACIÓN NI LA PERJUDICA.

El caso de nuestro Señor nos es presentado como ejemplo para todos los hijos de Dios.
1. Su pobreza no impidió que fuera reconocido como Hijo (Luc. 2:12).
2. Sus tentaciones no demostraron lo contrario (Mat. 4:3).
3. Las calumnias que sufrió no perjudicaron tal condición (Jn. 10:36).
4. Su temor y dolor no lo ponen en disputa (Mat. 26:39).
5. El ser abandonado de los hombres no invalida tal condición (Jn. 16:32).
6. Ni siquiera el desamparo de Dios lo alteró (Luc. 23:46).
7. Su misma muerte no arroja ninguna duda sobre ello (Marc. 15:39).
8. Resucitó, y con ello se demostró que el Padre tenía en El su complacencia (Jn. 20:17).
9. Nunca hubo un Hijo de Dios más verdadero, más amante y más amado del Padre que Aquel que fue «Hombre de dolores» y «experimentado en quebrantos».

III. EL SUFRIMIENTO TIENE UN PODER ESPECIAL PARA ENSEÑAR A LOS VERDADEROS HIJOS.

1. Quita el propio yo del hombre; sus huesos, su carne, su corazón.
2. Prueba sus gracias y arroja fuera todas sus vergüenzas, todo lo que no está de acuerdo con la obediencia, sino que son pretensiones de la propia voluntad.
3. Va a la raíz y prueba la realidad de la nueva naturaleza. Muestra si el arrepentimiento, la fe, la oración, etcétera, son meras importaciones o frutos naturales y propios del nuevo nacimiento.
4. Prueba nuestra paciencia y nos hace ver cuán lejos es-

tamos de la obediencia que pensamos poseer. ¿Podemos decir como Job: «Aunque Él me matare, en Él esperaré»? (13:15).

La gran pregunta: ¿Soy yo un hijo de Dios?
La suprema admiración: ¡Que aprenda yo la obediencia!
La disciplina aceptada: Me someto al sufrimiento.

Las correcciones del Señor son garantía de nuestra adopción. Hubo un Hijo de Dios sin pecado, pero ninguno hay sin sufrimiento.

Como Dios no corrige sino a los suyos, todos los que son suyos tendrán que sufrir de alguna manera, y tienen que considerarlo también como un favor (1.ª Cor. 11:32). — JUAN TRAPP.

Doy mi testimonio de buena voluntad, de que yo debo más al fuego, al martillo y a la lima que a cualquier otra cosa en el taller de mi Señor. A veces me pregunto si es que yo he aprendido algo, a menos que haya sido por la vara. Cuando mi escuela es más oscura es cuando más veo. — C. H. S.

«Nunca conocí el verdadero significado de la Palabra de Dios —dice Martín Lutero— hasta que vine a la aflicción. Siempre he hallado que era mi mejor maestra.»

Un pastor estaba recobrándose de una peligrosa enfermedad, cuando uno de sus amigos le dijo: «Señor, aunque Dios está restableciéndole de esta enfermedad que le llevó a las puertas de la muerte, tardará mucho antes de que pueda usted recobrar sus fuerzas y suficiente vigor de mente para predicar como antes.» El buen hombre respondió: «Está usted equivocado, amigo mío, pues estas seis semanas de enfermedad me han enseñado más teología que todos mis estudios pasados de diez años.» — Nueva Enciclopedia de Anécdotas.

SERMÓN 179

LA OVEJA COJA

«Y haced sendas derechas para vuestros pies, para que lo cojo no se salga del camino, sino que sea sanado» (Hebreos 12:13).

A veces nos encontramos con cristianos ligeros de pies y gozosos de Espíritu. ¡Ojalá que todos fuesen así! Pero hay quienes no lo son, por esto tenemos que considerar aquí a los cojos.

I. En todos los rebaños hay ovejas cojas.

Algunos lo son de nacimiento, por propio carácter y naturaleza, prontos a desanimarse y dudar.
1. Prontos a dejar de creer y caer en el error.
2. Algunos han sido mal alimentados, esto les trae la cojera. Muchos son enseñados con falsas doctrinas.
3. Algunos han sido heridos y hechos cojos.
   Por perseguidores, con sus calumnias, burlas y ridículos, etc.
   Otros son orgullosos profesantes, reacios a la piedad y criticones, etc.
4. Algunos están cansados a causa de la dureza del camino.
   Excesiva tribulación mundana les ha deprimido.
   Excesivos conflictos internos les han aplastado.
   Excesiva controversia les ha deprimido.
5. Algunos han tenido alguna terrible caída.
   De este modo han tenido huesos rotos que les han impedido progresar; esto ha impedido su utilidad por mucho tiempo.
   Les ha hecho paralítico en lo que se refiere al gozo santo.

II. El resto del rebaño debe procurar su curación.

1. Buscando su compañía y no dejándoles perecer por el camino, a causa del olvido, descontento y desaliento.
2. Tratando de consolarles y restaurarles.
3. Haciendo derechos sus pasos por nuestros propios pies.
4. Mediante nuestra indudable santidad de vida, enseñándoles el claro evangelio del modo más sencillo.
5. Manifestándoles nuestro gozo en el Señor.

III. El pastor del rebaño se preocupa de los tales.

1. Su consuelo ha provisto todos los medios para curar a los cojos.
2. Su esperanza: Es tierno y gentil y no quiere que ninguno se descarríe y se pierda.
3. Su confianza: El curarles le traerá mucho honor, gratitud y afecto, por esto sabemos que los guardará.
4. Las ovejas están expuestas a muchas enfermedades: Muchas de ellas son débiles y flacas; de ahí que un buen pastor se apiade de ellas y trate de ayudarlas, curarlas y fortalecerlas.

Del mismo modo los santos de Dios están sujetos a muchas debilidades, tentaciones y aflicciones, lo cual mueve al Todopoderoso a grande compasión para ellos. Vemos que Dios reprende a los pastores de Israel por su crueldad y pereza en cuanto al rebaño: «No habéis fortalecido a la enferma ni curado a la coja», etcétera; por tanto, les amenaza de quitar la obra de sus propias manos: «Yo vendaré a la herida y confortaré a la enferma», etcétera. — Benjamín Keach.

Debería ser entre un cristiano fuerte y uno débil como entre las cuerdas de dos arpas afinadas al mismo tono, que tan pronto la una recibe un golpe la otra tiembla; tan pronto como un creyente débil recibe un golpe, el creyente más fuerte debe moverse. «Acordaos de los maltratados, como que vosotros sois parte del mismo cuerpo» (Heb. 13:3). — Tomás Brook.

Sermón 180
¡OID, OID!

«Mirad que no desechéis al que habla. Porque si no escaparon aquellos que desecharon al que les amonestaba de la tierra, mucho menos nosotros, si desecháremos al que amonesta desde los cielos» (Hebreos 12:25).

Jesús nos habla todavía desde los evangelios.
¡Qué privilegio es oír su voz con tales mensajes!
¡Qué pecado tan cruel es rehusar escuchar a Jesús!

I. Hay necesidad de esta exhortación por muchas razones.

1. La excelencia de la Palabra reclama atención obediente.
2. La prontitud por parte de Satanás para impedirnos recibir la Palabra divina.
3. Nuestra propia mala disposición a recibir lo santo, el mensaje celestial.
4. Lo hemos rechazado por mucho tiempo ya.

II. Hay muchas maneras de rechazar al que habla.

1. No escuchándole. Ausentándonos del culto, descuidando la lectura de la Biblia: «Apartándose de El.»

2. **Rehusando creer.** Creyendo intelectualmente, pero no con el corazón. Ofendiéndonos, enojándose contra el Evangelio, despreciando su lenguaje sencillo; oponiéndonos a la honesta represión personal de los hermanos que nos quieren bien.

III. LAS CAUSAS DE ESTE REPUDIO.

1. Pretensión de propia sabiduría, demasiado orgullosa para escuchar la voz del Señor.

2. Odio a la santidad, que es preferida a la obediencia voluntaria; lo voluptuoso, a lo puro; lo egoísta, a lo santo.

3. Temor del mundo, escuchando sus amenazas, ofertas o halagos que nos impiden y hacen temer de hacer recto. La pereza que exclama: «Mañana», pero significa: «Nunca.»

IV. LA RUINA QUE NOS AMENAZA SI RECHAZAMOS A CRISTO.

1. Aquellos a quienes Moisés habló desde la tierra y no escucharon no pudieron escapar.
Recordemos su ruina y aprendamos que igual y segura destrucción ocurrirá a todos los que rechazan a Cristo: Faraón y los egipcios.
Los murmuradores que murieron en el desierto: Coré, Datan y Abiram.

2. Veamos algunos que perecieron en el período de la iglesia: Judas, Ananías y Safira, etc.

3. Veamos cómo perecerán los que permanecen en el mundo y rehúsan dejarlo para unirse al rebaño de Cristo. No escaparon por aniquilación, ni mediante el purgatorio, ni por la llamada restitución universal.

Hemos hecho con la Palabra de Dios como si entrara por un oído y saliera por el otro; pero debemos recordar que la palabra que hemos oído y no hemos cumplido es la que nos juzgará en el último día. — JUEZ HALE.

Cierto noble que era un gran músico había observado que el pastor Cadogan prestaba poca atención a su música, por lo cual le dijo un día: «Venga, estoy dispuesto a hacerle sentir a usted el poder de la música; preste particular atención a esta pieza.» El buen músico la tocó a la perfección. «¿Qué dice usted ahora?» «Pues lo mismo que antes», respondió el pastor. «¿Que usted ha podido oír esto y no quedar entusiasmado? Estoy sorprendido de su insensibilidad. ¿Dónde están sus oídos?»

«Tenga paciencia, señor —respondió—, ya que el que tengo que sorprenderme soy yo, que a menudo hice sonar en el púlpito las más elevadas notas de las grandes verdades del Evangelio. He hecho sonar notas que podían haber levantado muertos, y me he dicho: "Seguramente el caballero por quien estoy orando sentirá ahora el poder de la Palabra de Dios; pero usted no ha sido movido por la sublime música de la Palabra divina, que es infinitamente más interesante y de más valor que la suya. Y ahora yo tengo que preguntarle también: ¿Dónde están sus oídos?".»

Uno de los modernos librepensadores había estado explicando la doctrina de la salvación universal con mucho entusiasmo en cierta casa. Uno de los presentes pudo oír a un niño, que había escuchado esta pestilente charla, decir a su compañero en un rincón del cuarto: «¡Mira que bien! Ahora podemos robar, y mentir, y hacer cosas malas, pues dicen que no habrá infierno.» Si tales predicadores adelantan en nuestro país, no necesitaremos esperar el infierno en el otro mundo, pues ya lo tendremos aquí.

SERMÓN 181

HOMBRE PROBADO, HOMBRE BENDECIDO

> «Bienaventurado el varón que soporta la tentación; porque cuando haya resistido la prueba, recibirá la corona de vida, que Dios ha prometido a los que le aman» (Santiago 1:12).

Ser bienaventurado significa ser feliz, favorecido, prosperado, etc.; pero hay un secreto, un énfasis sagrado, peculiar, para el favor y la prosperidad que sólo Dios puede conceder.

¿Quién no desea ser bendecido por Dios?

I. LA BENDICIÓN EN ESTA VIDA.

1. La bendición de nuestro texto no es liberación de la prueba o ausencia de la tentación.

Las joyas no probadas pueden ser quincallería; no aquellas que han soportado el fuego.

Nadie puede llamarse de veras bienaventurado si tiene que temer que la prueba le arrebataría su bienaventuranza.

2. La bienaventuranza pertenece a los que soportan pruebas. Porque:

Estos son los que tienen fe, de otro modo no serían probados; y la fe es bendecida.

Los que poseen rectitud, pureza, verdad, paciencia, pues éstas son las virtudes bendecidas por Dios.

3. La bendición viene de una paciente experiencia.

La bendición de la gratitud por haber sido sostenidos en la prueba.

La bendición de una santa dependencia bajo la consciencia de la propia debilidad.

La bendición de la familiaridad con Dios gozada en la aflicción.

II. La bendición en la vida futura.

1. La bendición de ser coronados. ¿Cómo puede ser condecorado el que nunca ha ido a la guerra?

Coronado por sus victorias sobre los enemigos.

Coronado porque ha cumplido las condiciones de la recompensa.

2. La bendición de haber obtenido aquella gloria que se llama «la corona de la vida», mediante la prueba. Así que la vida sólo puede tener tal desarrollo cuando aparece su corona como flor.

3. La bendición de poseer una corona de gozo eterno.

Si, como en el caso de la flor, las pruebas duras no la han matado.

De recibir la corona de la vida de parte de Dios.

Su propia promesa lo revela.

Su peculiar atención hacia aquellos que le aman nos asegura tal recompensa.

La recibiremos de su propia mano.

Las aflicciones no hacen al pueblo de Dios infeliz. Hay una gran diferencia entre el cristiano y el hombre del mundo. Para este último la mejor condición es vanidad (Sal. 39:5); en cambio, para el cristiano lo peor es felicidad. El que ama a Dios es como un dado: echadlo más arriba, más abajo, de cualquier manera siempre cae de pie; así, el cristiano afligido, de cualquier manera que sea, siempre es feliz. — Tomás Manton.

Los romanos tenían muchas clases de coronas para premiar a los victoriosos.

La *corona cívica* era una corona hecha de ramos de roble y se daba a los romanos que habían salvado la vida de cualquier compañero en batalla contra sus enemigos.

La *corona muralis* era de oro y se daba al que había escalado primero una muralla o un castillo enemigo.

La *corona triunfalis* era de laurel y se daba al general en jefe o cónsul que volvía triunfante después de alguna señalada victoria.

Había otras muchas clases de corona, como la *imperial*, la *real*, la de *los príncipes* (que era más bien una media corona en la parte frontal); pero ninguna de tales coronas puede ser comparada a la corona de gloria que Dios ha preparado para aquellos que le aman. ¿Quién es capaz de expresar su gloria? ¿O a qué cosa gloriosa se parecerá? Si yo tuviera lengua de hombres y de ángeles no podría expresarlo dignamente, como se merece. Y no habrá tan sólo una corona de gloria, sino diversas clases de títulos y de preeminencias que serán dadas a los santos. La corona de justicia será dada a aquellos a quienes les ha sido imputada la justicia de Cristo; una corona de la vida, para aquellos que antes sacrificaron sus vidas por amor de la vida eterna; una corona de estrellas a quienes anunciaron el evangelio a otros, pues los que la recibirán brillarán como estrellas a perpetua eternidad. — Juan Spencer.

Sermón 182

MAS Y MAS

«Pero El da mayor gracia» (Santiago 4:6).

Aun cuando la epístola de Santiago es una epístola de virtudes prácticas, el apóstol no descuida exaltar la gracia de Dios, como lo hacen los predicadores no evangélicos en estos tiempos.

Erramos, si tan sólo nos dedicamos a recomendar los frutos del árbol sin pensar en las raíces de donde proceden. Cada virtud cristiana tiene como origen la gracia, de otro modo sería una virtud meramente humana.

I. Observad el contexto de esta declaración.

1. Nos presenta un contraste: «Pero El da mayor gracia.» Es un cuadro de combate espiritual con las pasiones y la codicia, pero en medio de la refriega aparecen los recursos divinos: «El da mayor gracia.»
2. Presenta una nota de admiración. Cuando descubrimos más nuestra flaqueza Dios nos da mayor gracia.
3. Nos enseña de dónde obtener las armas para nuestra lucha espiritual. Tenemos que mirar a aquel que da gracia.
4. Nos anima a continuar el conflicto. Mientras continúe la pasión en el alma creyente que acuse a Dios, El le dará gracia para continuar la pelea.
5. Indica una victoria. «El da mayor gracia.» Es una clara promesa de que: Dios no nos abandonará, sino que aumentará más y más la fuerza de la gracia en nosotros, hasta que el pecado pueda ser totalmente derrotado y sometido al dominio de la santificación.

II. Observad la verdad general del texto.

Dios siempre está dando. El texto habla como dando por sentado que es el hábito y modo de ser del Señor el dar: «El da *más* gracia.» Esta debiera ser:
1. Una verdad diaria en nuestras vidas.
2. Una promesa a la que nos atengamos diariamente al rogar por otros.
3. Una seguridad para las pruebas más severas de enfermedad y muerte que nos aguardan en el futuro.

III. Hagámosla nuestra por una apropiación especial.

1. Mi pobreza espiritual es culpa mía, pues el Señor da más gracia a todos los que en El creen.
2. Mi crecimiento espiritual será a gloria suya, pues yo sólo puedo crecer porque El me da más gracia. ¡Oh, que crezcamos constantemente!

Cuando Matthew Henry era niño fue muy impresionado por un sermón sobre la parábola de «El grano de mostaza». Al volver a casa dijo a su hermanita: «Me parece que yo he recibido un granito pequeño de gracia.» ¡Sí! Era la simiente que produjo el famoso comentario que ha sido de tanta ayuda a predicadores de todo el mundo: «Una siembra sobre las aguas.» — CARLOS STANFORD.

Yo recibo gracia cada día, cada hora. Imaginémonos a un rebelde que obtiene el perdón de faltas y atentados contra su soberano que merecerían la pena de muerte. ¡Cuán agradecido no debiera estar! En mi caso os digo que mis pecados son tan numerosos, de pensamiento, palabra y obra, que mi vida está llena de aplicaciones de la Redención. Yo ensucio cada hora, Cristo me lava; caigo y El me levanta; vengo cada día a estar bajo la acusación de la justicia divina, pero la gracia me perdona; y así por todo el camino de mi vida, hasta que la gracia me introduzca en el cielo. — SAMUEL RUTHERFORD.

Un poco de gracia nos llevará al cielo, pero una gracia grande traerá al cielo a nosotros ahora. — ARNOLD.

Es triste cosa cuando los cristianos son lo que han sido siempre. Debieran tener más gracia. Debieras poder decir: *«Ego non sum ego»* (Yo no soy el mismo), o *«Nunc oblita mihi»* (Ahora mis antiguos caminos están olvidados), o como dice el apóstol en 1.ª Pedro 4:3: «Baste ya el tiempo pasado para haber hecho lo que agrada a los gentiles, andando en concupiscencias» (1.ª Pedro 4:3). — TOMÁS MANTON.

SERMÓN 183

SI ES ASI, ¿ENTONCES QUE?

«Si el justo con dificultad se salva, ¿dónde aparecerá el impío y el pecador?» (1.ª Pedro 4:18).

«Con dificultad se salva» indica lo difícil que es la salvación. Algunos piensan que es fácil, tan sólo por creer; pero el profeta exclama: «¿Quién ha creído?», y Jesús pregunta: «Cuando el hijo del hombre viniere, ¿hallará fe en la tierra?»

No es cosa ligera ser salvo: se necesita para ello la gracia omnipotente de Dios.

No es de poca monta ser perdido, pero puede ocurrir por negligencia.

I. EL HECHO: «*El justo con dificultad se salva.*»

    1. Del contexto concluimos que el justo se salva con dificultad a causa de lo estricto de la ley divina. El buen trigo tiene que soportar la hoz, el trillo, la muela y el horno.

       La mayor prueba de todas es el juicio omnisciente de un Dios santo. ¡Qué gracia no se necesitará para pasar esta prueba!

    2. Por la experiencia de los santos llegamos a la misma conclusión: Muchos encuentran difíciles los mismos hechos salvíficos, como, por ejemplo, acogerse sencillamente a Cristo como pecadores. A muchos les cuesta años de oír el Evangelio, antes no comprenden esta verdad tan sencilla.

       Vencer la carne día por día.

       Resistir al mundo con sus halagos, amenazas y costumbres.

       Vencer a Satanás y sus horribles tentaciones.

II. LA INFERENCIA DEL HECHO: «*¿Dónde aparecerá el infiel y el pecador?*»

    1. Si la verdadera moneda es probada con tanta severidad, ¿qué será de la moneda falsa?

    2. Si los santos con dificultad alcanzan el cielo, ¿qué será de los impíos?

       ¿Qué harán aquellos que no tienen a Dios?

       ¿Qué harán los que no son diligentes en las cosas espirituales? Cuando en tiempo de crisis el negociante cuidoso pierde su capital, ¿qué será del despilfarrador?

       ¿Qué será de los que están apartados de la verdad del Evangelio?

       Cuando el fuego consume casas fuertemente edificadas, ¿qué será de las cabañas de madera, heno y hojarasca?

       Si los santos son severamente castigados, ¿qué significará la justicia de Dios que abiertamente desafía el pecador?

III. OTRA INFERENCIA: «*¿En dónde aparecerá el meramente profesante?*»

    1. Si el verdadero creyente tiene una dura lucha para al-

canzar la salvación, el formalista encontrará bien pobre ayuda en las ceremonias practicadas.

2. El falso profesante se verá arruinado por su hipocresía.
3. El presuntuoso hallará en su orgullo bien poca ayuda.

IV. OTRA INFERENCIA: «*El alma probada puede ser salva.*»
1. La creciente corrupción la hace más fuerte.
2. Un mundo perseguidor le prueba tenazmente.
3. Fuertes tentaciones externas nos causan perplejidad; la pérdida del gozo interior nos pone en apuro; el fracaso en nuestros esfuerzos de santificación prueba nuestra fe. Pero en todas estas cosas nosotros tenemos comunión con los justos de todas las edades. Ellos son salvados y nosotros lo seremos también.

Cuando el apóstol usa la frase: «*si el justo con dificultad*», no significa de seguro que hay alguna duda acerca de la absoluta e infinita suficiencia de la obra de salvación; o que hay alguna inseguridad acerca del resultado.

Este lenguaje se refiere *a la dificultad para traer a los justos por el camino de la salvación;* a la necesidad de emplear la vara, el horno de prueba y de fuego. En muchos casos hay necesidad de una severa corrección y purificación del carácter.

La idea es: Si es necesaria una «prueba difícil» de parte de Dios a sus propios hijos, a causa de su odio al pecado, y su mismo amor a éstos no le permite dejar de purificarles para que sean santos, ¿qué pueden esperar sus enemigos en los cuales el pecado no es una simple mezcla (o ganga, para usar un lenguaje minero) que rodea el filón de la fe, sino que todo el material es puro pecado? — DR. WARDLAW.

Costó gran trabajo sacar a Lot de Sodoma y a Israel de Egipto. No es cosa fácil sacar al hombre de su estado de corrupción. — RICARDO SIBBES.

Estoy seguro de que no se necesita menos devoción para llevar a un creyente de nuestros días a que sea totalmente libre de la corrupción del pecado que nos rodea, que la que se necesitó para llevar a los mártires a través de las llamas. — SRA. DE PALMER.

¿A dónde aparecerán aquellos que al final quisieran no aparecer, antes clamarán a las montañas que caigan sobre ellos para ocultarles de la vista del que viene a juzgarles? — ARZOBISPO LEIGHTON.

EL CONOCIMIENTO DEL SEÑOR, NUESTRA SALVAGUARDIA

«Sabe el Señor librar de tentación a los piadosos, y reservar a los injustos para ser castigados en el día del juicio» (2.ª Pedro 2:9).

«El Señor sabe.» Nuestra fe en el conocimiento superior de Dios es una gran fuente de confianza:

Con referencia a las doctrinas difíciles de la Biblia que nos tienen perplejos.

Con referencia a las profecías difíciles.

Con referencia a sus admirables promesas.

Con referencia a los inexplicables caminos de su providencia.

Con referencia a las tentaciones difíciles.

I. El conocimiento del Señor respecto al carácter.

1. El conoce a los creyentes.
   Bajo la prueba, cuando otros no les conocen.
   Bajo la tentación, cuando apenas se conocen ellos mismos.
2. El conoce a los injustos aunque hagan altiva profesión de piedad. Aunque sean honrados por sus grandes posesiones.
   No hay error, parcialidad o severidad excesiva de parte de Dios.

II. El conocimiento del Señor referente a los piadosos.

1. El conocimiento de su caso es perfecto; antes en la tentación y después de la tentación. El conoce sus circunstancias y sus sentimientos.
2. Conoce cada caso y cómo solucionarlo.
3. Conoce el camino por el cual El será más glorificado.
4. Su conocimiento debiera hacernos esperar totalmente en El con santa confianza, y nunca pecar a fin de escapar.

III. El conocimiento del Señor respecto a los impíos.

1. El Señor conoce el mejor modo como mantenerles controlados. El hace todo lo posible para controlar a los malos y mantener la ley y el orden.

2. Conoce cómo derribarles cuando sus iniquidades han llegado al colmo.
3. Cómo tratarles en el juicio y en cuanto a su futuro estado. Los misterios de la condenación eterna están seguros en su mano.

Dos buenas ilustraciones del proceder de Dios con los justos y con los impíos pueden hallarse en el capítulo 12 de los Hechos, ambos relacionados con la vida de Pedro.

Pedro, en la prisión, fue inesperadamente libertado.

Herodes, en el trono, fue comido de gusanos.

En una tumba de Inglaterra que contiene el cuerpo de un niñito que fue encontrado muerto en la playa después de una tempestad y cerca del cual no pudo hallarse identificación alguna, pusieron el siguiente epitafio: «Dios lo sabe.» — Leisure Hour.

En la *Vida y carta de G. Ticknor* se hace referencia a cuando él estaba en Bruselas y tenía relación con algunas de las personas de la alta sociedad. Dice que no podía menos que recordar que dos intelectuales prominentes estaban sentenciados a muerte si hubiesen caído bajo las autoridades de Austria.

Y esto le recordaba a tantos que se hallan «bajo condenación» y están «reservados para el día del juicio».

Sermón 185

MUY PRONTO

«Y aún no se ha manifestado lo que hemos de ser; pero sabemos que cuando El se manifieste, seremos semejantes a El; porque le veremos tal como El es» (1.ª Juan 3:2).

I. Aún no se ha manifestado lo que hemos de ser.

En el tiempo presente viajamos en el mundo de *incógnito*.

1. Nuestro Señor viajó de la misma manera cuando estuvo aquí abajo.

Su gloria fue velada por su carne.

Su deidad fue cubierta por la flaqueza humana.

Su poder estuvo oculto bajo penas y dolores.

Sus riquezas permanecieron cubiertas bajo la apariencia de pobreza y vergüenza.

El mundo no le conoció porque Él se hizo carne.

2. Sabemos que es necesaria una noche antes que la mañana; una escuela antes de la universidad; una afinación antes de que pueda brotar la hermosa música de una orquesta.

3. No ha llegado aún el tiempo para que se manifieste nuestra gloria.

El invierno prepara las flores, pero no las hace brotar. Todo tiene su sazón, y éste no es todavía el tiempo de la gloria.

II. PERO SABEMOS QUE CUANDO ÉL APARECIERE.

1. Hablamos de la manifestación de nuestro Señor sin ninguna duda: «Nosotros sabemos.»

2. Nuestra fe es tan segura que viene a ser conocimiento. Él se manifestará sobre la tierra en persona.

III. SEREMOS COMO ÉL ES.

1. Tendremos un cuerpo como el suyo.

Seremos sin pecado, incorruptibles, sin dolor, espirituales, revestidos de belleza y poder, y sin embargo seres reales y auténticos.

2. Tendremos un alma como la suya.

Perfecta, santa, instruida, desarrollada, fortalecida, activa, libre de tentaciones, de conflictos y sufrimientos.

3. Tendremos tal dignidad y tales glorias como las que Él mismo posee; seremos reyes, sacerdotes, conquistadores, jueces, hijos de Dios; en una palabra: seremos perfecta imagen de Él.

IV. LE VEREMOS COMO ÉL ES.

1. Su gloriosa visión perfeccionará nuestra semejanza a Él.

2. Esto será el resultado de ser semejantes a Él.

3. Será la evidencia de que somos como Él, ya que solamente los puros de corazón pueden ver a Dios.

Esta visión será encantadora.

Esta visión será transformadora y transfiguradora.

Esta visión será permanente y la fuente de nuestra bendición para siempre.

Dios mostró su poder al hacernos criaturas, pero mostró su amor al hacernos hijos.

Platón daba gracias a Dios de que le hubiese hecho hombre y no bestia; pero lo que nos hará para siempre adorar el amor de Dios será la realidad de que Él nos haya hecho hijos suyos. El apóstol pone un acento de admiración en la frase: «Mirad cual amor.» — TOMÁS WATSON.

Hay ciertas frases en la Escritura que son como ojeadas a los misterios divinos, que nos revelan infinitamente más de lo que nosotros podríamos pensar. ¡Qué verdad tan intensa! ¡Qué divino significado hay en la frase creativa: «Hagamos al hombre a nuestra imagen, conforme a nuestra semejanza»! Ninguna expresión podría mostrarnos mejor la semejanza del ser humano a lo invisible de la naturaleza divina para participar con Dios en el gobierno del universo. Ciertamente, el lugar del hombre es de una gloria inefable.

Estando entre dos eternidades, es el eterno propósito divino al cual fuimos predestinados ser conformes a la imagen del Hijo unigénito, y la eterna realización de este propósito se cumplirá cuando seamos semejantes a Él en su gloria. Ahora oímos la voz de cada lado: La de este mundo llamándonos a lo terreno; la del futuro diciéndonos: «Sois portadores de la imagen de Dios, estáis en camino de participar de la gloria de Dios y de Cristo; vivid como hijos de Dios, vivid una vida cristiana. — ANDREW MURRAY.

Un convertido ciego dijo: «Jesucristo será la primera persona que veré, pues mis ojos serán abiertos en el cielo.»

«Usted va a estar con Jesús, y a verle como Él es», dijo un amigo al señor Roland Hill en su lecho de muerte. «Sí —respondió el señor Hill—, y seré semejante a Él; éste es el punto principal.»

SERMÓN 186

AMOR, LA PRUEBA DE LA VIDA

«Sabemos que hemos pasado de muerte a vida, en que amamos a los hermanos» (1.ª Juan 3:14).

I. SABEMOS QUE ESTAMOS MUERTOS.

1. Estábamos sin sentido cuando la Ley y el Evangelio se dirigían a nosotros.
2. Sin hambre ni sed de justicia.

3. Sin poder de movimiento hacia Dios y el arrepentimiento.
4. Sin el aliento de la oración o el pulso del deseo.

II. SABEMOS QUE HEMOS PASADO POR UN CAMBIO SINGULAR.

1. Al revés del cambio natural, que es de la vida a la muerte.
2. Un cambio que no es más fácil de describir que el de la muerte, que espera a nuestro cuerpo físico.
3. Este cambio varía en cada caso con respecto al fenómeno exterior, pero es esencialmente el mismo.
4. Como regla general su curso es el siguiente:
Empieza con una penosa sensación.
Conduce a un triste descubrimiento: el de nuestra flaqueza natural.
Es hecho manifiesto por la fe personal en Jesús.
Se opera en el hombre por el arrepentimiento y la purificación.
Se continúa por la perseverancia en la santificación.
Es completado por el gozo infinito y eterno.
5. El período de este cambio va quedando atrás con el tiempo, pero lo recordaremos por toda la eternidad con gratitud y alabanza.

III. SABEMOS QUE VIVIMOS.

1. Sabemos que la fe nos ha dado nuevos sentidos, haciéndonos entrar en un nuevo mundo, pues gozamos ya desde aquí de las cosas espirituales.
2. Sabemos que tenemos nuevas esperanzas, temores, deseos, deleites, etc.
3. Sabemos que tenemos nuevas necesidades: tales como el respirar de la oración, alimento espiritual, instrucción, corrección, etc.
4. Sabemos que vivimos porque «amamos a los hermanos».
Les amamos por amor de Cristo.
Les amamos por amor a la verdad.
Les amamos por amor a ellos mismos.
Les amamos cuando el mundo les aborrece.
Amamos su compañía, su ejemplo, sus exhortaciones.
Les amamos a pesar de sus flaquezas y debilidades, etc.

Del mismo modo que en el Evangelio el apóstol Juan rescata la palabra *Logos* del uso anticristiano, así en esta epístola da una nueva aplicación a la palabra «conocer», procurando hacer a «sus hijitos» *gnósticos* en el sentido divino. El conocimiento es excelente, pero el camino para alcanzarlo no es por especulaciones intelectuales, por agudas y sutiles que sean, sino por la fe en Jesucristo y la sujeción a El, según aquella frase que parece de Juan en el evangelio de San Mateo: «Nadie conoce al Padre sino el Hijo, ni al Hijo sino el Padre y aquel a quien el Hijo lo quisiera revelar.» — Dr. Culross.

El mundo quiere hacernos creer que es imposible saber si somos o no convertidos. Si preguntáis a personas religiosas, pero no creyentes en el sentido bíblico, si lo son o no, os dirán: «No sé, no lo puedo decir.» Pero toda la Biblia es unánime en declarar que nosotros podemos saber que hemos recibido el perdón de los pecados. — R. M. McCheyne.

En los primeros días del cristianismo, pese al triunfo del paganismo por todo el mundo romano, fundó una nueva sociedad unida por un santo amor mutuo. Las catacumbas de Roma dan testimonio de esta preciosa hermandad. Pues allí encontramos los cuerpos de miembros de la más alta aristocracia romana, incluso alguno de la familia de los césares, al lado mismo de los restos de oscuros obreros y esclavos.

Y en el caso de las tumbas más antiguas hallamos que las inscripciones eran sin ninguna alusión a la posición social de la persona enterrada. No se preocupaban en si había sido un cónsul o un esclavo, un tribuno de legiones o un simple soldado, un patricio o un artesano. Les bastaba poner alguna alusión a que aquella persona había sido creyente en Cristo y temeroso de Dios. No se cuidaban de perpetuar en la muerte las vanas extinciones de este mundo. Habían comprendido la gloriosa enseñanza del Señor Jesús: «Uno es vuestro maestro, el Cristo, y todos vosotros sois hermanos». — E. D. Pressense.

Sermón 187

VICTORIA POR LA FE

«*Todo lo que es nacido de Dios vence al mundo: y esta es la victoria que vence al mundo, nuestra fe*» (1.ª Jn. 5:4).

I. La conquista: «Vence al mundo.»

   1. Rompemos con las costumbres del mundo.

2. Mantenemos nuestra libertad obedeciendo a un Amo superior en todas las cosas. No estamos esclavizados por el temor a la pobreza, por nuestro carácter ni por nuestra riqueza, por mando oficial o personal ambición, amor u honores, temor o vergüenza o la fuerza de los números.

3. Estamos por encima de toda autoridad mundana. Sus costumbres, antiguas o nuevas, son para sus propios hijos, los hijos del mundo; nosotros no le consideramos como nuestro amo ni nuestro juez.

4. Estamos por encima de su religión. Recibimos nuestra religión de Dios y de su Palabra, no de fuentes humanas. Como un ejemplo de esta conquista véase la historia de Abraham. Recordad cómo abandonó su hogar, y su solitaria peregrinación, su conducta respecto a Lot, a Sodoma y sus reyes, y aun su voluntario desprendimiento de su propio hijo al mandato de Dios, etc.

II. LA NATURALEZA CONQUISTADORA: «Todo lo que es nacido de Dios.»

1. Sólo esta naturaleza puede emprender la conquista del mundo, o sea de las cosas mundanas.

2. Sólo esta naturaleza puede continuarla. Sin ella pronto entraría el cansancio y el desaliento.
Esta naturaleza es nacida para conquistar. Dios es su Señor, y aquel que es nacido de El es de linaje real y conquistador.

III. EL ARMA DE CONQUISTA: «Nuestra fe.»

Somos capacitados para la conquista mirando:

1. La recompensa invisible que nos aguarda.

2. La presencia invisible que nos rodea. Dios y una nube de testigos que nos rodean nos contemplan.

3. La unión mística con Jesucristo, cuya gracia ha obrado en nosotros; apoyándonos en Jesús vencemos al mundo.

IV. SU ESPECIALIDAD: «Esta es la victoria.»

1. Para la salvación, encontrando el descanso de la fe.

2. Por imitación, hallando la sabiduría en Jesús el hijo de Dios.

3. Para consuelo, viendo la victoria asegurada en Jesús.
He aquí vuestro conflicto: Nacidos para luchar.
He aquí vuestro triunfo: Alistados para conquistar.

Preguntaron a un viajero turista si no admiraba la admirable estructura de un edificio público, a lo que contestó: «No, pues he estado en Roma, donde cosas mejores pueden ser vistas cada día.» ¡Oh creyente, si el mundo te tienta con visiones sensuales y propuestas seductoras, puedes burlarte de él habiendo tenido la contemplación del cielo y pudiendo, por fe, ver deleites infinitamente mejores cada hora del día! «Esta es la victoria que vence al mundo, nuestra fe.» — *Flechas para la Aljaba.*

El creyente no solamente vence al mundo con sus deformidades sino en sus aparentes excelencias. No de la manera que lo vencieron Alejandro y otros conquistadores, sino de un modo mucho más noble, pues ellos, en vez de vencer al mundo, fueron esclavos del mundo. La persona que obliga a 10.000 hombres a dar su vida para satisfacer su ambición no es un vencedor del mundo. El verdadero vencedor es el que puede decir, como Pablo: «Gracias a Dios, que nos da siempre la victoria por nuestro Señor Jesucristo»; o «¿quién nos apartará del amor de Cristo, tribulación, etc.»; «antes en todas estas cosas somos más que vencedores por medio de aquel que nos amó». Tal persona tiene recurso, por la fe, a un estimulante modelo divino, la Palabra de Dios. Ciertamente, no hay otro. Por ella descubre lo que es del mundo y no se deja imponer por él. Cuando es tentado a tomar las cosas del mundo, a participar en las cosas del mundo, las rechaza porque tiene algo mejor en su mano.

Así la fe en Cristo vence la influencia corrompida, el amor desordenado, el temor esclavizante, la idolatría, las peligrosas amistades, la falsa sabiduría; vence, no sólo las vanidades del mundo, sino la misma religiosidad mundana cuando es falsa religión. — Ricardo Cecil.

Se dice de la elegante ave del paraíso que siempre vuela contra el viento; de otro modo su bello pero delicado plumaje sería arrugado y echado a perder. Las aves del paraíso, en un sentido espiritual, vuelan en contra del viento de la mundanalidad; un viento que sopla en dirección opuesta al cielo. — J. D. Hull.

Sermón 188

POR AMOR A LA VERDAD

*«A causa de la verdad que permanece en nosotros,
y estará para siempre con nosotros»* (2.ª Jn. 2).

I. LA VERDAD ES UNA NECESIDAD CRISTIANA.

Una vez que la verdad de Dios obtiene entrada en el corazón humano y somete al hombre entero, ningún poder humano o infernal puede arrancarla.

1. Nosotros mantenemos la verdad no como un huésped, sino como el amo de la casa. No es cristiano el que no lo cree así. Aquellos que sienten el poder vital del Evangelio y conocen el poder del Espíritu Santo cuando éste abre, aplica y sella la Palabra de Dios, más pronto se dejarían despedazar que dejarse arrebatar el Evangelio de su salvación.

2. La verdad será nuestro sostén en la vida, nuestro consuelo en la muerte, nuestro canto en la resurrección y nuestra gloria eterna.

II. LA VERDAD ES UN PRIVILEGIO CRISTIANO.

1. Sin nuestra fe valdríamos bien poca cosa.
   Algunas verdades las dejamos atrás porque son sólo rudimentos y lecciones para principiantes, pero no podemos tratar así la verdad divina. Aunque es alimento suave para beber, es, en el más alto sentido, el alimento fuerte para hombres.

2. Con ella aprendemos mucho.
   La verdad de que somos pecadores es penosa, pero nos humilla y nos hace vigilantes. La verdad más bendita de que todo aquel que cree en el Señor Jesús será salvo, permanece con nosotros y es nuestro gozo y esperanza.

III. LA VERDAD HACE EJERCITAR NUESTRO AMOR.

1. Ningún círculo estrecho debe limitar las simpatías de la gracia. Tan amplia como la elección de la gracia debe ser nuestra comunión de corazón.

2. Puede haber mucho error mezclado con la verdad recibida. Luchemos contra el error, pero amemos todavía al hermano por la medida de verdad que hallamos en él. Sobre todo, amemos y sembremos la verdad nosotros mismos.

SERMÓN 189

SALUD DEL ALMA

«Amado, yo deseo que tú seas prosperado en todas las cosas y que tengas salud, así como tu alma está en prosperidad» (3.ª Jn. 2).

I. EXAMINEMOS LAS PALABRAS DEL TEXTO.

1. «Yo deseo»; más correctamente, como se lee en algunos manuscritos, yo oro. La oración es un deseo santificado. Convertid vuestros deseos en oración.

2. «Que tú seas prosperado.» Podemos pedir prosperidad para nuestros amigos, especialmente si, como Gayo, sirvan a Dios y su causa con todo su ser.

3. «Y que tengas salud»; ésta es el necesario privilegio de la prosperidad. ¿De qué le sirve toda la prosperidad a una persona enferma?

4. «Así como tu alma es próspera»; quedamos admirados de este deseo; ¡la salud espiritual de Gayo es el motivo ideal de su prosperidad externa! ¿Nos atrevemos a orar así por muchos de nuestros amigos?

II. CONSIDEREMOS LOS SÍNTOMAS DE MALA SALUD ESPIRITUAL.

1. Una baja temperatura; la tibieza es una mala señal. En los negocios, el hombre tibio conseguirá bien poco; en religión no conseguirá nada. Es terrible en el caso de un pastor, es peligroso en el caso de un oyente.

2. Encogimiento de corazón; mientras que algunos son de-

masiado anchos, otros son intolerantes y rompen con los que no pronuncian su *shibolet;* si no amamos a los hermanos algo está mal en nosotros.

3. Una falta de apetito para el alimento espiritual.
4. Dificultad en respirar.
   Cuando la oración es un deber pesado, algo está mal en nosotros.

III. Algunos medios de curación.

1. Buscar buenos alimentos; oír a un buen predicador del Evangelio; estudiar la Palabra de Dios.
2. Respirar hondo. No restrinjáis la oración.
3. Ejercicio en cosas santas. Trabajar para Dios.
4. Volver al aire nativo. Respirar la atmósfera del Calvario.
5. Vivir cerca del mar. Habitar cerca de la plena suficiencia de Dios.
   Si estas cosas fallan hay todavía una antigua receta: «Carnis et sanguinis Christi.» Tomado varias veces al día con una infusión de lágrimas de arrepentimiento es cura segura.

El pecado es mencionado en las Escrituras con nombres de enfermedad; se le llama la plaga del corazón (1.° Rey. 8:38). Hay muchas enfermedades del alma, así como las hay del cuerpo. La embriaguez es una hidropesía espiritual; la languidez es un letargo espiritual; la envidia es un cáncer espiritual; la codicia es una fiebre espiritual (Os. 7:4). La apostasía es caer enfermo espiritualmente; la conciencia endurecida es una apoplejía espiritual; el orgullo es un tumor espiritual; la vanagloria es sarna espiritual. No hay ninguna enfermedad del cuerpo que no pueda compararse a indisposiciones del alma. — Ralph Robinson.

Si se toma el retrato de una persona fuerte y de vigorosa salud y se hace otro retrato de la misma persona después de una grave enfermedad, o cuando ha estado por mucho tiempo padeciendo hambre o encerrado en una cárcel, apenas podríamos reconocer la semejanza de aquel querido amigo que amamos. Más grande todavía es el cambio que podemos observar en el retrato espiritual de muchos que fueron alguna vez vigorosos fieles de Dios y cuya alma ha estado hambrienta del adecuado alimento espiritual o se han alimentado «de cenizas». — G. S. Bowes.

LA DOXOLOGIA DE JUDAS

«Y a aquel que es poderoso para guardaros sin
caída, y presentaros sin mancha delante de su
gloria, con gran alegría, al único y sabio Dios,
nuestro Salvador, sea gloria y majestad, imperio
y potencia, ahora y por todos los siglos. Amén»
(Judas 24-25).

I. ADOREMOS A AQUEL QUE PUEDE GUARDARNOS DE CAÍDA.

1. Necesitamos ser guardados de caída, o sea, ser preservados de error de doctrina, que es la plaga de esta edad.
Error de espíritu: como falta de amor o discernimiento, incredulidad o credulidad excesiva, o sea fanatismo o engaño.
Pecado exterior. ¡Ay, cuán bajo puede caer el mejor!

2. Nadie, sino el Señor, puede guardarnos de caída.
Nosotros no podemos guardarnos a nosotros mismos sin El.
No hay ningún lugar garantizado de seguridad. La cámara más cerrada, la iglesia, la mesa de comunión, todos son invadidos por las tentaciones, cuando menos de pensamiento.
No hay regla ni prescripciones que nos libren de tropezar.
Hábitos exteriorizados pueden ocultar pecados mortales.

3. El Señor puede hacerlo. El es «poderoso para guardar» y es «el único Dios sabio, nuestro Salvador». Su sabiduría es parte de su poder.
Por advertencias: Esto puede ser hecho fijando nuestra atención en las faltas de otros, o por admoniciones internas, o por su Palabra.
Por la providencia. Mediante aflicciones que nos quiten la ocasión de pecar. Por un amargo sentimiento de pecado, que nos hace temerlo, como un niño que ha sufrido una quemadura teme el fuego.
Por su Santo Espíritu, renovando en nosotros deseos de santidad.

II. Adoremos a Aquel que nos presentará en su corte sin caída.

1. Nadie puede estar en aquella corte manteniendo pecados encubiertos.
2. Nadie puede librarnos de culpa o guardarnos diariamente sin falta en el futuro, sino el mismo Salvador.
3. El lo hará. No seríamos exhortados a alabarle por una habilidad que no ejerza.
4. El lo hará «con grande alegría», tanto para sí mismo como para nosotros.

III. Adorémosle con las más altas expresiones de alabanza.

1. Deseando su gloria, majestad, dominio y poder.
2. Atribuyéndole estas cosas en el pasado, pues El es «antes del tiempo» (versión literal).
3. Atribuyéndoselas «ahora».
   Atribuyéndoselas «para siempre».

No podríamos permanecer ni un momento más si Dios no nos guardara; somos como un bastón en manos del hombre, apartad la mano y el bastón caerá al suelo; o más bien como un niño en manos de la nodriza (Os. 11:3); si fuéramos dejados sobre nuestros pies caeríamos pronto. La gracia creadora jamás nos abandonará entre tantas dificultades.

Felipe Dickerson, un anciano pastor bautista que murió el 12 de octubre de 1882, dijo poco antes de su muerte: «Hace setenta años el Señor me tomó a su servicio siendo yo un hombre sin carácter. El me dio un buen carácter y por su gracia lo he mantenido.»

Sermón 191
SU VENIDA EN LAS NUBES

«He aquí que viene con las nubes, y todo ojo le verá, y los que le traspasaron; y todos los linajes de la tierra harán lamentación por El. Sí, amén» (Apoc. 1:7).

I. Nuestro Señor Jesucristo viene.

1. Este hecho es digno de vigilancia, pues dice: «He aquí.»

2. Debe ser vivamente sentido, hasta que clamemos: «¡He aquí viene!»
3. Debe ser celosamente proclamado; debemos usar el clamor del heraldo «He aquí.»
4. Debe ser considerado como un hecho veraz e indubitable. El viene con toda seguridad.

   Esto ha sido predicho desde muy antiguo, desde los tiempos de Enoc (Jud. 14).

   El mismo nos lo ha advertido: «He aquí yo vengo presto.»

   Ha hecho de la Santa Cena un recuerdo de tal suceso: «Hasta que El venga.»
5. Ha de ser considerado con inmediato interés.

   «He aquí», pues es el mayor de todos los sucesos. «El viene», pues el acontecimiento está a las puertas.

   «El», o sea aquel que es nuestro Señor y celestial esposo.
6. Ha de ser esperado por una señal peculiar.

   Las nubes son señal distintiva de su segunda venida, son llamadas «el polvo de sus pies».

   Así era la columna de nube en el desierto.

   Los emblemas de su majestad.

   Los símbolos de su poder.

   Las advertencias de su juicio. Cargado con tinieblas y tempestad.

II. LA VENIDA DE NUESTRO SEÑOR SERÁ VISTA POR TODOS.

1. Será una aparición literal; no meramente que todas las mentes pensarán en El, sino que todos los ojos le verán.
2. Será visto por toda suerte de hombres vivientes, de todas las razas.
3. Será visto por los que murieron desde mucho tiempo.
4. Será visto por aquellos mismos que le mataron y por todos los que le aborrecieron.
5. Será manifestado a aquellos que no desean ver al Señor.
6. Será una visión en la que usted y yo tomaremos parte.

III. SU VENIDA CAUSARÁ ESPANTO. «Todas las gentes de la tierra se lamentarán sobre El.»

1. El espanto y terror será general: «Todas las gentes de la tierra.»
2. La impresión más general será de terror y dolor: «Lamentarán.»

3. Esto demuestra que los hombres no serán universalmente convertidos, como algunos piensan.
4. El lamento nos dice que los hombres, de un modo general, no esperarán ni desearán la venida de Cristo como una bendición.
   No tratarán de escapar del castigo.
   No esperarán la aniquilación.
   No esperarán la restauración, si fuera así no llorarían.
5. El lamento surgirá de cierta medida de la visión de su gloria; al ver lleno de poder a Aquel a quien rechazaron y resistieron. Esta gloria será su terror.

Aunque sea así, Señor Jesús, ven pronto. Entre tanto el cielo no puede retenerte de mí, ni el mundo puede retenerme de ti. Levanta mi alma a una vida tal de fe, contigo, que pueda gozar de tu conversación mientras espero tu venida. — Obispo Hall.

Todo ojo le verá. — Todo ojo; los ojos de cada persona viviente, sea quien sea, nadie podrá impedirlo. La voz de la trompeta, el resplandor de su llama, afectará a todos, y todos fijarán sobre El sus ojos. No habrá ningún ojo tan ocupado que no se dirija a El; sea cual sea la ocupación, la diversión o cualquier otro motivo que tengan ocupados los ojos humanos, todo será abandonado para mirarle a El, pues ya nada más importará a toda la gente del mundo que el inusitado suceso que se producirá en las nubes. Los ojos serán levantados a Cristo y no mirarán más abajo, al dinero, a los libros, a las tierras, a las casas o a los jardines.

Tus ojos y los míos. ¡Oh, qué gran pensamiento! ¡Bendito Jesús que no tengamos que verte con ojos llenos de lágrimas, ni temblando a tu vista! — Dr. Doddridge.

«El Señor, volviéndose, miró a Pedro..., y Pedro, saliendo fuera, lloró amargamente.»

Así será, pero en un sentido diferente, con los pecadores el día del Juicio. El ojo de Jesús, como juez, se fijará en ellos, y esta mirada despertará en ellos memorias dormidas y revelará montones de pecado y vergüenza; crímenes y maldiciones sin cuento; negaciones peores que las de Pedro, de vidas enteras sin arrepentimiento, burlas de su amor y desprecio de su misericordia que les llamó; todo esto traspasará los corazones de los hombres cuando sean traspasados por la mirada de Jesús.

Y tratarán de evitar la presencia del Señor, huir a algún

lugar, aunque fuera bajo grandes peñascos si éstos pudieran ocultarles de aquella terrible mirada. Y llorarán amargamente; llorarán como nunca han llorado, con lágrimas ardientes como no han sido dermadas sobre la tierra; lágrimas que no habrán de obtener consuelo, lágrimas que no serán jamás enjugadas. Sus ojos serán fuentes de lágrimas, no de arrepentimiento y consuelo, sino de amargura y remordimiento; lágrimas de sangre, lágrimas que romperán los corazones e inundarán el alma de indecible terror. — *Anónimo.*

SERMÓN 192

EL ARREPENTIMIENTO QUE GLORIFICA A DIOS

> *«El cuarto ángel derramó su copa sobre el sol, al cual fue dado quemar a los hombres con fuego. Y los hombres se quemaron con el gran calor, y blasfemaron el nombre de Dios, que tiene poder sobre estas plagas, y no se arrepintieron para darle gloria»* (Apoc. 16:8, 9).

Los juicios de Dios no producen verdadero arrepentimiento por sí mismo, pues estos hombres «no se arrepintieron para darle gloria».

I. QUÉ CLASE DE ARREPENTIMIENTO PRODUCEN.

1. Un arrepentimiento carnal, causado por el temor del castigo. — Caín.
2. Un arrepentimiento transitorio, que dura solamente el tiempo que permanece el castigo. — Faraón.
3. Un arrepentimiento superficial, que retiene el pecado. — Herodes.
4. Un arrepentimiento de desespero, que termina con la muerte. — Judas.

    En el caso que tenemos ante nosotros en este capítulo, los hombres que sufrieron el castigo se pusieron aún peores por su impenitencia y blasfemia; en cambio, el dolor que según Dios obra arrepentimiento, produce perdón del pecado.

II. **Cuando no ablanda produce en los hombres mayor pecado.**

1. Su pecado se convierte en peor porque se peca con conocimiento.
2. Su pecado se convierte en pecado de desafío.
3. Su pecado se convierte en pecado de falsedad ante Dios, los buenos votos o propósitos son rotos, las resoluciones descuidadas; todo esto es mentir al Espíritu Santo.
4. Su pecado se convierte en pecado de odio hacia Dios. Incluso se sacrifican a sí mismos para luchar contra Dios.
5. Su pecado se hace más y más deliberado, costoso y terco.
6. Se demuestra que su pecado está arraigado en su naturaleza.

III. **Hay que mirar con discreción los resultados del castigo divino.**

1. Usado por la gracia de Dios tiende a levantar, impresionar, someter, humillar y conducir al arrepentimiento.
2. Sin embargo, no hay que pensar que el castigo es benéfico por sí mismo.
   Satanás no es mejor a causa de su condenación; los perdidos en el infierno se hacen más obstinados con sus sufrimientos; los hombres malos se hacen peores por su pobreza.
   Muchos enfermos que pretenden convertirse no están realmente arrepentidos, sino que son hipócritas.
3. Debemos arrepentirnos cuando no estamos bajo juicio y terror, porque es mucho más dulce y noble ser persuadido que ser arrastrado como mudo ganado.
   Que sea nuestro deseo dar gloria a Dios con nuestro arrepentimiento.

Hay muchos árboles que florecen en la primavera y no dan fruto en verano; asimismo, hay almas cuyo arrepentimiento no es sino un anticipo del infierno. — Boston.

Yo creo que el arrepentimiento de muchos hombres no es dolor por ser pecado, o sea aborrecimiento del mismo, sino dolor de que no puedan pecar. — *Pensamientos particulares de* Adams.

No hay arrepentimiento en el infierno. Estos hombres se quemaron con el calor y blasfemaron el nombre de Dios, pero no se arrepintieron para darle gloria. Así, los condenados maldicen sus penas, pero no se arrepienten de sus hechos. El verdadero arrepentimiento surge de la fe y la esperanza; pero no puede haber fe ni esperanza donde es seguro el conocimiento del castigo eterno, y tal conocimiento excluye la fe. Habrá allí una tristeza de desespero por el dolor, pero no tristeza por el pecado.

Ninguno de nosotros es salvo ahora excepto por la sangre del Cordero; pero al fin del mundo esta fuente se secará. El gusano de la conciencia atormentará a los pecadores con remordimientos, trayendo a sus mentes la causa de su calamidad; recordando cuán a menudo fueron invitados al cielo, cuán fácilmente podían haber escapado del infierno. Llorarán por la pérdida de lo primero, y llorarán más por lo segundo; pero la causa de su llanto no será el arrepentimiento..., sufrirán y blasfemarán. — Tomás Adams.

¡Cuán terrible es leer que los hombres blasfemaron a Dios a causa de la plaga del granizo! ¡Cuán cierto es que la aflicción hace mejores a los hombres buenos, y peores a los malos! La ira no convierte a los hombres, es la gracia lo que les salva. El castigo que no ablanda, endurece. Los juicios de Dios llevan a los hombres a blasfemar, y cuanto mayor es la plaga mayor es la blasfemia. ¡Qué representación tan solemne, pero tan verdadera, de las consecuencias de advertencias descuidadas! Considerad la ocupación de los hombres en el estado futuro: En el cielo, alabar a Dios; en el infierno, blasfemar. — Jorge Rogers.

Sermón 193

LAS BODAS DEL CORDERO

«Y el ángel me dijo: Escribe: Bienaventurados los que son llamados a las bodas del Cordero» (Apoc. 19:9).

I. Descripción del esposo.

El apóstol inspirado habla del Señor como: «el Cordero»; éste es el nombre especial de Juan para el Señor, lo aprendió de su maestro, el Bautista, cerca del Jordán.

1. Como Cordero de Dios, es el único sacrificio eterno por el pecado; no habrá ningún otro como éste en su gloria.
2. Como Cordero sufriendo por el pecado, El es epecialmente glorioso a los ojos de los ángeles y de todas las inteligencias celestiales; por esto en este memorable día ostenta este carácter.
3. Como Cordero es que desplegó su inmenso amor para su Iglesia, y, por tanto, aparece como tal en el día del triunfo de su amor.
4. Como Cordero es amado hasta lo sumo por nuestras almas, como El nos amó hasta la muerte.

II. EL SIGNIFICADO DE LAS BODAS DEL CORDERO.

1. La culminación y perfección de la Iglesia. «Su esposa se ha preparado.»
2. El levantamiento de la Iglesia a la más cercana y feliz comunión con Cristo en su gloria.
3. El principio de un gozo eterno. Reposarán en su amor. La Iglesia, como Rut, encontrará reposo en la casa de su celestial esposo.

III. LAS PERSONAS QUE SON LLAMADAS A LAS BODAS.

1. Los que son llamados a aceptar la invitación.
2. Aquellos que ahora poseen fe, que es la prueba de su admisión.
3. Los que aman al esposo y a la esposa.
4. Los que tienen vestidos de santificación.
5. Los que velan con sus lámparas encendidas.

IV. LA BENDICIÓN QUE SE LES ASIGNA.

1. Son bienaventurados en verdad los llamados a las bodas, porque los que son llamados serán admitidos.
2. Los que son admitidos serán unidos en celestial matrimonio.
3. Los que están unidos a Jesús serán eternamente felices. ¡Cuántos matrimonios son una maldición! Pero no es así en este caso.
Es triste, sin embargo, que algunos no recibirán tal bendición. No ser bendecido es ser maldecido.

Aquel que una vez estuvo colgado en la cruz, lleno de dolor y tristeza, mirará alrededor a la brillante compañía, y en cada vestido blanco y en cada resplandeciente rostro verá el fruto de sus sufrimientos. «Del trabajo de su alma verá y será satisfecho.» Será la eterna unión de Dios cumplida, según su más profundo consejo: dar un pueblo a Cristo ante todos los mundos del universo; y mostrarles en aquel día como escogidos, juntados, lavados, salvados y ninguno de ellos perdido. — JAIME VAUGHAN.

No nos atreveremos a decir que nuestro Señor nos amará más entonces que lo que nos ama ahora, pero El se complacerá más en su amor por nosotros; lo manifestará más, lo veremos más, lo entenderemos mejor y parecerá como si nos amara más. El abrirá todo su corazón y su alma a nosotros, con todos sus sentimientos, y secretos, y propósitos, y nos permitirá conocerlos; por lo menos hasta donde seamos capaces de entender; y será un motivo de felicidad el conocer todas estas cosas. El amor en aquella hora será la perfección del amor. Estas bodas serán el triunfo del amor. El exaltado Salvador demostrando a todos los seres celestiales que El nos ama hasta lo último que el amor puede ir, y que nosotros le amamos a El con un fervor, gratitud, adoración y deleite como ninguno de los otros seres celestiales puede amarle. Será, en realidad, una cosa nueva para el mismo cielo.

SERMÓN 194
LAS ESCRITURAS, DIVINAMENTE CIERTAS

> «Y me dijo: Estas son palabras verdaderas de Dios» (Apoc. 19:9).

Esta frase se refiere a lo que precede inmediatamente.
El juicio de la Ramera (vers. 2).
El reinado glorioso y universal de Cristo (vers. 6).
La segura recompensa y gloria de Cristo para sus salvados, en el glorioso período del fin (vers. 7:8).

I. Una justa estimación de la Sagrada Escritura.

1. Estas palabras, que hallamos en el Antiguo y en el Nuevo Testamento, son todas verdad, libres de error, ciertas, permanentes e infalibles.

2. Estas palabras son ciertas y divinas en oposición:
   A las palabras de los hombres, que pueden ser o no ser verdad.
   A las pretendidas palabras de Dios. Los falsos profetas y los hombres de mente corrompida pretenden hablar en el nombre de Dios; pero mienten. Pero estas palabras son todas verdaderamente divinas: «Estas son las verdaderas palabras de Dios.»
   Ni demasiado severas para ser verdad, ni demasiado terribles para ser expresadas por un Dios de amor, como algunos se atreven a decir.
   Ni demasiado buenas para ser verdad, como algunos temerosos temen.
   Ni demasiado antiguas para ser verdad, como afirman los amantes de novedades.
   Ni demasiado sencillas para ser verdad divina, como insinúa la sabiduría mundana.

II. El resultado de formarse tal concepto.

Si tú crees que éstas son «verdaderas palabras de Dios»:

1. Las escucharás con atención y juzgarás lo que oigas de los predicadores según este infalible modelo.

2. Recibirás estas palabras con seguridad.
   Producirán confianza a tu entendimiento.
   Producirán reposo a tu corazón.

3. Te someterás con reverencia a estas palabras; obedecerás sus preceptos; creerás sus enseñanzas y valorarás sus profecías.

4. Esperarás el cumplimiento de estas divinas promesas aun bajo dificultades.

5. Te acogerás a la verdad revelada con pertinacia.

6. La proclamarás con intrepidez.

III. La razón para formarnos tal aprecio de la Palabra de Dios.

En estos días podemos ser acusados de bibliolatría, ignorancia, atraso, etc., pero nosotros mantenemos nuestra fe en la inspiración de las Escrituras, porque:

1. Las Escrituras son lo que declaran ser: la Palabra de Dios.

2. Hay una majestad y poder singular en ellas y lo constatamos cuando la verdad de Dios es predicada.

3. Hay una maravillosa omnisciencia en la Escritura, que es percibida por nosotros cuando descubre los secretos de nuestra alma.

4. La Palabra de Dios ha demostrado ser verdadera en nosotros mismos. Nos ha advertido de los amargos frutos del pecado y nosotros lo hemos gustado.

5. El testimonio del Espíritu Santo en nuestros corazones confirma nuestra fe en las Sagradas Escrituras. Nosotros creemos y somos salvos del pecado por creer. Estas palabras deben ser verdad divina, ya que han obrado en nosotros tan maravillosos y misericordiosos resultados.

¿De dónde sino del cielo podían ellos sacar
Las palabras que han traído a nuestras almas la paz,
Si eran hombres sin letras y sin arte intelectual?
Muchos de ellos son de siglos muy diversos, además.
Por esto nos preguntamos:
¿Cómo pudo concertar
La enseñanza que escribieron,
De un modo tan singular?
¿Se unieron para engañarnos?
¡No! ¡Jamás podría ser,
Pues que no se conocieron ni se llegaron a ver!
Además, ¿qué ganarían con faltar a la verdad?
No recibieron aplausos, sino cruel ingratitud.
Sufrieron hambre y tristeza por el nombre de Jesús,
Pero jamás lo negaron ni dijeron: «¡No es verdad!»
¡Ni siquiera ante el martirio, la prueba más eficaz!

(DRYDEN (Adapt. S. VILA)

De la mayoría de las cosas podemos decir: «Vanidad de vanidades, todo es de vanidad.» Pero de la Biblia puede decirse: «¡Verdad de verdades, todo es verdad!» — ARROWSMITH.

INDICE ALFABETICO

C

J

L

LL

M

N